HISTOIRE DU DROIT
sous la direction de Pierre Bonin et Jean-Louis Halpérin
7

Le Droit face à l'économie sans travail

Tome II

Actes du colloque « Histoire de l'économie sans travail.
Finances, investissements, spéculation de l'Antiquité à nos jours –
L'approche internationale », organisé du 8 au 10 juin 2017
à la Villa Finaly de Florence

Le Droit face à l'économie sans travail

Tome II

L'approche internationale

Sous la direction de Luisa Brunori, Serge Dauchy,
Olivier Descamps et Xavier Prévost

PARIS
CLASSIQUES GARNIER
2020

Luisa Brunori est chargée de recherche HDR au Centre d'histoire judiciaire de l'université de Lille (UMR 8025).

Serge Dauchy est directeur de recherche au CNRS et dirige le Centre d'histoire judiciaire de l'université de Lille (UMR 8025).

Olivier Descamps est professeur à l'université Panthéon-Assas – Paris 2, dont il a dirigé l'Institut d'histoire du droit (UMR 7184) de 2012 à 2019.

Xavier Prévost est professeur à l'université de Bordeaux, où il dirige l'Institut de recherche Montesquieu (EA 7434).

ISBN 978-2-406-09727-3 (livre broché)
ISBN 978-2-406-09728-0 (livre relié)
ISSN 2417-8411

FIG. 1 – Jean Siméon Chardin, *La bulle de savon*, 1734,
huile sur toile (61 cm x 63 cm) Metropolitan Museum of Art, New York (USA).

Ce tableau, utilisé pour illustrer l'ensemble du cycle « Histoire de l'économie sans travail », a suscité lors de chaque manifestation de riches discussions, permettant d'interroger autrement l'idée d'économie sans travail à l'origine de ce programme de recherche.

INTRODUCTION

In his *Inquiry into the nature and causes of the wealth of Nations* published in 1776, Adam Smith considered that all capitals are destined for the maintenance of productive labour only; persons whose capitals are employed in furnishing rude produce, in manufacturing that rude produce, in transporting either the rude or manufactured produce or in dividing the manufactured produce into small parcels as suit the occasional demands, are themselves productive labourers. In Smith's mind, capital, understood as investment, always puts into motion productive labour, and augments the value of the annual produce of the land and labour of the society to which they belong. His vision seems to contrast with the contemporary situation where, according to Émile Durkheim, social and economic life is dominated by financial speculation, which goes together with the advent of automation in the processes of production, in other words a 'labourless economy' referring to the mass of financially rewarding speculative operations which do not imply human labour neither exchange of goods.

The financial crises and scandals of the past decennium have drawn attention to the phenomenon of speculation and to its economic consequences as well as social and political impact. They raised questions about the significant compensations of financial speculations, about the idea that our contemporary world is governed by banks, investment funds and insurance companies and about the legal and ethical instruments that could be implemented for regulatory reforms. They also reflected a growing awareness of the idea of distributive justice or socially just distribution of goods and wealth in society, as developed by John Rawls in his *Theory of Justice* first published in 1971.

Since the difference between investment and speculation is largely based on the changing conceptions about the value and purpose of money in a changing world, the idea of a 'labourless economy', in opposition to a 'labour-based economy', should be outlined in a broad economic, financial, political, but even so philosophical, legal and obviously historical perspective. In his *History of economic analysis*, Joseph Schumpeter stated that whatever may be their shortcomings, the Aristotelian and Thomistic thoughts, and in particular the principle of sterility of money, prevailed substantially in the Western world until the nineteenth century. It is clear that this assertion should be nuanced and that the chronology in particular requires further clarification and investigation. Major changes occurred from the Middle Ages until the twentieth century, which led to significant discontinuities and breaks. Therefore, the purpose of the two volumes of the present book is, through French and international standpoints, 1/ to study, in an interdisciplinary and comparative perspective, the implementation throughout history of an intellectual, economic and legal framework rooted in Hellenistic philosophy and Christian theology and its adjustments to the new religious, political, economic and social environment, 2/ to identify the actors who set in motion the legal evolution of the new financial economy and 3/ to investigate the particular conflicts in relation to financial matters, and their resolution[1].

Referring to the Aristotelian distinction between economics (activities whose main objective is to meet the human needs) and chrematistics (accumulation of wealth), the commitment to ensure commutative justice indeed already called in Greek and Roman Antiquity for reflection on the value of money and its role in social interaction. In the Middle Ages, the legacy of scholasticism in financial and economic thought–drawn to a large extent from Aristotle's understanding of the finality of money in the fifth book of the *Nicomachean Ethics*–gave rise to a suspicion and mistrust about any remuneration received without working: *Pecunia non parit pecuniam.* In Canon law, this principle resulted in the prohibition of usury, meaning originally any form of interest. Thomas Aquinas, in his *Summa Theologica*, thought that the charging of interest is wrong because it amounts to double charging, both for the thing and the use of it. In other words, he argued that taking usury for money loans is unjust because this is to sell what does not exist, and this evidently leads to inequality which is contrary to justice. Outlawing usury did not prevent investment, but the canonists stipulated that in order for the investor to share in the profits, he must share the risk. Invest money and expect it to be returned regardless of the

1 See also the first volume of this book, *Le droit face à l'économie sans travail*, t. 1 : *Sources intellectuelles, acteurs, résolution des conflits*, ed. Luisa Brunori, Serge Dauchy, Olivier Descamps and Xavier Prévost, Paris, Classiques Garnier, 2019.

success of the venture was to make money simply by having money and not by taking any risk or by doing any work, which is usury.

The Age of Discovery of the late fifteenth and sixteenth centuries brought a massive economic and financial dislocation[2]. Colonisation and international maritime trade changed the medieval concept of the value of money. The purely financial participation in trading companies, currency exchange transactions, the risk remuneration and the subsequent development of insurance brought up the idea that capital is a main productive factor of economic growth and prosperity which has to be remunerated. Protestantism moreover changed the traditional Christian view on usury. Whereas Martin Luther endorsed the long-established Scholastic usury doctrines, Jean Calvin permitted interest on commercial loans, while forbidding usury on charitable loans to the needy. Faced with new challenges in a moving political (modern state-building), religious and economic context, law appeared to be the best means by which merchants as well as governments could attempt to cope with the upheaval brought about by the rise of modern international capitalism. The recognition of speculative transactions and the setting up of a normative framework was nevertheless the result of a long process, involving a variety of actors, which started in the late Middle Ages and went on until the era of codification in the nineteenth century.

As is often the case in technical matters such as corporate law, practitioners anticipated theoretical and doctrinal thought as well as the elaboration of legal norms. The need for venture capital and insurance and the recognition of the high risk of such operations led to a variety of speculative contracts, often operating as contractual experiments by which merchants and bankers tried to bring into line the financial requirements and the legal constraints. The new commercial practices indeed urgently asked for a legal framework which, from a moral, ethical and legal point of view, was very different from the schemes and conceptions that prevailed during the Middle Ages. Long time before the central authorities intervened as in the Habsburg Netherlands where an imperial ordinance of 1540 permitted interest payments up to 12 % for commercial loans, notaries already played a major role as intermediate

2 Regarding the effects of travel on commercial law, cf. recently *Clio@Themis. Revue électronique d'histoire du droit*, t. 17 [*Argent et marchandises en voyage. Histoire juridique et financière (XIIIe-XXe siècle)*, ed. Luisa Brunori and Xavier Prévost], 2019.

between practice, norms and legal science, in other words as translators of commercial and financial realities into legal actions. In the sixteenth century, the first learned treatises on these new issues were published, as Santarem's *Tractatus de assecurationibus* (1552) or Stracca's *Tractatus de mercatura seu mercatore* (which was reprinted several times and circulated together with Santarem's treaty on insurances). Stracca did not write a book on commercial law, but rather on the law of merchants[3]. Although he left out some important parts of commercial law such as exchange, societies and insurances (possibly because he did not want to upset the papal government of the city of Ancona handling topics directly involving usury), his book nevertheless constitutes a milestone. It is the first attempt to encompass commercial issues in a single work and to consider commercial law as a field of study in itself. It is also the first comprehensive doctrinal approach to the issue of mercantile justice.

Commercial courts have indeed played an essential role in the evolution of the instruments of labourless economy and moreover in the correction of some contractual practices. Commercial jurisdictions, from the Middle Ages onwards, were composed primarily of merchants and merely functioning as corporate institutions. These courts were therefore probably more opened to the evolutions of business practice and more sensitive to the particular financial instruments such evolutions may require. This open-mindedness and practical adaptability were essential at a moment when new contractual models were experienced all over Europe in order to respond to the need to remunerate the provision of funding or risk-taking instead of the traditional exchange of goods or human labour. Not only commercial jurisdictions and admiralty court, but also civil courts (in particular central courts) contributed through their jurisprudence or the *consilia* of their most eminent lawyers to develop new or reshape old instruments in order to meet the requirements of this new labourless economy. Most important, indeed, was the problem of harmonization between judicial and extra-judicial conflict resolution, for arbitration appeared to be playing an essential role as well in defining the new contractual instruments as in settling conflicts.

3 See the note of Stefania Gialdroni in *The Formation and Transmission of Western Legal Culture: 150 Books that Made the Law in the Age of Printing*, ed. Serge Dauchy, Georges Martyn, Anthony Musson, Heikki Pihlajamäki and Alain Wijffels, Cham, Springer, 2016, p. 98.

Building on the major evolutions and experimentations which occurred during the Early Modern period, the nineteenth century–culmination of the liberal and capitalist system–embodies the legal recognition of capital. As a matter of consequence, public authorities started to regulate speculative activities; financial activities became subject to legislation whereas national courts' decisions tried to reconnect with the principles of ethics or fairness in international economy and finance. Following Thomas Franck's definition, the idea of fearness is again to be understood as distributive justice based on procedural legitimacy, grasping again at the Aristotelian thought.

Luisa BRUNORI
CNRS / Université de Lille

Serge DAUCHY
CNRS / Université de Lille

Olivier DESCAMPS
Université Paris II Panthéon-Assas

Xavier PRÉVOST
Université de Bordeaux

PREMIÈRE PARTIE

CIRCULATION DU CRÉDIT

LA CIRCULATION DES INSTRUMENTS DE CRÉDIT DANS LES ANCIENS PAYS-BAS MÉRIDIONAUX

Aspects légaux, techniques financières et usages politiques (XIIIe-XIVe siècles)

ÉTAT DE LA QUESTION ET CADRE DE LA RECHERCHE

La question des origines de la circulation des titres de crédit avant le développement de la lettre de change, sous quelque forme que ces titres de crédit fussent, chirographes, chartes-parties, lettres échevinales scellées, lettres obligatoires scellées entre parties privées, titres de rentes viagères, lettres de foire, a longtemps occupé les historiens, spécialement les historiens du droit en Belgique ; Guillaume Des Marez, Georges Bigwood, puis Philippe Godding, tous juristes de formation[1], ont tour à tour, questionné la pertinence d'un telle hypothèse pour le XIIIe et le XIVe siècle. Dans cette contribution, c'est moins la question de la modernité de ces instruments qui m'occupera que sa reconnaissance juridique ou factuelle éventuelle comme monnaie pré-scripturaire par le pouvoir urbain ou princier dans les anciens Pays-Bas, sa circulation et son utilisation. Qu'il s'agisse d'ailleurs de lettres obligatoires pures mentionnant une dette avec la clause au porteur ou de titres de rentes perpétuelles.

1 Des Marez fit des études d'avocat mais n'exerça jamais, Bigwood fut avocat auprès de la cour d'appel et Godding, avocat au barreau de Bruxelles. *Cf.* Billen, Claire et Boone, Marc, « Pirenne in Brussels before 1930. Guillaume Des Marez and the relationship between a master and his student », *Revue belge d'histoire contemporaine*, vol. 41/3-4, 2011, p. 459-485 ; Ganshof, François-Louis, « Georges Bigwood », *Revue belge de philologie et d'histoire*, vol. 9/1, 1930, p. 374-375 ; Van Parijs, Philippe, « Philippe Godding (1926-2013). Membre de l'Académie royale des sciences, des lettres et des beaux-arts », *Annales de droit de Lœuvain*, vol. 73/3, 2013, p. 343-344.

Je m'intéresserai spécialement à l'utilisation de ces instruments de crédit dans deux contextes très différents, premièrement, la constitution d'une dette publique par certains princes territoriaux poursuivant des buts politiques et, deuxièmement, l'utilisation de titres de créance dans des opérations de spéculation immobilière privée ou collectives, intéressant dans ce dernier cas l'enrichissement des patrimoines des institutions de secours dans les villes.

La question de la circulation accrue des instruments de crédit suscite l'intérêt parce qu'elle est observée à une époque où deux phénomènes concurrents sont constatés par les historiens des finances et du bâti. D'une part, la transition d'un modèle de gestion domaniale-féodale des principautés vers un modèle de gestion d'état princier fiscal ou en voie de fiscalisation, modèle corrélé par l'apparition fréquente d'une fiscalité indirecte dans les villes, les assises et plus rarement, à l'échelle du territoire, d'un impôt direct, la taille. Ce modèle d'état princier fiscal est suscité par l'apparition d'une dette publique, elle-même généralement nourrie par la guerre, incitant à la mise en place d'un appareil de prélèvement fiscal développé[2]. Et, d'autre part, le développement croissant d'une économie de la construction, qu'il s'agisse d'édifices publics ou de la demande privée alimentée par le travail d'une part grandissante de la population avec des chiffres variant entre 10 et 25 % de la population urbaine inscrite dans les métiers de la construction (Bruges, 10 %, Florence, 25 %, Douai et Valenciennes, 9,1-9,6 %)[3]. Typique des grandes villes également (de minimum 20.000 à 30.000 personnes), est la question

2 Description récente de cette transition dans l'ouvrage collectif de Yun-Casalilla, Bartolomé et O'Brien, Patrick K. (éd.), avec Comín Comín, Francisco, *The Rise of Fiscal States. A Global History, 1500-1914*, Cambridge, Cambridge University Press, 2012. Pour la question de l'apparition des premiers impôts directs dans les anciens Pays-Bas, voir Billen, Claire, « A la recherche d'un prélèvement fiscal équitable. Pratiques, discours et porte-parole, dans les Pays-Bas méridionaux (XIIIe-XIVe siècles) », *La fiscalità nell' economia europea. Secc. XIII-XVIII, Atti della Trentanovesima Settimana di Studi (22 aprile-26 aprile 2007)*, éd. Simonetta Cavaciocchi, Florence, Firenze University Press, 2008, p. 871-880 [Fondazione Istituto Internazionale di Storia Economica « F. Datini », Prato, Serie II, Atti delle « Settimane di Studi » e altri convegni, 39] et Boone, Marc, « Systèmes fiscaux dans les principautés à forte urbanisation des Pays-Bas méridionaux (Flandre, Brabant, Hainaut, Pays de Liège) au bas Moyen Âge », *La fiscalità nell' economia europea*, *op. cit.*, p. 657-683.

3 Voir entre autres : Goldthwaite, Richard A., *The building of Renaissance Florence. An Economic and Social History*, Londres, John Hopkins University Press, 1982, p. 399 et la synthèse récente de Bernardi, Philippe, *Bâtir au Moyen Âge*, Paris, CNRS-éditions, 2014, p. 30-33.

de la pétrification du bâti privé, plus précoce qu'on ne l'avait admis auparavant, grâce à des études archéologiques récentes : XIIIe-XIVe siècle (Londres, Bruxelles, Malines) et même de l'importance du secteur de la brique et des briqueteries communales (Anvers, Bruxelles seconde moitié du XIVe siècle, Malines)[4] : ce changement dans l'habitat privé est également un incitant à des plus-values immobilières – eu égard à la prédominance des constructions en bois – et donc à l'émission croissante d'instruments de crédit garanti sur l'immobilier, les rentes perpétuelles.

Le cadre géographique considéré, celui des anciens Pays-Bas méridionaux, présente des caractéristiques bien connues des historiens du fait urbain : un taux d'urbanisation exceptionnellement élevé, comparable à l'Italie à la fin du Moyen Âge, et un peuplement très dense de 31 habitants par km^2. S'y ajoute un dynamisme économique précoce, incarné notamment dans l'industrie drapière, très vivace dès les années 1200, avec des débouchés d'exportation en Italie, aux foires de Champagne et en Rhénanie. Ces régions comportaient en outre des infrastructures portuaires et marchandes développées, matérialisées par les villes de Bruges, Gand et Ypres, par exemple, dans le comté de Flandre et par les villes d'Anvers, Bruxelles et Louvain dans le duché de Brabant. Aspect pertinent pour examiner la circulation des instruments de crédit entre principautés, il faut bien admettre que les frontières principautaires qui s'ébauchaient dans le courant des XIIIe et XIVe siècles, coïncidaient rarement avec les stratégies marchandes suprarégionales : les réseaux urbains commerciaux outrepassaient bien entendu les frontières des états princiers : la recherche de profits dans le commerce de la pierre ou dans la draperie, n'avait que peu de points communs avec les impératifs de préservation d'une dynastie princière, veillant à la protection des limites territoriales du domaine princier[5].

Une première partie de cet exposé portera sur la typologie des principaux instruments de crédit qui étaient couramment utilisés à cette époque dans les anciens Pays-Bas. La seconde partie traitera de la circulation effective de ces instruments et de leur rôle politique ou spéculatif.

---

4 Bernardi, *Bâtir au Moyen Âge*, *op. cit.*, p. 131 et le bilan pour le Brabant sur la brique de Sosnowska, Philippe, « La brique en Brabant aux XIIIe-XVe siècles. État de la recherche et comparaison avec le Hainaut de Michel de Waha », *Trulla et Cartae. De la culture matérielle aux sources écrites. Liber discipulorum et amicorum in honorem Michel de Waha*, éd. F. Chantinne, P. Charruadas, et Ph. Sosnowska, Bruxelles, Le Livre Timperman, s.d. [2014], p. 385-429.

5 Boone, « Systèmes fiscaux », *op. cit.*, p. 657-658.

TYPOLOGIE DES INSTRUMENTS
Quels instruments de crédit et quelle proportion dans les patrimoines ?

RENTES PERPÉTUELLES

Arrêtons-nous d'abord sur la question des rentes perpétuelles et de leur rôle dans le marché immobilier. En Brabant, les titres de rentes perpétuelles étaient enregistrés par les échevins du lieu, puisque ces transactions sur le territoire de la Ville relevaient de leurs attributions de juridiction gracieuse. Établies en général à un taux fluctuant entre 5 et 6,26 % dans les anciens Pays-Bas[6], les rentes perpétuelles ne constituaient pas un instrument spéculatif, à priori. Dans le chef du crédirentier, Il s'agissait plutôt d'un placement sûr à long terme parce qu'offrant l'avantage, en général, d'être assis sur un bien immobilier. Pour le débirentier (en général un tenancier), c'était un moyen rapide, si son bien immobilier avait un bon rendement, de se procurer une somme importante : en échange d'un capital reçu, il s'engageait à verser à l'acheteur (et ses héritiers) de la rente constituée sur l'immeuble, un revenu annuel perpétuel, selon un pourcentage du capital assez modique. Le propriétaire éminent du bien et/ou du sol, le seigneur foncier assistait en général à la transaction pour donner son accord à la constitution de rente et prélever un cens recognitif. C'était l'immeuble et ses revenus qui était censé assurer le payement des annuités, voire le bien-fonds sur lequel était bâti une demeure ou une exploitation agricole.

À force d'assignations sur le même fonds, on en arrivait à une fragmentation des revenus assignés sur les parcelles urbaines ou sur les bâtiments qui étaient bâtis au-dessus. À Bruxelles et à Malines, par exemple, on observait dès la fin du XIIIe siècle, des terrains et bâtiments fragmentés en parts allant de 2 parts jusqu'à 60 parts pour les demeures patriciennes les plus prestigieuses[7]. Relevons que la rente ne constituait qu'une charge attachée

6 Dickstein-Bernard, Claire, *La gestion financière d'une capitale à ses débuts : Bruxelles, 1334-1467*, Bruxelles, 1977 [Annales de la Société Royale d'Archéologie de Bruxelles, 54], p. 187-188.

7 Exemples concrets à Bruxelles en 1297 quand Henri de Lapide cède à titre allodial, à Francon de Platea, chanoine d'Anderlecht la 7e part qu'il détient dans le *Meynarsteen*, une demeure en pierre imposante sur le grand marché de la ville (Lefèvre, Placide, Godding, Philippe et Godding-Ganshof, Françoise, *Chartes du chapitre de Sainte-Gudule à Bruxelles, 1047*-1300, Nauwelaerts, Bruxelles-Louvain-la-Neuve, 1993, n° 413, p. 288, acte du 1er mai 1297 et en

à la possession de l'immeuble et non une dette personnelle : le débirentier pouvait se libérer de l'obligation financière en liquidant les arrérages échus et en quittant l'immeuble chargé de la rente. Ces rentes étaient tenues pour être des biens immeubles incorporels, transmissibles : elles étaient incluses dans les patrimoines héritables. Avec raison, Godding associe cette source de financement à un système de crédit hypothécaire avant la lettre, le remboursement du principal à perpétuité, étant garanti par un bien immeuble.

On en arrive au paradoxe que les maisons construites en bois bâties dans plusieurs grandes villes des anciens Pays-Bas, Anvers, Bruxelles, Gand, Ypres sont tenues comme des biens meubles (on peut les démonter) alors que les rentes perpétuelles assignée sur ces biens sont immeubles. Si ces rentes sont vendues, elles sont cependant réputées être meubles. Atout peu négligeable de ces rentes pour le crédirentier, elles étaient garanties sur des biens immobiliers au sens économique moderne du terme, ce qui pouvait mener à terme, si le bien concerné était trop chargé de rentes, à son aliénation, car le crédirentier était tenu pour être créancier prioritaire. Existait néanmoins la possibilité pour le débiteur de la rente de racheter la rente émise lorsque celle-ci était vendue à un tiers, soit contre le montant payé par l'acheteur, soit contre le payement d'une somme forfaitaire représentant douze à vingt-quatre fois le montant d'une annuité. Relevons finalement que ces rentes constituées se multiplient à partir du XIIIe siècle, période de croissance urbaine et de poussée démographique forte, suscitant alors des plus-values importantes pour les détenteurs de maisons occupées par plusieurs locataires[8].

1323 quand Elisabeth Heerkens, promet de donner à Elisabeth Pestre de Saint-Géry une rente annuelle d'un montant de 10 sous, monnaie courante, chaque année, garanti par une moitié de cens de 28 sous et six deniers de rente héréditaire que la dite Elisabeth Heerkens possède sur le bien-fonds situé devant le courtil « den wijngaard (le vignoble) », bien-fonds au-dessus duquel réside le tisserand de lin Jan Coninc (Archives du Centre Public d'Action Sociale de Bruxelles (ACPASB), fonds O, chartes diverses, acte du 26 mai 1323). Sur le concept de parcellisation des intérêts économiques qui touche tant le secteur immobilier, que le commerce ou la finance médiévale, voir Kusman, David, *Usuriers publics et banquiers du Prince. Le rôle économique de financiers piémontais dans les villes du duché de Brabant (XIIIe-XIVe siècle)*, Turnhout, Brepols, 2013 [Studies in Urban History, 28], p. 275 et p. 337.

8 C'est la conclusion qu'on peut tirer de la lecture de l'excellent résumé de la problématique dans Godding, Philippe, « Droit et paysage urbain : les répercussions du système hypothécaire dans les Pays-Bas méridionaux (14e-18e siècles) », *Mélanges Mina Martens*, Bruxelles, 1981 [Annales de la Société Royale d'Archéologie de Bruxelles, 58], p. 91-102 et pour les aspects légaux *Idem*, *Le droit privé dans les Pays-Bas méridionaux du 12e au 18e siècle*, Bruxelles, 1987 [Mémoires de la Classe des Lettres de l'Académie Royale de Belgique, collection in-4°, 2e série,14/1], n° 200, p. 147.

RENTES VIAGÈRES

Les rentes viagères étaient constituées durant la vie du crédirentier. Contre payement d'une somme celui-ci recevait, sa vie durant, le droit de percevoir l'intérêt de ce revenu. Initialement tenues pour être des biens meubles, notamment les rentes viagères émises par les villes, à la fin du Moyen Âge, les rentes finissent par être identifiées à des biens immeubles dans certaines régions (principauté de Liège, Anvers, Bruxelles). Leur taux fluctue en Brabant entre 10 % et 14,28 % mais il pouvait descendre plus bas ou monter plus haut, selon la confiance que le débiteur (collectivité ou personne privée) inspirait à son créancier et selon son origine géographique plus ou moins éloignée[9].

Localité	Statut de la rente	Taux	Date
Pays-Bas méridionaux en moyenne	Communale	12,5 %	XIIIe s.
Arras	Communale	15,38 %	1241-1244
Bruxelles[10]	Ecclésiastique	16,1 % (taux moyen)	1263-1280
Tournai	Communale	11,54 %	1268
Villers-la-Ville	Ecclésiastique (abbaye)	7,5 %	1273
Anvers	Communale	9,09-12,5 %	1340-1344
Bruxelles et Louvain	Communale	14,28 %	1356
Bruxelles	Communale	10 %	1372
Louvain	Communale	13,3 %	1372

FIG. 1 – Taux d'intérêt des rentes viagères négociés en Brabant et dans quelques villes des anciens Pays-Bas (XIIIe-XIVe s.)

9 Données extraites de Dickstein-Bernard, *La gestion financière*, *op. cit.*, p. 187 ; Godding, *Le droit privé*, *op. cit.*, n° 828, p. 484 ; Munro, John, « The Usury Doctrine and Urban Public Finances in Late-Medieval Flanders (1220-1550) : Rentes (Annuities), Excise Taxes, and Income Transfers from the Poor to the Rich », *La fiscalità nell' economia europea*, *op. cit.*, p. 973-1026, p. 983-984 ; Kusman, *Usuriers publics*, *op. cit.*, p. 31 et p. 59.

10 Entre 1263 et 1280, l'abbaye rhénane de Kornelimünster, lourdement endettée, se voit obligée de faire appel au marché brabançon des capitaux ; compte tenu de sa situation financière désastreuse, il est hautement probable que le taux d'intérêt, négocié auprès de prêteurs privés bruxellois, provenant des élites urbaines et des groupes commerçants intermédiaires, reflète le taux du marché demandé par les créanciers pour les débiteurs étrangers au duché (Kusman, *Usuriers publics*, *op. cit.*, p. 31).

Rentes perpétuelles comme rentes viagères, lorsqu'elles sont émises par la ville, sont payables chez le changeur communal, une pratique probablement courante aussi pour les crédirentiers et débirentiers privés, puisque que de nombreux changeurs communaux au XIVe siècle exerçaient également leur office à titre privé[11]. Les rentes assises sur des biens-fonds urbains bénéficient d'ailleurs de la garantie municipale et sont scellées par deux échevins[12].

Rappelons-le, les rentes perpétuelles ou viagères correspondaient à la vente d'un droit de percevoir un revenu futur ; elles n'avaient donc rien d'usuraire. Il semblerait donc qu'on soit bien éloigné, a priori, de la spéculation. Cependant, la connexion entre l'office de change d'une ville et le paiement de la rente viagère (ou perpétuelle) en fait un instrument financier plus complexe qu'il n'y paraît au premier abord et plus éloigné qu'on ne le dirait d'un « bon placement de père ou de mère de famille », une sorte d'assurance-vie où ceux qui avaient la malchance de mourir plus tôt que les autres payaient pour ceux qui dépassaient les espérances de vie moyenne[13]. Examinant les finances des villes hanséatiques entre 1250 et 1490, Hans-Peter Baum met en lumière un important taux de renouvellement des rentes perpétuelles ; seul 25 % de ces rentes à Hambourg étaient d'anciennes rentes, les autres étaient rachetées par la ville émettrice. Les rentes étaient achetées et vendues par des investisseurs d'une manière similaire à des investisseurs actuels en actions, elles pouvaient être engagées ou financer des entreprises commerciales, voire servir de moyen de paiement. Leur taux d'intérêt était très bas, autour de 5 %[14].

L'imbrication entre finances publiques, dette publique et finances privées est évidemment inhérente à une possibilité de spéculation. Travaillant sur les liens des réseaux de crédit des financiers d'Asti avec les finances de Malines au bas Moyen Âge, j'ai pu observer que les rentes viagères pouvaient servir de compte courant afin d'effectuer

11 Dickstein, *La gestion financière*, *op. cit.*, p. 194-195 et p. 311.

12 Tracy, James D., « On the Dual Origins of the Long-Term Urban Debt in Medieval Europe », *Urban Public Debts. Urban Government and the Market for Annuities in Western Europe (14th-18th centuries)*, éd., M. Boone, K. Davids et P. Janssens, Turnhout, Brepols, 2003 [Studies in European Urban History, 3], p. 13-23, p. 15.

13 Boone, Marc, Davids, Karel, et Janssens, Paul, « Urban public debts from the 14th to the 18thy century. A new approach », *Urban Public Debts*, *op. cit.*, p. 3-11, p. 7.

14 Baum, Hans-Peter, « Annuities in Late Medieval Towns », *The Business History Review*, vol. 59/1, 1985, p. 24-48, p. 31-34.

des virements en monnaie bancaire vers un tiers ou encore être investies dans des entreprises spéculatives (taux de rémunération de 25 % dans certains cas), telle la banque de prêt des Lombards de Malines[15]. Remarquons également en passant que les fermiers des assises de cette cité, lorsqu'ils avaient besoin d'une avance pour assurer le payement de la ferme des assises communales, souscrivaient des emprunts à très court terme auprès des Lombards de la ville, un mode de refinancement également patent à Mons en Hainaut pour les fermiers des assises à la même époque. Ne l'oublions pas, la fiscalité indirecte, les assises, alimentait principalement le financement du payement annuel des rentes viagères[16].

D'un droit de percevoir annuellement un revenu, la rente viagère avait évolué vers un capital circulant entre plusieurs mains. Ce phénomène était somme toute prévisible puisque c'étaient les changeurs communaux qui, dans leur rôle de banquiers, avaient la responsabilité de recevoir l'argent des crédirentiers achetant les rentes, d'une part, et d'autre part, de payer les annuités à ceux-ci : les graines pour la formation d'une monnaie bancaire étaient donc semées dès l'origine. Les acheteurs de rentes passaient des ordres d'achat par des courtiers-hôteliers qui étaient eux-mêmes en relation financière régulière avec les changeurs de la ville concernée par les émissions de rentes, par ex. ici, Bruxelles ou Malines. Les rentes étaient achetées, puis, selon l'intention du crédirentier, leur servaient un simple intérêt annuel, étaient investies dans le crédit lombard ou encore permettaient d'apurer des dettes par un virement d'un compte à l'autre.

15 Les « Lombards » étaient dans les anciens Pays-Bas, majoritairement originaires du Piémont, spécialement d'Asti.

16 Kusman, *Usuriers publics*, *op. cit.*, p. 284-289 et *Idem*, « Shylock reconsidéré dans le comté de Hainaut : une intéressante affaire d'usure en 1319-1320 », *Trulla et Cartae*, *op. cit.*, p. 313-340, p. 329.

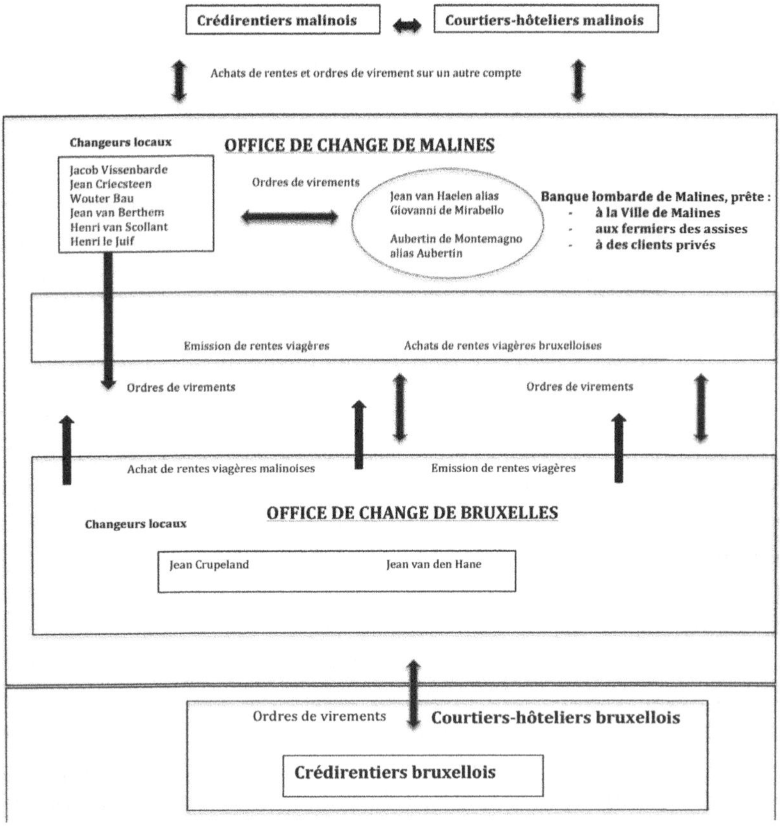

FIG. 2 – La rente viagère comme compte courant et instrument spéculatif, l'exemple du change de la ville de Malines vers 1311 (adapté et mis-à-jour de Kusman, *Usuriers publics*, *op. cit.*, p. 283).

LETTRES OBLIGATOIRES

Ces instruments de crédit sont des reconnaissances de dettes authentifiées par les échevins du lieu ou sous seing privé. La lettre obligatoire pouvait être transmise à un tiers chargé de percevoir le paiement pour le créancier principal. Cette clause au porteur a suscité de nombreux débats. Pour Des Marez, travaillant sur la lettre de foire et la lettre d'obligation et sa forme picarde du XIIIe siècle, le chirographe, le titre pouvait être transmis à des tiers en gardant sa force exécutoire de titre de créance, la transmission du droit s'opérant avec la clause au porteur sous la formule « à payer à lui ou à son mandataire » tout en ajoutant prudemment qu'il y avait encore loin pour identifier cette pratique à de l'endossement pur et simple[17]. Vingt ans plus tard, Bigwood, voulant dresser un tableau exhaustif du régime juridique et économique de l'argent au Moyen Âge, reprend la question de la clause au porteur et y voit une réponse juridique pragmatique à l'incapacité matérielle du créancier primitif de pouvoir poursuivre en justice en personne l'exécution de toutes ses créances. Il anticipait aussi comme Des Marez, les possibilités ouvertes par la transmission de la créance par simple remise du titre payable au porteur : le porteur devenait cessionnaire de la créance tout en ajoutant prudemment que cette évolution n'était pas achevée à l'époque étudiée[18]. Seul praticien de la chose bancaire aux côtés de juristes de formation, travaillant sur les origines de la lettre de change en 1953, Raymond De Roover montra que c'était la clause au porteur des lettres obligatoires circulant dans les anciens Pays-Bas, qui avait été décisive pour générer l'endossement sur les lettres de change à Anvers au XVIIe siècle, avant que l'historien-économiste van Herman Der Wee ne mette en lumière deux ans plus tard un exemple d'endossement sur une lettre obligatoire circulant à Anvers en 1536 même si, comme le signale Erik Aerts, le phénomène restait exceptionnel sur la place anversoise dans la première moitié du XVIe siècle[19]. Quant à Godding, en 1987, il est d'avis que c'est l'interprétation minimaliste de la clause au porteur qui vaut pour les

17 Des Marez, Guillaume, *La lettre de foire à Ypres au XIIIe siècle. Contribution à l'étude des papiers de crédit*, Bruxelles, 1901 [Mémoires couronnés et autres Mémoires publiés par l'Académie royale de Belgique, collection in -8°, 60], p. 35-38. Sur ces chirographes, voir la contribution récente de Howell, Martha, « Un réseau de crédit à Ypres au XIIIe siècle. Les reconnaissances de dette de 1249-1291 », *Histoire Urbaine*, 51, 2018, p. 19-40.

18 Bigwood, Georges, *Le régime juridique et économique du commerce de l'argent dans la Belgique du moyen âge*, 2 vol., Bruxelles, 1921-1922 [Mémoires de l'Académie Royale de Belgique, Classe des Lettres et des Sciences Morales et Politiques, collection in-8°, 2e série, 2/14], I, p. 507-515.

19 Aerts, Erik, « La lettre de change sur la place financière de Bruges à la fin du Moyen Age », dans G. de Clercq (éd.), *A la bourse. Histoire du marché des valeurs en Belgique de 1300 à 1990*, Paris-Louvain-la-Neuve, Duculot, 1992, p. 33-47, p. 40. Pour un survol récent et précis de l'évolution vers un endossement systématique des titres de créance, voir De Ruysscher, Dave, « Innovating Financial Law in Early Modern Europe. Transfers of Commercial Paper and Recourse Liability in Legislation and Ius Commune (16th-18th Centuries) », *European Review of Private Law*, 19, 2011, p. 505-518.

lettres obligatoires, à savoir celle d'une simple licence donnée au débiteur de payer le porteur des lettres plutôt que la version maximaliste, assimilant totalement le porteur au créancier originel dans ses droits, y compris pour agir en justice et donc pour l'exécution forcée sur les biens du débiteur[20]. Je montrerai cependant, dans la dernière partie, un cas d'exécution forcée sur biens, tendant à nuancer cette définition restrictive de la transmission de la lettre obligatoire.

On le voit, la discussion a évolué de la question d'une négociabilité pure de l'instrument de crédit vers celle de la circulation concrète de ces instruments et de leur enregistrement légal par les cours de justice. En Brabant, les contrats de prêt passés devant deux échevins avaient une force juridique supérieure à ceux qui étaient passés sous simple lettre obligatoire privée. La lettre obligatoire bruxelloise, dont les principes avaient été codifiés par une charte du duc de Brabant en 1291 (*cf.* fig. 3), établissait très clairement cette suprématie juridique en permettant notamment au créancier de faire saisir le bien immobilier du débiteur récalcitrant et de le faire vendre, si besoin était. La lettre échevinale faisait de son possesseur, en outre, un créancier prioritaire par rapport aux créanciers possédant des titres de créance simples passés sous seing privé.

- (...) Et en outre, nous voulons que toute dette enregistrée par lettres échevinales de la ville de Bruxelles et qu'on utilise en justice puisse donner lieu à paiement dans les 15 jours après qu'on l'ait exigée ou qu'on en fait la semonce et cela sur le marché ou devant la maison du débiteur
- Et si la dette n'est pas acquittée, les échevins et l'amman [officier ducal] feront saisir le bien du débiteur et nous [le duc de Brabant] en sommes garants
- Et si cela ne suffit pas les échevins et l'amman feront vendre le bien
- Et si le débiteur n'a pas de bien, on s'en prendra à ses cautions et à leurs biens
- Et si ni le débiteur principal ni les cautions n'ont de bien, ils seront emprisonnés
- Et nous voulons en outre qu'un débiteur ayant fait l'objet d'une semonce ne puisse aliéner son bien avant d'avoir satisfait son premier créancier.

FIG. 3 – La garantie bruxelloise des lettres échevinales,
synonyme d'une exécution forcée rapide sur les biens du débiteur récalcitrant
(extrait d'une charte ducale du 1er mars 1291, éd. Favresse, Félicien,
« Actes intéressant la ville de Bruxelles. 1154 – 2 décembre 1302 »,
Bulletin de la Commission Royale d'Histoire, t. 103, 1938, p. 355-512, n° 40, p. 477).

20 Godding, *Le droit privé*, *op. cit.*, n° 744, p. 424-425.

À Bruxelles, la clause au porteur valait aussi pour les contrats de prêt lombard (émis par des financiers piémontais), c'est ce que nous apprend incidemment le texte d'une consultation de l'Université de Paris en 1319, demandée par le duc de Brabant et la ville de Bruxelles, afin de savoir si les échevins authentifiant les reconnaissances de dettes à des Lombards, étaient susceptibles d'encourir l'excommunication pour avoir authentifié des contrats usuraires. Aux termes des décrets du concile de Vienne, publiés par le pape Jean XXII en 1317, les autorités publiques authentifiant des contrats usuraires étaient en effet menacées d'excommunication et tout le débat tourna autour de la réputation ou non des « Lombards » comme usuriers publics, donc comme spéculateurs coupables de gains illégitimes. Pour les financiers d'Asti, ou le bénéficiaire de leurs créances, passer des contrats de prêt par lettres échevinales leur permettait de faire prononcer des jugements d'exécution forcée sur les biens du débiteur récalcitrant, une faculté juridique cruciale lorsqu'on sait que les lettres obligatoires étaient généralement garanties par les biens meubles et immeubles du débiteur. C'était là un privilège considérable puisque les lettres échevinales bruxelloises pouvaient faire foi contre leur débiteur jusqu'au nord du duché, comme attesté en 1325[21]. Leur format était concis (*cf.* fig. 4.), tout comme les chirographes.

21 Kusman, David, « Textes concernant une consultation de l'Université de Paris par le duc de Brabant et la ville de Bruxelles en 1318-1319 : Lombards et pouvoirs en Brabant au début du XIVe siècle », *Bulletin de la Commission Royale d'Histoire*, t. 161, p. 171-225, p. 220 et *Idem*, *Usuriers publics*, *op. cit.*, p. 93 et p. 208. L'article fondateur sur l'emploi des lettres échevinales reste celui de Godding, Philippe, « Les conflits à propos des lettres échevinales des villes brabançonnes (XVe-XVIIe siècles) », *Revue d'histoire du droit*, vol. 22, 1954, p. 308-353. Confirmation tardive de la portée des lettres échevinales bruxelloises et louvanistes s'étendant à tout le duché en 1408, par le conseil de Brabant : *Idem*, *Le Conseil de Brabant sous le règne de Philippe le Bon (1430-1467)*, Bruxelles, 1999 [Mémoire de la Classe des Lettres Collection in 8°, 3e série, t. XIX], p. 64, n. 147.

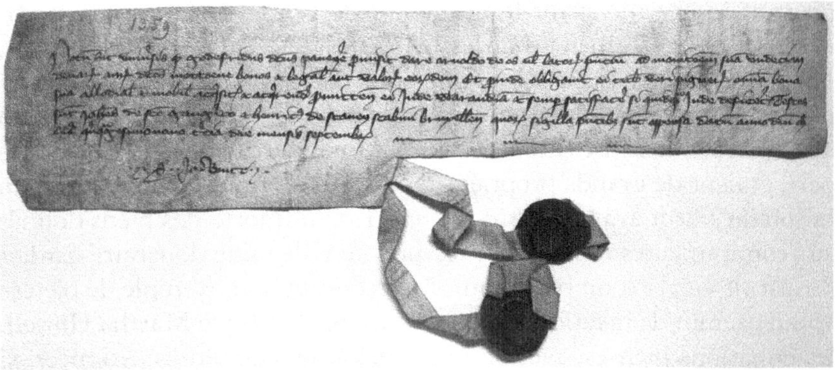

FIG. 4 – Lettre d'obligation passée par Godefroid dit Paveyere, envers Arnould d'Oss ou le porteur de cette reconnaissance de dette pour une somme de 11 deniers d'or remboursables à la semonce du créancier, et pour laquelle il a obligé au titre de gage tous ses biens allodiaux et mobiliers qu'il a acquis et qu'il acquérera. La reconnaissance est passée devant les échevins de Bruxelles Jean de Saint-Géry et Henri de Staven – qui ont apposé leur sceaux – et enregistrée par le clerc communal Jan Bont. Parchemin, longueur 22 cm, hauteur, 5,5 cm (ACPASB, Fonds O, charte du 3 septembre 1359).

La question de la représentation proportionnelle de ces instruments de crédit que sont les lettres obligatoires et les lettres échevinales dans les patrimoines familiaux mérite qu'on s'y intéresse afin de tenter d'évaluer l'importance de cette circulation dans la société urbaine médiévale, laquelle reste malgré tout majoritairement en déficit de numéraire. Tout comme les objets matériels circulants dotés d'une valeur économique, les titres de crédit peuvent-ils pallier ce déficit et si oui, cette fonction économique se ressent-elle dans les états de biens[22] ? Loin de répondre à cette question, mon analyse n'offre qu'un survol très exploratoire de quatre patrimoines très différents, sans prétention aucune à établir une valeur quantitative absolue. L'hétérogénéité des sources médiévales préservées sur les patrimoines, saisies judiciaires, testaments, donations ecclésiastiques ne permet pas de se faire une idée exhaustive des patrimoines médiévaux : des donations *inter vivos*

22 Rodríguez, Ana, « Conclusions », *Objets sous contrainte. Circulation des richesses et valeur des choses au Moyen Âge*, dir., L. Feller et A. Rodríguez, Paris, Publications de la Sorbonne, 2013, p. 419-428, p. 428.

peuvent intervenir avant le testament de l'intéressé(e) et des modifications aux testaments ou des codicilles peuvent avoir été perdus. Finalement, autre biais statistique pour notre connaissance des patrimoines familiaux, nous sommes tributaires d'une surreprésentation de donations aux institutions ecclésiastiques parce que celles-ci, d'une part, étaient de grands propriétaires du sol urbain et, d'autre part, en raison du statut avantageux des biens de mainmorte des biens donnés aux communautés religieuses présentes en ville : si le donataire gardait l'usufruit viager d'un bien donné à un couvent, par exemple, le bien se voyait exempt de taxation urbaine[23]. Comme l'indique Martha Howell, les donations pieuses, avec leurs énumérations de rentes assignées, si elles éclairent la sensibilité religieuse du donataire ne disent rien de son patrimoine propre[24].

Dans le premier exemple de patrimoine, on retrouve ainsi des reconnaissances de dette dans des proportions très importantes, chez un patricien douaisien partisan du roi de France en 1306 (dont les biens avaient été confisqués) : 77 % mais également des rentes perpétuelles, des rentes viagères. Les instruments de crédit sont majoritaires par rapport aux placements, qui d'un point de vue économique moderne peuvent-être considérés comme des immeubles, à savoir les maisons, estimées ici par le patricien douaisien concerné par la confiscation en revenu de rentes annuelles, presque à l'exemple d'un rôle d'impôt moderne, où c'est le revenu cadastral de la maison qui établit la fortune immobilière taxable[25].

23 Dernier état de la question dans Boone Marc et Billen, Claire, « Taxer les ecclésiastiques. Le laboratoire urbain des Pays-Bas méridionaux (XIIe-XVIe siècles) », *El dinero de Dios. Iglesia y fiscalidad en el occidente medieval (siglos XIII-XV)*, éd., D. Menjot, M. Sanchez Martinez, Madrid, Ministerio de economia y hacienda. Instituto de Estudios Fiscales, 2011, p. 273-288.

24 Howell, Martha, « Fixing Movables : Gifts by Testament in Late Medieval Douai », *Past and Present*, vol. 150, 1996, p. 3-45, p. 4 et p. 13.

25 Espinas, Georges, *Les finances de la commune de Douai, des origines au* XVe *siècle*, Paris, 1902, p. 124-135.

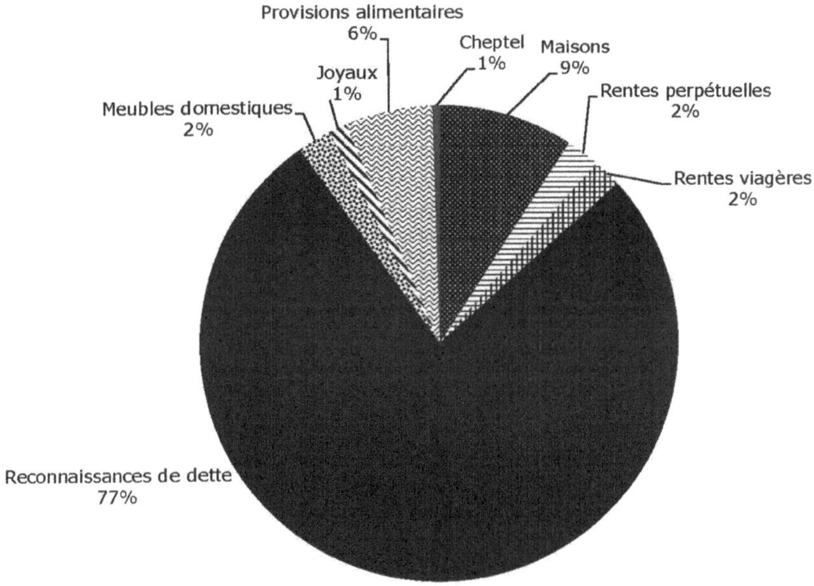

FIG. 5 – La répartition du patrimoine d'un patricien douaisien vers 1306, (valeur approximative en livres parisis) pour une estimation totale de 1018 livres d'après Espinas, *Les finances*, *op. cit.*, p. 124-135.

En 1330, chez un financier d'Asti (fig. 6), ancien receveur princier, inséré dans des réseaux marchands suprarégionaux et dans la haute-finance, on constate une répartition du portefeuille d'avoirs plus équilibrée : des immeubles comme des bois, une maison, même si sa valeur est négligeable, des seigneuries acquises par achat ou saisies (36 %), des parts dans les banques de prêt lombard du Brabant et dans les avoirs mobiliers, des reconnaissances de dette (26 %), de l'argent comptant. La possession en nombre d'instruments de crédit est un élément de distinction sociale.

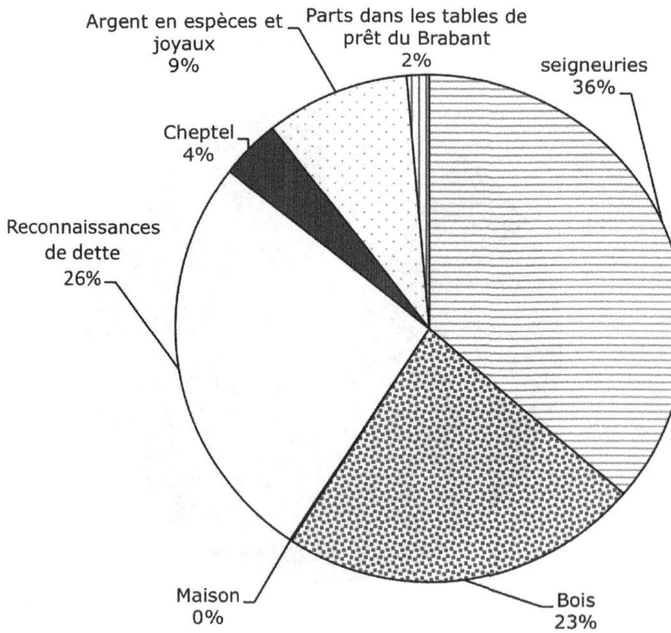

FIG. 6 – Patrimoine confisqué du banquier d'Asti Giovanni de Mirabello pour une valeur totale de 104.800 livres, vers 1330 (estimation en livres tournois), d'après Kusman, *Usuriers publics*, *op. cit.*, p. 358-359.

La connotation élitiste des instruments financiers se trouve confirmée par les deux états de biens suivants. D'abord, un état des actifs et passifs d'un modeste couple de drapier établi à Gand en 1360 (fig. 7) où les avoirs sont répartis à part égale entre un stock de produits textiles bruts et finis, une maison et une demi maison avoirs légalement mobiliers selon la coutume gantoise, et un passif équivalent consistant en dettes d'une valeur médiane de 2,5 livres de vieux gros généralement contractées chez des teinturiers, des fournisseurs de laine et des prêteurs appartenant au patriciat gantois. Ces dettes sont contractées de manière orale, c'est la place classique prise par le crédit informel dans les métiers textiles[26].

26 Hutton, Shennan, *Women and economic activities in late medieval Ghent*, New York, Palgrave, 2011, p. 106-107.

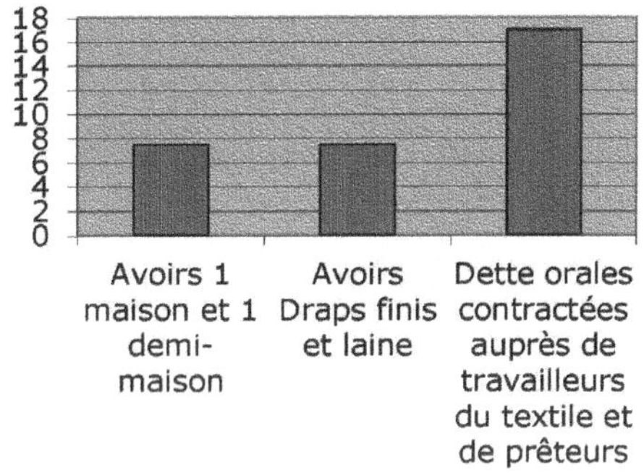

FIG. 7 – Actif et passif d'un couple de drapiers issus de la classe moyenne, Gand, 1360, exprimé en livre de vieux gros, d'après Hutton, *Women*, *op. cit.*, p. 106-107.

Y compris dans la bourgeoisie aisée de Douai, chez, Marie Le Grand (fig. 8), propriétaire de sa maison en 1402, c'est la maison qui constitue une part non-négligeable des avoirs (35 %)[27], pas d'instruments de crédit non plus, de l'argent en espèces et des joyaux, du mobilier, parfois très luxueux des vêtements et des tenues d'apparat, constituent une source de richesse. C'est là d'après selon Martha Howell, travaillant sur Douai, une source circulante de revenus très rapidement monnayable, elle-même source de crédit à une période, les XIVe et XVe siècles, d'extrême instabilité monétaire, de variation importante de prix des matières premières et d'insuffisance chronique du stock de monnaies d'argent en circulation[28].

27 Howell, Martha, *The marriage exchange. Property, social place and gender in cities of the Low Countries, 1300-1550*, University of Chicago Press, Londres, 1998, p. 66-68.

28 Howell, *The marriage exchange*, *op. cit.*, p. 56-57.

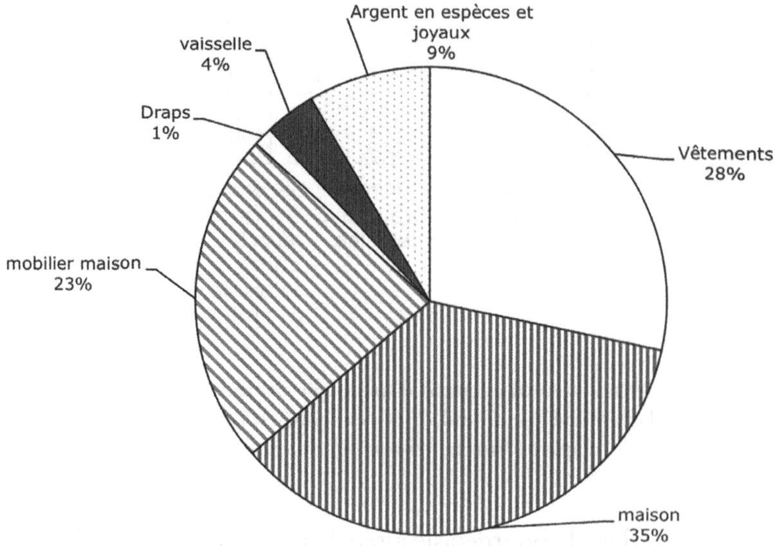

FIG. 8 – Testament d'une bourgeoise aisée de Douai en 1402, exprimé en livres parisis, pour une fortune totale de 226 livres parisis, d'après Howell, *The marriage exchange*, *op. cit.*, p. 66-68.

Lorsqu'il est présent en proportion significative dans les patrimoines, l'instrument de crédit, doté de signes de validation d'une autorité publique, qu'il s'agisse d'une lettre obligatoire scellée ou d'un chirographe est un élément de distinction élitiste (en 1422, faire rédiger une lettre échevinale par le secrétaire communal de Bruxelles coûte en moyenne 5 d. vieux gros, le même prix que le revenu annuel d'une rente perpétuelle assignée à Bruxelles sur deux maisons par exemple[29]). Enregistrer le crédit a un coût qui permet de faire le départ entre bourgeoisie super-riche, bourgeoisie aisée et classe moyenne au bas moyen-âge, coût financier, mais également coût social, car faire exécuter rapidement une sentence d'exécution sur les biens d'un débiteur défaillant devait aussi dépendre de son

29 Archives de l'État à Forest, Archives ecclésiastiques de Brabant, Archives du chapitre Sainte-Gudule, n° 1389, compte de 1423 à 1447, f° 15r°-17r°. Dans le même sens, Billen, Claire et Kusman, David, « Les affaires la clientèle et les scrupules de Jehan Biérenghier, usurier tournaisien (+1305) », *Histoire urbaine*, *op. cit.*, p. 41-70.

capital social, de ses entrées au magistrat urbain. Si cet aperçu reste très parcellaire, ce qui en ressort est que le patrimoine entrant en compte pour les successions est surtout composé d'objets pouvant être capitalisés rapidement (des joyaux, de la vaisselle, des stocks de marchandises, des parts de maisons), subsidiairement de l'argent en monnaies sonnantes et trébuchantes et, seulement pour les plus fortunés, des titres de créance.

J'en viens à la seconde partie de cette contribution, portant sur des études de cas concrètes sur la circulation de titres de crédit et les effets de cette circulation.

PAPIERS DE CRÉDIT CIRCULANT
L'exemple des lettre obligatoires
et des titres de rentes perpétuelles

LA CIRCULATION DE LETTRES OBLIGATOIRES
DANS LE CADRE DE PROTO-DETTES SOUVERAINES EXTERNES

Je définirai ce concept de proto-dettes souveraines externes, en m'inspirant de la définition économique donnée par Reinhart et Rogoff, comme des dettes contractées par des états souverains déjà dotés d'une administration fiscale et dans l'incapacité d'assurer le paiement du principal ou de l'intérêt d'un prêt à la date convenue, imposant *in fine un rééchelonnement de la dette initiale sous des conditions moins favorables que les conditions initiales*[30]. Dans le contexte des états médiévaux, des dettes souveraines circulent et sont utilisées pour atteindre des buts d'accroissement territorial ou d'expansion politique. C'est une forme de spéculation appliquée à l'économie politique des souverains médiévaux, puisque les biens servant de garantie aux prêts vont parfois jusqu'à englober des domaines princiers.

Ainsi, en 1263, Philippe de Courtenay, fils de l'empereur de Constantinople, Baudouin II, suivant le conseil du roi de France,

30 Reinhart, Carmen. M. et Rogoff, Kenneth S., *Cette fois, c'est différent. Huit siècles de folie financière*, Paris, Pearson, 2010, p. 31.

vend tout le comté de Namur au comte de Flandre Guy de Dampierre, pour la somme de 20.000 livres parisis[31]. Sont compris dans l'achat, toutes les villes, châteaux, fiefs seigneuriaux, terres et bois, prés, terres cultivées et non-cultivées, revenus de toutes origine, c'est-à-dire à la fois les recettes provenant de l'économie domaniale mais également des recettes fiscales. La raison de cette aliénation hors du commun du comté de Namur est la suivante : Guy de Dampierre accepte, sur l'assignation expresse du fils de Baudouin de Constantinople, de payer au roi de France Louis IX la somme de 20.000 livres en 4 années. À charge – et ceci doit être souligné – pour le comte et la comtesse de Flandre de demander à la fin de ces quatre années, que toutes lettres faisant mention de cette dette à payer au roi de France soient annulées et qu'elles leur soient remises, et, que Philippe et sa famille soient tenus quitte de toute dette[32]. On peut imaginer que dans les garanties de ces lettres d'obligation, figurait l'engagement de tous les biens mobiliers et immobiliers de Baudouin. Baudouin de Constantinople, dans un acte ultérieur du mois de juin 1263, confirmant cette vente, passé à Paris prendra également la peine de renoncer à une dizaine d'exceptions de droit romain pouvant empêcher cette vente dont le dol et la lésion.

L'origine exacte de la dette namuroise est inconnue ; on peut toutefois présumer qu'il s'agit du soutien financier de saint Louis à l'empire latin de Constantinople dans les années 1240 qui est visé ici. Le besoin chronique d'argent était tel que vers 1237, la relique de la couronne d'épines du Christ, avait été engagée par des barons latins de l'empire à des banquiers vénitiens. Et c'est le roi de France qui payera la somme nécessaire à son rachat et la fera transporter vers la chapelle du palais royal à Paris[33]. Dès juin 1258, déjà, Marie de Brienne, épouse de l'empereur de Constantinople, avait cédé au roi

31 Brouwers, Dieudonné.-D., *L'administration et les finances du comté de Namur du XIIIe au XVe siècle. Sources, I. Chartes et règlements*, t. 1, 1196-1298, Namur, 1913, n° 146, 19 mars 1263.

32 *Solutis autem domino regi viginti milibus librarum predictis, volumus et concedimus quod littere de dicto debito eidem regi solvendo vel alie quecumque de dicto debito mentioni facientes quantum ad illum debitum nullius sint valoris et quod littere domine comitisse et comitis eis et eorum heredibus reddantur, ita quod tam comitissa quam comes penitus sint erga genitorem nostrum et nos ac etiam heredes nostros de dicto debito in omnibus et per omnia liberati* : Brouwers, *L'administration*, *op. cit.*, n° 147, p. 105. Allusion probable à cette dette de 20.000 livres également dans Bigwood, *Le régime juridique…*, p. 566, n. 2.

33 Le Goff, Jacques, *Saint Louis*, Paris, Gallimard, 1996, p. 140-146.

de France les châteaux et la terre du comté de Namur pour obtenir la libération de son fils, Philippe de Courtenay, détenu à Venise par ses créanciers, comme otage de la dette due aux banquiers vénitiens. Le roi de France s'était abstenu de prendre possession effective de ces domaines et avait demandé à Marie de Brienne de transmettre ces biens patrimoniaux à Marguerite, comtesse de Flandre, vassale du roi de France[34]. Le comte de Flandre est sans nul doute le souverain le plus riche des Pays-Bas méridionaux vers 1260, on peut donc comprendre que Louis IX, qui était en recherche incessante de fonds pour le financement de la croisade, ait préféré l'apport de recettes nouvelles à l'administration directe d'un domaine princier[35].

Si cette utilisation d'instruments de crédit par les comtes de Flandre pour poursuivre des buts d'expansion territoriale, était, entre les années 1260 et 1290, seulement anecdotique, nous ne nous attarderions pas sur la question. Toutefois, d'autres exemples attestent d'une économie politique raisonnée de la maison de Dampierre conditionnée par l'utilisation de ces proto-dettes souveraines.

Ainsi, en 1282, le comte de Gueldre, Renaud Ier souscrit deux emprunts d'un total de 3.900 livres de Louvain auprès du banquier d'Asti établi à Bois-le-Duc (en Brabant) Tadeo Cavazonne, afin de financer sa campagne militaire contre le duc de Brabant, qui revendique comme lui la possession du comté de Limbourg. La campagne militaire est un échec : Renaud de Gueldre perd définitivement la guerre en 1288 à la bataille de Wörringen, près de Cologne. Les dettes s'accumulent et avec elles, les pénalités financières à payer au duc de Brabant à la suite du traité de Paris, conclu en 1290. C'est là que le comte de Flandre Guy de Dampierre intervient, et propose

34 Wolff, Robert L., « Mortgage and Redemption of an Emperor's Son : Castile and the Latin Empire of Constantinople », *Speculum*, Vol. 29/1, 1954, p. 45-84, p. 54 et p. 62 avec la réserve que l'auteur semble parfois inutilement compliquer les transactions financières étudiées dans sa contribution.

35 Il ressort des comptes de la recette de Marguerite de Constantinople que Guy de Dampierre avait en fait acheté le comté de Namur pour une somme finale de 73.800 livres par. en 1264, soit l'équivalent de plus de deux années de revenus ! (Luyckx, Theo, *De grafelijke financiële bestuursinstellingen en het grafelijk patrimonium in Vlaanderen tijdens de regering van Margareta van Constantinopel (1244-1278)*, Bruxelles, Palais des Académies, 1961 [Verhandelingen van de Koninklijke Vlaamse Academie voor Wetenschappen, Letteren en Schone Kunsten van België, Klasse der Letteren, 39], p. 138-139).

de payer la dette piémontaise, laquelle entretemps, avec les intérêts compensatoires exigés, est montée à un niveau de 10.000 livres tournois, ce qui représente alors un cinquième de la dette publique totale du comté de Gueldre. Guy de Dampierre est aussi le beau-père de Renaud de Gueldre et l'intervention est bien sûr parfaitement justifiée par la solidarité d'un groupe familial aristocrate. La dette sera bien payée, deux ans plus tard, en 1293, et la reconnaissance de dette du comte de Gueldre se trouve actuellement toujours parmi les chartes du comte de Flandre (Archives de l'État à Gand, Fonds des Chartes de Flandre), un signe que le comte de Gueldre ne fut jamais en état de rembourser Guy de Dampierre. En échange du remboursement total de la dette publique de la Gueldre, en 1291, le comte de Gueldre avait dû remettre le gouvernement de sa principauté à des délégués du comte de Flandre qui allaient exercer la tutelle sur la Gueldre pendant cinq ans. La reconnaissance de dette principale du comte de Gueldre à Cavazonne comportait une clause au porteur – *ad suam voluntatem vel sui veri nuncii ad hoc per presentes literas deputati solvendarum* – et donnait la liste des garanties acceptées par le créancier dont les revenus des taxes de Driel, Lobith et Zuilichem, des riches tonlieux de passage pour les marchands hanséates venant commercer en Gueldre[36].

Bien entendu, cette maîtrise des finesses des lettres obligatoires et de leurs garanties demandées demandait des compétences qui n'étaient pas forcément possédées par le comte de Flandre. Celui-ci, pouvait, pour ces affaires de finance, se fonder sur son conseil et son hôtel, composés d'un certain nombre de marchands-fournisseurs d'origine toscane ou piémontaise ; on sait par exemple que les Bardi avaient des représentants dans le comté de Flandre dès le dernier quart du XIIIe siècle. À relever aussi est la présence importante de juristes pétris de droit romain dans le conseil comtal dès cette époque[37].

36 Kusman, David et Demeulemeester, Jean-Luc, « Connecting Regional Capital Markets in the Late Medieval Low Countries : The Role of Piedmontese Bankers as Financial Pathfinders and Innovators in Brabant, Guelders, Flanders and Hainaut (ca. 1260-1355) », *Economies, Public Finances and the Impact of Institutional Changes in Interregional Perspective*, éd. R. W. M. van Schaïk, Turnhout, 2015 [Studies in European Urban History, 36], p. 83-102, p. 83-91.

37 Gilissen, John, « Les légistes en Flandre aux XIIIe et XIVe siècles », *Bulletin de la Commission Royale pour la publication des Anciennes Lois et Ordonnances de Belgique*, 15/3, 1939, p. 117-231.

Dernier exemple de cette politique raisonnée de la dette souveraine, dans les années 1280, dans l'évêché de Liège, la même stratégie est à l'œuvre, à savoir le rachat ou la caution de Guy de Dampierre pour des dettes souscrites par le prince-évêque envers des banquiers de Toscane et du Piémont. Les lettres obligatoires sont rachetées, et en échange, une tutelle financière et politique est placée sur l'évêché de Liège[38]. On sait par ailleurs que les rachats de dettes lombardes étaient particulièrement coûteux, en raison de frais équivalents aux intérêts écoulés et non-perçus ; vers 1300, le receveur du comte de Hainaut, d'origine astésane, Giacomo de Catena, devant racheter des reconnaissances de dette de la ville de Binche aux Lombards de Grez, en Brabant, doit débourser des frais équivalents à un surcoût de 32 % du montant total de ces reconnaissances de dette[39].

RENTES PERPÉTUELLES ET SPÉCULATION IMMOBILIÈRE

Ouvrons le dernier volet de ces cas d'étude et intéressons-nous à la spéculation sur les titres de rentes perpétuelles dans le contexte d'opérations immobilières d'envergure. Le cas des travaux d'extension des enceintes urbaines est particulièrement révélateur parce que la dépression économique qui touche l'Europe du nord-ouest, affecte – certes avec des accents et des intensités différentes – l'économie des grands chantiers urbains, à une exception notable, celle des travaux de fortifications urbaines[40].

Dans le cas de Bruxelles, la construction de la seconde enceinte en 1357 s'accompagne de travaux d'ampleur, menés avec des expropriations de terrains et de bien-fonds[41]. En 1360, la ville émet des rentes perpétuelles pour financer cette campagne édilitaire par l'achat de terrains, d'abord à l'est de la ville, hors de la porte de Louvain, pour y faire creuser des fossés. Les rentes perpétuelles sont émises à un taux assez élevé de 7 %, ce qui en fait vraiment un placement intéressant.

---

38 Demeulemeester et Kusman, *Connecting Regional Capital Markets*, *op. cit.*, p. 88-89.

39 Archives Départementales du Nord à Lille, B.3268, compte des recettes et dépenses de l'hôtel de la comtesse de Hainaut, 1295-1304, f° 26v°.

40 Bois, Guy, *La grande dépression médiévale, XIVe et XVe siècles. Le précédent d'une crise systémique*, Paris, PUF, 2000, p. 71.

41 Dickstein-Bernard, Claire, « La construction de l'enceinte bruxelloise de 1357. Essai de chronologie des travaux », *Cahiers Bruxellois*, 35, 1995-1996, p. 91-128.

On constate assez vite une circulation assez rapide de ces titres de rentes. Le 26 novembre 1362, Jean Bloc de Waesmunster transmet en présence de la dame Marguerite Evercoys seigneur du fonds, une rente de 9 livres et 15 sous de monnaie courante – donc soumise à des fluctuations monétaires – au prêtre Jean Zoene de Maastricht, là où la ville édifie ses nouveaux fossés hors de la porte de Sainte-Gudule, assignées sur 10 verges de terre et un demi bien-fonds. À peine 2 mois plus tard, le 5 janvier 1363, Jean Zoene transmet cette rente à un autre prêtre, Jean Boydens, assignée sur les mêmes fossés de la ville[42]. Compte tenu de l'aspect attractif d'investir dans un quartier nouvellement conquis, situé juste hors de l'enceinte et pouvant être valorisé, quand il s'agit des fossés, avec la pèche[43], la transmission si rapide de ces titres ne peut sans doute s'expliquer que parce que la lettre de rente perpétuelle est le support d'opérations spéculatives.

La construction de la seconde enceinte intéresse aussi des investisseurs représentant des institutions de secours. Entre 1355 et 1360, le brasseur d'argent Henri Pèlerin, obtient, par un quasi-endossement des lettres obligatoires du premier créancier[44], des droits d'exécution de saisie immobilière sur les biens de débiteurs probablement situés dans un autre secteur d'expansion de la seconde enceinte de la ville, à l'ouest et

42 ACPASB, fonds O, chartes diverses, actes des 26 novembre 1362 et 5 janvier 1363.

43 Sur l'attractivité des fossés d'enceinte pouvant être commercialisés comme réservoirs à poissons : Deligne, Chloé, *Bruxelles et sa rivière. Génèse d'un territoire urbain (12e-18e siècle)*, Turnhout, 2003) [Studies in European Urban History, 1], p. 125, n. 526.

44 ACPASB, H. 273. Béguinage de la Vigne. Titres de rentes à charge de particuliers, actes de 1355 à 1360 : 1) lettre obligatoire de reconnaissance de dette de Catherine Ridderse envers Guillaume Hertog ou au porteur de la présente, pour une somme de 40 livres vieux gros tournois (29 mars 1355), somme pour laquelle Catherine engage tous ses biens allodiaux et mobiliers avec la mention au bas de l'acte *de H. Pelerin* désignant l'endossement et en mention dorsale que H. Pèlerin a obtenu la sentence d'exécution des échevins sur la débitrice le 29 avril suivant ; 2) attachée à la lettre obligatoire, lettre de notification des échevins de Bruxelles que l'exécution sur les biens de la débitrice a bien eu lieu au bénéfice de Pèlerin, sur l'avertissement de l'amman de la ville et le jugement des échevins (29 avril 1355) ; 3) lettre obligatoire de reconnaissance de dette de Béatrice Chelepoele envers son fils naturel Nicolas de Hoese ou au porteur de la présente, pour une somme de 5 livres vieux gros tournois, somme pour laquelle Béatrice engage tous ses biens allodiaux et mobiliers (10 décembre 1360) et en mention dorsale, *Beatrice de Chelpoele Henricus Pelegrinij* ; 4) attachée à la lettre obligatoire, lettre de notification des échevins de Bruxelles que l'exécution sur les biens de la débitrice a bien eu lieu au bénéfice de Pèlerin, sur l'avertissement de l'amman de la ville et le jugement des échevins (13 avril 1369-1370).

au nord. Pèlerin s'avère être en fait, en 1360, un intermédiaire financier travaillant pour le compte du Béguinage de la Vigne, dont les biens sont alors situés *extra muros*, au nord des remparts de la première enceinte[45]. Nous sommes donc en présence d'en transfert de lettres obligatoires à un tiers avec exécution sur les biens des débiteurs concernés. Il s'agit bien d'une politique raisonnée d'acquisition de prairies fertiles ou de titres de rentes assignés sur ces biens, notamment, vers l'ouest dans le quartier de la porte d'Overmolen et au lieu-dit « Ten Cruisken » également proche des fossés de la première enceinte (voir carte, ill. 6). L'acquisition de prairies, pouvant également être dévolues au pâturage, n'étaient pas sans intérêt pour un béguinage dont une partie des revenus provenait de l'artisanat textile. Ces biens et ces droits sont ensuite, jusqu'en 1374, cédés à la ville contre des rentes perpétuelles dont le revenu annuel peut parfois monter jusqu'à 180 livres[46]. Finalement, l'hypothèse que Pélerin ait pu bénéficier d'informations sur les zones d'extension de la future enceinte, à partir de 1355, afin de réaliser des plus-values immobilières, paraît plausible.

---

45 L'infirmerie du béguinage de la vigne dispense des soins aux pauvres malades et fait l'objet de nombreuses donations par les riches bourgeois de la ville dès le XIIIe siècle, cfr. Lefèvre, Godding, et Godding-Ganshof, *Chartes*, *op. cit.*, nº 107, p. 123 (octobre 1263) ; nº 259, p. 208 (17 mai 1287) ; nº 308, p. 234 (octobre 1291).

46 ACPASB, H. 273. Béguinage de la Vigne. Titres de rentes à charge de particuliers, actes de 1355 à 1360 et H. 272. Titres de rentes à charge de la ville de Bruxelles 1360 à 1599, actes de 1360 à 1374. Pèlerin achète parfois directement le titre de rente à charge de la ville à son bénéficiaire comme en 1373 lorsque dame Jeanne Cassart, une patricienne lignagère de la ville, transmet son titre de rente au financier du béguinage, d'un montant de quatre livres (acte du 11 janvier 1373).

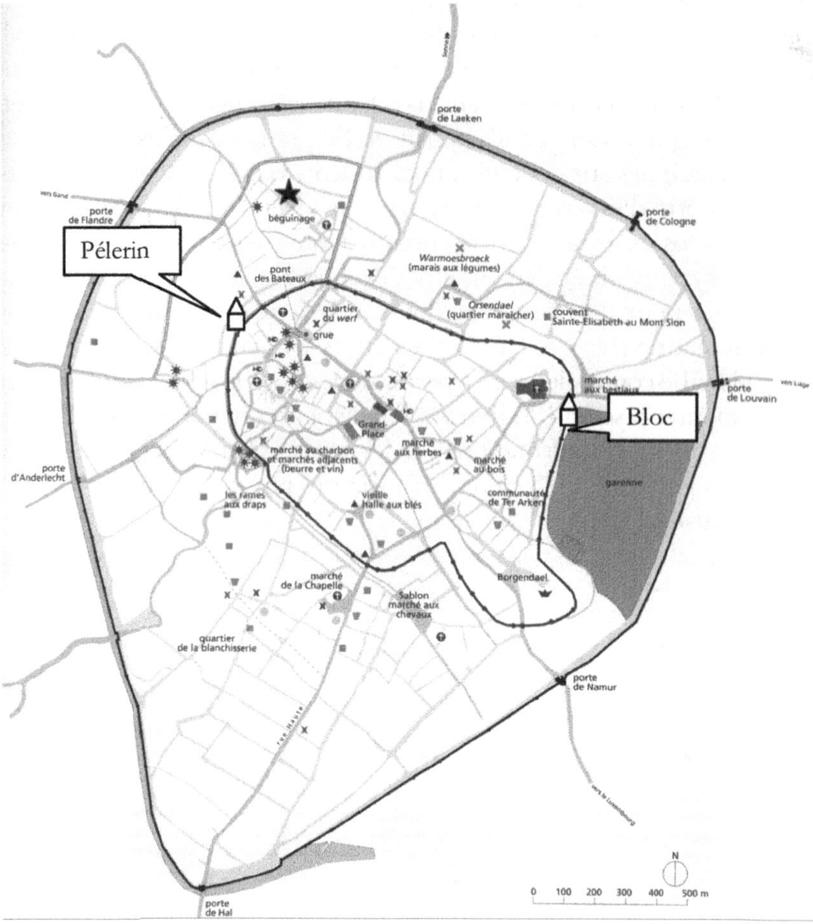

FIG. 9 – Carte de Bruxelles et représentation de l'extension de la seconde enceinte bâtie entre (1357-1379) par rapport à la première, adaptée de Billen, Claire et Duvosquel, Jean-Marie, *Bruxelles*, Anvers, Fonds Mercator, 2000, p. 173. À l'ouest de la ville, symbolisées par une maison, certaines des prairies et titres de rentes acquises par Henri Pèlerin pour le compte du Béguinage de la Vigne entre 1360 et 1374 (symbolisé par une étoile sur la carte). À l'est également symbolisé par une maison, la rente acquise par Jean Bloc en 1362 hors de la porte de Sainte-Gudule. Les métiers du drap sont symbolisés par les carrés.

PROPOS CONCLUSIFS
Penser les conditions de la circulation de titres de crédit au bas Moyen Âge

Il est patent qu'aux XIIIe et XIVe siècles, se mettent en place des mécanismes de circulation du crédit assez complexes et polymorphes que nous qualifierions volontiers, chaussés de bésicles du XXIe siècle, de spéculatifs. Cette circulation de titres de crédit peut s'intégrer dans une économie politique de la dette à une échelle internationale ou régionale : des reconnaissances de dette peuvent être émises par un prince à Venise et se retrouver dans les mains du roi de France, ou, dans nos régions, être cédée par un financier piémontais de Bois-le-Duc au comte de Flandre Guy de Dampierre, lorsqu'il cherche à asseoir son autorité sur le comté de Gueldre. La circulation de titres de crédit peut également être motivée par l'apparition conjoncturelle d'un marché immobilier suscité par des campagnes de travaux de fortification. Ainsi, un titre de rente perpétuelle, attractif par son taux d'intérêt, peut être acheté par un premier investisseur à la ville de Bruxelles puis cédé à un tiers qui le transmet à un troisième personnage moins de deux mois plus tard comme nous l'avons vu dans le cas des rentes perpétuelles émises par la Ville de Bruxelles à partir de 1360. Et, bien sûr, des profits calculés sur le changement de parité des monnaies sont sans doute pris en compte dans ce type de transaction. La rente viagère, autre outil conceptuel et financier évitant à son vendeur une condamnation usuraire, permet, elle aussi, de faire circuler du capital qui, *in fine*, peut alimenter des entreprises spéculatives, comme des placements dans la banque des Lombards, à Malines, dans le premier quart du XIVe siècle.

Pourtant, ces pratiques sont effectivement encadrées par un corpus de règles théologiques et de droit civil qui les rendent tout à fait honorables, en légitimant les conditions de la circulation du capital provenant du crédit. C'est une véritable économie théologico-politique du crédit qui se déploie, pour prendre l'exemple du Brabant : entre un premier avis donné vers 1267 par le dominicain Thomas d'Aquin à la duchesse régente Aleyde de Brabant, consacré à la situation juridique et économique des communautés juives dans le duché et entre la consultation, vers 1319, par le duc de Brabant et la Ville de Bruxelles, de théologiens et de juristes de l'Université de Paris sur le prêt à intérêt des financiers italiens en Brabant. C'est toute la question de la légitimité des gains découlant du crédit qui préoccupe tant le Prince que les élites urbaines. Dans son avis sur le gouvernement du duché, remis à Aleyde vers 1267, Thomas d'Aquin avait conclu positivement à l'utilisation fiscale des revenus usuraires du prêt d'argent pratiqué par les Juifs, *pour le bien matériel de la communauté*, sans aucun bénéfice moral. En 1319, les théologiens parisiens concluent à la responsabilité des échevins authentifiant des lettres obligatoires de prêt lombard car les financiers lombards, sont de notoriété publique des usuriers, ce qui signifie que les échevins encourent une sentence d'excommunication. En revanche, les canonistes et civilistes, plus pragmatiques, jugeaient que les magistrats urbains n'étaient passibles de peines spirituelles que s'ils étaient certains du caractère usuraire du contrat de prêt ; dans le doute, ils étaient lavés de tout soupçon[47].

Cette réflexion sur le crédit, nécessaire à l'activité économique, est évidemment symptomatique du foisonnement des techniques financières en Brabant. À côté du droit civil urbain, en vigueur dans les villes des anciens Pays-Bas, et relatif à la circulation des papiers de crédit, il est certain que dès 1300, dans les villes européennes dotées de techniques bancaires relativement perfectionnées, l'idéologie du don charitable entre en résonnance avec la doctrine du prêt à la cité, pour prendre l'exemple de l'émission de titres de la dette publique (rentes viagères ou perpétuelles). La charité volontaire rémunérée par le salut céleste est assimilée à la participation aux emprunts publics, récompensés par le versement d'annuités. Il est alors question d'une utilité commune, voire du bien commun économique, puisque les achats de rentes profitent à l'enrichissement de l'entièreté de la communauté des chrétiens de la cité. C'est la crédibilité de l'émetteur des titres qui importe : institutions ecclésiastiques (abbayes, églises) ou urbaines (villes, hôpitaux, etc.). Le commerce des rentes, lorsqu'il profite par exemple aux pauvres ou aux hôpitaux – comme dans le cas des opérations immobilières de Pèlerin – est tenu pour être parfaitement licite par les théologiens des ordres mendiants[48]. Pareillement, le comportement

47 Kusman, *Usuriers publics*, *op. cit.*, p. 48-50, p. 98-99, p. 235 et p. 322-325 : aux avis cités de Thomas d'Aquin et de l'Université de Paris, il faut ajouter l'avis donné par le franciscain John de Peckham entre 1274 et 1290 sur le crédit des Juifs et des Lombards.

48 Selon les pages lumineuses de Giacomo Todeschini, paru en 2002 dans son ouvrage, *I mercanti e il tempio*, désormais disponible en français : Todeschini, Giacomo, *Les Marchands et le Temple. La société chrétienne et le cercle vertueux de la richesse du Moyen Âge à l'Époque moderne*, Paris, Albin Michel, 2017, p. 186-189 et p. 335-340.

de Louis IX, rachetant à des banquiers vénitiens la couronne d'épines du Christ à Constantinople, point de départ des embarras financiers et politiques du comte de Namur, décrit à travers la grille de lecture de l'archevêque de Sens Gauthier Cornu, était vu comme celui d'un bon chrétien, restaurant à un objet sacré sa grandeur, faisant honneur au Christ et au royaume de France (donc au bien commun)[49]. C'est donc pour reprendre une image des penseurs franciscains du bas Moyen Âge, la circulation continue du capital, vertueuse, à l'opposé de sa thésaurisation, qui importe : quand les changeurs de Malines investissent des capitaux auprès des Lombards de la ville qui avancent eux-mêmes des capitaux aux fermiers des assises, lesquels sont responsables de la gestion de la fiscalité urbaine, dont dépend le payement des crédirentiers, l'argent circule et profite à l'ensemble de la cité.

L'existence d'un appareil idéologique rigoureux – théologique et juridique – pour penser la circulation du crédit, constitué dans le courant du XIVe siècle, ne doit pas, pour autant, nous dispenser d'observer la financiarisation naissante de certains secteurs de la vie économique dans les villes des anciens Pays-Bas à cette époque. Je ne mentionnerai ici qu'un pan de ces secteurs, celui du bâtiment et de la propriété immobilière en général. Le foisonnement des niveaux de possession et de résidence pesant sur l'habitat urbain (seigneur foncier, tenancier, locataire) avec des variantes extrêmement complexes dans les modalités d'exercice de ces droits : cens recognitifs, cens allodiaux, perception de rentes ou de revenus locatifs… induisait inévitablement une complexité croissante dans la perception des revenus et une parcellisation poussée des droits sur les bâtiments. Des mécanismes de sous-location qui nous échappent encore en grande partie devaient exister à Bruxelles, au XIVe siècle, comme à Lucques, deux siècles auparavant ; le marché de la terre devient plus un marché de la rente qu'un marché de transactions immobilières pures portant sur des biens physiques, les biens réels changeant concrètement peu de mains[50]. C'est la conclusion à laquelle

49 Todeschini, *Les Marchands*, *op. cit.*, p. 73-77.

50 Wickham, Chris, « Conclusions », *Le marché de la terre au Moyen Âge*, L. Feller et C. Wickham, dir., Rome, École française de Rome, 2005 [Collection de l'École française de Rome, 350], p. 625-641, p. 633. La parcellisation semble un phénomène courant dans les villes d'empire comme à Cologne à la même époque qu'à Bruxelles : Morsel, Joseph, « Le marché de la terre dans les régions de langue allemande à la fin du Moyen Âge : essai de bilan historiographique », *Le marché*, *op. cit.*, p. 77-98, p. 80.

arrive Emmanuel Grelois, étudiant le marché de la terre dans la petite ville de Clermont à la fin du XIIIe siècle, remarquant pour sa part un véritable marché financier de la terre[51].

Qu'est-ce-à dire ? J'avancerai que c'est peut-être la manière dont nous concevons le bien immobilier au bas Moyen Âge dans certaines villes d'Europe du nord-ouest qu'il faudrait reconsidérer, si des exemples similaires sont rassemblés en ce qui concerne le rapport des élites urbaines et des groupes médians à la propriété immobilière : lorsqu'un bourgeois très aisé de Douai considère, vers 1306, ses maisons en termes de revenus annuels plutôt qu'en valeur vénale, c'est un indice que ce sont les rentes plutôt que les maisons qui changent de main. Pareillement, la circulation rapide des titres de rentes, du premier acheteur à des tiers serait un indice à Bruxelles, si une étude d'envergure confirmait cette tendance, d'une financiarisation poussée du secteur immobilier à une période donnée. Il importerait, pour conforter cette hypothèse, d'évaluer précisément les intervalles entre l'achat d'une rente perpétuelle et sa cession à un tiers, les intervalles courts entre un achat et sa cession désignant alors des opérations de financement à court terme sur des montants réduits, ce qui compensait la faiblesse de la circulation monétaire[52]. Ce rôle de monnaie bancaire demanderait, pour être confirmé, des études comparatives par villes, d'un niveau de commercialisation comparable : en mettant en regard, systématiquement, les censiers reflétant l'intensité de la circulation de la possession immobilière avec les comptabilités princières et urbaines (lorsqu'elles existent), il faudrait être attentif aux périodes de frappe d'une nouvelle monnaie ou de variations monétaires intenses.

David Kusman
Archives du centre public
d'action sociale de Bruxelles

51 Avec trois quarts des transactions sur les biens concernant les droits pesant sur les biens immeubles, l'auteur est en mesure de distinguer un marché de la terre, un marché de la rente et un marché de la dette qui co-existent : Grelois, Emmanuel, « La terre, la rente et la dette : l'exemple de Clermont et de ses environs au XIIIe siècle d'après les fonds ecclésiastiques », *Le marché*, *op. cit.*, p. 405-427, p. 405, p. 411-412 et p. 419.

52 Morsel, « Le marché », *op. cit.*, p. 91-96.

THE "ÉCONOMIE SANS TRAVAIL" IN EARLY MODERN CASTILE

Credit and moneychangers

INTRODUCTION

Defining the "économie sans travail" in the late Middle Ages and the early Modern Castile is a complex endeavor. Nevertheless, this period is particularly appropriate to understand how the significance of some economic activities like financial business based on credit, that probably required less physical work than others, increased in premodern economies. Decades ago, important historians like M. M. Postan (1928, p. 234-261) and others published studies which introduced their colleagues into the world of credit. In his article, Postan denounced that the economic history of the medieval period and early Modern times had overlooked and neglected this issue. During the twentieth century, credit has been a topic that hardly appeared in the already numerous investigations. Nevertheless, in the last decades many researchers are trying to get a better grasp of this economic fact and new questions arise: What role did credit play in the economic development of that period? Was it truly relevant? What were the mechanisms which articulated credit operations throughout different periods (including the transition decades between the Middle Ages and the Modern Era), and over distant regions?

Specialists in economic growth such as A. Maddison (2007, p. 79-80) have emphasized the link between growth and credit during this period, when the rise of financial institutions and the emergence of diverse economic instruments allowed and improved the access to credit. The relationship credit-economic growth has been one of the bases for the changes that have taken place in the European economy since the Middle Age until our days. This is something well known in Italy and other regions, where many researchers have studied the role of credit[1]. However, beyond the economic nature of credit, well analyzed by researchers on financial history like H. M. Miskimin (1989, p. 284-285)[2], and given the importance it had in some past societies, some scholars have undertaken new studies on credit from different viewpoints, especially from a *social* perspective (Muldrew, 1998). Moreover, other authors have reflected about the role of economic agents traditionally neglected by historical research such as women, the importance of credit in the integration of peasantry and markets (Schofield, 2002), or the relationship between credit and conflict (Dijkman, 2011). In recent years the approaches have focused on the world of credit and debt (Carvajal, 2013 and 2017), throwing light upon the legal aspects involved, the hidden socio-cultural meaning of credit, the importance of reputation and trust. All these aspects are relevant to understand this new way of "économie sans travail".

The notion that credit was directly linked to trade has become the theoretical pillar of most studies devoted to the analysis of this economic phenomenon. The credit-trade binomium in the Middle Ages is already present in classical studies interested in "sale credits". However, scholars have tried to understand why and how new forms of credit were developed, forms of credit which eventually became systematized in the following centuries, thus serving the needs of the industrial revolution and the capitalist society, where capital was the basis of the financial system (Allan, 1984, p. 23). During the pre-industrial stage, credit was one of the pillars of the economic system which, from the Renaissance on, advanced steadily towards new forms of negotiation and exchange, boosting an "économie sans travail" in some sectors.

Yet, in spite of the importance of this topic, we may assert that credit (understood as private credit) has been neglected until very recently in those studies dealing with the Castilian economy, particularly during

1 One of the first compilations of research papers about credit in: Credito, banche e investimenti: secoli XIII-XX. Atti della quarta settimana di studio dell'Istituto Internazionale di Storia Economica F. Datini, Le Monnier, 1985, Firenze. New researchers continue studying in depth other aspects about credit: Giuffrida, A; Rossi, R. and Sabatini, G. (eds.), Informal Credit in the Mediterranean Area (XVI-XIX centuries), New Digital Press, Palermo, 2016.

2 He analysed the importance of credit in early Modern Age attending to the importance of commercial practices in the 16th century, which were similar to current practices. The study is different to others in the about the legal status of commercial instruments.

medieval times. Excluding the Jewish community, it is hard to find important evidences of new ways of work based on financial operations during the Middle Ages. In all fairness, we must acknowledge the work of several historians who have not failed to notice the significance of this issue (Ladero, 1991; al Hussein, 1986a, 1986b, 1986c and Casado, 2008; 2009). A good number of their analyses have been devoted to the examination of credit from the vantage point of the great commercial and economic centers during the late 15th and the early 16th century. By way of example, we might remember the international trade fair in Medina del Campo, which has provided the basis for sound studies about financial mechanisms as well as about the importance of credit in business and trade[3]. Other essays have focused on cities with a high level of economic activity, like Seville, in order to explain the initial organization of foreign credit in Castile and to identify its protagonists. Seville is an exceptional case study, and consequently it has been thoroughly examined in response to the intense attraction the city exerted on Castilian and Italian merchants, as well as other specialists in this "économie sans travail". Researchers have pointed up the early development of credit between both groups in that city (Otte, 1996). Still other studies have shown that credit was an economic and social phenomenon which transcended trade fairs, markets, and cities. H. Casado's dissertation (1987) is a good example of those essays which have taken into account the relevance of credit for an ecclesiastical institution, exploring the relationship between the Bishop, the Cathedral Chapter of Burgos and some small rural communities. And other studies about the role of women as moneylender complete this framework (Asenjo, 2009; Carvajal, 2017). From another perspective, several studies about the history of royal taxation have allowed us to gain a deeper knowledge of the relationship between credit and power. This field has been carefully examined in early Modern Spain (Carande, 1943). It is enough to observe some drafts given by the Catholic Kings to pay both local and foreign merchants who provided the Court with fabrics, silver, and other products thanks to the credit given.

---

3 About Medina del Campo fairs and its function as an economic center: al Hussein, F. H. A., *Las ferias de Medina y el comercio de la lana: 1514-1573*, *El comercio de los géneros textiles: seda, paños y lienzos »*, *« Los cambios en el mercado del dinero medinense*, *El gran crédito*, *El crédito popular: los censos*, in Lorenzo Sanz, E. (ed.), *Historia de Medina del Campo y su tierra: Auge de las ferias. Decadencia de Medina*, Valladolid, Vol. 2, p. 13-142.

As a contribution to this new set of concerns, the aim of this paper is to reflect on the role of credit and how it become a key factor to understand the development of new economic activities and the emergence of new professions. Credit relations were able to boost economic activities and, in particular, new kinds of work, different of the traditional one based on physical effort. Credit made possible the expansion of moneychangers, merchants and other businessmen interested in growing activities like international and local trade, banking and taxation. To do that, we base our reflections on information provided by notarial registries (Carvajal *et al.*, 2015) and sources of judicial nature[4] that enlighten our perspective about credit transactions and the complex world surrounding it.

THE CONTEXT
Economic growth, institutions and law

It is well known that Castile went through a period of economic splendor during the late 15th and the 16th century. The strong growth in Castile–above all endogenous growth–can be easily accounted for when taking into account the combination of factors such as the population increase, the development of an urban network, the improvement of domestic trade due to the emergence of fairs and markets, and the rise of international trade with other European regions. Obviously, in the 16th century the discovery of America provided an additional boost to the growth of the Castilian Crown (Casado, 2003; Yun, 2004). These factors coincide with the impulse given to the economy by the pre-modern state, reducing decentralized rent-seeking and fostering the creation of viable markets, following the example of Europe (Epstein, 2000), as we can easily perceive in the case of Medina del Campo, among other centers (Yun, 2004). The privileges granted to the fairs of May and October in the village led to the decline of other important fairs such as Valladolid, but the trend was clear: the expansion of fairs and markets throughout Castile. The fairs in Villalón, which celebrated the

4 The most remarkable judicial sources are lawsuits and resolutions from the *Archivo de la Real Chancillería de Valladolid*.

annual market during Easter, or the fairs in Medina de Rioseco, which held its most important meeting in August, were good examples of the role played by these institutions (Carande, 1987). Both, fairs and local markets became the best platform to propel credit operations and to promote new jobs and new ways of "économie sans travail".

All these ingredients created the necessary conditions for the increase of domestic economic activities and fostered a favorable climate for the expansion of local credit activities and for the arrival of foreign credit, which was channeled through merchants, bankers, and families who settled down in Castile's most dynamic cities. Moreover, the importance of other institutions in this period was relevant too. The increasing role of notaries, recording most of the credit operations and the strengthening of royal tribunals consolidated a good environment to do business and to use credit instruments (Carvajal, 2018a).

To understand the consolidation of credit and the emergence of new activities based on this financial issue it is necessary to explain the role of Castilian Law. Apparently, the development of credit in Castile at the end of the Middle Ages was similar to that registered in other European regions, more advanced in trading and financial matters. However, over two centuries had already gone by since the Italian towns took the lead in financial issues. While it is true that the sustained use of financial strategies and instruments is documented later than in traditional merchant areas like Italy or northern Europe, we have to admit that credit, as well as the necessary mechanisms for its development, was already in existence since at least the 13th century (Ladero, 1991). A different issue is whether we can gain some knowledge about the actual use of operations such as the *mutuum* or the *commodatum* (loans). The reading of the legal dispositions issued in Castile, since Alfonso X wrote *Las Partidas* in the middle of the 13th century, gives us a good insight into the existence of the above indicated tools[5]. King Alfonso's work, which would become the source of Castilian law until the 18th century, allows us to see how credit was known in the economy of that time and how people made use of it, even if maybe only as a legal framework.

From then on, in light of the subsequent dispositions issued by the Castilian Courts, there was an ongoing interest in legislating these

5 *Vid.* Partida V. *Las Siete Partidas del Sabio Rey don Alonso el Nono. Nuevamente glosadas por el licenciado Gregorio López*, Madrid, Boletín Oficial del Estado, 1985.

questions, in order to clarify those issues unsolved by *Las Partidas.* In the extant Court notebooks (*cuadernos de Cortes*) we can read how interest rates were capped so as to avoid usury or how laws were promulgated in an attempt to define financial tools as important as the obligations[6]. Therefore, in the 15th century, once established the legal framework during the previous centuries, the need of capital had solid bases on which to develop credit activities in the expanding Castilian economy.

A good example about the changes in the 15th century was the first ordinance about public banks in times of King John II[7]. The need for regulation of this activity was a first step in the strengthening process of banking activities. Moreover, it should be noted that the government program of the Catholic Kings led to a significant updating of the law to face financial problems like bankruptcies. At the same time, important legislative advances about credit came through the dispositions arising from the Courts of Toledo (1480), the Royal Ordinances in the 1480s, the reform of the Law of Notary (1503) or the Courts of Toro (1505). Kings also reinforced justice through the consolidation of the royal justice within a system where a diverse panel of jurisdictions coexisted. In addition to foreign stimulus, endogenous factors such as economic growth, political stability and the improvement of legal institutions allowed the expansion of new businesses based on credit.

THE NEED FOR CREDIT

Understanding the emergence of new financial activities requires a knowledge of the reasons that account for the expansion of credit in Castile. So, why did some people have to resort to credit? The explanation is complex. In an attempt to transcend the classical link between credit and trade already pointed out, we defend that two simultaneous facts could explain the use of credit and the emergence of businessmen that based their activities on credit: firstly, the raising credit needs that

6 *Cortes de los Reinos de León y Castilla*, Real Academia de la Historia, 1866, Ordinances of Alcalá (1348), p. 514-517 and p. 530-535.

7 Courts of Madrid (1435), laws 32 and 33; Courts of Toledo (1436), law 8.

were directly related to the intense economic growth and the increasing domestic demand and, secondly, the problems related with the evolution of Castile's monetary system during the 15th century.

CREDIT NEEDS

Some indicators help us to understand the bases of the economic growth trends and why the economy demanded more capital: the increasing population, from 3.4 million in the early 15th century to about 4.5 million inhabitants around 1530. A second step was the intense urbanization, fostering the creation and consolidation of urban markets. Moreover, in the countryside, rural communities improved the production of cereals, wine and industrial crops, as well as livestock and wool, resulting in the appearance of new rural markets. Consequently, the development of artisanship and protoindustrial activities in cities and its hinterland made possible the rise of supply, particularly based on goods like cloth and other textile products. The effects of these changes were especially intense in regions such as the surrounding countryside of Seville or the Duero valley (which concentrated almost a quarter of the population of the Crown of Castile). The economic growth, based on the increasing demand and supply in some economic spheres, required more capital and, consequently, more means of payment (coinage, financial instruments...) to meet both trends. In this context, credit became one of the most important ways to achieve the balance between demand and supply.

The need for credit grew in several economic sectors. It was the case of agriculture and livestock farming. Both activities could face important changes because of the capital availability, such as those observed in the small village of Fuente el Sol in the decade of 1480 (Herrero, 2010). Notarial records showed changes in land ownership through purchases on credit, allowing debtors to become farmers or letting farmers to expand their property. But credit operations were common in other businesses like the purchase of new tools and animals–such as oxen–which allowed different neighbors to use and share the same means of production. Finally, purchasing future harvests or products (olives, wool, etc.) through credit was another important operation, supporting the activity year by year. Urban and rural artisanship benefited from credit in the same way, improving working conditions and meeting their needs. Credit demand allowed artisans to purchase raw materials and tools or to rent spaces as workshops to carry out their activities. Besides, other professionals like butchers and businessmen developed their own companies, through credit operations, to provide goods like meat and other byproducts (Carvajal, 2018b).

Credit boosted different economic sectors and jobs because it became one of the most common means of payment, as different public and private sources, like private accounting notes and books, betray. Yet, not only farming or crafting reaped benefits from a greater availability of capital. The expansion of commercial activities, the connection between international and local trade and the rise of new markets and fairs stimulated the whole Castilian economy. As we have noticed after the analysis of different sources–notarial records and lawsuits, for instance (Carvajal et. al., 2015; Carvajal, 2017)–, it is easily arguable that the majority of the examined operations were based on the purchase on credit of some goods (fabrics, wool, jewelry, pepper, dyes, grain, and so on) by means of a financial tool, whether an *obligation*–a public instrument recorded in the notarial registries–or a *conocimiento*–a private contract among lenders and borrowers without public support. The rise in consumption was responsible for the increase of credit operations, but the impact on trade and production had more effects: credit became one of the best tools to improve investments and new businesses, like the foundation of trade companies that went beyond the geographical limits of Castile (Casado, 2015). Moreover, credit made possible other important operations and capital flows like rent payments. Particularly telling are the cases of loans requested by recurrent debtors who urgently needed money to face previous debts. Thus, there are cases of affluent families who provide us with interesting examples of over-indebtedness and, in the end, bankruptcy.

P. Spufford (2008) argued that, among merchants, coinage was rarely used in comparison with credit. His reflection is useful to widen our inquiry about the role of coinage during this period. Evidences show that trade and credit grew and supported each other, providing a balance between demand and supply. In this context, professionals on credit were necessary to move capital, above all when the Castilian monetary system went through different kinds of problems.

PROBLEMS IN THE MONETARY SYSTEM AND THE EXPANSION OF CREDIT

The references to the role played by Castilian financial and monetary system in the expansion during the 15th and early 16th century are scarce and always appear in a secondary position, linked to and dependent on previous activities: agriculture, artisanship or trade. But the connection between trade, credit and banking activities was the key question (De Roover, 1948). Castilians and foreigners demanded large amounts of money to increase consume and trade operations, to improve production through new capital investment and, in general, to do business. The increasing demand of money was coetaneous to numerous reforms in the Castilian monetary system (Ladero, 1988); for that reason, the development of the Castilian financial system and credit relations was a necessary condition for economic growth.

According to different Court notebooks and other references, four major problems altered the Castilian monetary system: problems on the value of coins, lack of money, currency outflows and counterfeit coinage. One of the most serious problems of currency in medieval Castile was fixing the value of each coin in terms of gold and silver. At the end of the 15th century and because of the variety of coins (excelentes, enriques, castellanos, reales, etc.), the uncertainty about the value was a reason of controversy. Until the pragmatics of Medina del Campo in 1497, there was no consolidation of a fixed exchange rate that persisted over time and favoured the normal use of coinage[8]. Another important problem was the lack of currency[9]. This problem worsened every time that Castilian Kings reformed the monetary system, as it was the case in the years following the reform of 1497. A good proof of this shortage was the letter sent by the Royal Council in 1497 to the treasurer of the Mint of Burgos. In that letter, the Council ordered the officers to send to the moneychanger Pedro de Monzón the amount of 20,000 reales in "new currency" of silver and fleece "by the lack of new currency to supply

8 About the discussion on this problem: Courts of Madrigal (1476), law 31 or Courts of Santiago and La Coruña (1520), laws 32 and 85.

9 Courts of Burgos (1512) request 22, "Otrosy suplican a V. A., que porque en estos rreynos ay mucha neçesidad de moneda menuda, suplican que manden en todas las casas de moneda de estos rreynos se labre algún bellon, porque dellos ay mucha necesidad. Que a su Alteza plaze de mandar labrar fasta en cunplimiento de tres quentos y medio que pareçe que al presente basta".

the village of Valladolid"[10]. The minor coins (made of silver and fleece) were scarce and the need for new means of payment increased quickly in economic centers like Valladolid and the surrounding area. The third problem was related with currency outflows. During the Middle Ages, and above all from the fifteenth century onwards, allusions to the problems suffered by the Kingdom and the poverty caused by the outflow of gold and silver coins were numerous[11]. That negative practice meant a meaningful reduction of money supply, above all among merchants and other businessmen that used gold and silver coins. Finally, other problem on the supply of currency in Castile was the counterfeit money. The claims about counterfeit coinage were numerous and became a major reason of worry for the Crown, which tried to provide new regulations and developed mechanisms of control to eradicate this practice[12].

In view of the monetary problems, how did commercial, productive and financial activities grow? Again, we must insist on the expansion of credit operations and how credit boosted purchases, loans, rents and many other businesses. The fuel of the Castilian economic growth came from the increasing money supply in terms of credit instruments, not currency. Given the scarcity of money and the problems above mentioned, credit became a means of payment with great liquidity. This assertion is based in evidence that shows how credit instruments were widely accepted. For example, instruments like obligations were generally accepted as a means of payment in other business different than the original. Moreover, like other historians have pointed out, we must know better the trends in the speed of circulation of money (Munro, 2008, p. 15-16). The speed of

10 Archivo General de Simancas (hereafter AGS), Consejo Real de Castilla, legajo 755-3, doc. 27. Valladolid, 1497, june, 26th.

11 Some examples about the problems stated in the Castilian Courts: Courts of Madrigal (1476), law 21; Courts of Toledo (1480), law 83; Courts of Valladolid (1506), request number 11; Courts of Burgos (1515), law 32; Courts of Valladolid (1518), request 16; Courts of Santiago and La Coruña (1520), law 4; Courts of Toledo (1525), law 4; Courts of Madrid (1528), law 17 or Courts of Madrid (1534), requests 11, 4 and 95.

12 During the late 15th century some claims against officials showed the problem of counterfeit money. For example, a request against Pedro Baile and Juan Martínez in 1487, AGS, Registro General del Sello (hereafter RGS), legajo 148703, 95 y RGS, legajo 148605, 117; another claim about this illegal practice in Cuenca, AGS, RGS, legajo 149003, 186; or a request to investigate about minting "false currency" in the Mint House of Burgos in 1490. AGS, RGS, legajo 149007, 100 Moreover, Castilian tribunals controlled these practices and there are some lawsuits about this respect: Archivo de la Real Chancillería de Valladolid, Registro de Ejecutorias, caja 98, 2.

circulation of money increased with the connection of markets and fairs, as was the case of Medina del Campo, Villalón and Medina de Rioseco. Yet, more important was the action of the agents that favoured credit transactions and developed new businesses based on credit.

THE PROFESSIONALS OF CREDIT

The rise of production and commercial activities required a large amount of capital which had to move rapidly because money supply went through important restrictions as I have explained. But the increasing speed of circulation of money added to the amount of available money thanks to the connection between markets, the use of credit instruments and, above all, the action of professionals able to mobilize it. The expansion of the new ways of payment made possible that merchants and businessmen developed important operations based on credit. Local and foreigners took part in these growing activities and some of them specialized their businesses through the establishment of "tables of exchange" or the earliest Castilian banks.

According to our survey, the great figures associated to credit in Castile were merchants, above all those coming from towns and important economic centres. Businessmen were responsible for providing credit to those who requested it in urban areas, both in bigger towns (Toledo, Córdoba, or Segovia) and in smaller ones. Data from different sources (lawsuits and notarial records) show how the professionals of credit arise among merchants and other specialists in financial issues like tax farming. One of the best known groups of creditors was the members of the Jewish community until their expulsion in 1492 (Crespo, 2002). Besides lending activities, it is well known the role of Jews and converts–after 1492–managing the most important taxes throughout Castile. These agents were specialists in financial transactions that somehow we can connect with the new activities characterized by a lower level of physical work (Ladero, 1975; 2002 and Ortego, 2012).

Great and small merchants and other professionals emerged during the 15th and the early 16th century. For example, in the case of Valladolid, special attention must be paid to the members of important families of moneychangers (Carvajal, 2016a; 2016b), like the Verdesotos or the Salinas, who also held the office of councilors (*regidores*) in the local governing body (*concejo*), along with some other businessmen. Valladolid was also the place of business and headquarters of notable families of Castilian merchants: the Encinas, the Calatayuds, the García Cocons, etc. It eventually became the residence of merchants arrived from other kingdoms, such as Aragón. A good illustration is the Daza family, who probably came from Calatayud after the marriage of King Ferdinand of Aragón with Isabella, Castile's Queen. Part of the family settled down in Valladolid, controlling from there their businesses at the fair of Medina del Campo[13]. Certainly, these businessmen played the role of credit agents eager to lend money wherever needed, as we have seen in the case of those merchants from Burgos who, during the 15th, controlled the wool trade and other important businesses. We just have to remember the companies created by merchants from Castile and seafarers from Burgos or Bilbao in order to export goods to northern Europe (Caunedo, 1984). The relation between them sprang up out of the need for each other: merchants eager to export their goods, seafarers willing to put their boats at the service of whoever paid them and capital investors who had the necessary credit.

Credit found a privileged environment for a steady growth in cities and beyond. Some small lenders in the countryside made possible investment to improve production and productivity (Carvajal, 2018b) or the foundation of small companies (Carvajal, 2015a). Credit became the base of important agreements between farmers, cattle breeders, artisans and so on. But credit made possible the expansion of small trade operations in villages well provided by some shopkeepers that became professionals of credit too.

The relation among the use of credit and the expansion of trade relations is undeniable, and the consolidation of the moneychangers in different centres reflects a process of professionalization of credit activities during the 15th century (Carvajal, 2015b). It is risky to write

13 The Daza family was neighbour of Calatayud (city in the Crown of Aragon) according to a marriage contract transfer signed on 12th December 1477. Archivo Municipal de Valladolid (AMV), Fondo Hospital de Esgueva, caja 388-42. We can study in depth Castilian credit and commerce in the first part of the 16th century from the data and references about the Daza family given by Herrero and Díaz (2009).

about bankers in Castile before the middle of the 16th century, with the exception of those Italian bankers established in the main cities of the Crown, but a group of businessmen began to diversify their economic activities, based on trade, including financial activities. References about public and private moneychangers settled in major cities like Seville or Burgos are numerous and they show their increasing importance in the daily economic life, at least since the Late Middle Ages (Ruiz, 1970). Castilian moneychangers were the spark of modern banking. In a first stage, their activity was characterized by being a complement of commerce. In this period there were few specialized moneychangers that focused on financial operations. Nevertheless, specialization went forward when credit activities plunged into different economic activities. The new professionals of credit concentrated their activities in different cities and in the most important fairs at the beginning of the 16th century, although their profession went through a period of uncertainty as shown by the numerous bankruptcies registered between 1480 and 1505. As it was the case among merchants, some families became prominent among moneychangers: the Leons and Herreras in Seville; the Paredes, Monzons or Verdesotos in Valladolid; the Santa Marias in Burgos; the Ortegas in Medina del Campo or the Frias in Segovia. All these families are good examples of the professionalization and progressive consolidation of moneychanger's family lines that transferred their businesses through generations.

Castilian moneychangers developed different functions but, above all, they were able to meet the demands of merchants and others that required capital. The main activities carried out by moneychangers were lending, accepting deposits, money-changing and discounting bills of exchange, as well as offering financial intermediation. Furthermore, moneychangers had an important role in the development of other activities like minting, controlling the quality of coins and putting/taking out coinage. Among all these functions, to our purposes, lending is the most relevant in order to understand how credit operations allowed some moneychangers to consolidate their businesses in centres like the aforementioned and others like Jerez de la Frontera, Córdoba, Toledo or Medina de Rioseco.

The notarial records from Medina del Campo and its surrounding area show the importance of credit operations for moneychangers. A 25 % of the operations registered, most of them *obligations* recorded during the fairs, had to do with lending money or accepting delayed payments of merchants and others. Local and foreign moneychangers, that moved their "banks" to Medina del Campo twice a year, sustained commercial activities. Moreover, they supported businessmen and small retailers, artisans and others acting as guarantors or financing the foundation of new companies (2 %).

		Operations	%
Credit	Loans and other credit operations	60	24,6 %
	Debts (as guarantor)	15	6,1 %
	Debts	10	4,1 %
Securities		15	6,1 %
Companies		5	2,0 %
Payments		73	29,9 %
Intermediation		66	27,0 %
Total		244	

FIG. 1 – *Operations made by moneychangers in the fairs of Medina del Campo (1514-1521).* Sources: Carvajal *et al.* (2015) From the notarial registries in the *Archivo Histórico Provincial de Valladolid.*

Finally, another aspect to highlight about the work of Castilian moneychangers and their contribution to the economic growth was their capacity to mobilize capital. Castilian moneychangers were one of the pillars to explain the increasing speed in the circulation of money. In particular, their function as financial intermediaries, whether accepting rights or giving them, fostered the number of financial transactions in a shorter period of time. The importance of this activity was relevant, as we have verified in the notarial registries. A 27 % of the recorded operations were about intermediation. Their role discounting bills of exchange slowly increased but, from the 1510s, it became ever more relevant.

CONCLUSIONS

We can affirm that during the Late Middle Ages some economic activities, less intensive in terms of physical work than others like farming or crafting, increased its importance. These activities played an essential role in the economic expansion of the Crown of Castile.

The need for money and the problems in the Castilian monetary system, unable to offer all the required capital, set up important limitations. But merchants and other businessmen played a fundamental role providing credit to different economic sectors and activities linked with production and trade. Moreover, the institutional framework supported these activities through the significant changes made in the Castilian law, the reform of the notary and the activity of tribunals as guarantors of private property rights.

The rise of money changing was a good proof of the new activities arising from the new financial system. Moneychangers settled in the most important economic centers became professionals of credit and financial intermediation. They laid the bases of local banking activities that, during the 16th century, played a basic role sustaining the increasing financial activity. Families like the Santa Marias, the Castros, the Maluendas, the Cocons or the Ruizs symbolized the importance achieved by this activity during the mid-16th century, a period of splendour for Castilians and for these new ways of "économie sans travail".

David CARVAJAL DE LA VEGA
Universidad de Valladolid

BIBLIOGRAPHY

AL HUSSEIN, Falah H. A., « Los cambios en el mercado del dinero medinense », in Lorenzo Sanz, E. (ed.), *Historia de Medina del Campo y su tierra: Auge de las ferias. Decadencia de Medina*, Valladolid, Excma. Diputación de Valladolid, 1986, Vol. 2, p. 67-92.

AL HUSSEIN, Falah H. A., « El gran crédito », in Lorenzo Sanz, E. (ed.), *Historia de Medina del Campo y su tierra: Auge de las ferias. Decadencia de Medina*, Valladolid, Excma. Diputación de Valladolid, 1986, Vol. 2, p. 93-122.

AL HUSSEIN, Falah H. A., « El crédito popular: los censos », in Lorenzo Sanz, E. (ed.), *Historia de Medina del Campo y su tierra: Auge de las ferias. Decadencia de Medina*, Valladolid, Excma. Diputación de Valladolid, 1986, Vol. 2, p. 123-142.

ALLAN, David, « Credit and Security: Economic Orders and Legal Regimes », *The International and Comparative Law Quarterly*, vol. 33, n° 1, jan. 1984, p. 22-38.

ASENJO, María, « Negocio y préstamo. Detalles del testamento de una mujer vallisoletana a mediados del siglo XV », in del Val Valdivieso, María Isabel and Martínez Sopena, Pascual (eds.), *Homenaje al profesor Julio Valdeón*, Tomo I, Valladolid, Junta de Castilla y León, 2009, p. 599-614.

CARANDE, Ramón, *Carlos V y sus banqueros*, Barcelona, Crítica, 1987 (1st edition, 1943).

CARVAJAL DE LA VEGA, David, *Crédito privado y deuda en Castilla (1480-1521)*, PhD dissertation, Universidad de Valladolid, 2013.

CARVAJAL DE LA VEGA, David, « Compañías y comercio de la madera en Castilla a fines del siglo XV e inicios del XVI », *Espacio, Tiempo y Forma, Serie III. Historia Medieval*, n° 28, 2015a, p. 210-219.

CARVAJAL DE LA VEGA, David, « En los precedentes de la banca castellana moderna: cambiadores al norte del Tajo a inicios del siglo XVI », in García Fernández, Ernesto and Bonachía Hernando, Juan Antonio (eds.), *Hacienda, mercado y poder al norte de la Corona de Castilla en el tránsito del medievo a la modernidad*, Valladolid, Castilla Eds., 2015b, p. 17-37.

CARVAJAL DE LA VEGA, David, « Cambiadores y elites urbanas: el auge de Antonio de Paredes y su familia en Valladolid a inicios del siglo XVI », *Studia Histórica. Historia Moderna*, vol. 38, n° 1, 2016a, p. 193-222.

CARVAJAL DE LA VEGA, David, « El control económico de la villa: mercaderes y financieros en Valladolid (ca. 1500) », in Carvajal de la Vega, David; Vítores Casado, Imanol and Añíbarro Rodríguez, Javier (eds.), *Poder, Fisco y Mercado en las ciudades de la Península Ibérica (siglos XIV-XVI)*, Valladolid, Castilla Eds., 2016b, p. 171-190.

Carvajal de la Vega, David, « Crédito privado en Castilla a fines del siglo XV. Una introducción a su estudio », *Anuario de Estudios Medievales*, vol. 47, nº 1, 2017, p. 3-36.

Carvajal de la Vega, David, « Ley, justicia y cambio económico en Castilla a fines de la Edad Media e inicios de la Edad Moderna », *Ricerche di storia economica e sociale*, nº 3, 2018a (forthcoming).

Carvajal de la Vega, David, « Los carniceros y sus negocios en el mundo rural castellano a fines del siglo XV e inicios del XVI », in Verna, Catherine; Victor, Sandrine and Banegas, Ramón (eds.), *Les bouchers et leurs affaires entre villes et campagnes XIIIe-XVe siècles*, Valencia, Universitat de Valencia, 2018b (forthcoming).

Carvajal de la Vega, David; Herrero Jiménez, Mauricio; Molina de la Torre, Francisco Javier and Ruiz Albi, Irene, *Mercaderes y cambiadores en los protocolos notariales de la provincia de Valladolid (1486-1520)*, Valladolid, Universidad de Valladolid, 2015.

Casado Alonso, Hilario, *Señores, mercaderes y campesinos: la comarca de Burgos a fines de la Edad Media*, Valladolid, Junta de Castilla y León, Consejería de Cultura y Bienestar Social, 1987.

Casado Alonso, Hilario, *El Triunfo de Mercurio. La presencia castellana en Europa (Siglos XV y XVI)*, Burgos, Caja Círculo, 2003.

Casado Alonso, Hilario, « Comercio textil, crédito al consumo y ventas al fiado en las ferias de Medina del Campo en la primera mitad del siglo XVI », in VV.AA., *Historia de la propiedad: crédito y garantía*, Madrid, Colegio de Registradores de la Propiedad, 2008, p. 127-160.

Casado Alonso, Hilario, « Crédito y comercio en las ferias de Medina del Campo en la primera mitad del siglo XVI », in, García Guerra, Elena María and De Luca, Giuseppe (eds.), *Il Mercato del Credito in Età Moderna*, Milano, Franco Angeli, 2009, p. 21-47.

Casado Alonso, Hilario, « Los negocios de la compañía Pesquera-Silos en Florencia en los inicios del siglo XVI », in García Fernández, Ernesto and Bonachía Hernando, Juan Antonio (eds.), *Hacienda, mercado y poder al norte de la Corona de Castilla en el tránsito del medievo a la modernidad*, Valladolid, Castilla Eds., 2015, p. 69-97.

Casado Alonso, Hilario, Caunedo del Potro, Betsabé, *Mercaderes castellanos en el Golfo de Vizcaya (1475-1492)*, Madrid, Universidad Autónoma de Madrid, 1984.

Crespo Álvarez, Macarena, « Judíos, préstamos y usuras en la Castilla medieval », *Edad Media. Revista de Historia*, 5, 2002, p. 179-215.

De Roover, Raymond, *Money, banking and credit in mediaeval Bruges: Italian merchant-bankers, Lombards and money-changers: a study in the origins of banking*, Cambridge, Mediaeval Academy of America, 1948.

Dijkman, J. « Debt Litigation in Medieval Holland 1200-1350 », in Ma, D. and Van Zanden, J. L. (eds.), *Law and Long-Term Economic Change: A Eurasian Perspective*, Stanford University Press, 2011, p. 221-243.

Epstein, Stephan R., *Freedom and Growth. The rise of states and markets in Europe, 1300-1750*, London, Routledge, 2000.

Giuffrida, Antonino; Rossi, Roberto and Sabatini, Gaetano (eds.), *Informal Credit in the Mediterranean Area (XVI-XIX centuries)*, Palermo, New Digital Press, 2016.

Herrero Jiménez, M., *Protocolos y padrones notariales medievales abulenses en el Archivo de la Real Chancillería de Valladolid*, Ávila, Institución Gran Duque de Alba – Excma. Dip. de Ávila, 2010.

Herrero Jiménez, Mauricio and Díaz Blanco, Mírem, *El archivo del mercader Hernando Daza Medina (1505-1566)*, Valladolid, Museo de las Ferias-Diputación de Valladolid, 2009.

Ladero Quesada, Miguel Ángel, « Los judíos castellanos del siglo XV en el arrendamiento de impuestos reales », *Cuadernos de Historia. Anexos de Hispania*, 6, 1975, p. 417-439.

Ladero Quesada, Miguel Ángel, « La política monetaria en la Corona de Castilla (1369-1497) », *En la España Medieval*, 11, 1988, p. 73-129.

Ladero Quesada, Miguel Ángel, « Crédito y comercio de dinero en la Castilla medieval », *Acta historica et archaeologica medievalia*, 11-12, 1990-1991, p. 145-159.

Ladero Quesada, Miguel Ángel, « La receptoría y pagaduría general de la Hacienda regia castellana entre 1491 y 1494 (De Rabí Meír a Fernán Núñez Coronel) », *En la España Medieval*, 25, 2002, p. 425-506.

Maddison, Angus, *Contours of the World Economy I-2030 AD. Essays in Macro-Economic History*, Oxford University Press, 2007.

Miskimin, Harry, « Credit in Sixteenth Century England », in Miskimin, Harry, *Cash, Credit and Crisis in Europe 1300-1600*, London, Variorum Reprints, 1989.

Muldrew, Craig, *The Economy of Obligation*, Palgrave McMillian, 1998.

Munro, John, « Money, Prices, Wages, and 'Profit Inflation' in Spain, the Southern Netherlands, and England during the Price Revolution era: ca. 1520 – ca. 1650 », *História e Economia. Revista Interdisciplinar*, vol. 4, nº 1, 2008, p. 13-72.

Ortego Rico, Pablo, « Auge y caída de una gran compañía financiera en Castilla: Luis de Alcalá, Rabí Mayr y la quiebra de la receptoría y pagaduría general de rentas 1477-1495 », García Fernández, Ernesto and Vítores Casado, Imanol (eds.), *Tesoreros, "arrendadores" y financieros en los reinos hispánicos: la corona de Castilla y el reino de Navarra (siglos XIV-XVII)*, Madrid, Instituto de Estudios Fiscales–Arca Comunis, 2012, p. 101-122.

OTTE, Enrique, *Sevilla y sus mercaderes a fines de la Edad Media*, Sevilla, Universidad de Sevilla, 1996.

POSTAN, Michael M., « Credit in Medieval Trade », The Economic History Review, n° I, 1928, p. 234-261.

RUIZ MARTIN, Felipe, *La banca en España hasta 1782*, Pamplona, Urgoiti Eds., 2016 (Base on a first edition in 1970: *El Banco de España: una historia económica*, Madrid, Banco de España).

SCHOFIELD, Phillipp R., « *Access to credit in the early fourteenth-century English countryside* », in Schofield, Phillipp R. and Mayhew, Nicholas (eds.), *Credit and Debt in Medieval England c.1180-1350*, Exeter, Oxbow Books, 2002, p. 106-126.

SPUFFORD, Peter, *How rarely did medieval merchants use coin?*, Utrecht, Gerldemuseum, 2008.

VANNINI MARX, Anna (ed.), *Credito, banche e investimenti: secoli XIII-XX. Atti della quarta settimana di studio dell'Istituto Internazionale di Storia Economica F. Datini*, Firenze, Le Monnier, 1985.

YUN Casalilla, Bartolomé, *Marte contra Minerva. El precio del Imperio español, c. 1450-1600*, Barcelona, Crítica, 2004.

Las Siete Partidas del Sabio Rey don Alonso el Nono. Nuevamente glosadas por el licenciado Gregorio López, Madrid, Boletín Oficial del Estado, 1985.

Cortes de los Reinos de León y Castilla, Real Academia de la Historia, 1866.

A "WORKLESS PARADISE"

The Genoese exchange fairs (16th-17th centuries)

The medieval fairs of goods–such as those at Champagne–developed into specialist fairs of exchange at the beginning of the early modern period. This progressive specialisation of the meetings (only dealing with bills of exchange), and a total separation from the fair of goods is reached in the 15th century (fairs of Genève and Lyon). Later, in the second half of the 16th century, the fairs moved from France to Franche-Comté. At Besançon[1], the Genoese bankers gradually took control of the meetings until they were able to move the fairs to Italy, first to Piacenza and then, in 1621, to Novi under the jurisdiction of the Senate of the Republic of Genoa[2]. The chronology of the exchange fairs has been clearly illustrated by José Gentil da Silva: the fairs of Besançon (1535-1580); those of Piacenza (1580-1620) aimed to concentrate the money in Genoa and to regulate transfers; those of Novi (1621-1695) utilised the devaluation of local currency; and the last phase (1695-1789) guaranteed a fixed interest rate to the Italian investors[3]. From the second half of the 17th century the Genoese exchange fairs lost their monopoly over the European credit market, although they did continue to exercise a strong influence on the monetary market, at least up until the temporary transfer in 1693 to Sestri Levante or the definitive move in 1708 to Santa Margherita Ligure.

1 *Bisenzone* was subsequently used to define all the other Italian fairs of the 17th century as well.

2 Da Silva, José Gentil, *Banque et crédit en Italie au* XVII*e* *siècle*, Paris, Armand Colin, 1969; M. T. Boyer-Xambeau – G. Deleplace – L. Gillard, *Banchieri e principi. Moneta e credito nell'Europa del Cinquecento*, Torino, Einaudi, 1991; Da Silva, José Gentil – Romano, Ruggiero, « L'histoire des changes : les foires de "Bisenzone" de 1600 à 1650 », *Annales E.S.C.*, 17/4 (1962), p. 715-721, Felloni, Giuseppe, « All'apogeo delle fiere genovesi: banchieri ed affari di cambio a Piacenza nel 1600 », *Scritti di storia economica, Atti della Società Ligure di Storia Patria*, 38/1 (1998), p. 551-568.

3 Da Silva, José Gentil, *Banque et crédit en Italie au* XVII*e* *siècle* cit., p. 62.

The economic mechanisms of the exchange fairs deserve further in-depth investigation, despite some fundamental works of the last century. In France, for example, the Lyon fairs were studied at the beginning of the 20th century by Marcel Vigne[4], Marc Brésard[5] and Roger Doucet[6]. In the second half of the century De Roover dedicated a series of still-relevant studies to the interpretation of late medieval archival sources and credit instruments, which were then extended by Lapeyre and De Maddalena[7]. The most productive season for this field of studies opened in the 1960s with Gioffrè's research[8], to then peak with the publication of da Silva's monograph on the bank in Italy in the 17th century[9]. In the following decades Doria[10], Felloni[11] and Mandich[12] looked into more specialised topics, such as the money used in the fairs and the professional skill of financial brokers operating on that market. More recent

4 Vigne, Marcel, *La banque à Lyon du* XVe *au* XVIIIe *siècle*, Lyon, Rey, 1903. See also: Gascon, Richard Felix, *Grand commerce et vie urbaine, Lyon et ses marchands (environs de 1520 – environs de 1580)*, Paris / La Haye, Mouton, 1971; Orlandi, Angela, *Le Grand Parti. Fiorentini a Lione e il debito pubblico francese nel XVI secolo*, Firenze, Olschki, 2002.

5 Brésard, Marc, *Les foires de Lyon aux* XVe *et* XVIe *siècles*, Paris, Picard, 1914.

6 Doucet, Roger, « Le Grand Parti de Lyon au XVIe siècle », *Revue Historique*, 171/3 (1933), p. 473-513 and 172/1 (1934), p. 1-41.

7 De Roover, Raymond, *L'évolution de la lettre de change (*XIVe-XVIIe *siècles)*, Paris, Armand Colin, 1953; Lapeyre, Henri, *Simón Ruiz et les « asientos » de Philippe II*, Paris, Armand Colin, 1953 ; Mandich, Giulio, *Le pacte de ricorsa et le marché des changes au* XVIIe *siècle*, Paris, Armand Colin, 1953 and De Maddalena, Aldo, « Affaires et gens d'affaires lombards sur les foires de Bisenzone : l'exemple des Lucini (1579-1619) », *Annales E.S.C.*, 22 (1967), p. 939-990.

8 Gioffrè, Domenico, *Gênes et les foires de changes : de Lyon à Besançon*, Paris, S.E.V.P.E.N., 1960.

9 Da Silva, José Gentil, *Banque et crédit en Italie au* XVIIe *siècle* cit.

10 Doria, Giorgio, « Consideraciones sobre las actividades de un "factor-cambista" genovés al servicio de la corona española », Otazu, Antonio (ed.), *Dinero y crédito*, Madrid, 1978, p. 279-293.

11 Felloni, G., *Gli investimenti finanziari genovesi in Europa tra il Seicento e la Restaurazione*, Milano, Giuffrè, 1977; *Idem*, « Asientos, juros y ferias de cambio (1541-1675) », Otazu, Antonio (ed.), *Dinero y crédito* cit., p. 335-359; *Idem.*, « Un système monétaire atypique : la monnaie de marc dans les foires de change génoises, XVIe-XVIIe siècle », *Études d'histoire monétaire*, Day, John, Lille, Presses Universitaires de Lille, 1984, p. 249-260.

12 Mandich, Giulio, « Le fiere genovesi di soli cambi culla delle borse valori », *Rivista Milanese di Economia*, 17 (1986), p. 132-146; *Idem*, « Fiere cambiarie concorrenti (genovesi, fiorentine, veneziane) nel 1622-1652 », *La repubblica internazionale del denaro tra XV e XVII secolo*, De Maddalena, Aldo – Kellenbenz, Hermann, Bologna, Il Mulino, 1986, p. 123-151; *Idem*, « Delle fiere genovesi di cambi particolarmente studiate come mercati periodici del credito », *Rivista di Storia Economica*, 4 (1939), p. 257-276; *Idem*, « Di una tentata speculazione cambiaria in Venezia nel 1636 », *Rivista di Storia Economica*, 7 (1943), p. 1-10.

contributions came from Martínez Ruiz's essay[13] on the Seville notarial documentation for the years 1589-1621, Marsilio's researches on the Genoese fairs[14], Denzel's detailed research on exchange rates from the 16th to the early 20th century[15], and the essays by Pezzolo-Tattara[16], and the pivotal research by Boyer Xambeau–Deleplace–Gillard[17]. Recently, the clearing system at the root of the exchange fairs has been analysed in deep in an article by Börner-Hatfield[18].

Understanding of the mechanisms of the exchange fairs hinges on defining credit and negotiable instruments as they were understood and used in the financial markets of the late Middle Ages and early modern era. Credit can be defined as the instrument, which allows the transfer of purchasing power, favouring the intensification of exchanges, which would be otherwise limited by the paucity of cash flow. In particular, the most common negotiable instrument in the period with which we are concerned, that is the 16th to 17th century, is the *tracta*, which originated in the 12th and 13th century[19]. It is a paper document, which attests the issuer's unconditional order towards the payer to give out a certain sum of money to the bearer of the title (the payee). Beside its mercantile function–allowing to pay for products in faraway places without actually shipping the money–the *tracta* became popular in the financial world too. At first, the letters of exchange were circulated in fairs of goods, but from the 16th century we can see them being used

13 Martínez Ruiz, José Ignacio, « The Credit Market and the Profits from the Letters of Exchange. Ricorsa Exchange Operations between Seville and the Besançon Fairs (1589-1621) », *Journal of European Economic History*, 33/2, 2004, p. 331-355.

14 Marsilio, Claudio, « Four times a year for so many years. The Italian Exchange Fairs during the XVIth-XVIIth Century: Comparing Financial Institutions », *Bankhistorisches Archiv – Banking and Finance in Historical Perspective*, 36/2 (2010), p. 151-165: *Idem*, *Dove il denaro fa denaro. Gli operatori finanziari genovesi nelle fiere di cambio del XVII secolo*, Novi Ligure, Città del Silenzio, 2008.

15 Denzel, Markus A., *Handbook of world Exchange rates, 1590-1914*, Farnham – Burlington (VT), Ashgate, 2010.

16 Pezzolo, Luciano – Tattara, Giuseppe, « "Una fiera senza luogo": Was Bisenzone an International Capital Market in Sixteenth-Century Italy? », *The Journal of Economic History*, 68/4 (2008), p. 1098-1122.

17 M. T. Boyer Xambeau – G. Deleplace – L. Gillard, *Banchieri e principi. Moneta e credito nell'Europa del Cinquecento*, Torino, Einaudi, 1991.

18 Börner, Lars – Hatfield, John William, « The Design of Debt-Clearing Markets: Clearinghouse Mechanisms in Preindustrial Europe », *Journal of Political Economy*, 125/6 (2017), 1991-2037.

19 Felloni, Giuseppe, *Moneta, credito, banche in Europa: un millennio di storia*, Genova, 1999, p. 94.

in the new exchange fairs, a peculiarly Genoese invention: in them we find the exclusive negotiation of letters of exchange.

The exchange fairs of 16th and 17th centuries were regulated by the laws issued by the Genoese Senate[20]: a specific Magistrate was elected, that is the fair tribunal, made up of a consul and two counsellors, which oversaw the correct execution of the fair, and when needed exercised the first degree of judiciary powers[21]. During the fair, the consul and the counsellors, institutional representatives of the Republic, were flanked by a Genoese notary, the chancellor, which guaranteed the correct execution of their duties[22]. During the exchange fairs, the operators were meant to pay out and cash in the letters of exchange, which were about to expire in the days of the fair, and the bankers aimed to negotiate new ones which would either expire at the next fair or address the most important marketplaces in Europe[23].

To fully understand the meaning of the exchange fairs we need to clarify the concept of "compensation", defined by Giuseppe Felloni as "an instrument to extinguish the obligations between two economic subjects mutually bound by a relationship of debit and credit"[24]. Fundamental characteristic of this instrument is that it can be extinguished by a single operation–requiring a legal act such as a notarial act–or be repeated, often with regular expiry dates, as part of an ongoing cooperation between mercantile partners[25]. The most interesting function of the fair is indeed the act of clearing, that is the way of regulating exchanges

20 Peri, Giovanni Domenico, *Il negotiante*, Venezia, 1672, p. 68-70.

21 Savelli, Rodolfo, « Between Law and Morals: Interest in the Dispute on Exchanges during the 16th Century », Piergiovanni, Vito (ed.), *The Courts and the development of commercial law*, Berlino, 1987, p. 39-102; Fortunati, Maura, « Note sul diritto di fiera nelle fonti giuridiche di età moderna », *Fiere e mercati nella integrazione delle economie europee, secc. XIII-XVIII*, Firenze, 2001, p. 953-966.

22 *Capitoli e ordini delle fere di Besenzone, che si fanno al presente in la città di Piacenza. Con li quali dette fere, e li negotij di cambij che si fanno in esse si doveranno reggere, e governare, e da tutti li Banchieri trattanti, e negotianti in quelle doveranno esser inviolabilmente osservare in tutto, come in appresso si dirà*, Genova, 1622; *Capitoli e ordini delle fere di Besenzone, che si fanno al presente in la città di Piacenza, ristampate di novo con le gionte fatte dal Serenissimo Senato dell'anno 1622 sin al presente. Con li quali dette fere, e li negotij di cambij che si fanno in esse si doveranno reggere, e governare, e da tutti li Banchieri trattanti, e negotianti in quelle doveranno esser inviolabilmente osservare in tutto, come in appresso si dirà*, Genova, 1637.

23 Four fairs a year: *fiera di Apparizione* (1st week of February); *fiera di Pasqua* (1st week of May); *fiera di Agosto* (1st week of August); and *fiera dei Santi* (1st week of November).

24 Felloni, Giuseppe, *Profilo di storia economica dell'Europa dal medioevo all'età contemporanea*, Torino, Giappichelli Editore, 1993, p. 167-169.

25 De Roover, Raymond, *L'évolution de la lettre de change, XIVe-XVIIIe siècles* cit.

based on the compensation of credits and debits, so as to avoid superfluous coinage exchange. The fair is then the privileged place for indirect compensation, where multilateral payments take effect thanks to the intervention of a third subject, the "procurator" which operates in the fair[26]. To understand the mechanisms underpinning the negotiations, which took place in an exchange fairs, we also have to analyse the so-called "exchange" contract.

This is an agreement establishing that the person receiving a certain quantity of coin currently available undertakes the obligation to pay somewhere else a different but equivalent quantity of money. In order to establish the relationship between the different quantities of money we have to tell apart the *res* of the exchange (which is certain and stable) from the *pretium* (which is uncertain and variable).

Fair operations take place thanks to the information contained in two specific kinds of commercial letters: *spacci* (fair letters) and letters of exchange (or *tracta*). The fair *spacci*–letters from the fair–contain the operative instructions, which the operator needs in order to enact the exchange contract. Just as important in order to understand correctly fair transactions is the operation of "*mettere il conto*", "putting the account", that is fixing the official exchange between the *scudo di marche*–the fair currency–and the coins used in the main Italian and European marketplaces. Concretely speaking, there is no metallic disk coined in any European country which has such a legal value. We deduce that the *scudo di marche* is purely a coin of account[27]. In this sense, we can define the fair also as the privileged place for compensations in different "national" coins. This meeting has its own monetary system, based on a *moneta di conto* reliably anchored to gold value which every three months draws letters of exchange from all over Europe, pays them off with a system of multiple compensation, and issues new letters for either specific marketplaces or later fairs[28].

---

26 Amato, Massimo, *Le radici di una fede. Per una storia del rapporto fra moneta e credito in Occidente*, Milano, Bruno Mondadori, 2008.

27 Einaudi, Luigi, « Teoria della moneta immaginaria nel tempo da Carlomagno alla rivoluzione francese », *Rivista di Storia Economica*, 1 (1936), p. 1-35; Fantacci, Luca, « Teoria della moneta immaginaria nel tempo da Carlomagno a Richard Nixon », *Rivista di Storia Economica*, 18/3 (2002), p. 301-325.

28 Amato, Massimo – Fantacci, Luca, *Fine della finanza. Da dove viene la crisi e come si può pensare di uscirne*, Roma, Donzelli, 2009.

Thus Peri[29]–author of one of the best mercantile treaties of the time–defines the *scudo di marche*:

> 100 golden ecus of each of the above-mentioned currencies are the fair value of 101 *scudi di marche*; because the price of *the scudo di marche* is unstable and indeterminate since it does not exist, and is worth now more, now less [...], but the golden ecu has its value established, having its substance rooted in the value of the matter of which it is made.

The value, or currency, of the *scudo di marche* is calculated thanks to a "basket" of actual golden coinage of certain goodness and stability. Its value is fixed on the basis of the average value of "the five golden ecus": the Genoese, Venetian, Florentine, Neapolitan and Castilian *scudi*.

The evolution of the practical operation of the fair is tied to the perfecting of the circulation of commercial information: this represents one of the most precious elements whose quick spreading is the symptom of a careful and effective business management. Often taken as an example of winning managerial strategy, the network of the Genoese merchant-bankers knows full well the importance and value of sharing information with one's closest collaborators[30]. This explains why the fair operators quickly develop an extremely effective model of codified correspondence, highly valued in contemporary mercantile treaties[31].

As explained above, the goal of these periodical encounters is to pay out and cash in the letters of exchange about to expire in those days and to negotiate new ones to expire in the following fairs or to address the most important European marketplaces. Business can be transacted by people of varied professional level. In most cases a mercantile company relies on a fair specialist: a "fair's procurator" (*procuratore di fiera*). Frequently, the fair's procurator signs with the company a contract similar to a modern agency contract, but in certain cases the company prefers to entrust fair business to one of its own employees, usually a

29 Peri, Giovanni Domenico, *Il negotiante di G. D. Peri genovese*, parte I, Genova, 1638; *Il negotiante di G. D. Peri genovese*, parte II, Genova, 1647; *I frutti di Albaro, overo Il negotiante*, parte III, Genova, 1651; *Il negotiante di G. D. Peri genovese*, parte IV, Venezia, 1655.

30 Doria, Giorgio, « Conoscenza del mercato e del sistema informativo: il "know-how" dei mercanti-finanzieri genovesi nei secoli XVI e XVII », *La repubblica internazionale del denaro tra XV e XVII secolo*, De Maddalena, Aldo – Kellenbenz, Hermann, Bologna, Il Mulino, 1986, p. 57-121.

31 Gustiniani, Bernardino, *Breve trattato della continuatione de' cambi in cui si esaminano alcune moderne foggie di cambiare*, Genova, presso Giuseppe Pavoni, 1619.

cashier intimately familiar with the company's accounts. It's not rare that the company owner himself or one of his associates choose to transact their fair business themselves.

Fair accounting is quite complex. The procurator inscribes the registration of his operations in cross-referenced accounting registers. The "*manuale di mercatura*" which explains most clearly fair operations is Giovanni Domenico Peri's *Il Negoziante*, published in Genoa in four volumes between 1638 and 1655[32]. Following the calendar described by the Genoese author we can identify more precisely the inner mechanisms of the fairs.

On the morning of the first day, meeting up for an assembly or *contrattatione*, the bankers "*annotano le partite*" in the "*scartafaccio*", that is they register all the letters of exchange addressed to them. They use this small register, usually hardbound in leather, which every banker must fill in with care and attention. Just as for the general accounting, in this case as well the operator has to keep the document, because it might have to be presented in court as admitted and accepted evidence to certify fair's operations. The "*scartafaccio*" is made of different sections: the first few pages are used to keep in order all the letters of exchange which the procurator will have to clear at the fair. This register begins with the "*conto delle sospese*", "account of suspended notes", that is the list of the letters of exchange whose provenance is unknown.

This extract of each banker's entries is copied and distributed to all the operators reunited, who underwrite those pertaining to them, thus clarifying the provenance of all the letters of exchange. Afterward the fair chancellor, in his office as representative of the Senate of the Republic of Genoa, proceeds to register the proxies presented by the bankers, which are noted on the "*chancellor's register*"[33]. Having called up the bankers, the Magistrate of the fair declares the fair open.

The first phase of the week, called the "*accettationi*" begins. The operators take up their space in the hall taking with them the *scartafaccio* and a "*ristretto delle sospese*" on which they have noted down the

32 Peri, Gio. Domenico, *Il negotiante*, cit.

33 A very interesting example can be found in Archivio Storico della Camera di Commercio di Milano, *Parte preunitaria, atti fino al 1860, ap. V, Fiere*, scat. 9, fasc. 3, 30, registro del cancelliere Gio. Batta Aliprandi, 1625-1635). This document is a dairy kept by the chancellor Aliprandi in occasion of his participation to the exchange fairs in the years 1625-1635.

operations which have not been clarified and attributed yet. The bankers also compile a "*pandetta*"–an alphabetical list–of all the operators accredited at the fair and another small book, called "*nota*", a sort of reminder. The "*accettatione*" consists of two operators verifying that the letters of exchange sent to the fair by their respective employers match up. This rigidity in the procedures shows us the complexity of the fair work executed by the procurators who, day after day, keep negotiating their positions and must treat every single operation with the greatest care, in order to avoid remaining exposed with the creditors at the end of the meeting.

The first hours of the second morning are spent attempting to reduce the number of accounts that are still suspended, that is, unverified: this operation is rooted in the degree of trust which has built up among colleagues through the years. The procurators spend the early morning visiting several operators at the houses, which they have rented for the fair. The verification of the provisional balance of the accounts is entrusted to a group of young colleagues who proceed to tick off the individual accounts ("*spuntare i singoli bilanci*"). In case of a discrepancy, they verify the accounts through the "*libro delle note*", which allows them to check the accounts starting from the original transcription of the letter made at the beginning of the fair. Having closed the provisional balance, the operator notes down the entries in the *scartafaccio*. The fair procurator begins to write the letters to his correspondents, and the compiling of another balance of the letters in order to continue with the clearing of the accounts ("*nettare le partite*") for the following days.

This operation, apparently of little value, is in fact of the greatest importance. We must not forget that the letters here contained must furnish commercial companies spread across Europe with the information necessary to sell or buy single letters of exchange. Once the commercial strategy has been agreed, the companies write to their fair representatives to inform him of the decision taken.

Leaving aside for a moment the timeline of the fair, we should clarify a few concepts tied to money in the early modern age. The monetary market of *Ancien Régime* Europe was characterised by a clear difference between minted coins and money of account. Throughout Europe–and the world as well–circulated a high number of coins minted by the different mints. This did not help with a quick classification of different monetary species. Gold, silver and copper were the principal metals used in producing coins. Their intrinsic value was the cause of their varied diffusion: copper or silver coins–or a mix of them–tended to stay within the territory where they were issued, while gold–and less frequently silver coins–were exchanged in International commercial transactions[34]. Monetary sovereignty within a State consisted of the monopoly in both circulating and minting a currency, whose value was established by the ruler–the king of the State–with the "tariff" expressed in money of account. Thus, the topics of exchange rates and monetary tariffs–with all the accessory doubts of both moral and practical nature–have been for several centuries one of the main topics treated by both mercantile and law literature. Having defined the fair as the privileged place for compensations in different "national" currencies, we can see how the exchange fairs perfected a monetary system of their own, based on a money of account–the "*scudo di marche*"–stably rooted on the gold contained in the most valuable European currencies.

The business concluded in the fair were usually of two kinds: free exchanges, used to pay up outstanding mercantile transactions, and "*cambi con ricorsa*", used for more complex financial operations. The "*contratto di ricorsa*" is a dissimulated form of interest loan, since it entails the sequencing of several operations of exchange and re-exchange. The operator makes a profit on the difference between the price on the "outward" and the "return" operations applied to the local currency expressed in fair money of account. The "outward" price is the price which, in a given marketplace, you need to pay in local currency in order to obtain the same in "*scudi di marche*" during the fair. The "return" is the price which, on that given fair, you need to pay in local currency to cash in the "*scudi di marche*" received during the fair[35].

Let us now return to the calendar of the operations at the exchange fair. On the third day the members of the "*contrattatione*" meet up and undertake one of the most delicate and interesting operations of their assembly: the fixing of European currencies[36]. The bankers who can take part in this "fixing" are not the totality of those who took part in

34 Amato, Massimo, « Scudi, fiere, principi e banchieri. Il problema monetario del cambio in epoca rinascimentale », Balbi de Caro, Silvana (ed.), *Lo scudo d'oro. Moneta e potere da Augusto a Carlo V*, Roma-Bruxelles, 1996, p. VII.11-VII.18.

35 Mandich, Giulio, *Le pacte de ricorsa et le marché des changes au* XVII*e* *siècle* cit., p. 72-80.

36 *Ibid.*, p. 95-96.

the fair, but only those "who have been allowed by the Magistrate of the Exchanges of Genoa, having given the *sigurtà* (guarantee) of 4.000 ecus and having been approved by the Senate and finally approved by the Magistrate of the Fair and all the members of the *contrattatione*"[37]. Moreover, and this is not a negligible detail, the "*banchieri di conto*", accounting bankers, must prove they have "*negozi per tutte le piazze*", that is they must show that they have a business network such as to ensure their full knowledge of the uses and habits of the marketplaces of the entirety of Europe.

Retiring from their colleagues, the *banchieri di conto*, together with the chancellor and the Magistrate of the Fair, proceed to fix the exchange rates of the main International currencies. The eldest counsellor, member of the Magistrate, is the first to propose the price for the Genoese currency, followed by the other bankers "according to their seating order". The chancellor then checks what is the price for which the most people voted and "this remains the price for the Genoese currency". The procedure is then repeated both for all the other currencies of the main European marketplaces and all the other European exchange fairs (Lyon, Medina del Campo, Frankfurt and Nuremberg).

The *banchieri* also discuss the calendar for the payment of the letters of exchange, so that whoever will have to cash in or pay out letters of exchange will be sure about the number of days available for the conclusion of the operation. The closest expiry date is reserved to the letters from Genoa, Milan, Florence and Bergamo, which must be honoured within twenty days. The letters issued for Antwerp or Cologne can be paid in thirty-five days, while those for Palermo and Messina in forty-five; those for Seville and all the other European exchange fairs within two months.

The last operation reserved for the chancellor consists of the registration and "*bollatura*"–marking–of the ecus, the only physical coins allowed to be used in the payments of the fair. The laws of the Republic of Genoa did not permit the counterbalancing of debit and credit with current coins. Indeed, according to the rules of the *Capitoli e ordine delle fiere* only a very small amount of coins was admitted in order to allow the bankers to compensate as much letters as possible. Here, however, I would like to flag up one of my new research themes.

37 *Ibid.*, p. 95.

From what is emerging during recent investigations in private archives belonging to Genoese and Florentine bankers during the 17th century, the quantity of cash used in payments in the fair seems to undergo exponential growth. Especially starting from 1625, in an increasingly evident way throughout the 1630s and 1640s, so much that we may infer a radical change in the habits of the operators[38]. In those years, indeed, it seems that most operations are compensated by cash payments, instead of through the issuing of a new letter of exchange. This new practice seems to increasingly compromise the fair's function in enabling and supporting the circulation of international credit based exclusively on letters, multiplying the existing payment instruments.

After the *bollatura*, the bankers get back into the fair hall and begin to negotiate new letters with their colleagues, who have also been joined by some brokers. These mediators of the credit market are not allowed to take part in all the operations, but in a few dedicated moments of the fair's week they can attempt to "place" their letters, which are the fruit of a more local credit market. These negotiations, however, are necessary nonetheless for the clearing to work out[39].

The work of the procurator takes up again on the fourth day, focusing on private operations: the bankers are busy for most of their day compiling the letters for their correspondents. They attach to the letters the price lists of currencies–the currants–and the balances of their books of accounts[40]. In order to tidy up the accounts as well, they compile a new register called "*Il libretto dei cambi e avalli*" (the little book of exchanges and guarantees).

During the fifth day the "*libretto dei cambi e avalli*" is updated, and the "*libro del calcolo*" is started on. Similar in form and size to the *scartafaccio*, the "*calcolo*" contains the price list of all the currencies, the calendar for the payments of all the marketplaces, and a note containing the provisional balance of debits and credits[41].

The sixth day is the day when most letters sent out to various places have been answered, and usually the last few "suspended" accounts are settled. The "*bilancio dei pagamenti*", the payment balance sheet, is

38 First relevant findings in: Archivio di Stato di Firenze, *Bartolomei*, registro 148, *scartafacci di fiera di Antonio Maria Bartolomei, anni 1633-1649.*

39 Peri, Giovanni Domenico, *Il Negotiante*, cit., p. 96.

40 *Ibid.*, p. 96.

41 *Ibid.*, p. 99.

checked by all the bankers with whom operations have been closed, so that, after ticking off the individual registrations, they can move on to the consul's convocation of the whole "*contrattatione*".

The seventh day all the registrations noted both in the "*calcolo*" and the "*scartafaccio*" are checked over, and the bankers exchange and mutually sign the receipts to guarantee all the operations undertaken during the fair: "accounts paid, exchanges made [...] and when they are all ready [...] they all put away their papers"[42]. Towards the evening, the operators hand over the registries to their "young" assistants, who will make a clean and tidy copy of the *scartafaccio* to serve the next day as an official document.

On the morning of the eighth day, excluding any unexpected business, the fair is wound up. Those who still have debits and credits outstanding attempt "to fix everything through their colleagues, forgetting the rigidity of interest"[43]; those instead who have handed over to the consul a properly compiled balance sheet write the last letters to their correspondents and prepare to leave. Once all the balances have been verified, the Magistrate of the Fair, "*Christi nomine invocato*", declares the fair closed[44].

The level of attention and focus required of the operator during the fair is very high, also considering that all the bankers "*giocano benissimo di cervello*", are fine and cunning players[45]; the eight days of the fair must be quite stressful. I intend here to underline the professional figure of the financial broker at work, underlining his professional skill and his procedures. The studies carried out by economic historians have rarely highlighted the significance of the agents working at the fairs, even though the way they operated could also show some very useful information to even understand the professional skill of a modern banker. The skills required to a '*procuratore di fiera*' were: understanding of fluctuations of both the financial market and the political situation, sagacity, foresight and, last but not least, the ability to make rapid decisions in order not to lose interesting profit opportunities. The trained operator had to be able to interpret the market signals about a series of economic indicators,

42 *Ibid.*, p. 104.
43 *Ibid.*, p. 105.
44 *Ibid.*, p. 106.
45 *Ibid.*, p. 98.

such as trends of currency exchange and interest rate, and to put them into practice in a tangible and efficient way. This action, moreover, had to be respectful of the principles shared by a professional group where the operator's skills were judged most of all on the esteem and confidence with which he was regarded.

Claudio Marsilio
Gabinete de História Económica
e Social (GHES) / CSG,
Instituto Superior de Economia
e Gestão – Lisbon School
of Economics & Management
(ISEG), Universidade de Lisboa

DEUXIÈME PARTIE

MONNAIE, FINANCE ET INTÉRÊTS

CENTRAL EUROPEAN BULLION COINS IN LATE MEDIEVAL FINANCIAL TRANSACTIONS

The discovery of rich supplies of silver in Bohemia and of gold in Hungary during the 13th century represented an important condition for the more intensive development of long-distance trade in Europe. The attractiveness of Central European region and its interconnection with Western and Southern Europe still increased in the 14th and 15th centuries when the Luxembourgs and the Angevins came into power there. The first Italian bankers appeared in Hungary already at the beginning of the 13th century[1]. At the same time the first foreign settlers and mining experts reached the Czech lands. This process made more intense during the second half of the 13th century, characterized by struggle for raw material sources, in which prospectors, traders and financiers from the Holy Roman Empire, including the city-states of Italy, were engaged. They were coming together with collectors of the Roman Curia which is considered to have given an important impulse for the development of money economy and Italian banking[2]. This stimulus was brought to Central Europe via Venice which became the largest European market

1 Štefánik, Martin, « Italian Involvement in Metal Mining in the Central Slovakian Region, from the Thirteenth Century to the Reign of King Sigismund of Hungary », *I Tatti Studies. Essays in the Renaissance*, vol. 14-15, 2011-2012, p. 11-46; Štefánik, Martin, « Počiatky obchodných stykov Uhorska s Benátskou republikou za dynastie Arpádovcov [The origins of the trade contacts of Hungary with the Republic of Venice under the Árpád dynasty] », *Historický časopis*, vol. 50, 2002, p. 553-568.

2 This thesis was discussed at the conference *Die römische Kurie und das Geld. Von der Mitte des 12. Jahrhunderts bis zum frühen 14. Jahrhundert*, which took place in Allensbach-Hegne, 8 – 11 April 2014. See report on the conference http://hsozkult.geschichte.hu-berlin.de/tagungsberichte/id=5606 [online 26-10-2014]. In this debate, Markus Denzel declared attempts to evade canonical interdiction of interest a turning point of the cash-less payment system. See also Denzel, Markus, *Das System des bargeldlosen Zahlungsverkehrs europäischer Prägung vom Mittelalter bis 1914*, Stuttgart, Franz Steiner, 2008, p. 51-62.

of precious and non-ferrous metals for more than two centuries (about 1280-1500). The city profited from the fact that it was situated closer to Central European mines than other Mediterranean ports. Penetration of the Venetian merchants into the Eastern Mediterranean called for a growing coin production which was fully dependent on silver supplies. A large amount of silver was an important condition of payments made by Venetians for goods purchases in the Levant[3].

SILVER AND GOLD RESOURCES

Significant quantities of precious metal were acquired in the mines of Bohemia-Moravia and Hungary. Silver production in Jihlava (in German Iglau) and Kutná Hora (in German Kuttenberg) considerably increased from some 5 tonnes a year in 1270 up to 20 tonnes in the first half of the 14th century[4]. While Bohemia was the largest producer of silver, Hungary became the largest gold supplier in Europe at that time: about 80 % of mined gold came from there. Although the estimations of the annual gold production considerably vary from 391.5 kg in 1427 up to 2,5 tonnes in the 1350s–1370s[5], there is no doubt that the number of

3 The question of trade relations between Bohemia and Venice was recently discussed by Zaoral, Roman, « Silver and glass in medieval trade and cultural exchange between Venice and the Bohemian Kingdom », *Český časopis historický / The Czech Historical Review*, vol. 109, n° 2, 2011, p. 235-261.

4 Estimating production data vary. Blanchard, Ian, *Mining, Metallurgy and Minting in the Middle Ages, vol. 3: Continuing Afro-European Supremacy, 1250-1450*, Stuttgart, Franz Steiner, 2005, p. 930 prefers figures of Kořán, Jan, *Přehledné dějiny československého hornictví [A survey of Czechoslovak mining history]*, vol. 1, Prague 1955, 89-90, 195, based on actual mine revenues, to the hearsay and chronicle evidence presented by Spufford, Peter, *Money and its use in medieval Europe*, Cambridge, Cambridge University Press, 1988, p. 125 or the estimations of Janáček, Josef, « L'argent tchèque et la Méditerranée (XIVe et XVe siècles) », *Mélanges en l'honneur de Fernand Braudel*, vol. 1, Toulouse, Edouard Privat, 1972, p. 259 note 12, which yield an exaggerated annual output figure of 20-25 tonnes. See also Majer, Jiří, « Konjunkturen und Krisen im böhmischen Silberbergbau des Spätmittelalters und der frühen Neuzeit. Zu ihren Ursachen und Folgen », *Konjunkturen im europäischen Bergbau in vorindustrieller Zeit. Festschrift für Ekkehard Westermann zum 60. Geburtstag*, éd. Ch. Bartels et M. A. Denzel, Stuttgart, Franz Steiner, 2000, p. 73, 76-78.

5 The highest estimated figure of 2,5 tonnes, presented by Kazimír, Štefan, Hlinka, Jozef, *Kremnická mincovňa [The Kremnica Mint] 1328-1978*, Martin, Osveta, 1978, p. 44 and 101,

minted Hungarian florins ranged in hundreds of thousands of pieces. By way of contrast, gold production in Bohemia was much smaller: it ranged between 100 and 200 kg per year[6]. But even this output was not negligible; it represented about 6 % of all European gold production in the 13th and 14th centuries[7]. Unlike Hungary, conditions of deposit were, however, much less favourable there.

The continuing panning for gold depleted most of rich supplies, which was an impulse for changeover to the underground mining of primary deposits that reached its largest volume in Jílové (in German Eule) near Prague and in Kašperské Hory (in German Bergreichenstein) in the Bohemian Forest. Aside from these main localities, mining was under way at many other places: by 1337 25 gold-bearing regions in Bohemia are stated among those particularly productive. The value of the then extracted gold responded to 40 % of silver production. Nevertheless, medieval gold mining did not last for long time, and since the end of the 14th century silver production in Bohemia fully prevailed[8].

---

is undoubtedly exaggerated. Paulínyi, Oszkár, « Magyarország aranytermelése a XV. század végén és a XVI. század derekán », *A Gróf Klebelsberg Kunó Magyar Történetkutató Intézet Évkönyve*, vol. 6, 1936, p. 32-142 and Probszt, Günther, « Die Rolle des ungarischen Goldguldens in der österreichischen Wirtschaft des Mittalalters », *Südost-Forschungen*, vol. 22, 1963, p. 251, referring to the 1326-1525 reports of the mining and minting chambers at Kremnica (in Hungarian Körmöcbánya, in German Kremnitz), Baia Mare (in Hungarian Nagybánya, in German Frauenbach) and Sibiu (in Hungarian Nagyszeben, in German Hermannstadt) assume the average annual gold production in the amount of 400,000-450,000 florins. Mályusz, Elemér, « Der ungarische Goldgulden in Mitteleuropa zu Beginn des 15. Jahrhunderts », *Études historiques hongroise*, vol. 2, 1985, p. 33 is more realistic in calculations. Based on different data on the size of the king's mining revenue from 1427, he came to the number of 110,000 florins, which is equivalent of about 391.5 kg of minted gold, i. e. roughly one fourth of supposed amount. The author, however, remarks that it is the lowest possible sum of Sigismund of Luxembourg's coins on which we can count with certainty. In any case, the 15th-century coin production was constantly decreasing.

6 According to Pánek's calculations, based on the analysis of King John the Blind's florin dies in the hoards, the average annual output of the Prague Mint around 1330 is put at about 30,000 florins, which is equivalent to more than 100 kg of minted gold. See Pánek, Ivo, « První české florény [The first Bohemian florins] », *Numismatický sborník*, vol. 19, 1993, p. 19.

7 Bache, Jean-Jacques, *Les gisements d'or dans le monde : essai de typologie quantitative* (Mémoire Bureau de Recherches Géologiques et Minières 118), Orléans, Vente, 1982.

8 Morávek, Petr, « Význam těžby zlata ve středověké historii českých zemí [Importance of the gold mining in the medieval history of the Czech lands] », *Dějiny věd a techniky*, vol. 49, n° 3, 2016, p. 161-177.

TRADE CONTACTS

Metal export lead in two directions from Central Europe: to Venice and to Bruges via Cologne. A failure to control supply during the initial upswing ensured that local money markets in Central Europe were flooded with coin. The overpricing of domestic produce caused most of silver and gold to pass into the hands of merchants who exported it, receiving western and southern European manufactures in exchange[9]. The outflow of silver and gold to the most developed European regions (South Germany, the Rhineland, Westphalia, Flanders and Italy) is supported with both written and material sources. A manuscript compiled in the last third of the 13th century provides an intimate picture of the nature of this trade, detailing the most important goods transported to Bruges. The references to Hungary, Bohemia and Poland contain special information about the wares traded in this period[10]. The gold coin hoards from Bohemia and Hungary consist of a very small amount of local denominations and their circulation is mentioned almost solely in the foreign sources[11].

As a result of gradual penetration of Venice into the Eastern Mediterranean the push to increasing volume of the mint production was growing. A regular flow of silver assisted the city to come through competitive fight with Genoa and Pisa and permitted mint masters to stabilize the main circulatory media in the West–the English sterling and Brabant denier[12]. Nevertheless, the relatively fast establishment of trade connections between Venice and Bohemia was caused not only by expanding silver production in the Bohemian-Moravian Highlands since the late 1230s, but also by the power expansion of Ottokar II Přemysl,

9 Hóman, Bálint, « La circolazione delle monete d'oro in Ungheria dal X al XIV secolo e la crisi europea dell'oro nel secolo XIV », *Rivista italiana numismatica e scienze affini*, vol. 35, 1922, p. 134, 140.

10 *Hansische Urkundenbuch*, vol. 3: 1343-1360, éd. K. Höhlbaum, Halle a. d. Saale, Verein für hansische Geschichte, 1882-1886, p. 419 note 1. – « Dou royaume de Hongrie vient cire, or et argent en plate. Dou royaume de Behaingne vient cire, or, argent et estain. Dou royaume de Polane vient or, argent en plate, cire, vairs, gris et coivre. » The same structure of commodities can be expected at export to Venice.

11 Berghaus, Peter, « Die Ausbreitung der Goldmünze und des Groschens in deutschen Landen zu Beginn des 14. Jahrhunderts », *Numismatický sborník*, vol. 12, 1973, p. 211-237.

12 Blanchard, *op. cit.*, p. 938-956.

King of Bohemia (1253-1278) and Duke of Austria (1251-1276), to the Alpine lands and further to the neighbourhood of Venice in the 1260s and 1270s. On the other hand, the geographical location of Bohemia determined, to a substantial extent, the overall character of long-distance trade. The main trade routes from the South to the European core bypassed the Bohemian basin[13]. A lack of sea and big rivers (with the exception of the Elbe) was a key disadvantage for Bohemia, particularly from the 14th century onwards.

CURRENCY REFORMS

The parallel timing of legal and administrative reforms in Venice and currency reforms in Bohemia created favourable conditions for more intensive goods exchange. The doges of Venice and the *Maggior Consiglio* took a number of measures to have a booming silver trade under control. Three and later four officers were entrusted with financial powers over trade transactions of precious metals (1260 and 1266/67), a public debt (1262), a permanent deposit (1265) and a coinage act (1269) were established. A tax on imported silver was imposed in 1270 and the silver alloys purchase was authorized in 1273[14]. Silver supplies necessitated the introduction of silver taxation and regulation and influenced a productive efficiency of the Venice Mint. Data published by Alan Stahl explicitly support this connection: the first marked upsurge of mintage came in the 1260s and 1270s with a peak production in 1278[15]. They

13 Graus, František, « Die Handelsbeziehungen Böhmens zu Deutschland und Österreich im 14. und zu Beginn des 15. Jahrhunderts », *Historica*, vol. 2, 1960, p. 77-110. Pošvář, Jaroslav, « Obchodní cesty v českých zemích, na Slovensku, ve Slezsku a v Polsku do 14. století [Trade roads in the Czech lands, Slovakia, Silesia and Poland until the 14th century] », *Slezský sborník*, vol. 62, 1964, p. 54-63.

14 Stahl, Alan Michael, *Zecca. The Mint of Venice in the Middle Ages*, Baltimore-London-New York, Johns Hopkins University Press and American Numismatic Society, 2000. See also Travaini, Lucia, « Mint organization in Italy between the twelfth and fourteenth centuries: a survey », *Later Medieval Mints: Organisation, Administration, Techniques. 8th Oxford Symposium on Coinage and Monetary History* (BAR International Series 389), éd. N. J. Mayhew et P. Spufford, Oxford, BAR Publishing, 1977, p. 39-60.

15 Stahl, Alan Michael, « Venetian Coinage: Variations in Production », *Rythmes de la production monétaire, de l'antiquité à nos jours. Actes du colloque international organisé à Paris*

presumably refer to the regular supply of « German » silver, which had established its dominance at Venice since the late 1260s and which seems to originate predominantly from Bohemia and Moravia. But silver of the Bohemian origin flowed at that time still further: it got in the form of Venetian grosso to the Eastern Mediterranean and in 1261-1278 even towards the capital of the Persian Khanate, Tabriz, where a mint was opened in 1271 to process these burgeoning supplies[16].

Ottokar II, as a ruler related to the Stauf dynasty, was probably inspired in his efforts by the economic reforms of the Emperor Frederick II (1220-1250). The aim of three Ottokar's reforms from 1253, 1260/61 and 1268 was to facilitate trade contacts with Venice. In this sense his last reform, connected with the weights and measures adjustment and with the efforts to make two different coin denominations (bracteates and pfennigs) compatible, belongs to the most important[17].

The 13th-century coin represented a temporary increase in the price of silver owing to its mintage. It was one of the reasons why unminted metal became a more widespread form as a means of payment on the market rather than coin itself[18]. To merchants it represented an advantageous counter value for imported goods. It could often be carried without large customs duties, its transport was less expensive and gave a guarantee of bigger independence of climatic conditions. In agreement with these findings Jiří Majer calculated that about 90 % of silver mined in the 13th-century Czech lands was sold in unminted form[19]. The non-punishable use of unminted metal was primarily established for larger payments and taxes and this practise was still common at the beginning of the 14th century.

---

du 10 au 12 janvier 1986, Louvain-la-Neuve, Séminaire de Numismatique Marcel Hoc, Collège Érasme, 1987, p. 476-479.

16 Blanchard, *op. cit.*, p. 946-947. See also Spufford, Peter, *Power and Profit. The Merchant in Medieval Europe*, London, Thames & Hudson, 2002, p. 347.

17 Zaoral, *op. cit.*, p. 294-295.

18 Supplying Venice by unminted metal is in detail analysed by Robbert, Louise Buenger, « Il sistema monetario », *Storia di Venezia. Dalle origini alla caduta della Serenissima*, vol. 2, éd. G. Cracco et G. Ortalli, Roma, Istituto della Enciclopedia Italiana, 1995, p. 409-436. See also Blanchard, *op. cit.*, p. 936-970 and Stahl, *Zecca*, passim.

19 Majer, Jiří, « Development of Quality Control in Mining, Metallurgy, and Coinage in the Czech Lands (up to the 19th Century) », *History of Managing for Quality*, éd. J. M. Juran, Milwaukee (Wisconsin), ASQC Quality Press, 1995, p. 264-266; Majer, Jiří, *Rudné hornictví v Čechách, na Moravě a ve Slezsku [The ore mining in Bohemia, Moravia and Silesia]*. Praha, Libri, 2004, p. 60.

PAPAL COLLECTIONS

Venice occupied a key position in the management of papal collections in Central Europe, which was closely connected with long-distance trade. Money collected in Poland, Hungary and in the south-eastern parts of the Holy Roman Empire, including Austria, Bohemia, Moravia and Silesia, was sent to Rome via Venice, while Bruges played a decisive role for the Baltic region of Hanseatic towns, Scandinavia and northern parts of Poland. However, during the Avignon papacy (1309-1377), the payment flow via Venice weakened as more money was transferred via Bruges[20]. If money flowed out from Central Europe to Venice and Florence, silver coins were exchanged for gold there and sent to the Apostolic Chamber in Rome[21].

Thanks to the influential personality of Bruno of Schauenburg, Bishop of Olomouc (1245-1281), Olomouc became in 1261 the place where money collected from Poland, Hungary, Bohemia and Moravia were deposited. Bruno was charged by Pope Urban IV (1261-1264) to secure the transfer of money from the bishop's court to the treasury of St Mark's Basilica in Venice[22] in cooperation with the papal nuncio Petrus of Pontecorvo whose mission in Central Europe had begun already in 1259[23]. There is no doubt that concentration of papal collections at Olomouc in the early 1260s stimulated long-distance trade. The finds of Venetian grossi and glass from the space of the Olomouc cathedral hillock, dated back to the 1250s and 1260s[24], and the privilege of building the merchant's house in Olomouc, issued in 1261 by King Ottokar

20 Renouard, Yves, *Les relations des papes d'Avignon et des compagnies commerciales et bancaires de 1316 à 1378*, Paris, E. de Boccard, 1941, p. 147; see also Esch, Arnold, « Bankiers der Kirche im großen Schisma », *Quellen und Forschungen aus italienischen Archiven und Bibliotheken*, vol. 46, 1966, p. 277-398.

21 Schuchard, Christiane, *Die päpstlichen Kollektoren im späten Mittelalter*, Tübingen, Niemeyer, 2000.

22 *Regesta diplomatica nec non epistolaria Bohemiae et Moraviae* (thereinafter *RBM*), vol. 2: 1253-1310, éd. J. Emler, Praha, Valečka, 1882, p. 125-126, n° 328.

23 *Codex diplomaticus et epistolaris regni Bohemiae* (thereinafter *CDB*), vol. 5.1: 1253-1266, éd. J. Šebánek, S. Dušková, Praha, Academia, 1974, p. 349, n° 226.

24 Hlubek, Lukáš, Zaoral, Roman, « Nález benátské mince z 13. století na Dómském návrší v Olomouci [The 13th-century Venetian coin found on the Cathedral Hill in Olomouc] », *Numismatické listy*, vol. 70, 2015, p. 52-58.

II[25], support the idea of interconnection between papal collectors and merchants. Moreover, in 1262, Ottokar II's court was in contact with the papal banker Dulcis de Burgo, merchant of Florence, who settled the king's debt to the Roman Curia, which originated from Ottokar II's divorce with his first wife Margaret of Austria and for the legalization of his three natural children[26]. The money transfer was realized via the treasury of St Mark's Basilica in Venice and was probably connected with the mentioned papal collection.

Nevertheless, the place, at which money collected from Central Europe was to be deposited, was later, due to bad geographical conditions of the Czech lands, moved from Bishop Bruno's court in Olomouc to the Abbey of Our Lady of the Scots in Vienna, where it was taken over by brothers of the Teutonic Order[27]. Owing to its advantageous position on the Danube, Vienna became then the most important place for papal collectors in Central Europe for many decades.

In the absence of traveller's cheques in 13th-century Central Europe, merchants, papal collectors and special messengers were forced to transport cash and precious metals. Central Europe was, in general, regarded as an insufficiently secure region. The danger of robbery was high. For this reason, the amounts sent from there were usually smaller than 1,000 florins[28]. Such sums were transferred not only in the form of coins but also in unminted metal. The accounts of Master Gerardus, papal collector in Hungary and Poland in 1281-1286, distinguished two types of silver: smelted silver (*argenti fusi*) and black silver (*argenti nigri*). The prescribed gold: black silver rate was 1:15 at that time[29].

---

25 *RBM*, vol. 2, p. 126, n° 330.

26 *RBM*, vol. 2, p. 146, n° 374.

27 *Acta Camerae apostolicae. Monumenta Poloniae Vaticana* (thereinafter *MPV*), vol. 1: 1207-1344, éd. J. Ptaśnik, Kraków, Academia litterarum Cracoviensis, 1913, p. 7-9, n° 14.

28 Weissen, Kurt, *Florentiner Bankiers und Deutschland (1275-1475). Kontinuität und Diskontinuität wirtschaftlicher Strukturen*, unveröffentlichte Habilitationsschrift, Basel, Universität Basel, 2001, p. 60.

29 *MPV*, vol. 1, p. 17-24, n° 26.

FLORENTINE FINANCIERS IN CENTRAL EUROPE

The restrictive policy followed by Venice towards the German merchants in the 1280s and 1290s enabled the Florentine entrepreneurs, who controlled international financial operations, to take advantage of the opportunity. Moreover, Bohemian silver stopped being sent to Venice as a sole terminal destination in Italy but it may have been re-exported from there to Florence[30]. The Venetians seem to be replaced by the Florentines around 1300 not only in Bohemia but also in Hungary. The insecurity in Florence caused by the 1299 coup as a result of the Guelph–Ghibelline antagonism and the profit vision from the mining and minting precious metals were probably the reason why some Florentine merchants started to take an interest in the Central European region[31].

The Florentine financiers Ranieri (Peruzzi?), Apardo (Donati?) and Cyno Lombardus (*Reinhardum scilicet Alphardum et Cynonem*) established in Bohemia a regular trading and financial private company, which acted as a bank receiving annuities from mines and the mint, with the aim of carrying out a complete monetary reform[32]. They could prove their knowledge and experience thanks to the good quality of Bohemian and Moravian coins that had resulted from previous reforms[33]. They lent money for credit, carried business with real estate and were charged with

30 Unminted « German » silver appears in the early (ca 1290) list for Florence, compiled some forty years later (ca 1330), under the guise of « della bolla di Venegia », bars of silver sealed at the Venice mint. See Grierson, Phillip, « The coin list of Pegolotti », *Studi in onore di Armando Sapori*, Milan, Instituto editoriale cisalpino, 1957, p. 485-492.

31 Astorri, Antonella, *La mercanzia a Firenze nella prima metà del Trecento: il potere dei grandi mercanti*, Firenze, Olschki, 1998, p. 116, 128.

32 In detail see Reichert, Winfried, « Oberitalienische Kaufleute und Montanunternehmer in Ostmitteleuropa während des 14. Jahrhunderts », *Hochfinanz. Wirtschaftsräume. Innovationen. Festschrift für Wolfgang von Stromer*, vol. 1, éd. U. Bestmann, F. Irsigler et J. Schneider, Trier, Auenthal Verlag, 1987, p. 269-356 and Reichert, Winfried, « Mercanti e monetieri italiani nel regno di Boemia nella prima metà del XIV secolo », *Sistema di rapporti d'élites economiche in Europa (secoli XII-XVII)*, éd. M. Del Trepo, Napoli, Liguori, 1994, p. 337-348.

33 Pánek, Ivo, « Das Münzvermächtnis des 13. Jahrhunderts in Böhmen », *Numismatický sborník*, vol. 12, 1973, p. 65-74; Nový, Rostislav, « Organizace a vývoj českého mincovnictví v 13. století do měnové reformy Václava II. [The organization and development of Bohemian coinage in the 13th century until the currency reform of Wenceslaus II] », *Sborník archivních prací*, vol. 24, n° 2, 1974, p. 366-425.

important authorities related to economic administration. Nevertheless, the anticipation of fabulous gains from conducting business in the lands of the "silver" king obviously did not prove true because Apardo set out for a journey to Bohemia in 1311 to recover his claims. Many owed him money. In 1316 King John the Blind (1310-1346) acknowledged debt of his predecessors on the Bohemian throne in the amount of 28,000 silver pounds. Such a high sum was in fact unenforceable and the company even seems to have gone bankrupt[34].

The Italian cultural influence of the currency reform of 1300 was proved by the issue of the Mining Code of King Wenceslaus II, titled *Ius Regale Montanorum*, which was drawn up by Gozzius of Orvieto, Italian professor of law, on the basis of the older German Mining Code of Iglau. This code introduced Roman law to Bohemia at specifying administrative and technical terms and conditions necessary for the operation of mines, such as a king's part in mining and minting, rules of labour safety, legislation on wages or on labour time[35]. In 1325 the Italians were also involved in the introduction of gold coins in Bohemia and Hungary.

THE CIRCULATION OF PRAGUE GROSCHEN

The acceptance of basic principles of northern Italian currency reform, consisting in coin quality and weight improvement, in a flexible currency system and in the integration of gold coins into the traditional silver standard, created in the 14th century favourable conditions for trade and money transactions, in which South German merchants from Regensburg and Nuremberg took the active role. When the council of Vienne imposed a veto on trade with Muslims in 1312, Bohemia and Hungary became the most important producers of precious metal in late medieval Europe. Silver supplies sent from Kutná Hora to the Venice

34 Jan, Libor, *Václav II. a struktury panovnické moci [Wenceslaus II and the structures of sovereign's power]*, Brno, Matice moravská, 2006, p. 147-148.

35 *Codex juris Bohemici*, vol. 1, éd. H. Jireček, Praha, I. L. Kober, 1867, p. 265-435. For the analysis of this Mining Code see Pfeifer, Guido, *Ius Regale Montanorum. Ein Beitrag zur spätmittelalterlichen Rezeptionsgeschichte des römischen Rechtes im Mitteleuropa*, Ebelsbach am Main, Aktiv Druck & Verlag, 2002.

Mint culminated in the years 1330-1380[36]. Bohemian silver–*bracciali cioe buenmini* or *braccali coniata*–in the form of high-quality Prague groschen has not been melted in the Venice Mint but re-exported from Venice to other Italian towns as well as to Famagusta (Cyprus) and Lajazzo (Lesser Armenia)[37]. These coins are mentioned in many merchant's manuals. The Venetian financier Zibaldone da Canal traces silver from Germany (*l'argento che vien d'Alemagna*) at the year 1320 and the factor of the Florentine banking house of Bardi, Francesco Balducci Pegolotti, states that Prague groschen, produced in the Kutná Hora Mint and referred to as *buenmini dalla magna* (« Bohemian from Germany »), were coming to Venice via Vienna[38]. The merchant manuals from the later period[39] usually differ the old Prague groschen of John the Blind and Charles IV (1346-1378) from the new groschen of Wenceslaus IV (1378-1419), being characterized by a bit lower fineness[40].

Prague groschen circulated throughout a large part of Europe. In some regions like the Rhineland, south-western Germany, Bavaria or Austria they represented a substantial component of money in circulation at least until the 1420s[41]. In Italy they appear as offerings in the inventory of Papal Basilica of St Paul outside the Walls in Rome dated back to 1368-1378[42]. Also the incomes of Roman churches were partly

---

36 In detail see Janáček, Josef, « České stříbro a evropský trh drahých kovů v první polovině 14. století [Bohemian silver and the European market of precious metals in the first half of the 14th century] », *Historiografie čelem k budoucnosti, sborník k šedesátinám akademika Jaroslava Purše*, Praha, Ústav československých a světových dějin ČSAV, 1982, p. 549-563.

37 Pegolotti, Francesco Balducci, *La pratica della mercatura*, éd. A. Evans, Cambridge, Mass., Medieval Academy of America, 1936, p. 60, 81. See also Blanchard, *op. cit.*, p. 951-952.

38 Da Canal, Zibaldone, *Manoscritto mercantile del sec. XIV*, éd. A. Stussi, Venezia, Il comitato editore, 1967, p. 7; Pegolotti, *op. cit.*, p. 291. See also Spufford, *Money*, p. 137-138.

39 See the list of published and unpublished merchant's manuals by Spufford, Peter, « Late Medieval Merchant's Notebooks: A Project. Their Potential for the History of Banking », *Kufmannsbücher und Handelspraktiken vom Spätmittelalter bis zum beginnenden 20. Jahrhundert – Merchant's Books and Mercantile Pratiche from the Late Middle Ages to the Beginning of the 20th Century*, éd. M. A. Denzel, J. C. Hocquet et H. Witthöft, Stuttgart, Franz Steiner, 2002, p. 49-50.

40 Travaini, Lucia, *Monete, mercanti e matematica: le monete medievali nei trattati di aritmetica e nei libri di mercatura*, Roma, Jouvence, 2003, p. 247-248.

41 Berghaus, *op. cit.*; Castelin, Karel, *Grossus pragensis. Der Prager Groschen und seine Teilstücke*, Braunschweig, Klinkhardt & Biermann, 1973; Schüttenhelm, Joachim, *Der Geldumlauf im südwestdeutschen Raum vom Riedlinger Münzvertrag 1423 bis zur ersten Kipperzeit 1618*, Stuttgart, W. Kohlhammer, 1987; Emmerig, Hubert, « Prager Groschen in den mittelalterlichen Münzfunden in Österreich und Bayern », *Numismatický sborník*, vol. 24, 2010, p. 151-202.

42 Archivio Segreto Vaticano, Camera Apostolica, Collectanea 433, fol. 11v, 15r-v, 57r-v, 143r-v.

composed of the contributions paid in Prague groschen, as is evident from accounting records made in the course of the jubilee years in 1390 and 1400[43] and from the tithe records of the Apostolic Chamber[44]. According to the pilgrim's book of Siena, Prague groschen belonged together with Flemish groats to the most frequent types of silver coin among pilgrims to Rome[45]. Nevertheless, unlike gold coins, they were hoarded in Italy only occasionally. It is, for example, the case of the small coin find consisting of 12 Prague groschen, which was uncovered in the garden of the Siena hospital by gardener Matthew on 13th May 1409[46].

The goods imported for Bohemian silver from Venice is documented by the authentication tests of Venetian products from 1304 and 1333, which were often counterfeited in Prague[47]. The high earnings of patricians, which had their origin in colonization, mining business and silver trade, enabled members of the upper class, settled in Bohemia and Moravia, to purchase foreign luxury goods on a large scale. Demand was considerable. They could purchase from foreign merchants « cheap » (in terms of silver) cottons and linens woven in Syria and Egypt, silk made in Persia and China[48], painted or enamel glass manufactured in Italy and Syria[49] as well as a whole range of spices from India and

43 Bibliotheca Vaticana, Archivum Capituli Sancti Petri in Vaticano, Censuali 1.

44 Archivio Segreto Vaticano, Instrumenta Miscellanea 426.

45 Piccinni, Gabriella, Travaini, Lucia, *Il Libro del pelegrino (Siena 1382-1446). Affari, domini, monete nell'Ospedale di Santa Maria della Scala*, Napoli, Liguori, 2003. See also Zaoral, Roman, « Pilgrims and their money on their travels to Rome: reflections on the edition *Il Libro del Pellegrino* (Siena, 1382-1446) », *Czech and Slovak Journal of Humanities – Historica*, n° 1, 2015, p. 19-34.

46 Archivio di Stato di Siena, Ospedale 517, c. 344. See also Piccinni, Travaini, *op. cit.*, p. 88 note 15.

47 Graus, *op. cit.*, p. 94.

48 Bravermanová, Milena, « Archeologický textilní fond na Pražském hradě [Archaeological textiles at the Prague Castle] », *Sborník semináře historie odívání*, Zlín, Martina Hřibová, 2011, p. 109-138; Bravermanová, Milena, Březinová, Helena, Urbanová, Kristýna, « Archeologické nálezy textilií z výzkumů v Praze [Excavations of archaeological textiles in Prague] », *Praha archeologická*, Praha, Muzeum hlavního města Prahy, 2016, p. 355-364.

49 *RBM*, vol. 2, p. 1202, n° 2752. – « *It. cristalinam monstranciam Venetiis emptam pro 7 mar.* ». See also Graus, *op. cit.*, p. 94 note 119. Venetian and Islamic glass finds from Bohemia and Moravia have been published by Černá, Eva, *Středověké sklo v zemích Koruny české [Medieval glass in the Lands of the Bohemian Crown]*, Most, Ústav archeologické památkové péče severozápadních Čech, 1994; Černá, Eva, « Islamisches Glas im mittelalterlichen Böhmen, in Ibrahim ibn Yaqub at-Turtushi », *Christianity, Islam and Judaism Meet in East-Central Europe, c. 800-1300 A.D., Proceedings of the International Colloquy 25-29 April 1994*, éd. P. Charvát et J. Prosecký, Prague, Oriental Institute, 1996, p. 103-106; Černá,

Arabia that passed through the Levant. The influx of luxury goods had, however, a drawback for the Czech lands: it took on such dimensions in the 14th and the early 15th century that it suppressed the expansion of home craft production[50].

GOLD COINS IN CENTRAL EUROPE

The growing price of gold in the first half of the 14th century was one of motivation factors for the extensive production of the imitations of the *fiorino d'oro* throughout Europe. Their circulation was facilitated through the mass production of papal florins issued by John XXII (1316-1334)[51] and through the large activities of Florentine merchants and bankers in the textile trade, papal collections and last but not least in mining and minting. They were often mint-masters among them who lost their work due to a temporary reduction in coin production of the Florence Mint caused by reduced demand for money as a result of the insolvency of big debtors to redeem loans. Due to the bankruptcy of the Bardi and Peruzzi banking houses, a part of their members left for the transalpine region and shared in the introduction of gold coins there[52].

Eva, Podliska, Jan, « Sklo – indikátor kulturních a obchodních kontaktů středověkých Čech [Glass–an indicator of cultural and trade contacts of medieval Bohemia] », *Odorik z Pordenone: z Benátek do Pekingu a zpět – Odoric of Pordenone: from Venice to Peking and back* (Colloquia mediaevalia Pragensia, 10), éd. P. Sommer et V. Liščák, Prague, Centre for Medieval Studies, 2008, p. 237-256; Sedláčková, Helena, « Ninth- to Mid-16th Century Glass Finds in Moravia », *Journal of Glass Studies*, vol. 48, 2006, p. 191-224; Sedláčková, Helena, Haggren, Georg, « Vetro italiano in Moravia nel Medioevo », *Splendori del gotico nel Patriarcato di Aquileia*, éd. S. Vrbková, Mikulov, Regionální muzeum, 2009, p. 42-51.

50 Janáček, Josef, « Der böhmische Aussenhandel in der Hälfte des 15. Jahrhunderts », *Historica*, vol. 4, 1962, p. 39-58.

51 Klein, Ulrich, « Der Florentiner Goldgulden und seine Imitationen », *Faux – contrefaçons – imitations. Actes du quatrième colloque international du Groupe Suisse pour l'étude des trouvailles monétaires (Martigny, 1-2 mars 2002) / Fälschungen – Beischläge – Imitationen. Sitzungsbericht des vierten internationalen Kolloquiums der Schweizerischen Arbeitsgemeinschaft für Fundmünzen (Martigny, 1.–2. März 2002)*, éd. A.-F. Auberson, H. R. Derschka, S. Frey-Kupper, Lausanne, Éditions du Zèbre, 2004, p. 129-160.

52 Mäkeler, Hendrik, *Reichsmünzwesen im späten Mittelalter. Teil 1: Das 14. Jahrhundert.* Stuttgart, Franz Steiner, 2010, p. 117-118; Štefánik, Martin, « Uhorské kovy a kremnická komora ako predmet záujmu talianskych podnikateľov do konca vlády Žigmunda

In 1325 John the Blind began to mint them in Bohemia and Charles I (1308-1342) introduced them in Hungary[53]. Soon after that, florins were also minted by the members of the Piast dynasty in Silesia: Bolko II (1326-1368) let them produce in Münsterberg/Ziębice (1345-1351) and Schweidnitz/Świdnica (1351–ca. 1365) and Wenceslaus I (1342-1364) in Liegnitz/Legnica[54]. Austrian dukes initiated their mintage in 1350 in Judenburg, Styria[55]. These gold coins were usually of the same weight like the *fiorino d'oro*, i. e. around 3.5 g. The reason of imitation was the immediate integration of these types into money circulation.

THE CIRCULATION OF HUNGARIAN FLORINS

Gold coin mintages made the king of Hungary possible to legalize the export of gold to abroad. He comprehended that his florins become relevant high-quality coins in the European trade. Their mintage should have made purchase of precious metals by foreign merchants in Hungary impossible[56]. The implementation of Charles I's reform was in the hands of Italian financiers[57]; Pietro di Simone Gallicus of Siena and his brother, the assumed makers of the coin image of the *fiorino d'oro*[58], had a direct share in the dies production of the first Hungarian florins[59]. Their

Luxemburského [Hungarian metals and the Kremnica chamber as a subject of interest of Italian entrepreneurs until the end of the reign of Sigismund of Luxembourg] », *Baníctvo ako požehnanie a prekliatie mesta Kremnice*, Kremnica, Občianske združenie SOS, 2007, p. 96-98.

53 Zaoral, Roman, « The Florins of Bohemia and Luxembourg of John the Blind. The Florins of Hungary », *Il tesoro di Montella (Avellino): ducati e fiorini d'oro italiani e stranieri occultati nella metà del Trecento*, éd. L. Travaini et M. Broggini, Roma, Edizioni Quasar, 2016, p. 65-72.

54 Kiersnowski, Ryszard, « Floreny śląskie z XIV w. i ich obieg w Europie [14th-century Silesian florins and their circulation in Europe] », *Wiadomości Numizmatyczne*, vol. 20, 1976, p. 65-88.

55 Burböck, Odo, « Mittelalter und Neuzeit: das steirische Münzwesen », *Dresdner Kunstblätter*, vol. 31, n° 2, 1987, p. 90-98.

56 Kazimír, Hlinka, *op. cit.*, p. 155.

57 Štefánik, *op. cit.*, p. 95.

58 Huszár, Lajos, *A Budai pénzverés története a középkorban [History of coinage in medieval Buda]*, Budapest, Akadémiai Kiadó, 1958, p. 32.

59 Štefánik, *op. cit.*, p. 99.

production was initially limited because only one larger mint in Buda was active in Hungary in 1325. The mint in Kremnica was opened in 1328 and the mint in Cluj (in German Klausenburg, in Hungarian Kolozsvár) in Transylvania in 1336[60]. The same types were struck in all three mints without any distinguishing signs.

Hungarian florins quickly expanded into foreign markets; their production increased in the 1330s[61] as a result of the opening of a « Bohemian » trade route and of new rich gold deposits in Kremnica and Smolník (in German Schmöllnitz, in Hungarian Szomolnok). The high quality of Hungarian florins with lily (23 ¾ karats), issued by Charles I and Louis I (1342-1382), was recorded by Italian merchants in their manuals[62]. Their popularity was so high that they even became an example for some Italian, German and Dutch gold coins[63]. On the other side, they were not suitable for the local trade which was mostly carried on in small sums and where silver coins (groschen and denarii) played a relevant role. Hungarian groschen, issued by Charles I with the intent to replace Prague groschen in the amount of money in circulation, were in fact the imitations of the *gigliato* struck by Robert of Anjou, King of Naples (1309-1343) and Charles I's uncle[64].

A new era in Hungarian coinage is connected with Sigismund of Luxembourg (1387-1437). The main aim of his 1390 monetary reform was to prevent further depreciation of silver denarii. Sigismund was forced to take measures against forgers and banned the export of precious metals from the country. He also replaced Italian financiers in the management of mintage with Regensburg and Nuremberg merchants around 1395. In 1410 or 1425 the Buda Mint stopped striking gold coins and the Kremnica Mint became a main coin producer in Hungary[65]. Hungarian florins, issued

60 Budaj, Marek, *Vývoj kremnickej mincovne vo svetle nálezov mincí v rokoch 1323-1437 [History of the Kremnica Mint in the light of coin hoards, 1323-1437]*, unpublished dissertation, Bratislava, Comenius University, 2010, p. 26.

61 Pohl, Artur, *Ungarische Goldgulden des Mittelalters (1325-1540)*, Graz, Akademische Druck- u. Verlagsanstalt, 1974, p. 68.

62 Travaini, *Monete*, p. 308-309; Oberländer-Târnoveanu, Ernest, « A 13-16. századi magyar pénzverés emlékei nyugaton. Korabeli itáliai, francia és katalán források – The 13th-16th century Hungarian coinage in the West. Contemporary Italian, French and Catalan sources », *Numizmatikai Közlöny*, vol. 102-103, 2004, p. 46-50.

63 Huszár, Lajos, *Münzkunst in Ungarn*, Budapest, Corvina, 1963, p. 23.

64 Huszár, Lajos, « Der Beginn der Goldgulden- und Groschenprägung in Ungarn », *Numismatický sborník*, vol. 12, 1973, p. 181.

65 Budaj, *op. cit.*, p. 118, 139.

by Sigismund, are characterized by high quality which made them one of the most important trade coins in Europe[66]. Their gross weight increased from 3.5585 g up to 3.5723 g with the grain weight of 3.5157 g[67], while their fineness slightly decreased from 23 ¾ karats to 23 karats 6 grains[68].

During the 13th century Hungarian gold found an important sales area at the Italian peninsula, particularly in Venice and Florence. References to the first types of Hungarian florins occur in the Italian deeds, merchant's and accounting books shortly after they started to be minted. Sometimes they were simply called *ongaro* or *ungheri*[69]. In the 14th and 15th centuries more than 80 % of the Hungarian gold production was exported abroad, mostly to Bavaria and the Rhineland[70]. The most known example of a one-time mass export of gold coins from Hungary is the journey of Elizabeth, the mother of King Louis I, to Southern Italy in 1343. She took ten-year savings of royal treasury with her for support of the candidature of her son Andrew. According to the chronicler John it was 27,000 marks of silver (6,630 kg) and further 17,000 marks of pure gold (4,174 kg). Later Louis I sent her further 4,000 marks of gold (982 kg). Besides that she also had the half–bucket of florins with her[71]. But even the transfer of such a huge sum was not able to cause the decrease of gold/silver ratio on 1:11 or even 1:10, as Bálint Hóman and some other Hungarian historians supposed[72]. Financial transactions in hundreds of thousands of florins were not so exceptional in late medieval Europe. It suffices to mention a high amount of

---

66 Budaj, Marek, « Dukáty Žigmunda Luxemburského z rokov 1387-1402 a poznámky k otázke ich razby v Bratislave [The ducats of Sigismund of Luxembourg from 1387-1402 and the question of their production in Bratislava/Pressburg/Poszóny] », *Numizmatika*, vol. 24, 2014, p. 33.

67 Pohl, Artur, « Zsigmond király pénzverése (1387-1437) [Coinage under the reign of King Sigismund, 1387-1437] », *Numizmatikai Közlöny*, vol. 66/67, 1968, p. 43.

68 Paulínyi, Oszkár, « A körmöcbányai kamara 1434-35 évi számadása (Műhelybeszámoló) [The annual revenues of the Kremnica Chamber, 1434-35] », *Gazdag föld – Szegény ország*, éd. J. Buza et I. Draskóczy, Budapest, Corvinus Egyetem, 2005, p. 175.

69 Huszár, Lajos, « A Magyar aranyforint szerepe Európa középkori pénzforgalmábann [Hungarian gold coins in medieval Europe] », *A Magyar numizmatikai társulat évkönyve 1974*, éd. J. Buza, Budapest, Magyar numizmatikai társulat, 1980, p. 70.

70 Mályusz, *op. cit.*, p. 21-35; Mäkeler, Hendrik, « Der Goldschatz von Unna im geldgeschichtlichen Kontext », *Der Goldschatz von Unna. Zusammensetzung und Bedeutung des größten mittelalterlichen Münzfundes Westfalens*, éd. B. Olmer et R. Stephan-Maaser, Essen, Klartext, 2010, p. 114-129.

71 Budaj, *Vývoj kremnickej mincovne*, p. 196-197.

72 Hóman, Bálint, « A XIV. századi aranyválság [14th-century crisis in gold production] », *Emlékkönyv Fejérpataky László életének hatvanadik évfordulója ünnepére*, éd. I. Szentpétery, Budapest, Franklin, 1917, p. 223.

500,000 florins (1,750 kg of gold) which Charles IV paid, mostly in silver, for the 1373 acquisition of the Mark of Brandenburg[73] or the massive inflow of gold in Prussia in the 1390s which strengthened the payment system of the Hanseatic League[74]. Gold of Central European origin occasionally got with trade from Italy to more distant regions, which is the case of the hoard from Sant Pere de Rodes in Catalonia concealed in the mid-1520s[75].

THE CIRCULATION OF BOHEMIAN FLORINS

Florentine financiers were involved in the introduction of Prague groschen in Bohemia in 1300 and of Bohemian florins in 1325. According to Peter of Zittau, the author of the *Chronicon Aulae Regiae* and the underrated expert of currency conditions, the four new florins (of the weight of about 3.5 g each) exceeded the value of the Prague mark of silver (253.14 g)[76], which indicates the rate of a Bohemian florin in the amount of 16 Prague groschen. Nevertheless, this rate was not fixed; its amount fluctuated, depending on the current gold/silver price ratio. It was because gold coins were not provincial means of payment in the true sense of the word; they primarily served to sovereign to settle his payments to abroad[77]. The production of gold coins was strictly subordinated to him and for this purpose a new mint was established in Prague. Jesko, prior of the church

73 *Regesta Imperii*, vol. 8: *Die Regesten des Kaiserreichs unter Kaiser Karl IV. 1346-1378*, éd. J. F. Böhmer, bearbeitet von A. Huber, Innsbruck, Verlag der Wagner'schen Universitäts-Buchhandlung, 1877, no. 5219a.

74 Paravicini, Werner, *Edelleute und Kaufleute im Norden Europas*, éd. J. Hirschbiegel, A. Ranft et J. Wettlaufer, Stuttgart, Jan Thorbecke Verlag, 2007, p. 315-327.

75 The hoard contains, among others, 45 Hungarian ducats and one ducat originated in Bohemia. See Marot, Teresa *et al.*, *El tesoro de Sant Pere de Rodes: una ocultación de monedas de oro y de plata a principios del siglo XVI*, Barcelona, Museu Nacional d'Art de Catalunya, 1999, p. 166-175, nº 172-217.

76 *Chronicon Aulae Regiae, Liber II, Cap. XIV, Fontes rerum bohemicarum*, vol. 4, éd. J. Emler, Praha, Nadání Františka Palackého, 1884, p. 273: « Instituit quoque tunc rex Prage per quosdam Lombardos monetam auream, de qua denarii quatuor valere debeant plus quam marcam ».

77 Militký, Jiří, « Lucemburské mincovnictví [Minting of the Luxembourgs] », *Lucemburkové. Česká koruna uprostřed Evropy*, éd. F. Šmahel et L. Bobková. Praha, Nakladatelství Lidové noviny, 2012, p. 451-452. See also Militký, Jiří, « Minting activities of John of Luxemburg in Bohemia », *A Royal Marriage. Elizabeth Premyslid and John of Luxembourg 1310*, éd. K. Benešovská. Praha, Muzeum hlavního města Prahy, 2011, p. 584-591.

of All Saints at the Prague Castle, was appointed the first mint-master holding responsibility for gold coinage; the first die-sinker of the Prague Mint, Balbinus Lombardus from Venice[78], made finely cut dies with a coin image which lasted on the Bohemian florins until at least 1345[79]. From mined gold six coin types were minted in the Prague Mint during the 14th century: the florin of John the Blind, two florin (ducat) types[80] of Charles IV and three types of Wenceslaus IV[81].

Most florins, likewise in Hungary, were flowing away from the country, as is evident from the coin hoards in Bohemia in which a tiny quantity of Bohemian florins (6 pieces) has been found[82]. Gold mints got into circulation in connection with the territorial politics of Luxembourg sovereigns and military campaigns as well as with the long-distance trade and papal collections[83]. In the Prague diocese the expenses of this type amounted to 40,000 florins in 1355 and after the regular tithe had been applied this sum still increased[84]. Despite all the propaganda against selling indulgencies, it was Hussite Bohemia, from where servitia, annates, tithes, subsidies,

---

78 *Summa Gerhardi. Ein Formelbuch aus der Zeit des Königs Johann von Böhmen*, éd. F. Tadra. Wien, Carl Gerold's Sohn, 1882, p. 515, n° 183. See also Castelin, Karel, « Der Prägeort der Florene König Johanns », *Numisma*, vol. 7, 1966, p. 334-336.

79 Weiller, Raymond, « Les florins d'or au Baptiste de Jean L'aveugle, roi de Bohême (1310-1346) et comte de Luxembourg (1309-1346) », *Schweizerische Numismatische Rundschau*, vol. 51, 1972, p. 161.

80 Gold florin started to be called ducat in the early 16th century. Nevertheless, the numismatists often use this term also for the period of the 14th and 15th centuries in an effort to distinguish gold coin types with own iconography from those whose image was dependent on the original model. That is why gold coins of Charles IV are often called ducats and the fact, that this term was exclusively associated with the Venetian types, is fully ignored. I prefer the term florin also because it prevails in the written sources. See Dvořáková, Daniela, « Království zlatého florénu [The kingdom of gold florin] », *Peníze nervem společnosti. K finančním poměrům na Moravě od poloviny 14. do počátku 17. století*, éd. T. Borovský et B. Chocholáč, Brno, Matice moravská, 2007, p. 26 note 47.

81 Militký, Lucemburské mincovnictví, p. 451-454.

82 Nohejlová-Prátová, Emanuela, « Dukaten (Florentiner) und Goldgulden in den mittelalterlichen Münzfunden Böhmens », *Dona numismatica, Walter Hävernick zum 23. Januar 1965 dargebracht*, éd. P. Berghaus et G. Hatz, Hamburg, Neidlisches Verlag, 1965, p. 233-241.

83 Already Stloukal, Karel, « Dvojí tvář doby Karlovy [Two faces of the times of Charles IV] », *Český časopis historický*, vol. 2, n° 1, 1949, p. 1-47 pointed out that large amounts of money annually flowed from Prague to the Curia in Avignon. Skalský, Gustav, « Měnová politika Karla IV. [The currency politics of Charles IV] », *Numismatický časopis československý*, vol. 19, 1950, p. 51 states that they were mostly Bohemian gold coins.

84 Tomek, Václav Vladivoj, *Registra decimarum papalium čili Registra desátků papežských z diocézí pražské [Register of papal tithes from the Prague dioecese]*, Praha, Královská česká učená společnost, 1873. See also Graus, *op. cit.*, p. 110 note 231.

spolia and other fees were sending to the Apostolic Chamber until 1422[85]. The expenses connected with pilgrimages, diplomatic journeys and stays of study abroad represent another field worthy of special attention[86].

Referring to their respected identical value, Hungarian and Bohemian florins were often mentioned in the sources together, but in different quantities, which is in accordance with substantially smaller gold coin production in Bohemia. The first mention about Hungarian and Bohemian florins in Flanders is dated back to 1386. It appears in the Mint edict of Philip the Bold (1363-1404), where *florins de Honguerie et de Bohême* are named among foreign coins without distinction[87]. Both gold specie circulated together until 1394, as is evident from the so called Runti Runtingerbuch, the account book of the Regensburg partnership of Matthaus and Wilhelm Runtinger covering the years 1383-1407 (*guldein Ungerisch Pechaimisch*)[88]. The exceptional case is documented to 1383 in Lucca where Bohemian florins were priced higher than Hungarian[89]. In 1394 Hungarian florins started to be termed new (*neue ungarische Gulden*)[90]; in the same time a new type with the Bohemian lion on the obverse was also struck in Bohemia by Wenceslaus IV[91].

85 In detail see Eršil, Jaroslav, *Správní a finanční vztahy avignonského papežství k českým zemím ve třetí čtvrtině 14. století [The administrative and financial relations of the Avignon Papacy towards the Czech lands in the third fourth of the 14th century]*, Praha, Nakladatelství ČSAV, 1959; Eršil, Jaroslav, « Zatížení církevními dávkami v Čechách na počátku 15. století. K otázce papežského desátku z roku 1403 [The church allowances in Bohemia in 1403] », *Československý časopis historický*, vol. 10 [60], 1962, p. 533-555; Pořízka, Aleš, « Papežský finanční archiv a platby servicií ze zemí České koruny za Martina V. a Evžena IV. [The papal financial archives and servitia paid from the Lands of the Bohemian Crown under Martin V and Eugene IV] », *Pater familias. Sborník příspěvků k životnímu jubileu prof. Dr. Ivana Hlaváčka*, Praha, Scriptorium, 2002, p. 401-419.

86 See, for example, Hledíková, Zdeňka, « Cesty českých kleriků ke kurii [The journeys of Bohemian clerics to the Curia] », *Cesty a cestování v životě společnosti*, éd. L. Bobková et M. Neudertová, Ústí nad Labem, Univerzita J. E. Purkyně, 1997, p. 71-78.

87 Graus, František, « Zprávy belgických pramenů o českých dukátech 14. a počátku 15. století [The accounts of Belgian sources on Bohemian ducats of the 14th and early 15th century] », *Numismatické listy*, vol. 4, 1949, p. 95-97.

88 Bastian, Franz, *Das Runtingerbuch 1383-1407 und verwandtes Material zum Regensburger südostdeutschen Handel und Münzwesen*, vol. 2, Regensburg, Bosse, 1935. See also Stromer, Wolfgang von, *Oberdeutsche Hochfinanz 1350-1450*, Wiesbaden, Franz Steiner, 1970, p. 58-61, 474-479

89 Bastian, *op. cit.*, p. 47.

90 Mályusz, Elemér, « Bajorországi állatkivitellünk a XIV.-XV. században [Cattle export to Bavaria in the 14th and 15th centuries] », *Agrártörténeti Szemle*, vol. 28, n° 1-2, 1986, p. 14.

91 So far the only typology of Bohemian medieval gold coins has been compiled by Weiller, Raymond, *Les monnayages étrangers des princes luxembourgeois*, Luxembourg, Ministère des arts et des sciences, 1982.

The large amount of Bohemian gold coins is mentioned in the report according to which Nuremberg merchants made over 6,000 Bohemian florins from the papal collection to the Medici of Florence in 1380[92]. A not inconsiderable supply of money was provided by pilgrims who spent it for their stay and indulgences and enriched so the structure of local money in circulation. The coin metal they brought to Rome was able to saturate economic needs of the city to such an extent that the popes minted their own coins only occasionally for a long time[93]. Particularly in the jubilee years of 1390 and 1400 the inflow of easily portable coins was extraordinary[94].

Bohemian florins often got to Italy indirectly. An interesting evidence of it is to be found in the 1382-1446 pilgrim's book of the hospital in Siena led by

Dominican friars. No Bohemian florins occurred among the pilgrims from the Lands of the Bohemian Crown, but Venetian ducats, Florentine, Hungarian and papal florins. They appear, by contrast, in cash of two depositors from Bruges and Nijmegen who visited Siena in the jubilee year of 1400[95]. For practical reasons, gold coins belonged to the most frequent means of payment among pilgrims. They are evidenced in more than 70 % of all deposits entered in the Siena pilgrim's book; more than 80 % of pilgrims were endowed with cash ranged between 1 and 10 florins. The higher amounts (11-20 fl., 21-40 fl. and 50-78 fl.) were possessed by pilgrims from faraway lands or old priests who set out for a journey to Rome with all their belongings, presumably believing that they will not be back anymore[96].

Hungarian and Bohemian florins can be found in a number of 15th-century Italian merchant manuals. They are mentioned on the list of coins circulated in Venice in 1418[97] as well as in the Arezzo manuscript made in 1420 or 1432 by Guido di Antonio Camaiani, who used the 23 7/8-karat florin of Louis I as a basis for comparison with the fineness of other gold coins circulated in late medieval Italy. In this way he found out that the king's type of Charles IV's florin had identical value with the specimen coin, while the emperor's type of Bohemian florin was 3 d. in

---

92 Stromer, *op. cit.*, p. 197.

93 Papal coins started to be systematically minted after Urban V's return to Rome in 1367. See, for example, Muntoni, Francesco, *Le Monete dei Papi e degli Stati Pontifici*, 4 vols., Rome, P&P Santamaria, 1972-1973.

94 Zaoral, Pilgrims and their money, p. 20, 26, 28.

95 Piccinni, Travaini, *op. cit.*, p. 187, n° 195 and p. 177, n° 124.

96 Zaoral, Pilgrims and their money, p. 25-26.

97 Ricci, Saminiato, *Il manuale di mercatura di Saminiato de' Ricci*, éd. A. Borlandi, Genova, Di Stefano, 1963, p. 143-148. See also Travaini, *Monete*, p. 161, 276.

the ounce worse[98]. Specie of Central European origin appear also on the list of 55 types of gold coins, calibrated in the Florence Mint and recorded by Giovanni di Antonio da Uzzano on 10 September 1425[99]. They circulated in Italy at least until the 1480s, as is evident from the diary, written in the circle of Tuscan merchants in Dubrovnik (Ragusa) by Giorgio di Lorenzo Chiarini in 1458 and published in Florence in 1481. Among coins circulating in Rome in the second half of the 15th century he states old cut florins of Wenceslaus IV (*fiorini di Vincislagho*) weighing 22 karats[100]. Such a long-term circulation of Bohemian florins is noteworthy, if we take into consideration that they ceased to be minted in the 1420s. Old coins were, however, often used in molten form as raw material for minting new coins. Chiarini documents this practice in the Siena Mint where various gold coins, including Hungarian and Bohemian florins, served for the production of local denominations. These coins were part of the mint reserves so that they seem to have been stored there in larger quantities[101].

THE SHARE OF HUNGARIAN AND BOHEMIAN GOLD IN THE ITALIAN HOARDS

On the other hand, it is necessary to stress that Italian gold coins markedly predominated in circulation on the territory of late medieval Italy, as is evident from both written and material sources. The Italian coin types known from the published gold coin hoards[102] prevail non-

98 Archivio di Stato di Arezzo, Documenti diversi 10/B: Lista di monete firmata Simone Guido di Antonio (Camaiani), fol. 66r. See also Travaini, *Monete*, p. 183-186.

99 Uzzano, Giovanni di Antonio, « La Pratica della Mercatura scritta da Giovanni di Antonio da Uzzano nel 1442 », *Della decima e delle altre gravezze & c. Tomo Quarto*, éd. G. F. Pagnini Del Ventura, Lisbona–Lucca, Ed. Giuseppe Bouchard, 1766, p. 167-168. See also Travaini, *Monete*, p. 177.

100 Chiarini, Lorenzo, *El libro di mercatantie et usanze de' paesi*, éd. F. Borlandi, Torino, S. Lattes & C. Editori, 1936, p. 149-150. Graus, « Zprávy belgických pramenů », p. 96 note 6, referring to this source, states that still in the second half of the 15th century two types of Bohemian gold coins circulated in Rome: the florins of John the Blind and the ducats of Wenceslaus IV. See also Travaini, *Monete*, p. 166, 261.

101 Chiarini, *op. cit.*, p. 114.

102 See the list of hoards attached to the thesis by Broggini, Matteo, *Il Tesoro di Montella (Avellino). Fiorini e ducati d'oro occultati nella metà del Trecento*, Milano, Università degli studi

Italian mints in a ratio of 3,209:240, which is equivalent to an index 93:7 (graph 1). In spite of that, Hungarian florins played a dominant role among foreign gold coins circulating in Italy (graph 2).

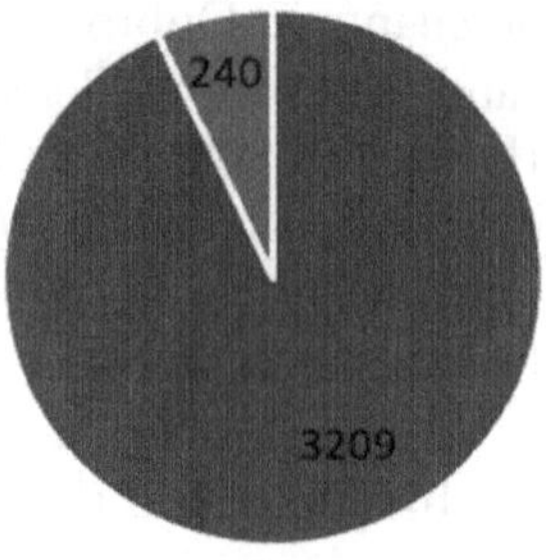

FIG. 1 – Ratio of Italian to foreign gold coins in the Italian hoards.

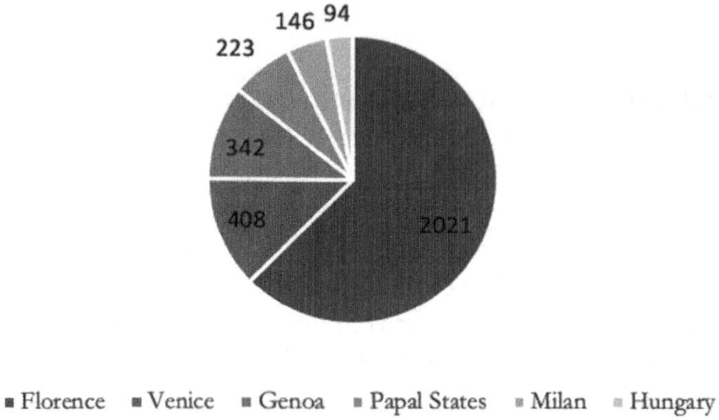

FIG. 2 – The most frequent gold coin types in the Italian hoards.

They were more factors which minimized the spread of foreign gold coins in Italy. It was particularly the Florence Mint that markedly increased the mintage of grossi and florins at the expense of small change in the period between the 1st May 1347 and the 30th April 1351, which reflected

di Milano, 2013, p. 205-228. I am grateful to the author for borrowing me his thesis. See also *Il tesoro di Montella (Avellino): ducati e fiorini d'oro italiani e stranieri occultati nella metà del Trecento*, éd. L. Travaini et M. Broggini, Roma, Edizioni Quasar, 2016, p. 139-142.

the economic situation after the Black Death when prices and wages were contemporaneously increasing. The Florence Mint struck more than 865,000 florins during these four years, which is equivalent to the annual production of 216,250 pieces[103]. The trade war of Sigismund of Luxembourg with the Republic of Venice (1412-1433) was another reason. Due to this conflict, gold supply from Hungary was considerably restricted in the region of Veneto[104] and in the years 1417-1423 the Venice Mint was even forced to shut down production[105]. Under these circumstances, Hungarian and Bohemian florins found their use mostly in the Holy Roman Empire, particularly in Bavaria and in the Rhineland. The comparison of their share in the gold coin hoards uncovered in the territory of today's Italy and Germany makes it evident (fig. 1).

coin issues	a number of hoards (Italy)	a number of specimens (Italy)	a number of hoards (Germany)	a number of specimens (Germany)
Hungarian florins	15	94 + UN	23	1,347
Bohemian florins	5	18	8	191

FIG. 3 – The share of Hungarian and Bohemian florins in the gold coin hoards. UN = unknown number.

The proportion of Hungarian florins (1,347 pieces) of a total number of 3,285 gold coins found in Germany is 41 %, while their share (94 pieces plus unknown number) of a total number of 3,400 gold coins found in Italy is

103 Bernocchi, Mario, *Le monete della Repubblica Fiorentina, vol. 3: Documentazione*, Firenze, Olschki, 1976, p. 67, 252. Referring to the ledger of the Florence Mint (*Libro della Zecca*), Bernocchi's data were made more precise by Travaini, Lucia, *Monete e storia nell'Italia medievale*, Roma, Libreria dello Stato, Istituto poligrafico e Zecca dello Stato, 2007, p. 54. According to semiannual records of this ledger, the mint production hit all-time high in the period from 1st November 1350 until 30th April 1351 when it exceeded the limit of 200,000 florins. The number of gold coins, which left the mint, was mostly around 100,000 at other semiannual intervals between 1st May 1347 and 30th April 1351.

104 Spufford, *Money*, p. 344.

105 Stromer, Wolfgang von, « Die Kontinentalsperre Kaiser Sigismunds gegen Venedig 1412-1413, 1418-1433 und die Verlagerung der transkontinentalen Transportwege », *Trasporti e sviluppo economico, secoli XIII-XVIII. Fondazione Istituto Internazionale di Storia Economica F. Datini, Prato*, n° 5, éd. A. V. Marx, Firenze, Le Monnier, 1986, p. 68-69, 82. See also Štefánik, Martin, *Obchodná vojna kráľa Žigmunda proti Benátkam [The trade war of King Sigismund against Venice]*, Bratislava, Historický ústav SAV, 2004, p. 50.

0.03 % only[106]. Data on the share of Bohemian florins in money in circulation in Germany (5.81 %) and Italy (0.006 %) are at the same time indicative of the numerical proportion between both gold coin types: Hungarian florins prevailed Bohemian in a ratio of 7:1 in Germany and of 5:1 in Italy[107].

CONCLUSION

There is no doubt that silver and gold bullion became an instrument for more effective connection of Central Europe with advanced foci of the European economics. Despite the fact that the lands of Central Europe showed passive balance within the triangle of trade relations with North Italy and Flanders since the Italians sold more goods and services in the transalpine regions than the other way round, long-distance trade accompanied by cultural exchange helped to connect different cultural regions of Europe and to settle contrasts among them, which I take as one of the most important processes of late medieval history. Nevertheless, coins minted in Central Europe found their use also beyond trade. A lot of money left Bohemia and Hungary in connection with campaigns, pilgrimages and payments to the Roman Curia. Bohemian and Hungarian silver and gold appeared in various payment contexts: as a measure of value, as money in circulation or as hoarding means. No specific sphere was reserved to any coin. Silver coins participated also in large financial transactions, particularly in the 13th century, and gold coins were accessible to the large part of population, including pilgrims who used them not only as money in circulation, but sometimes also as offerings and sacraments.

Roman ZAORAL
Univerzita Karlova (Prague)

106 Calculated from the data published by Mäkeler, « Der Goldschatz von Unna », p. 114-129 and Budaj, *Vývoj kremnickej mincovne*, p. 214-215.

107 In detail Zaoral, Roman, « Oběh českých florénů v Itálii [The circulation of Bohemian florins in Italy] », *Numismatický sborník*, vol. 31/2, 2017, p. 266-274.

LE REMÈDE ET LE VENIN, « VRAI MAL DONT DIEU TIRE DE BONS EFFETS[1] »

Prohibition de l'usure et valorisation de l'intérêt à Port-Royal

> C'est donc le dérèglement de l'amour qui a déréglé la société, et au lieu de cet amour mutuel dont le caractère était d'unir les hommes dans la recherche de leur bien commun, on voit régner un amour tout opposé dont le caractère lui a justement donné le nom d'amour-propre (...). C'est le venin de cet amour qui engourdit le cœur de l'homme et l'appesantit[2].

« Ce qui est certain, c'est que le taux de l'intérêt est le pouls de l'État : il marque toutes les maladies du corps politique. La modération dans ce taux est le signe le moins équivoque de la véritable richesse et du bonheur public [...][3] ». Pour Portalis, au début du XIXe siècle, l'intérêt n'est plus la marque d'une cupidité extrême violant la loi d'amour de son prochain, mais « il devient le pouls de l'État » et l'instrument du commerce. Il s'agit là d'une évolution économique mais aussi intellectuelle qui, prenant ses racines à la fin du Moyen Âge et notamment au sein de la Seconde scolastique, s'incarna dans le contexte français notamment au cœur de la querelle janséniste. En effet, dès le milieu du XVIIe siècle, des

1 J. Domat, *Le Traité des Lois* [TL ci-après] dans *Les Lois civiles dans leur ordre naturel* [LC ci-après], nouvelle édition, revue corrigée et augmentée des troisième et quatrième livres du *Droit Public* [DP ci-après], chez Savoye, 1756, Ch. IX, 4, p. 11.

2 TL, 2, p. 10.

3 J.-É.-M. Portalis, *Discours préliminaire au premier projet de Code civil*, rééd. Confluence, coll. Voix de la cité, 1999, p. 53.

changements s'affirment en matière de perception de l'intérêt au sein des différents acteurs des querelles religieuses du temps. Comme l'a écrit Jean-Louis Quantin, « quelque chose de décisif s'est joué, au tournant des XVIIe et XVIIIe siècles, avec la victoire dans l'Église catholique de la morale sévère[4] ». Le fondement de la perception d'un intérêt s'identifie dans l'obligation même de prêter, qui peut déterminer chez le prêteur des désagréments réels ou psychologiques, l'espoir de retirer un gain, la volonté de tirer des fruits de son industrie.

Pour ces penseurs, dans une tradition aristotélicienne et chrétienne, l'homme est destiné à la société. Dans la nature de l'homme s'observent sa destination au Souverain Bien et sa destination à la collectivité[5]. De celle-ci et de la loi d'amour de son prochain découlent les « divers liens qui l'y engagent de toutes parts », et ces liens sont « des suites de la destination de l'homme à l'exercice des deux premières lois sont en même temps les fondements du détail des règles de tous les devoirs et les sources de toutes les lois[6] ». Ceci a une implication directe et amène les auteurs du premier jansénisme à envisager une société où règnent les valeurs chrétiennes. Il en est ainsi des valeurs familiales, de *l'humanitas* et de la *caritas* qui orientent les règles établies par exemple par Domat, mais aussi, de manière plus juridique, de la prohibition de la violence contractuelle visant les plus faibles, ou de la prohibition de l'usure, valeurs traditionnellement défendues par l'Église. Les éléments apportés par les auteurs jansénistes français – et notamment Domat et Nicole – touchent au cœur de la réflexion sur la société et son organisation juridique dans un système jusnaturaliste. Philosophes et juristes se rejoignent ici. Ils analysent l'ordre naturel de la société des hommes. Ce développement concernant l'implication de l'État dans les questions économiques découle de l'une des deux premières lois naturelles. Dans son plan de la société esquissé dans le *Traité des Lois*, Domat l'envisage autour de la loi d'amour de Dieu et d'amour des hommes, ce qui dessine une multitude de liaisons conventionnelles. Même l'amour-propre contribue à cette infinité de besoins. Dieu a tellement multiplié ceux-ci, afin « que les moindres nécessités de la vie demandent l'usage de plusieurs choses, et le secours de plusieurs personnes[7] ». On retrouve parmi les lois immuables de Domat

---

4 J.-L. Quantin, *Le rigorisme chrétien*, Paris, Cerf, 2001, p. 19.
5 TL, Ch. I, 8, p. 3.
6 *Ibid.*, p. 3.
7 DP, L. I, T. VII, préambule, p. 54.

les grands principes du contractualisme, qui découlent directement des deux lois d'amour[8], mais aussi certains principes de fonctionnement de l'autorité publique, le rejet de tout enrichissement sans cause, de l'avarice, de l'usure[9], … Il existe, selon lui, des matières naturelles, c'est-à-dire des matières « qui sont si naturelles et si essentielles aux besoins les plus fréquents, qu'elles ont été toujours en usage dans tous les lieux[10] ».

Le mouvement janséniste est partiellement l'héritier de la Seconde Scolastique qui tenta de modifier l'idée fortement implantée dans l'Église que l'argent ne produit pas de fruit. Pour les auteurs qui constituèrent l'École de Salamanque, il existait des cas où il est permis de demander davantage que ce qu'on a prêté, en cas par exemple de « *lucrum cessans* », de « *commenda* », de rente ou de retard. Il en est ainsi de la société, où la part du gain réalisé par un membre de la *societas* n'est pas de l'usure, mais un dédommagement permis pour le risque[11]. Dépassant la Seconde scolastique, les théologiens du XVIIe – notamment certains jésuites – s'interrogent sur à la fois la possibilité de tirer un intérêt mais aussi sur les impacts de celui-ci, et le nécessaire encadrement juridique de ces actions. Le commerce international se développant, le *lucrum cessans* est accepté de plus en plus sous les plumes des juristes et des théologiens comme Cajetan, Navarrus, Molina, ou Lessius. Ce dernier a notamment considérablement nourri la réflexion en faisant la promotion de l'idée que l'argent possède en soi des capacités potentielles, *lucrum latens*. Lessius évoque l'idée que le prêteur peut retirer un intérêt même si le prêt ne lui cause que quelques désagréments, la *molestia*, qui obtient ainsi une valeur. De l'avis de Lessius, le prêteur se prive pour un temps, même déterminé, d'une somme d'argent dont il espérait tirer un profit : ce sentiment est estimable à prix d'argent, tout autant qu'un autre sentiment, le *metus damni*[12]. Pour Lessius, il y a une logique intrinsèque du négoce, qui n'est pas nécessairement incompatible avec le christianisme et qui,

8 TL, Ch. XI, 4, p. 15.

9 G. Ferreyrolles, *Pascal et la raison du politique*, Paris, PUF, coll. Épiméthée, 1994, p. 167-171.

10 TL, Ch. XI, 1, p. 15.

11 H. Thieme, « Qu'est-ce que nous, les juristes, devons à la seconde scolastique espagnole », *La seconda scolastica nella formazione del diritto privato moderno* (a cura di Paolo Grossi), coll. Per la storia del pensiero giuridico moderno, Milano, Giuffrè ed., 1973, p. 7-21, p. 16.

12 P. Vismara, « Les jésuites et la morale économique », *Dix-septième siècle* 2007/4 (n° 237), p. 739-754, p. 745.

en dernière analyse, peut contribuer au bien général, même de façon indirecte[13]. Malgré la distance et la lutte entre jésuites et jansénistes, cette nouvelle perception de l'intérêt trouve un écho à Port royal[14], mais cela se fait par des détours terminologiques et pratiques sinueux. En distinguant la prohibition de l'usure d'une certaine valorisation de l'intérêt, les auteurs de Port Royal considèrent que la dynamique des échanges et la valorisation de l'intérêt participent tous deux à un ordre divin transcendant. Certes, les liens entre Port-Royal et les balbutiements de la pensée économique libérale ont été partiellement balisés tant du côté anglo-saxon[15] que du côté français[16] mais, étrangement, en laissant le plus juriste des port-royalistes dans l'ombre en la personne de Domat. Pourtant en première ligne de cette vision, celui-ci, très conservateur et traditionnaliste quant à la perspective de l'intérêt, pose un cadre juridique permettant d'exprimer la loi d'amour de son prochain à l'aune de l'échange et des obligations. Une dualité apparaît alors dans les écrits du premier jansénisme, qui sera largement critiquée par les libéraux du XVIIIe siècle : d'une part le choix d'une prohibition de l'usure traditionnelle (I), la mise en valeur de l'économie par l'État, et l'exergue posée sur le profit lié à l'industrie et au commerce dans une logique d'échange, prolongement de la loi d'amour de son prochain. D'autre part, une réflexion sur l'amour-propre, la recherche de l'intérêt personnel et les effets

13 *De iustitia et iure*, Lib. 2, cap. 23, dub. 1, p. 238.

14 Voir notamment D. Van Kley, « Pierre Nicole, Jansenism, and the morality of enlightened self-interest », *Anticipations of the Enlightenment in England, France and Germany*, Alan Charles Kors et Paul J. Korshin (dir.), Philadelphie, University of Pennsylvania Press, 1987, p. 69-85.

15 Voir, outre l'article de Van Kley précité, N. O. Keohane, « Non-conformist absolutism in Louis XIV's France : Pierre Nicole and Denis Veiras », *Journal of the History of Ideas*, vol. 35, october-décember 1974, p. 579-596 ; T. Hutchinson, *Before Adam Smith. The Emergence of Political Economy, 1662-1776*, Oxford, Blackwell, 1988.

16 Voir notamment les travaux de J. Orcibal, *Les origines du jansénisme*, 5 vol., Louvain, 1947-1962 ; R. Taveneaux, *Jansénisme et prêt à intérêt*, Paris, Vrin, 1977 ; M. Raymond, « Au principe de la morale de l'intérêt », *Vérité et poésie. Études littéraires*, Neuchâtel, La Baconnière, 1964, p. 61-86 ; J.-C. Perrot, « La main invisible et le Dieu caché », *Une histoire intellectuelle de l'économie politique, XVIIe-XVIIIe siècles*, Paris, Éditions de l'EHESS, 1992, p. 333-354 ; P. Laude, « Les leçons de l'amour-propre chez Pierre Nicole », *Revue des sciences philosophiques et théologiques*, t. 48, n° 2, avril 1994, p. 241-270 ; J. Rohou, *Le XVIIe siècle, une révolution de la condition humaine*, Paris, Seuil, 2002, p. 474-482 ; P. Force, « Self-love, identification, and the origin of political economy », *Yale French Studies*, n° 92, *Exploring the Conversible World : Text and Sociability from the Classical Age to the Enlightenment*, 1997, p. 46-64.

bénéfiques que Dieu peut tirer de ce vice (II) pour les hommes concentre plusieurs contributions port-royalistes, annonçant, paradoxalement, les avancées libérales du XVIIIe siècle.

LA DYNAMIQUE DE L'ÉCHANGE ENCADRÉ
La loi d'amour de son prochain et le profit commercial

La question de la valeur de l'argent et de la possibilité de valoriser celui-ci en l'absence d'industrie est cruciale dans ces débats. Innocent XI, a condamné fermement l'usure[17]. Ainsi, à la fin du XVIIe siècle, l'Église de Rome niait de la manière la plus radicale que la disponibilité de l'argent comptant pût être rémunérée, au motif que celle-ci n'aurait pas de valeur particulière. Même si l'argent est stérile en lui-même, il ne l'est plus dès que l'homme s'adonne aux commerces et aux affaires. La monnaie est donc l'outil du commerçant ; on entrevoit par là des scénarios plus modernes, en rapport avec le développement des commerces et des activités financières. Le travail – y compris les formes du négoce, etc. – peut engendrer un profit, qui, du reste, peut ne pas être la récompense proportionnée de ce même travail[18]. Si Gilbert Faccarello et Alain Béraut, soulignent chez plusieurs auteurs port-royalistes comme Nicole, un grand pas en avant fait au plan analytique grâce à l'accent placé sur l'"amour-propre éclairé" et sur les activités de marché qui lui sont rattachées[19], les auteurs port-royalistes sont, en matière économique, généralement conservateurs et traditionnalistes[20]. Comme le souligne Dominique Weber, synthétisant une partie de la doctrine, les penseurs port-royalistes ont essentiellement « préconisé une économie traditionnelle,

17 « Propositiones LXV damnatae in Decr. S. Officii 2 mart. 1679 », dans *Enchiridion symbolorum, definitionum et declarationum de rebus fidei et morum*, éd. H. Denzinger, A. Schönmetzer, Barcinonae-Friburgi Br.-Romae, 1976, 36, Prop. 41, p. 462, n. 2141.

18 P. Vismara, « Les jésuites et la morale économique, *op. cit.*, p. 746.

19 G. Faccarello et A. Béraut, *Nouvelle histoire de la pensée économique*, Paris, La Découverte, 1992, t. I, p. 163.

20 D. Weber, « Le "commerce d'amour-propre" selon Pierre Nicole », *Astérion* [En ligne], 5 | 2007, mis en ligne le 13 avril 2007, consulté le 18 décembre 2017. URL : http://journals.openedition.org/asterion/848.

appuyée sur des états sociaux rigidement stratifiés et différenciés, fondée essentiellement sur le primat de l'agriculture et opposée au commerce de l'argent[21] ». Ainsi, la perspective juridique s'articule sous le triptyque d'un ordre juridique et étatique retrouvé, dirigiste, d'un rejet de l'usure, sur des motifs relativement réactionnaires économiquement et enfin une valorisation du prêt, de préférence gratuit, ultime expression de la loi d'Amour de son prochain.

L'ÉTAT COMME PROTECTEUR JURIDIQUE DES RELATIONS ÉCONOMIQUES

Sur ce point, Domat est l'un des principaux contributeurs. Il cherche à rendre l'abondance la plus efficace possible, pour l'individu et la société. Il cherche ainsi à favoriser l'abondance la plus profitable pour tous, tout en réprimant tout trouble à l'ordre économique, dans la tradition de l'activité normative de l'État royal. Pour lui, la question des subsistances touche à l'ordre divin, car c'est Dieu qui a créé les besoins de chacun[22]. C'est une société du besoin qu'il envisage, besoins des uns par rapport aux autres, besoins de l'État par rapport aux membres du corps politique. Si ceux-ci sont divers, il met pourtant l'accent sur les besoins premiers, primordiaux des hommes, et envisage une société avant tout agricole, où le commerce s'analyse davantage en termes d'échange que de profit[23]. Quel rôle possède l'État dans cette organisation ? Il doit faire abonder les biens en favorisant une hiérarchisation de la production. Il doit prendre les mesures et les précautions pour faire « abonder surtout les choses les plus nécessaires pour la vie, comme les grains et autres denrées[24] » ; il doit favoriser le commerce, organiser la culture pour le bien général… Favoriser l'agriculture oblige l'État à permettre et garantir à chacun les nécessités de la vie que sont la nourriture et le vêtement[25]. C'est donc davantage dans un schéma économique traditionnel, voire archaïque, que se place Domat et une partie de Port-Royal, à l'exception de Pascal et Nicole. Pour le juriste de Clermont, l'État se doit pourtant de favoriser

21 *Ibid.*, para. 5.

22 DP, L. I, T. VII, préambule, p. 54.

23 *Ibid.*

24 Sur la perspective agraire de Port-Royal, voir F. Vanhoorne, « Primitivisme agrarien ou capitalisme ? Économie et société chez les jansénistes du Grand Siècle », *Jansénisme et puritanisme*, B. Cottret, M. Cottret et M.-J. Michel (dir.), Paris, Nolin, 2002, p. 51-62.

25 DP, L. I, T. VII, S. I, 1, p. 54.

le commerce et l'échange des biens par l'entretien des routes et des voies de navigation[26] ainsi que le commerce outre-mer[27]. Protecteur, il se doit également de l'être, quant à ses propres intérêts, et établir la licéité du commerce[28]. De même, il doit avoir une part active en faveur de « l'abondance », de sorte à établir une péréquation entre les provinces riches et les plus pauvres[29].

Domat définit le commerce comme « une communication réciproque entre deux individus, dont l'un donne à l'autre une chose pour une autre qu'il reçoit de lui ; et ce commerce est une vente, si l'un des deux donne de l'argent pour la chose qu'il prend de l'autre, ou un échange, si l'un et l'autre donnent d'autres choses que de l'argent[30] ». Il découle naturellement de la diversité des besoins des hommes. Cette définition juridique du commerce l'amène à envisager l'action de l'État comme initiateur de ces communications, par l'intermédiaire des foires et marchés[31], tout en reprenant à son compte certaines idées mercantiles de son époque. La tenue de ces foires et marchés est soumise à l'autorisation du prince[32]. Les autorités publiques doivent alors user d'instruments juridiques en accordant un certain nombre de privilèges et d'exemptions aux marchands étrangers qui souhaitent commercer ou s'établir en France. Ces dispositions en faveur des marchands étrangers qui feraient prospérer l'activité économique de l'État amènent Domat à envisager les moyens d'enrichir le pays dans ses relations économiques avec les États étrangers. Les auteurs, dès l'orée du XVIIIe siècle, tels Boisguilbert, Melon ou Smith vont rendre obsolètes ces conceptions anciennes[33]. Pour Domat, la prospérité repose sur l'idée-force de l'échange qui est mise en valeur comme l'expression de l'amour du prochain. C'est une déclinaison économique de la convention juridique qui accompagne ces transactions[34]. L'autre versant de sa doctrine concernant les relations entre États touche au cœur de la

26 *Ibid.*, L. I, T. VII, S. I, 1, p. 54.
27 *Ibid.*, L. I, T. VII, S. II, 6, p. 56.
28 *Ibid.*, 8, p. 56.
29 *Ibid.*, L. I, T. VII, S. I, 7, p. 55.
30 *Ibid.*, L. I, T. VII, S. II, 1, p. 55 et une définition assez similaire dans L. I, T. XII, S. I, 1, p. 95.
31 DP, L. I, T. VII, S. III, 1, p. 56.
32 *Ibid.*, 3, p. 56.
33 Voir S. Meyssonnier, *La Balance et l'Horloge, La genèse de la pensée libérale en France au XVIIIe siècle*, éd. de la passion, 1989, p. 19-95.
34 *DP*, L. I, T. VII, S. II, 2, p. 55.

doctrine mercantiliste, c'est l'objectif pour l'État d'accroître ses réserves en or et argent par ses transactions. L'idée du profit l'amène également à souhaiter une sorte d'orientation des relations étatiques vers les États qui, plutôt qu'échanger des biens, disposent de réserves d'argent en quantité et souhaitent commercer par ce biais[35].

Il convient selon lui de faire jouer au maximum l'échange entre les hommes et entre les États, expression de la loi divine, mais dans un cadre assez finement dressé. Il faut procéder alors dans l'optique du plus grand profit pour l'État, favoriser l'agriculture, spécialiser la production en vue du commerce le plus profitable[36], transformer les produits au sein même du pays afin d'apporter un surcroît de richesse et du travail au peuple, garantir la sécurité des transports, assurer l'abondance des biens de première nécessité, tout en conservant l'or et l'argent à l'intérieur du royaume. Si l'échange est primordial, c'est un échange du surplus, sans conquête économique et qui ne mène pas vers le développement économique, mais à la satisfaction des besoins du peuple et de l'État.

LE REJET DE L'USURE AU NOM DE L'AMOUR DE SON PROCHAIN

C'est dans la même logique que Domat, Nicole[37] ou Pascal, conformément à la pensée chrétienne dominante depuis les Pères de l'Église, prohibe l'usure et l'enrichissement indu, car ils violent la *caritas* et par là même la loi d'amour du prochain. La réflexion de Domat et de Pascal sur le théâtre de la charité que constitue l'ordre de la société sont très proches[38]. La tradition chrétienne condamnait, en principe, toutes les formes de prêts à intérêts les considérant contraires à la nature et à la charité[39]. La seconde scolastique[40] a pourtant tenté de relativiser

35 *Ibid.*, 5, p. 55.

36 *Ibid.*, L. I, T. XIV, S. I, 4, p. 101.

37 Voir notamment E. D. James, *Nicole, Jansenist and humanist : a study of his thought*, La Haye, Nijhoff, 1972.

38 « On s'est servi comme on a pu de la concupiscence pour la faire servir au bien public », B. Pascal, *Pensées*, dans *Œuvres complètes*, éd. Jacques Chevalier, Bibliothèque de la Pléiade, Paris, 1962, Frg. 210.

39 J. Rohou, « Pour un ordre social fondé sur l'intérêt », *Justice et Force : Politiques au temps de Pascal*, Actes du Colloque de Clermont, septembre 1990, (ss. dir. G. Ferreyrolles), Paris, Klincksieck, p. 207-225, p. 217.

40 Sur les normes naturelles développées dans le contexte du droit des affaires au sein de l'École de Salamanque, voir L. Brunori, « Societas quid sit », *la société commerciale dans*

cette prohibition par la théorie des titres d'intérêts[41]. Du Moulin avait contribué, pour la doctrine juridique, à dégager le concept d'usure et celui de prêt à intérêts en revalorisant ce dernier[42]. Ce n'est en rien la position du juriste auvergnat qui opère sur ce point un recul dans la doctrine juridique. Dans ses *Pensées*, Domat condamne de nombreuses fois violemment tout ce qui s'apparente à un enrichissement indu et injuste[43]. À l'inverse, à la même période, dans le camp opposé serait-on tenté de dire, on trouve *L'Apologie pour les casuistes contre les calomnies des jansénistes* du jésuite Pirot (1657), qui valorisait au contraire les questions économiques et la recherche de l'intérêt[44]. La prohibition de l'usure par les lois divines, les lois naturelles et les ordonnances royales est fondée sur l'inégalité de ces conventions selon les port-royalistes. Cette prohibition qui ne doit connaître, selon Domat, aucune exception, car l'usure, si elle viole les lois divines, contrevient également à la charité et à l'esprit de l'égalité dans les conventions[45]. Cette position contre l'usure, qui envisage le prêt d'argent comme stérile, est traditionnelle dans la pensée du XVIIe siècle même si certains, comme Nicole[46], en posant la question d'un point de vue plus économique, vont contribuer à assouplir les mentalités. Le temps est encore long avant de voir un Jérémy Bentham défendre juridiquement l'usure comme bienfait économique[47]. Domat, à l'instar de Bossuet qui écrit un *Traité de l'usure*[48],

---

l'élaboration de la Seconde Scolastique. Personnes et capitaux entre le XVIe et le XVIIe siècle, éd. Mare & Martin, 2015, p. 37-58.

41 La Seconde Scolastique tenta de modifier l'idée fortement implantée dans l'Église que l'argent ne produit pas de fruit. Pour l'École de Salamanque, il existe des cas où il est permis de demander davantage que ce qu'on a prêté, en cas par exemple de « *lucrum cessans* », de « *commenda* », de société, de rente ou de retard. Hans Thieme donne l'exemple de la société, où la part du gain réalisé par un membre de la *societas* n'est pas de l'usure mais un dédommagement permis pour le risque ; H. Thieme, « Qu'est-ce que nous, les juristes, devons à la seconde scolastique espagnole », *op. cit.*, p. 16.

42 M. Le Goff, *Dumoulin et le prêt à intérêt. Le légiste. Son influence*, Mégariotis Reprints, Genève, réimp. Éd. Bordeaux, 1905, p. 245.

43 J. Domat, « Pensées », BN Ms Fr. 12988, fol. 274.

44 P. Vismara, « Les jésuites et la morale économique », *op. cit.*, p. 750.

45 *Ibid.*

46 Domat possédait deux copies de mémoires faits par Nicole sur l'usure. Il est donc évident que la question ait fait l'objet de discussion entre les deux hommes. Voir Recueil fait par M. Nicole sur l'usure fol. 378 et autre écrit sur l'usure fol. 379. Bibliothèque Mazarine, Ms 2477, *Mémoires et pièces, recueillis par M Domat, auteur des Loix civiles, qui m'ont été communiquez par M. Domat, président en la cour des aides de Clermont, son arrière petit-fils*, 1776.

47 Voir J. Bentham, *Defense of usury*, London, éd. T. Payne, 1787, (rééd. Thommes reprints, 1992).

48 Voir J. Rohou, « Pour un ordre social fondé sur l'intérêt », *op. cit.*, p. 217.

se place d'un point de vue moral et juridique en occultant les nouvelles réalités économiques, même si de grandes familles bourgeoises tendent à conjuguer un catholicisme fervent et une pratique capitaliste naissante[49]. Réfutant les arguments en faveur d'une usure fondée sur le plaisir octroyé et sur la perte du gain généré par la convention, le prêt n'est pas inventé selon lui « pour le profit de ceux qui prêtent mais pour l'usage de ceux qui empruntent, et qu'enfin on peut, ou donner son argent en rente, ou en faire quelque commerce autre que l'usure qui ne saurait jamais devenir innocente sous aucun prétexte[50] ». Il rappelle les sévères peines qui sanctionnent l'usure, tant en matière canonique que civile et criminelle. En 1700, l'Assemblée du Clergé, sur proposition de Bossuet, renouvellera d'ailleurs la condamnation du prêt à intérêt[51]. Ces sanctions se trouvent fondées selon Domat, le crime de l'usure reposant en effet sur des principes opposés à ceux qui doivent guider son système de lois :

> De sorte qu'au lieu que l'ordre divin forme la conjoncture qui approche celui qui est dans le besoin de celui qui peut le secourir, afin que la vue de l'indigence engage à l'exercice de la charité, ou de l'humanité. L'usurier fait de cette conjoncture un piège où, selon l'expression de l'Écriture, il se tient en embûche pour faire sa proie de ceux qui y tombent[52].

L'usure, par le renversement de l'ordre divin, contribue également à la fainéantise « où elle engage l'usurier, par la facilité d'un profit, sans industrie, sans risque et sans peine[53] ». Selon Domat, même ceux qui ignoraient la révélation ont reconnu le « caractère d'iniquité si naturellement sensible » de l'usure qui blesse « l'esprit des lois naturelles[54] ». Si la loi divine permettait aux juifs la pratique de l'usure envers les étrangers, tout en l'interdisant entre eux, cela n'est que le reflet des circonstances.

---

49 Voir M. Zylberberg, *Capitalisme et catholicisme dans la France moderne la Dynastie Le Couteulx*, Série histoire moderne, n° 44, Publications de la Sorbonne, 2001.

50 LC, L. I, T. VI, S. I, préambule, p. 73.

51 Voir P. Blet, *Le Clergé du Grand Siècle en ses assemblées (1615-1715)*, éd. Cerf, Paris, 1995, p. 380-310.

52 LC, L. I, T. VI, S. I, préambule, p. 73.

53 Elle réduit le débiteur à « l'esclavage » sous le « fardeau de payer toujours inutilement, et de se sentir à chaque moment exposé à repayer tout dans un contre-temps qui l'accablera » ; *Ibid.*, p. 73.

54 *Ibid.*, p. 73. Domat remarque toutefois que la licence de l'usure a été donnée dans le droit romain uniquement sur la formalité de la stipulation. Il relève par contre que le profit de l'usure n'était pas considéré comme naturel, voir L. I, T. VI, S. I, préambule, p. 75.

Cela touchait un peuple élu, mais « dur et grossier[55] » qui ne reconnaissait pas toujours la loi naturelle[56]. Il se refuse tout autant à accepter l'idée que l'Évangile n'interdirait pas expressément l'usure, mais au contraire estime que Jésus-Christ fonde le prêt sur l'idée de charité[57]. Injuste, contraire à l'humanité, emplie d'inconvénients dans le commerce, source de troubles et d'autres maux dans le public, l'usure est un crime qui « éteint l'esprit des premières lois, et qui par-là détruit le fondement de la société[58] ». Comme pour la réflexion juridique médiévale[59], pour Domat ou Pascal l'usure est inutile économiquement, injuste moralement et inégale juridiquement. La *restitutio*[60] permet de rejeter l'usure comme la violation de l'obligation de rendre à chacun ce qui lui est dû. Comme elle l'avait été par Grotius[61], l'idée de *restitutio* est profondément développée par Domat, tout non-respect d'une obligation dans les relations contractuelles entraîne l'obligation de la *restitutio*, à la fois de l'objet de l'obligation, mais aussi, s'il y a lieu, de dommages consécutifs au non-respect de celle-ci. On la retrouve dans la lésion au bénéfice du vendeur dans le cas de la vente d'un immeuble pour moins de la moitié de sa valeur.

L'usure n'est pas envisagée par Domat isolément, mais c'est la volonté de fixer les règles du prêt qui l'amène à aborder ce sujet. Il estime qu'il est de la nature du prêt d'être gratuit. Selon lui, « on appelle usure tout ce que le créancier qui a prêté ou de l'argent ou des denrées, ou autre chose qui se consument par l'usage, peut recevoir de plus que la valeur de l'argent, ou autre chose qu'il avait prêtée[62] ». S'il considère que l'autorité de la loi divine serait largement suffisante pour démontrer l'iniquité de l'usure, il s'attache pourtant à réfuter dans un long plaidoyer toute l'argumentation en faveur du prêt d'argent. Il souhaite en cela

55 *Ibid.*, p. 74.
56 *Ibid.*, p. 74.
57 *Ibid.*, p. 74.
58 *Ibid.*, p. 73.
59 Voir B. Schnapper, « La répression de l'usure et la révolution économique (XIIIe-XVIe siècle) », *Voies Nouvelles en Histoire du Droit*, Poitiers, 1991, p. 13-34.
60 Voir H. Thieme, « Qu'est-ce que nous, les juristes, devons à la seconde scolastique espagnole », *op. cit.*, p. 14.
61 R. Feenstra, « L'influence de la scolastique espagnole sur Grotius en droit privé : quelques exemples dans les questions de fond et de forme concernant notamment la doctrine de l'erreur et de l'enrichissement sans cause », *La Seconda Scolastica nella Formazione del diritto privato moderno*, (a cura di Paolo Grossi), Giuffrè ed., 1973, p. 377-402.
62 LC, L. I, T. VI, S. I, préambule, p. 71.

« ouvrir les yeux[63] » de chacun à la lumière divine : « Pour établir les principes sur lesquels il faut juger si l'intérêt du prêt est licite ou non, on n'aurait besoin que de l'autorité de la loi divine qui l'a condamné, et défendu si expressément et si fortement. Car quiconque a du sens, ne peut refuser de tenir pour injuste et pour illicite tout ce que Dieu condamne et défend[64] ». On retrouve la même perspective sous la plume de Nicole[65] qui formule l'aide apportée à autrui comme le commerce de l'amour-propre et non pas, selon l'apparence, de la charité : « On trouve [...] presque partout en allant à la campagne, des gens qui sont prêts de servir ceux qui passent, et qui ont des logis tout préparés à les recevoir. On en dispose comme on veut. On leur commande, et ils obéissent. Ils croient qu'on leur fait plaisir d'accepter leur service. Ils ne s'excusent jamais de rendre les assistances qu'on leur demande. Qu'y aurait-il de plus admirable que ces gens, s'ils étaient animés de l'esprit de charité ? C'est la cupidité qui les fait agir, et qui le fait de si bonne grâce, qu'elle veut bien qu'on lui impute comme une faveur de l'avoir employée à nous rendre ces services[66] ».

Pour Domat, les deux manières de prêter sont toutes deux des suites de la loi naturelle de l'amour du prochain : « Les deux manières de prêter [...] ont leur origine comme les autres conventions dans l'ordre de la société et elles y sont naturelles et essentielles. Car il est de cet ordre où les hommes sont liés par l'amour mutuel, et où chacun a pour règle de l'amour qu'il doit aux autres, celui qu'il a pour soi, qu'il y ait des manières dont ils puissent s'aider gratuitement et des choses et de leurs personnes[67] ». À ses yeux, il est donc naturel qu'il existe deux manières de transmettre l'usage des choses si ce commerce est licite, l'une gratuite, l'autre onéreuse. Dans une telle hypothèse, il est « indifféremment juste et naturel[68] » que celui qui donne un cheval soit libre de choisir s'il le prête ou s'il le loue.

Pourquoi ne pas étendre cela au prêt d'argent ? Selon lui, le prêt d'argent est illicite, car de par sa nature, il ne répond pas aux mêmes

63 *Ibid.*, p. 71.

64 *Ibid.*

65 Sur Nicole, voir l'étude de B. Guion, *Pierre Nicole moraliste*, Paris, Honoré Champion, 2002 et H. Bouchilloux, « La pensée politique de Pierre Nicole », *Chroniques de Port-Royal*, n° 45, 1996, p. 197-209.

66 P. Nicole, *Essais de morale*, « De la grandeur » (t. II, 5e traité, 1re édition 1670), rééd. Laurent Thirouin, Paris, PUF, 1999, partie I, chap. VI, p. 213.

67 LC, L. I, T. VI, S. I, préambule, p. 70.

68 *Ibid.*

caractéristiques que le louage. Pour établir cela, il mène une vigoureuse comparaison entre les deux conventions. Ce qui rend licite le commerce et la location à titre onéreux, selon le jurisconsulte, c'est que le prix payé correspond à un « droit de jouir ou de ce que produit le travail[69] ». Le prêt à intérêt serait donc dérogatoire à la loi d'amour de son prochain. Si dans le louage, celui qui loue peut user de la chose et est déchargé du prix si un cas fortuit en empêche l'usage, dans le prêt, celui qui emprunte demeure obligé, quelles que soient les circonstances[70]. De plus, dans le prêt, l'usure de la chose empruntée incombe à celui qui loue, alors qu'elle incombe au loueur dans le contrat de louage. Dans le prêt donc, « celui qui a prêté ne souffre aucune diminution ni perte[71] » et ne supporte pas le risque. Il existe alors dans le contrat de « louage des causes naturelles qui rendent juste le profit[72] ». Dans le contrat de prêt à titre onéreux, en revanche, ces causes naturelles n'existent pas : « [...] celui qui prête à intérêt ou de l'argent, ou des denrées, ne répond d'aucun profit à celui qui emprunte, et qu'il ne laisse pas de s'assurer un profit certain[73] ». Au contraire, le contrat de prêt à intérêt viole non seulement la loi d'amour de son prochain, mais se trouve être un contrat par nature déséquilibré[74]. Si l'usure apparaît comme une violation de la loi d'amour de son prochain, comme une « illusion et un renversement des premières lois[75] », le prêt à usage apparaît par contre comme une expression directe de cette loi. Cette convention « où l'on prête une chose à l'autre gratuitement pour s'en servir et la rendre après l'usage fini[76] » est une suite naturelle de la vie en société et n'est pas entachée du transfert d'argent toujours considéré comme quelque peu suspect. Elle est au contraire le reflet de l'*humanitas* dont chacun doit faire preuve : « Le prêt à usage est une convention qui suit naturellement de la liaison que la société fait entre les hommes. Car comme on ne peut pas toujours acheter ou louer toutes les choses dont on manque, et dont on n'a besoin que pour peu de temps, il est

69 *Ibid.*
70 *Ibid.*, p. 72.
71 Domat ajoute que dans le prêt celui qui emprunte devient le maître de ce qui lui est prêté » ; *Ibid.*, p. 72.
72 *Ibid.*
73 *Ibid.*
74 *Ibid.*
75 LC, L. I, T. VI, S. I, préambule, p. 71.
76 *Ibid.*, L. I, T. V, préambule, p. 66 et 67.

de l'humanité qu'on s'en accommode l'un l'autre par le prêt à usage[77] ». Contrairement à l'usure[78], le prêt à usage est une expression parfaite de la loi d'amour du prochain.

LE « COMMERCE DÉLICAT DE L'AMOUR-PROPRE[79] » ET L'INTÉRÊT
« Vrai mal dont Dieu tire de bons effets[80] »

Comme on le sait, dans la perspective augustinienne que partage tout le mouvement du premier Port-Royal, le monde est livré à la concupiscence en raison du péché originel. Plutôt que de cultiver l'amour de Dieu, chaque homme n'écoute que son amour-propre, lequel doit être caractérisé comme l'envers même de l'amour de Dieu. Comme le souligne Domat et Pascal, « la pente vers soi est le commencement de tout désordre, en guerre, en police, en économie, dans le corps particulier de l'homme[81] ». Toutefois, les élans thomistes ont modéré, chez certains port-royalistes, cette perspective pour laisser place à une certaine valorisation de l'amour-propre et de l'intérêt, mauvais dans sa nature, profitable dans ses effets. Nicole se détache ainsi de Pascal, car pour lui l'ordre politique ne résulte pas de l'imagination de la justice jointe à la force dominante, mais de « l'amour-propre éclairé », lequel, loin des « premiers mouvements de l'amour-propre », « sait connaître ses vrais intérêts » et « tend par raison à la fin qu'il se propose[82] ».

---

77 *Ibid.*, L. I, T. V, préambule, p. 66.

78 *Ibid.*, L. I, T. VI, S. I, préambule, p. 71.

79 P. Nicole, « De la civilité chrétienne », *Essais de morale* (1671-1678), *op. cit.*, p. 182.

80 TL, Ch. IX, 4, p. 11.

81 B. Pascal, *Pensées* (1670, posthume), *Œuvres complètes*, éd. Louis Lafuma, Paris, Seuil, 1963, fragment n° 420.

82 P. Nicole, « De la charité et de l'amour-propre », *Essais de morale*, *op. cit.*, chap. VIII, p. 399, et chap. I, p. 381, cité par D. Weber, « Le "commerce d'amour-propre" selon Pierre Nicole », *op. cit.*, para 10.

L'AMOUR-PROPRE COMME ACTEUR DU THÉÂTRE DE LA CARITAS : LA RÉGULATION SOCIALE PAR LA PROVIDENCE DIVINE

L'idée selon laquelle l'amour-propre et l'intérêt constituent des principes pouvant conduire à renforcer les liens dans la société n'est pas nouvelle et se retrouve notamment dans la pensée antique. On trouve chez Épictète l'affirmation « qu'il est naturel de ne rien aimer autant que son intérêt personnel[83] », idée qui est partagée par les stoïciens, mais qui se conjugue avec l'idée que le sage est autant attaché aux intérêts de son ami qu'aux siens propres[84]. Dès l'origine, l'amour-propre est mis en balance avec l'amour du prochain. La solution du problème réside dans une bonne interprétation de ce qu'implique l'amour de soi. Plus précisément, en quoi l'amour-propre peut-il être le vecteur d'une valeur positive détachée de l'égoïsme ? Un renversement des valeurs est donc nécessaire, du négatif au positif. Le constat de cette corruption de la société n'en est pas pour autant aussi absolu qu'on pourrait le croire. En effet, la tradition chrétienne, et même saint Augustin, repris par Bossuet[85], avait toujours reconnu un amour-propre légitime en tant que sentiment subordonné, première forme de l'amour de Dieu à travers celui de sa créature. C'est dans cette optique que les premiers jansénistes se placent initialement. Si l'homme cherche dans tout l'univers, en y comprenant l'homme lui-même, un objet digne d'être sa fin, il n'en trouvera pas. En se tournant vers lui-même, loin d'y trouver la félicité, l'homme ne verra que « les semences des misères et de la mort[86] ». Rien ne peut se substituer à Dieu comme fin digne à la fois de l'homme et de son créateur. C'est donc pour Dieu même que Dieu a fait l'homme. Pour tout dire, il est surprenant que cette société, devant être fondée sur les deux premières lois, « ne laisse pas de subsister sans que l'esprit de ces deux lois y règne beaucoup[87] ». L'entendement de l'homme, pour les jansénistes est obscurci par l'amour-propre comme le souligne Nicole : « Si

83 Épictete, « Entretiens », II, 15-21, *Les Stoïciens*, *op. cit.*, p. 946.

84 J. Rohou, « Pour un ordre social fondé sur l'intérêt », *op. cit.*, p. 270.

85 Comme le relève Bossuet : « Quiconque n'aime pas Dieu n'aime que soi-même (…) et demeurant [est] incapable d'être touché des intérêts d'autrui, il est non seulement rebelle à Dieu, mais encore insociable, injuste, déraisonnable envers les autres ; et veut que tout serve non-seulement à ses intérêts, mais encore à ses caprices » ; J.-B. Bossuet, *Traité de la Concupiscence*, 1694, p. 96.

86 TL, Ch. I, 3, p. 2.

87 *Ibid.*, 8, p. 2.

nous avions le cœur droit et simple, la volonté de Dieu nous paraîtrait clairement dans les plus petites occasions. Il n'y a que notre cupidité qui nous la cache[88] ». La thèse anthropologique fondamentale des jansénistes est que l'amour-propre domine la nature humaine. C'est là une vision partagée par bien des moralistes français, par La Rochefoucauld[89] ou La Bruyère qui souligne que « [l]'on est si rempli de soi-même que tout s'y rapporte ». Au service de l'amour-propre, la force des passions est telle qu'elles l'emportent non seulement sur la raison, mais encore sur l'intérêt : « Rien ne coûte moins à la passion que de se mettre au-dessus de la raison ; son grand triomphe est de l'emporter sur l'intérêt[90] ».

Mais Domat et Nicole voient également dans l'amour-propre un instrument « donné » par Dieu aux hommes afin de renforcer la loi d'amour du prochain alors que, pour Pascal, si rien n'est aussi semblable à la charité que la cupidité, il ne faut point se laisser prendre à l'illusion de l'harmonie sociale[91]. La possibilité d'une régulation sociale indépendante de la grâce est effectivement au cœur de la réflexion de nombreux jansénistes. La volonté d'accroître ses propres biens pousse chacun vers l'humanité toute entière[92]. Pour Pascal, cet amour-propre n'est que perversion, reflet de la nature corrompue de l'homme[93]. La vision de la société corrompue de Domat semble proche de celle de Pascal quand il dénonce dans l'honnêteté mondaine le ménagement réciproque des amours-propres, et qu'il voit dans ce venin[94] le vice premier de la société. Si les deux amis partagent la vision de la déchéance[95] et

88 P. Nicole, « Traité de la soumission à la volonté de Dieu », *Essais de morale contenus en divers traités [...]*, Paris, Veuve Ch. Savreux, 1673, L. XXXIV, p. 75.

89 Voir J. Lafond, « De la morale à l'économie politique. La Rochefoucauld, les moralistes jansénistes et Adam Smith » (1996), *Lire, vivre où mènent les mots. De Rabelais aux formes brèves de la prose*, Paris, Honoré Champion, 1999, p. 253-270.

90 La Bruyère, *Les caractères, ou les mœurs de ce siècle*, J. Lafond, (éd.), *Moralistes du XVIIe siècle*, Paris, Robert Laffont, 1992, p. 659-975, IV, p. 77, p. 748.

91 C. Spector, « Cupidité ou Charité ? L'ordre sans vertu, des moralistes du Grand Siècle à *l'Esprit des Lois* de Montesquieu », *Corpus*, n° 43, 2003, p. 23-71, p. 34.

92 Comme le remarque Nicole : « On ne s'aperçoit pas pendant que l'on possède toutes ces choses, combien on en est dépendant. Mais comme elles viennent souvent à manquer, on reconnaît par le trouble que l'on ressent que l'on y avait une attache effective » ; P. Nicole, « Traité de la faiblesse de l'homme », *Essais*, *op. cit.*, L. IV p. 39.

93 B. Pascal, « Pensées », *op. cit.*, frag. 130, p. 1126.

94 « La nature de l'amour-propre et de ce moi humain est de n'aimer que soi et de ne considérer que soi ; (...) il veut être heureux, et il se voit misérable ; il veut être parfait, et il se voit plein d'imperfections » [130] ; B. Pascal, *Pensées*, *op. cit.*, p. 1123-1127.

95 B. Pascal, *Pensées*, *op. cit.*, frag. 420, p. 1201-1202.

l'idée que l'amour-propre est une source de trouble pour l'ordre, selon Domat, ce trouble n'est pas irrépressible et il justifie à la fois le pouvoir politique et le rappel des lois naturelles « (…) surtout dans l'état où nous sommes dans la pente de notre amour-propre[96] ». Il pense que nous sommes toujours trop enclins « à nos intérêts et à nos passions qui renverseraient l'ordre de la société si l'autorité ne les modérait et ne les réprimait par des peines contre ceux qui se portent à contrevenir à cet ordre[97] ». Déjà chez Pascal et encore plus pour La Rochefoucauld, il ne s'agit plus d'un amour-propre comme simple idolâtrie de soi-même, né d'une perspective religieuse, mais davantage l'esquisse d'une perspective sociologique d'un égocentrisme intéressé[98]. Cependant l'hésitation est grande entre l'acception traditionnelle et la vision positive.

Plus positifs, Nicole[99] et Domat sont alors quasi-admiratifs des effets que les hommes, dans le dessein de Dieu, ont pu tirer de la concupiscence, faisant de l'amour-propre un pâle reflet de la charité[100]. Plutôt que de s'arcbouter uniquement sur la condamnation augustinienne de l'amour-propre, Domat et Nicole se laissent porter par un courant thomiste qui divise les jansénistes, et fait dépendre alors de l'amour propre, succédané de charité, des liens juridiques comme il le faisait pour la charité elle-même. Déjà, certains, comme Hobbes, ou Silhon, se rangeaient délibérément du côté de l'intérêt comme quasi-vertu, prenant place dans le débat plus large des passions qui agite le XVIIe siècle[101]. Ils participent alors de la mutation axiologique touchant l'intérêt comme désir du profit durant les XVIIe et XVIIIe siècles. Plus en retrait les jansénistes restent au milieu du gué et conservent la répulsion instinctive de l'amour propre déraisonnable, même s'ils regardent avec aménité certains de ses effets. Ce faisant, ils participent toutefois au passage d'une condamnation morale de la *cupiditas* à un éloge sociopolitique des effets de l'amour-propre[102]. C'est l'alliance de la raison et de l'amour-propre qui permet une telle revalorisation. Ainsi, pour Nicole, l'amour-propre éclairé « n'est rien dans le fond qu'un amour-propre plus intelligent et

96 DP, préface, non paginée.
97 *Ibid.*
98 J. Rohou, « Pour un ordre social fondé sur l'intérêt », *op. cit.*, p. 211.
99 P. Laude, « Les leçons de l'amour-propre chez Nicole », *op. cit.*, p. 241-270.
100 TL, Ch. IX, 2, p. 10.
101 Sur cette question, voir A. O. Hirschman, *Les passions et les intérêts*, trad. P. Andler, rééd. Paris, PUF, 1997, p. 45-76.
102 C. Spector, « Cupidité ou Charité ? ». *op. cit.*, p. 23-71, p. 26.

plus adroit que celui du commun du monde, qui sait éviter ce qui nuit à ses desseins, et qui tend à son but – qui est l'estime et l'amour des hommes – par une voie plus droite et plus raisonnable[103] ».

Pour Domat, l'égoïsme est à coup sûr condamnable, mais l'homme de bien est capable d'aimer la part la plus élevée de lui-même et cette meilleure part est celle qu'il aime lorsqu'il aime le Souverain Bien. Tout comme Nicole[104], Domat admet fort bien le ménagement mutuel des amours-propres, des intérêts de chacun, dans lesquels il voit un ciment de la société. Sans aller jusqu'à envisager une « véritable honnêteté sociale et morale » à la suite de Nicole, Domat voit dans l'amour-propre un palliatif. Dieu a créé l'homme pour Dieu, l'homme n'est capable que d'amour-propre, c'est donc Dieu que l'homme aime en lui-même. Ce qui marque cette réflexion, c'est que la poursuite de son propre intérêt est une application directe à la fois de l'amour du prochain, en tant qu'obligation de se lier aux autres pour accroître son propre bien-être, mais aussi de l'amour de Dieu, en se conformant au schéma divin qui a fait de l'amour-propre à la fois le mal[105], mais aussi le remède de la société des hommes. C'est une idée très proche de celle qu'a développée Nicole dans son *Traité De la Charité et de l'amour propre* où la condamnation de l'amour-propre passe derrière la célébration de ses effets bénéfiques[106]. Mais si l'on peut découvrir sous la description de l'homme après sa chute la vision de l'homme déchu traditionnelle au christianisme, si Nicole semble sensible à la réflexion de Hobbes, Domat se garde de le rejoindre sur le terrain du contractualisme comme *pactum societatis*[107]. Pour Domat et Nicole, le lien de la société repose sur l'idée de besoins dans lesquels Dieu a jeté l'homme[108]. Les deux auteurs se rejoignent

103 P. Nicole, *Essais de morale*, *op. cit.*, chap. IV, p. 389-390.

104 J. Rohou, « Pour un ordre social fondé sur l'intérêt », *op. cit.*, p. 213.

105 Pour Nicole, « Si nous avions le cœur droit et simple, la volonté de Dieu nous paraîtrait clairement dans les plus petites occasions. Il n'y a que notre cupidité qui nous la cache » ; P. Nicole, « De la soumission à la volonté de Dieu », *Essais de morale contenus en divers traités sur plusieurs devoirs importants*, *op. cit.*, XXXIV, p. 75.

106 P. Nicole, « Traité des moyens de conserver la paix avec les hommes », *Essais de morale*, *op. cit.*, XII, p. 199.

107 P. Nicole, *Apologie de Nicole écrite par lui-même sur le refus qu'il fit en 1679, de s'unir avec Monsieur Arnault* […], Amsterdam, chez M.-C. Le Cene, 1734, p. 5.

108 Comme le note Nicole, « [o]n ne s'aperçoit pas pendant que l'on possède toutes ces choses, combien on en est dépendant. Mais comme elles viennent souvent à manquer, on reconnaît par le trouble que l'on ressent que l'on y avait une attache effective » ; P. Nicole, « Premier Traité de la faiblesse de l'homme », *Essais de morale*, *op. cit.* LIV, p. 39 et « Troisième traité De la crainte de Dieu », *ibid.*, III, p. 106.

pour rejeter le pessimisme pascalien[109]. Il existe pourtant une certaine ambiguïté, car ils naviguent sans cesse entre la vision traditionnelle de l'amour-propre et son intérêt pratique[110]. Pour eux[111] et dans une moindre mesure pour Pascal[112], l'amour-propre devient donc le principe le plus à même de copier les effets de la charité. Pour Domat, on voit dans la conduite de Dieu sur la société : « (...) que d'une aussi méchante cause que notre amour-propre, et d'un poison si contraire à l'amour mutuel qui devait être le fondement de la société, Dieu en a fait un lien qui unit les hommes en mille manières, et qui entretient la plus grande partie des engagements[113] ».

L'ordre est donc conquis en l'absence de la vertu ; le remède doit alors se trouver dans le mal, ou plus précisément dans les effets bénéfiques d'un vice inhérent à la nature de l'homme[114]. Mais Domat est proche de ceux qui se situent dans l'avant-garde française du culte de l'intérêt, notamment lorsqu'il analyse, par le besoin, l'homme en société dans une perspective proche de celle de Savary, qu'il a peut-être lu. Domat n'aurait vraisemblablement pas rejeté les présupposés du *Parfait Négociant*[115]. Il développe la même conception des besoins de l'homme établis par la Providence[116]. Pour lui, la chute de l'homme ne l'a pas dégagé de ses besoins, mais les a, au contraire, multipliés, « en augmentant la nécessité des travaux et des commerces, en même temps la nécessité des engagements et des liaisons[117] ». S'il est remarquable, dans un contexte économique, politique et spirituel défavorable, que quelques-uns « aient eu l'intelligence et le courage de s'écarter de la condamnation morale de

109 *Ibid.*

110 P. Nicole, « Traité des jugements téméraires », *ibid.*, XIV, p. 243 et XL, p. 132.

111 P. Laude, « Les leçons de l'amour-propre chez P. Nicole », *op. cit.*, p. 265.

112 « Les raisons des effets marquent la grandeur de l'homme, d'avoir tiré de la concupiscence un si bel ordre » ; B. Pascal, « Pensées », [118] et [106].

113 TL, Ch. XI, 3, p. 10.

114 Ainsi, pour Nicole : « Quelque corrompue que toute cette société fût au dedans et aux yeux de Dieu, [...] ce qui serait de plus admirable c'est que n'étant animée et remuée que par l'amour propre, l'amour-propre n'y paraîtrait point et qu'étant entièrement vide de charité, on ne verrait partout que la forme et les caractères de la charité » ; P. Nicole, *De la charité et de l'amour propre*, 1675, XI, p. 37-39. Sur cette idée voir C. Spector, « Cupidité ou Charité ? », *op. cit.*, p. 34.

115 J. Savary, *Le parfait négociant ou instruction générale pour ce qui regarde le commerce*, 2 T., Paris, Estienne, 1777, (1re éd. 1675), 965 p. et 792 p., T. I, préface non paginée.

116 J. Rohou, « Pour un ordre social fondé sur l'intérêt », *op. cit.*, p. 216.

117 TL, Ch. IX, 3, p. 11.

l'amour-propre[118] » pour en constater les effets positifs, Domat est novateur en faisant découler de l'intérêt, non pas des bénéfices économiques, mais des suites juridiques. Ce sont ces engagements et ces liaisons qui rendent l'illusion parfaite entre engagements nés de l'amour-propre et engagements nés de la charité et de l'amour du prochain. Ainsi, il est particulièrement remarquable de voir que dans la société déchue et dans le droit découlant de celle-ci, règnent les mêmes principes juridiques que ceux qui doivent guider une société fondée sur les deux lois premières.

Juridiquement, l'amour-propre a donc les mêmes effets que la charité, les effets de la *cupiditas* sont équivalents à ceux de la *caritas*. Cet état des hommes porte ceux qui se laissent mener par leur amour-propre « à s'assujettir aux travaux, aux commerces et aux conventions que leurs besoins rendent nécessaires » et pour ménager et favoriser leur honneur et leur intérêt, ces hommes « conservent la bonne foi, la fidélité, la sincérité » de sorte que l'amour-propre s'accommode à tout pour s'accommoder de tout[119] ». Les grands principes qui guident les lois civiles se retrouvent donc tout autant dans une société corrompue que dans une société « parfaite ». Le droit est donc naturel, immuable, que l'homme soit corrompu ou que l'homme soit fidèle aux deux lois premières. L'amour-propre peut constituer moteur du lien contractuel qui pousse tout un chacun vers les autres que comme dynamique du bien commun[120]. C'est donc d'abord comme contrefaçon de la charité et des effets de la loi d'amour du prochain que l'amour-propre est envisagé. C'est alors un fondement « irrégulier », illégitime de l'ordre. Il reste un mal, mais ses effets sont bons[121]. Mais ceux-ci ne sont bons que pour la société, pour la collectivité. Or c'est le salut de chacun qui doit être réalisé et non pas un salut collectif. L'amour-propre produit des fruits corrompus en ceux qu'il anime, même s'il donne tous les avantages à la société[122].

« Vrai mal dont Dieu tire de bons effets[123] », l'amour-propre ne peut toutefois contenter le moraliste qu'est Domat. La translation d'une telle

118 J. Rohou, « Pour un ordre social fondé sur l'intérêt : Pascal, Silhon, Nicole et Domat à l'aube de l'ère libérale », *op. cit.*, p. 213.

119 TL, Ch. IX, 3, p. 11.

120 Voir J. Lafond, « L'amitié selon Arnauld d'Andilly », *op. cit.*, p. 496-498.

121 TL, Ch. IX, 3, p. 11.

122 *Ibid.*

123 TL, Ch. IX, 4, p. 11.

conception à l'économie et au marché fera des travaux jansénistes[124] ceux qui annonceront l'idée d'une main invisible agissant en faveur des intérêts de chacun[125]. Comme l'amour-propre, le marché devient alors une machine providentielle, mue par une main invisible qui fabrique du juste[126], sans se préoccuper de justice, en transformant les vices privés en bienfaits publics, en contrefaisant la charité et en valorisant les effets de la cupidité[127]. Pour la frange avancée du premier Port-Royal, la reconnaissance des effets admirables de l'ordre social fondé sur l'intérêt s'inscrit dans le cadre d'un providentialisme strict, la Providence divine ayant organisé un ordre social tant construit autour du monde corrompu par la cupidité que du monde des véritables croyants agissant par charité. Ainsi, pour Nicole notamment, comme le souligne Dominique Weber, « le mélange sur terre des deux Cités aux principes opposés mais aux apparences similaires maintient les réprouvés dans l'impossibilité de s'abriter derrière l'alibi selon lequel une imitation des justes serait impossible ; il permet également aux justes de ne pas s'enorgueillir de leur propre justice. L'amour-propre et sa sociabilité intéressée s'intègrent donc entièrement dans le plan divin[128] ».

HÉRITAGE ET CRITIQUE DE PORT-ROYAL PAR LES LUMIÈRES

Au XVIIIe siècle, quand le second jansénisme s'affirme dans la contestation du pouvoir royal, les idées libérales se développent, sur le terreau – parmi d'autres – du premier jansénisme. Plusieurs penseurs libéraux ou pré-libéraux s'intéressent ou s'attachent à ce mouvement politique[129]. Ce n'est pas sans raison que Smith passe pour être l'un

---

124 J. Lafond, « De la morale à l'économie politique, ou de La Rochefoucauld et des moralistes jansénistes à Adam Smith par Malebranche et Mandeville », P. Force, D. Morgan, (éd.), *De la morale à l'économie politique*, Pau, Presses Universitaires de Pau, 1996, p. 187-196.

125 J. C. Perrot, « La main invisible et le Dieu caché », J.-C. Galey, (éd.), *Différences, valeurs, hiérarchies. Textes offerts à Louis Dumont*, Paris, Éditions de l'EHESS, 1984, p. 157-181.

126 A. O. Hirschman, *Les passions et les intérêts*, *op. cit.*, p. 20.

127 Voir A. Caillé, *Critique de la raison utilitaire*, Paris, La Découverte, 1989, p. 27.

128 D. Weber, « Le "commerce d'amour-propre" selon Pierre Nicole », *op. cit.*, p. 30.

129 P. Dockes, « La mesure naturelle de la richesse à l'âge classique : Petty et Cantillon », *Ordre, nature, propriété*, (ss. dir. G. Klotz), PU Lyon, 1985, p. 257-289 ; F. Vanhoorne, « Du jansénisme au mercantilisme : la politique de l'abbé Du Guet », *Revue d'Histoire ecclésiastique*, 1996, n° 1, p. 41-65 ; C. Larrere, *L'invention de l'économie au XVIIIe siècles*, PUF, Léviathan, 1992, p. 17-93.

des pères fondateurs de la science économique telle qu'on la conçoit aujourd'hui, s'articulant autour d'une logique libérale et « intéressée ». Il voit alors dans les lois du marché, des lois naturelles et dans le profit résultat de l'activité économique les effets d'une main invisible dont les fondamentaux se trouvent dans les réflexions port-royaliste, comme cela a été souligné dans plusieurs travaux. Son ouvrage tant célébré, *l'Enquête sur la nature et les causes de la richesse des nations* (1776), présente en effet un remarquable effort de théorisation et de systématisation de cette science qu'il nomme lui-même « l'économie politique ». Le lien avec le courant jusnaturaliste est évident. De même, il est presque banal de voir dans les écrits de plusieurs auteurs du XVIIIe siècle – dont les physiocrates – certains élans du libéralisme économique qui s'imposera à la fin du siècle. Les développements qui, sous la plume de Port-Royal, reconnaissaient et expliquaient que la société dans sa plus grande partie était régie par le jeu des intérêts, sans pour autant le cautionner, trouvèrent des lecteurs attentifs chez les penseurs anglais, germaniques, Suisses et français. Les premiers, en accordant à la sphère économique de l'existence humaine une autonomie par rapport à la morale et en définissant la recherche de l'intérêt privé comme une valeur positive. On trouve également certains prolongements de la réflexion port-royaliste chez les auteurs de l'École du droit naturel moderne, au regard de la perception de l'intérêt. Burlamaqui quarante ans après Domat et Nicole, exprimera dans ses travaux le retournement de la réflexion autour de l'amour propre au sein du courant jusnaturaliste :

> Il faut donc bien prendre garde de ne pas envisager l'Amour de soi-même et le sentiment qui nous attache si fortement à notre bonheur, comme un principe mauvais de sa nature et comme le fruit de la dépravation. Ce serait accuser l'auteur de notre existence et convertir en poison ses plus beaux présents. Tout ce qui vient de l'Être souverainement parfait est bon en soi-même [...][130].

Si les jansénistes du XVIIe siècle condamnent dans leur majorité le prêt à intérêt en se plaçant dans une perspective thomiste de la stérilité de l'argent, la perspective positive de l'amour-propre[131] va à contre-courant de cette condamnation de la valorisation de l'argent. Cette vision de

130 J.-J. Burlamaqui, *Principes du Droit naturel*, Genève, Barillot et fils, 1747, p. 55.

131 Au XVIIIe siècle, cette perspective va évoluer, notamment sous l'influence des jansénistes hollandais, plus conscients des contraintes économiques. Voir M. Cottret, « Du jansénisme

l'amour-propre, traduit en intérêt, va être exploitée par les économistes du XVIIIe siècle. Pierre de Boisguilbert l'un des premiers économistes libéraux français, se trouve à la frontière, comme plusieurs port-royalistes, entre classicisme et Lumières. Sa pensée, économique, mais aussi sociale et politique doit beaucoup à la perspective posée par le premier jansénisme[132]. Il développe un augustinisme social et politique voisin des thèmes de Nicole, Duguet et Domat. Mais là où le besoin fonde le lien social pour Domat, Nicole et consorts, il fonde la définition de la richesse pour Boisguilbert[133]. L'intérêt principal que l'économiste a pu trouver dans la réflexion du juriste est sa réflexion sur l'amour-propre. En tirant les conséquences de l'amour-propre envisagé comme poison et remède de la société, Boisguilbert parvient à bâtir ce qui va devenir le socle de la société économique libérale : la recherche de l'intérêt individuel dans l'optique d'un intérêt collectif[134].

Les liens que l'on peut esquisser entre la pensée janséniste et celle de Le Trosne sont de la même espèce et reposent sur la même logique. Ils se retrouvent dans une même volonté de remettre en lumière les lois naturelles censées traduire un ordre naturel. Si l'ordre découle de la volonté divine pour les deux auteurs, Le Trosne se détache de Domat afin de fonder, de retrouver un ordre véritablement social[135], c'est-à-dire non plus organisant la société, mais instrumentalisant la nature afin de remplir les intérêts de chacun. Pour lui, ce n'est plus seulement l'amour-propre qui est le venin de la société, mais l'esprit d'ambition et de conquête : « De même que les richesses ne font qu'accroître la soif de richesse ; l'esprit

---

au libéralisme : itinéraire de quelques abbés du siècle », *Dix-Huitième siècle*, « Christianisme et Lumières », n° 34, 2002, p. 53-66.

132 Voir G. Faccarello, *Aux origines de l'économie politique libérale : Pierre de Boisguilbert*, Paris, Anthropos, 1986, p. 77-111. Sur les sources de l'œuvre de Boisguilbert, voir P. P. Christensen, « Epicurean and Stoic Sources for Boisguilberts's Physiological and Hippocratic vision of nature and economics », *History of Political Economy*, Duke University Press, 2003, vol. 35, p. 101-128. S. Latouche, « De Boisguilbert (1646-1714) aux physiocrates : de la politisation de l'économie à l'économicisation du politique », *Histoire raisonnée de la philosophie morale et politique. Le bonheur et l'utile*, Alain Caillé, Christian Lazzeri et Michel Senellart (dir.), Paris, La Découverte, 2001, p. 428.

133 P. de Boisguilbert, *Factum de la France*, *op. cit.*, p. 888.

134 À notre sens, le rapprochement doit toutefois être modéré, il utilise la notion d'amour-propre développé par Domat et Nicole au profit de sa vision économique. Le rapprochement s'arrête là à notre sens. *Contra* voir G. Faccarello, *Aux origines de l'économie politique libérale : Pierre de Boisguilbert*, *op. cit.*, p. 175-198.

135 G.-F. Le Trosne, *De l'ordre social*, Paris, éd. Debure, 1777, p. 51-52.

d'ambition et de conquête a continué d'agiter les empires comme les petites sociétés[136] ». On retrouve pourtant la condamnation sans réserve de la cupidité sous la plume de Le Trosne[137], malgré la valorisation de l'intérêt individuel. Mais pour les deux auteurs, la lumière et le retour de l'ordre ne peuvent procéder que d'un retour des principes premiers, une affirmation des lois naturelles au détriment du droit positif. Seule la législation divine et naturelle est digne de concourir à l'ordre divin[138]. Le pouvoir législatif n'intervient alors qu'à titre supplétif et contingent[139]. Pour Le Trosne, les sociétés, en cherchant à se perfectionner, ont perdu le sens de leur administration. On retrouve alors sous sa plume la volonté de retourner la législation vers des vérités premières et évidentes : « Les lois de l'ordre sont si simples, si faciles à saisir, et en même temps si favorables à la société, que sans en avoir une connaissance formelle et exacte, on est naturellement porté à les suivre[140] ». On aborde les rives du libéralisme[141]. L'amour-propre, imitateur des effets de la charité à travers l'intérêt, s'est transformé sous la plume de Le Trosne en principe fondateur de l'ordre social : « l'ordre réunit à la vérité tous les intérêts, mais seulement les intérêts légitimes[142] ». Le libéralisme économique doctrinaire trouve donc son profit à la lecture de Domat, même si l'absence de références explicites laisse planer le doute sur le degré exact de filiation qu'il faut voir dans les rapprochements opérés.

A contrario, Melon, ancien inspecteur général des fermes à Bordeaux, auteur d'un *Essai sur le Commerce* en 1734, fustige les réflexions de Domat. Si, pour lui un homme charitable donne l'aumône, un homme d'état doit donner du travail[143], rejetant ainsi l'oisiveté[144]. Le désaccord est flagrant et la critique cinglante lorsqu'on aborde les questions véritablement économiques, notamment celle de la circulation des biens. En ce qui concerne l'exportation et l'importation des marchandises, Melon estime que la liberté de commercer est entravée par l'acte de navigation anglais, qui a eu pour

136 *Ibid.*, Discours III, p. 63.
137 *Ibid.*, p. 103.
138 *Ibid.*, p. 52.
139 *Ibid.*, p. 52.
140 *Ibid.*, p. 68.
141 *Ibid.*, p. 87.
142 *Ibid.*, p. 101.
143 J.-F. Melon, *Essai Politique sur le commerce*, 1re éd. 1734, Paris, (rééd. E. Daire, 1843, rééd. O. Zeller, Osnabrück, 1966), p. 740.
144 *Ibid.*

effet de restreindre les possibilités de commercer. Il stigmatise les vues de Domat : « Combien ces grandes vues politiques sont différentes de celles d'un jurisconsulte de notre temps, estimable d'ailleurs par une grande science des lois, et par une droiture de cœur et d'esprit répandue dans tout son ouvrage ! Mais il a suivi l'esprit des lois romaines, sans tourner la vue du côté de la politique du commerce : c'est Domat (...)[145] ». La critique porte sur la volonté du juriste de privilégier la venue des marchands étrangers plutôt que de favoriser le commerce au long cours, car un tel commerce est périlleux[146]. Selon Melon, de ce principe « suivrait la destruction de la marine et une dépendance servile sur toute sorte de commerce, même le plus nécessaire. Nous serions renfermés comme dans une ville bloquée, qui ne peut aller chercher rien de ce qui lui manque, et qui est bientôt obligée de demander grâce à son ennemi[147] ». La maxime fondamentale d'une économie florissante repose au contraire sur l'exportation et l'importation.

Chez Adam Smith, le jeu de l'amour-propre trouve à s'exprimer singulièrement, notamment dans sa dispute avec Mandeville[148], lui-même fortement contestataire des réflexions port-royalistes[149]. Jugeant sévèrement le système moral de Mandeville[150], il souligne que :

> L'homme a presque continuellement besoin du secours de ses semblables, et c'est en vain qu'il l'attendrait de leur seule bienveillance. Il sera bien plus sûr de réussir, s'il s'adresse à leur intérêt personnel et s'il leur persuade que leur propre avantage leur commande de faire ce qu'il souhaite d'eux. C'est ce que fait celui qui propose à un autre un marché quelconque ; le sens de sa proposition est ceci : *Donnez-moi ce dont j'ai besoin, et vous aurez de moi ce dont vous avez besoin vous-mêmes*[151].

Si l'esprit de la main invisible peut être extrait des réflexions jansénistes de la fin du XVIIe siècle, il serait faux d'étendre cette idée jusqu'à

145 *Ibid.*, p. 751.

146 DP, L. I, T. VII, S. II, 6, p. 56.

147 J.-F. Melon, *Essai Politique sur le commerce, op., cit.*, p. 752.

148 B. Mandeville, *La Fable des abeilles*, Partie II, Dialogue III, trad. Lucien et Paulette Carrive, Paris, Vrin, 1991, p. 120.

149 J. Lafond, « Mandeville et La Rochefoucauld, ou des avatars de l'augustinisme », *L'homme et son image. Morales et littérature de Montaigne à Mandeville*, Paris, Honoré Champion, 1996, p. 441-458.

150 A. Smith, *Théorie des sentiments moraux*, trad. M. Biziou, C. Gautier et J.-F. Pradeau, Paris, P.U.F., 2011, p. 411.

151 A. Smith, *Recherches sur la nature et les causes de la richesse des nations* (1re éd. 1776), livre I, chap. II, éd. Daniel Diatkine, Paris, GF-Flammarion, 1991, t. I, p. 82.

voir dans le premier jansénisme un précurseur du libéralisme économique des Lumières. En matière économique comme en matière politique, le courant janséniste s'avère conservateur, plus classique que libéral. Si ces analyses ont contribué à définir un utilitarisme auquel aucun auteur de Port-Royal n'adhérait, ces écrits ont constitué les jalons essentiels dans la progressive laïcisation du thème des besoins mutuels. Pour les auteurs de Port-Royal, l'augustinisme n'est pas une sorte de proto-libéralisme, il s'agit au contraire d'un ordre providentialiste fondé sur la charité, et les effets de celle-ci, même s'ils sont travestis par l'amour-propre. Dans l'*Encyclopédie*, l'utilisation des écrits de Port Royal sur l'article usure est quant à elle symptomatique du caractère chrétien et conservateur de ces conceptions aux yeux des encyclopédistes. La pensée réactionnaire des juristes en la matière est fustigée[152]. La réflexion de Domat et des principaux auteurs du premier jansénisme sur ce point ne pouvait être bien vue de la part des Lumières :

> Ce qui induit bien des gens en erreur sur la question [de l'intérêt], c'est que d'un côté les ennemis de l'usure considèrent toujours le prêt comme un acte de bienveillance, essentiellement institué pour faire plaisir à un confrère et à un ami. D'un autre côté, les honnêtes usuriers font trop valoir l'envie qu'ils ont communément d'obliger ; ils gâtent par là leur cause, croyant la rendre meilleure, et donnent ainsi prise sur eux. Car voici le captieux raisonnement que leur fait Domat du prêt et de l'usure[153].

C'est donc la vision chrétienne de l'usure qui est ici combattue par l'auteur de l'article qui critique également le mode de raisonnement[154]. Ces perspectives apparaissent donc comme datées, issuent d'une pensée ancienne que les nouvelles idées se doivent de renverser.

Toutefois, la position port-royaliste sur l'usure constitue un référent qu'il convient de critiquer. Dans le Code civil de 1804, la réflexion du jurisconsulte ne pouvait pas davantage se retrouver en matière d'usure et d'intérêt. Les mœurs ont largement évolué en la matière durant le XVIIe et le XVIIIe siècle, et l'interdiction véhémente de Domat de toute forme d'usure ne pouvait répondre à la société fondée juridiquement par

152 R.-J. Pothier, « Traité de l'usure », *Œuvres de Pothier*, annotées et mises en corrélation avec le Code civil et la Législation actuelle par M. Bugnet, *ibid.*, tome 5, p. 65.

153 « Art. usure », *Encyclopédie ou dictionnaire raisonné des sciences, des arts et des métiers, par une société de gens de lettres*, Neufchâtel, Chez Samuel Faulche, 1765, T. XVI, p. 533-534.

154 *Ibid.*

le Code[155]. Il en est encore ainsi en 1859, de l'autre côté de l'Atlantique, sous la plume de Maximilien Bibaud, commentateur des lois du Bas Canada. Si l'auteur remarque que « l'usure est la matière la plus difficile que nous ayons à traiter dans ces commentaires, à cause de la fluctuation remarquable qu'il y a eu dans les principes », il se réfère, pour construire sa réflexion, aux auteurs scolastiques, à Cujas, aux conciles de Nicée et de Latran, mais surtout à la réflexion de Domat en la matière. Il remarque qu'il n'y a pas de prohibition de l'usure relevant du droit naturel, alors même que Domat admettait « la prohibition du droit naturel, [et] n'est point arrêté par le fait que l'usure était permise avec les gentils ». Bibaud se range alors simplement du côté de Bentham, en rejetant la position de Domat[156], caractérisant le passage de l'histoire sur cette vision réactionnaire de l'usure.

David GILLES
Université de Sherbrooke

155 « Jamais les usures n'ont été plus effroyables que lorsque l'intérêt a été prohibé. En défendant une chose honnête et nécessaire, on ne fait qu'avilir ceux qui la font, et les rendre malhonnêtes gens » ; J.-E.-M. Portalis, *Discours préliminaire au premier projet de Code civil*, *op. cit.*, p. 52.

156 M. Bibaud, *Commentaires sur les Lois du Canada ou Conférences de l'École de droit liée au collège des RR. P. Jésuites*, Montréal, Cérat et Bourguignon, 1859, p. 179.

PRODUCTIVITY OF CAPITAL IN SILENT PARTNERSHIP WITH TRADING COMPANIES

Research for Historical Traces

GENERAL/SPREADING

"He who gives his money to a fellow citizen for carrying on mutually beneficial trade with Denmark or Russia or any other place should involve trustworthy witnesses in this transaction" (*"Qui pecuniam suam dat alicui concivi suo, ut inde negocietur in Datia vel Rucia vel in alia regione ad utilitatem utriusque, assumere debet concives suos fideles, ut videant et sint testes huius rei"*).

Already the first provably documented town charter in the German area, the town charter of Medebach of 1165, mentions the silent partnership[1]. It is thus arguably one of the oldest forms of commercial capital participation[2], in any case "a very common and widely used one" (*"eine sehr gewohnte und viel benutzte"*), perhaps also the "primary form of fruitful investment of private capital" (*"hauptsächlichste Form fruchtbarer Anlagen von Privatkapital"*)[3]. It may therefore be the starting point for these considerations on the history of the research project *History of Workless Economy*. Monetary investments in trading enterprises could generate

1 Printed at Seibertz, Johann Suibert (ed.), *Landes- und Rechtsgeschichte des Herzogtums Westfalen*. First vol. 799-1300, Arnsberg, Ritter, 1839, no. 55, p. 73-76.

2 Without giving specific reasons, already Ebel, Wilhelm, "Das Soester Recht. Wesen, Herkunft Bedeutung", *Rechtsgeschichtilches aus Niderdeutschland*, Wilhelm Ebel (ed.), Göttingen, O. Schwartz, 1978, considered this passage to be the "oldest written sentence on German commercial law", p. 89-105, here p. 99. Regarding their traces in Roman Law : Lastig, Gustav, "Die Stille Gesellschaft", *Handbuch des deutschen Handels-, See- und Wechselrechts, vol. I, Die Personen des Handelsrechtes*, Wilhelm Endemann (ed.), Leipzig, Fues, 1881, p. 710 f.

3 Lastig, *ibid.*, p. 711.

profits in the form of profit participations for mutual benefit (*ad utilitatem utriusque*), as the already quoted source states. This formulation presumably corresponded to the sharing of profits in equal portions typical for the Hanseatic trading companies as identified by Albrecht Cordes[4]. Of particular importance for the validity claim of the town charter of Medebach, but primarily for the corresponding town charter of Soest–and thus also for the establishment of the form of participation here of interest–is that it was adopted by a total of 65 cities, especially in the northern German region, but also including Danzig and Bergen. Especially worth mentioning in this context is Lübeck, co-founded by Soest merchants, and the thereby initiated further spreading of the town charter of Soest in the entire Baltic Sea area as Lübeck law[5]. The adoption of this regulation is very obviously based on great practical relevance; after all, the register for trading companies in the lower municipal chronicle of Lübeck kept from 1311 until 1361 provided information about their mass appearance[6].

The fact that mass occurrence of commercial trading was paralleled also outside of Germany is, for example, reflected in the notes of the Genoese notary Giovanni Scriba from the middle of the 12th century[7].

4 The interpretation of Lehmann, Karl, "Altnordische und hanseatische Handelsgesellschaften", *ZHR*, vol. 62, 1908, p. 289-327, here p. 307, that it was an agreement "for the account of the principal" is insofar untenable and was consequently rightly exposed by Cordes as "directly false", Cordes, Albrecht, *Spätmittelalterlicher Gesellschaftshandel im Hanseraum* (Quellen und Darstellungen zur hansischen Geschichte, NF 45), Cologne/Weimar/Vienna, Böhlau, 1998, p. 60. Rather, the latter suggests the halving of profit that was typical for the oldest forms of Hanseatic trading companies, Cordes, Albrecht, "Gewinnteilungsprinzipien im hansischen und oberitalienischen Gesellschaftshandel des Spätmittelalters", *Wirkungen europäischer Rechtskultur. Festschrift für Karl Kroeschell zum 70. Geburtstag*, Gerhard Köbler / Hermann Nehlsen (ed.), Munich, Beck, 1997, p. 135-150, here p. 143-145, *id.*, *ibid.*, p. 60.

5 On the development of the entire town charter of Soest Schöne, Thomas, *Das Soester Stadtrecht vom 12. bis zur Mitte des 15. Jahrhunderts. Zugleich ein Beitrag zur Entwicklung deutscher Stadtrechte im hohen und späten Mittelalter* (Studien und Quellen zur westfälischen Geschichte, 34), Paderborn, Bonifatius, 1998, Dusil, Stephan, *Die Soester Stadtrechtsfamilie. Mittelalterliche Quellen und neuzeitliche Historiographie* (Forschungen zur deutschen Rechtsgeschichte, 24), Cologne/Weimar/Vienna, Böhlau, 2007. The latter, p. 77-123, Schöne, *ibid.*, p. 9 f., and Cordes, Gesellschaftshandel (fn. 4), p. 58 f., point to the contentious relationship between the two town charters.

6 In summary Cordes, Gewinnteilungsprinzipien (fn. 4), p. 136 f. Specifically in this regard Cordes, Albrecht (ed.), *Societates. Das Verzeichnis der Handelsgesellschaften im Lübecker Niederstadtbuch 1311-1361* (Quellen und Darstellungen zur hansischen Geschichte, NF 54), Cologne/Weimar/Vienna, Böhlau, 2003.

7 A modern age edition of the Imbreviaturbuch originates from Chiaudano, Mario / Moresco, Mattia (eds.), *Il Cartolare di Giovanni Scriba*, 2 vol., reprint of the publication Turin, Lattes, 1935, Turin, Bottega d'Erasmo, 1970.

This image should be confirmed by a comparison with records of the Florentine trade court, the so-called Mercanzia[8], which in its registers first provides information on individual merchants, but also "socii"[9], types of entities later to be denominated as limited partnerships according to today's criteria, even with international participation, and the revenues generated from the members' contributions[10]. The same applies to the Bolognese "accomonditenregister" (commerce register), the so-called *Campione delle Accomandite*[11], and for Antwerp, where notarization was required for participations in trading companies[12]. However, the common denominator of these registers probably is that they were meant to regularly provide information on the possibly limited liability of a member, but in contrast did not generally reveal silent participations, because the investors often specifically wanted to remain unnamed[13]. In

8 A general description and discussion of the statutes of municipalities and guilds regarding the commercial registers in Florence, Siena and Lucca since the 13th century is provided by Sapori, Armando, "Arti e compagnie mercantili toscane del due e del trecento e il principio della pubblicità per registrazione", *Giornale degli Economisti e Annali di Economia*, Nuova Serie, Anno 5, N°. 11/12, 1946, p. 645-667. A special overview on the history of the Florentine Mercanzia, with further substantiation, is provided by Lastig, Gustav, *Florentiner Handelsregister des Mittelalters*, Halle (Salle), Hendel, 1883, esp. p. 14-34, Boschetto, Luca, "Writing the Vernacular at the Merchant Court of Florence", *Textual Cultures of Medieval Italy. Essays from the 41st Conference on Editorial Problems*, William Robins (ed.), Toronto, University of Toronto Press, 2011, p. 217-262.

9 Lastig, Florentiner Handelsregister (fn. 8), does not address the "Commanditenregister", p. 36, but describes the genesis of the registers geared towards changing purposes and addressed to a differing audience, including earlier enterprises primarily consisting of family members with unlimited joint liability.

10 More details Dini, Bruno, "L'economia fiorentina e l'Europa centro-orientale nelle fonti toscane", *Saggi su una economia-mondo, Firenze e l'Italia fra Mediterraneo ed Europa (secc. XIII-XVI)*, Ospedaletto, Pacini, 1995, who presented three of such "società in accomandita" (1488-1512), p. 271-288, Carmona, Maurice, "Aspects du capitalisme toscan aux XVIe et XVIIe siècles. Les sociétés en commandite à Florence et à Lucques", *Revue d'histoire moderne et contemporaine*, vol. 11, 1964, p. 81-108.

11 This keeping of records was ordered by the *Provisione* of 28 May 1583; in this respect, with extracts therefrom, see Lastig, Gustav, *Bologneser Quellen des Handelsrechts aus dem XIII.-XIX. Jahrhundert*, Halle (Saale), Gebauer-Schwetschke, 1891, p. 29 ff.

12 Hofstraeten, Bram van, "Jurisdictional Complexity in Antwerp Company law (1480-1620)", *The Laws' Many Bodies. Studies in Legal Hybridity and Jurisdictional Complexity, c1600-1900 (Comparative Studies in Continental and Anglo-American Legal History, 32)*, Seán Patick Donlan / Dirk Heirbaut (eds.), Berlin, Duncker & Humblot, 2015, p. 57-80, here p. 64 f.

13 This fact is disregarded by Hofstraeten (fn. 12), p. 65. Regarding the motives for silent participations, see the statements in 2. and on the etymology of the term "silent" see the explanations after fn. 38.

this context, the boundaries between today's forms of participations in silent partnerships on the one hand and the position of limited partners on the other hand are fluid–it is no coincidence that they have been strictly distinguished from each other only since the 19th century[14].

Due to the rare source readings, the extent of the spread of silent partnerships beyond the scope of application of Lübeck Law can at best be guessed. In any case, Daniel Koch reports in his commercial law treatise from the middle of the 17th century that it was "very common among merchants" (*"gar gemein inter mercatores"*) that "some engage in a partnership merely orally and confidentially in the internal relationship without keeping proper records for the partnership" (*"etliche sich blos mit worten / davon keiner / als sie under sich nachrichtung wissen / einlassen / auch keine ordentliche mascopey Bücher davonhalten"*). The then following explanations describe the essential features of a contemporary silent partnership, namely that by agreement for a silent partnership the parties shall raise credit for trading: One party provided the credit, while the other was in charge of trading goods. Accordingly, the tasks were allocated according to which of the partners could best perform them (*"wem die hand am glücklichsten und nehesten gerathen"*). The lender participated in profits and losses to the amount of his contribution, the other received his "usual commission" (*"gewöhnliche provision"*). Finally, the contribution had to be disbursed after completion of the transaction or dissolution of the enterprise[15].

MOTIVES

The predecessors of today's so-called silent partnership presumably held a special position in the economic life of the Middle Ages and the Early Modern Age as well as for the present topic, because the productivity of capital in the form of silent partnerships turned out to be particularly useful for both sides–the investor on the one hand

14 More details on this before fn. 38.

15 Koch, Daniel, *De jure mercatorio*, reprint of the issue Altorf, Hagen, 1666, Frankfurt am Main, Vico, 2017, sec. LXXIV, p. 58.

and the equity holder or the company on the other side. It enabled the investor to hold an interest in a company without publicly appearing, while on the other hand this structure intended to protect him against the disadvantages of a real participation in a commercial enterprise.

The determining factors for the development and wide spreading of the silent partnership primarily at first were the prohibitions of interest[16] under Canonical Law in the Middle Ages–for example under the *Decretum Gratiani* (around 1140)[17] and the Council of Vienne from 1311, which even declared municipal laws as invalid which permitted the charging of interest on loans[18]–which forced potential investors to look for alternatives for loans if they wanted to invest their capital profitably[19]. Alternatively or cumulatively, the silent partner had a further motivation–namely to keep the capital investment secret from the public on the one hand, and on the other hand to keep the risk of participating in any loss of the business as low as possible, either not to take part in a loss of the business at all or to limit this risk to the invested amount. Thus, around the end of the Cinquecento, the commercial patrician nobility in the central and northern Italian metropolises–especially the Florentine–changed within the course of a general entrepreneurial reorientation towards ennobled real property owners and financiers who preferred to invest in the so-called *accomandita*[20]. This organisational form under company law had actually already existed at the latest since the 14th century, but experienced a considerable quantitative expansion around 1600, since it enabled the entering into new markets with

16 In summary Becker, Hans-Jürgen, "Zinsverbot", *HRG*, vol. V, Berlin, Erich Schmidt, [1]1998, col. 1719-1722; Strätz, Hans-Wolfgang, "Wucher", *ibid.*, col. 1538 f.

17 Decretum Gratiani, esp. Pars sec., C 14, q 4, c 8.

18 More details Wohlmuth, Josef (ed.), *Dekrete der ökumenischen Konzilien*, Band 2: Konzilien des Mittelalters, Paderborn *et al.*, Schöningh, 2000, p. 333-401, here c. 29, p. 384 f.

19 Renaud, Achilles, *Das Recht der stillen Gesellschaften und der Vereinigungen zu einzelnen Handelsgeschäften für gemeinschaftliche Rechnung*, Heidelberg, Winter, 1885, p. 5 f., Lastig, Stille Gesellschaft (fn. 2), p. 714. More in-depth explanations on the interest in Canon Law Condorelli, Orazio, "Sul contributo del canonisti alla definizione del concetto di interesse. Frammenti di ricerca (metà sec. XII – metà sec. XIII)", *Der Einfluss der Kanonistik auf die europäische Rechtskultur, vol. 5: Recht der Wirtschaft (Norm und Struktur. Studien zum sozialen Wandel im Mittelalter und Früher Neuzeit, 37/5)*, Franck Roumy / Mathias Schmoeckel / Orazio Condorelli / David von Mayenburg (eds.), Cologne, Böhlau, 2016, p. 23-60.

20 On this transformation process Lang, Heinrich, „'Dan auf disen vornemen Handelsplatzen ist gelt vollauf'. Zu transalpinen Transferbeziehungen zwischen süddeutschen und Florentiner Handelsgesellschaften während des Dreißigjährigen Krieges", *Annales Mercaturae*, vol. 2, 2016, p. 33-76, here esp. p. 43 f.

simultaneously limited liability and risk diversification through various investments. All things considered, the decoupling of commodity trading and financial trading as a fundamental development since the 16th century, culminating in its "critical concentration" (*"krisenhaften Verdichtung"*) around 1630[21] is presumably responsible for the further spreading and normative formation not only of transactions in bills of exchange[22], but also of the silent partnership.

Irrespective of these economic and legal considerations, however, it was often based on personal grounds why a silent partnership was preferred over any other form of commercial law participation. This in particular applied to persons who due to their professional or personal position were prohibited from, could not or did not want to operate a trade. It has been evidenced already since the 10th century that Norwegian kings lined their own pockets inter alia in the form of silent participations[23]. Frequently, unmarried female family members invested their dowry or inheritance in Upper German family enterprises for a specific interest rate agreed beforehand, without bearing the risks of the business activities[24]. The *order of Cavalieri di Santo Stefano*, founded by Grand Duke Cosimo I. of Medici in 1561[25], the membership in which granted highest military as well as clerical prestige, prohibited the members of the order from being actively involved in any trading

21 For all of this Lang, Transferbeziehungen (fn. 7), quoted according to p. 74.

22 On this, for example, Amend-Traut, Anja, *Wechselverbindlichkeiten vor dem Reichskammergericht. Praktiziertes Zivilrecht in der Frühen Neuzeit* (Quellen und Forschungen zur höchsten Gerichtsbarkeit im Alten Reich, 54), Cologne/Vienna, Böhlau, 2009.

23 Lehmann (fn. 4), p. 301 f.

24 Thus, for example, in case of the heirs of Sebastian Neidthardt in the 1550s to 1580s, the unmarried sisters of the partners participated with their contributions, in this respect see Mark Häberlein, DFG-Project "Resilienz-Management auf volatilen Märkten: Finanzkrisen, Spekulation und die Vulnerabilität von Unternehmen in der zweiten Hälfte des 16. Jahrhunderts". See especially with further substantiation Amend-Traut, Anja, "Legal Structure of Early Enterprises–from Commenda-like Arrangements to Chartered Joint-Stock Companies (Early Modern Period)", *The Company in Law and Practice: Did Size Matter? (Middle Ages-Nineteenth Century) (Legal History Library, Studies in the History of Private Law, 23/12)*, Dave de ruysscher / Albrecht Cordes / Serge Dauchy / Heikki Pihlajamäki (eds.), Leiden, Brill, 2017, p. 63-83. On this and other motives also Savary, Jaques, *Le parfait Negotiant*, 4. ed., Lyon, Lyons, 1697, new edition with critical comments of Édouard Richard (ed.), Genève, Droz, 2011, here 12. Part., Livre 1, Chap. I, p. 381 f.

25 On formation and internal organisation, more details in Gatscher-Riedl, Gregor / Strigl, Mario, *Die roten Ritter. Zwischen Medici, Habsburgern und Osmanen. Die Orden und Auszeichnungen des Großherzogtums Toskana* (Forschungen zu Orient und Okzident, 2), Vienna, Neue Welt, 2014, p. 43-57.

activities, but not in capital investments in businesses, so that the thus opened possibility of profitably investing capital under a different name was quite frequently used[26]. Just incidentally, it shall be mentioned that recent literature partly presumes that Cosimo established the order for the sole purpose of "participating in privateering" (*"am Kapergeschäft teilzuhaben"*)[27]. This understanding of commercial motive explains the prohibited trading activities for the members of the order less as an effort to establish a religious community bound by religion and refraining from commercial activities, but rather to eliminate potential competition.

Finally, a motive for a silent participation could also be that the active participation required expertise or skills, which the capital investor simply did not have. In particular, the participations tailored to sea trade, namely those in the Hanseatic region, show that enterprises "were for safety reasons better carried out in association with other merchants" (*"aus Sicherheitsgründen besser im Verbund mit anderen Kaufleuten"*)[28], and others that the skipper–in contrast to his investors–had the required know-how to carry out overseas transactions[29]. A silent partnership could also be attractive where someone had a business relationship with a competitor of the company owner which might be endangered if the partnership became known. Or the investor was hiding behind active members, either due to his own poor repute or to eliminate competition. Thus, many company statutes contained prohibitions of competition to prevent members from acting for their own account[30].

26 Litchfield, R. Burr, *Emergence of a Bureaucracy. The Florentine Patricians 1530-1790*, Princeton (N.J.), Princeton University Press, 1986, 37. – The statutes are published in Statvti, E Constitvtioni Del L'Ordine De' Cavalieri Di Santo Stefano… fatte in detto ordine per tutto l'anno Firenze 1575, of the version of Pisa 1746 "Statuti dell'Ordine dei Cavalieri di Santo Stefano" a reprint is available (Pisa, 1994).

27 Thus Roland Benn, "Samariter auf Kaperfahrt", *Merian*, vol. 59, 7/2016, p. 104, quoted according to Gatscher-Riedl / Strigl (fn. 25), p. 46.

28 Cordes, Gesellschaftshandel (fn. 4), p. 61.

29 On this e.g. Amend-Traut, Legal Structure of Early Enterprises (fn. 24).

30 On this in summary Bauer, Clemens, *Unternehmung und Unternehmensformen im Spätmittelalter und in der beginnenden Neuzeit* (Münchener Volkswirtschaftliche Studien, NF 23), Jena, Fischer, 1936, p. 27 f.; on corresponding competition relations that ended up in court, see Amend-Traut, Anja, "'Sich der Concurrenz erwehren…'. Kaufmännischer Wettbewerb unter höchstgerichtlicher Kontrolle (16.–18. Jh.)", *Justiz und Verfahren im Wandel der Zeit. Gelehrte Literatur, gerichtliche Praxis und bildliche Symbolik. Festgabe für Wolfgang Sellert zum 80. Geburtstag (Abhandlungen der Akademie der Wissenschaften zu Göttingen, NF 44)*, Eva Schumann (ed.), Berlin/Boston, De Gruyter, 2017, p. 55-82.

A passive participation in businesses that promised to be profitable was a good option to reconcile these wishes and requirements. They could not easily be realised in the form of an active participation in a trading company or an *in personam* loan agreement. The publicity usually involved in a participation, the often unlimited joint and several liability, and the generally personal cooperation of all members in the management and representation on the one hand, and the lack of influencing power regarding the use and preservation of the equity capital in case of a loan on the other hand did very often not coincide with the intentions or capabilities of the investor. On the part of the silent partner, the wish for favourable capital investment that promised profitable revenues in the form of interest or dividends was thus regularly the decisive factor for entering into a silent partnership. In this context, the person(s) of the owner or owners of the commercial enterprise and the knowledge of their personal hard work and reputable integrity and solvency provided the necessary security.

ORIGIN AND FURTHER DEVELOPMENT

The silent partnership very probably originates from the northern Italian *commenda* where the equity holder undertook to profitably make use of goods or money provided by the investor[31], or from its Hanseatic equivalent. The *commenda*, which was an occasional partnership limited to the internal relationship among the parties involved, is reminiscent of today's commission transactions. In the former case, the equity holder also acted in his own name, but not for the sole account of the investor, but for joint account[32]. This company law character was

31 On the development in general Lübbert, Erich, "Die rechtliche Natur der stillen Gesellschaft unter besonderer Berücksichtigung ihrer historischen Entwickelung", *ZHR*, vol. 58, 1906, p. 464-520. On the various roots of limited liability of non-managing partners in comparison see also Butzert, Clemens, *Investitionen und ihre Risiken. Zur Lage nicht geschäftsführender Anleger in Unternehmen des Späten Mittelalters und der Frühen Neuzeit in Italien und Deutschland* (Schriften zur Rechtsgeschichte, 177), Berlin, Duncker & Humblot, 2016, regarding the *commenda* esp. p. 119 f.

32 In contrast, the Hanseatic legal form of the *sendeve* is referred to only when the lender invests in an already existing enterprise and personally bears the risk for profits and losses, *Cordes*, Gewinnteilungsprinzipien (fn. 4), p. 141.

already evident in the own charter of Medebach notes above[33]. Often, the *tractator*, i.e. the equity holder himself, invested capital, which was frequently advanced to him by the *commendator*, i.e. the investor. Also this association of persons, known in the Hanseatic region as *wedderleg-ginge* or as *collegantia* in the Italian region, was likewise limited to the internal relationship of the parties involved. Also in these form, solely the *tractator* acted in his own name. However, while at the *commenda* the equity holder presumable had to follow all instructions regarding the business management, the development of the silent partnership involves an increasing independence between the *tractators'* management and the lender's contribution. It was probably from the outset common to these different manifestations that the lender was given a share in the borrower's profits and did not–as in the case of a contract for works with agency or loan–receive fixed wages or interest. However, it is important to remember here that these and other dogmatic differentiations were presumably unknown to the contemporaries of the Middle Ages and the Early Modern Age, even though the leading motive, i.e. the commercial association, did of course already exist[34].

While commercial associations were at first commonly spread as occasional consortiums, they were later established for a longer period of time, i.e. beyond the execution of one single transaction. The concurrent sharing of profits and losses among the members and their varied distinctive activities in the actual management showed major parallels in overseas trade of the Hanseatic cities and in the Latin-Mediterranean trade, but also differences[35]. Therefore, a "special Hanseatic development" is still critically questioned[36]. Regardless thereof, the already repeatedly outlined basic patterns of the different participation structures

33 Different opinion Cordes, Gesellschaftshandel (fn. 4), with convincing arguments, 60, see also explanations in fn. 4.

34 This is already rightly pointed out by Cordes, Gesellschaftshandel (fn. 4), p. 61. Lübbert (fn. 31), on the other hand subsumingly attributes the original rebuttal "under terms of today's laws" to the works contract relationship under an agency agreement, p. 489.

35 Notably in profit distribution, more details Cordes, Gewinnteilungsprinzipien (fn. 4), p. 145-145. On the different investments on the whole Butzert (fn. 31).

36 Thus the identical title of the anthology of Jenks, Stuart / North, Michael (ed.), *Der hansische Sonderweg? Beiträge zur Sozial- und Wirtschaftsgeschichte der Hanse* (Quellen und Darstellungen zur hansischen Geschichte, NF 39), Cologne *et al.*, Böhlau, 1993. Very impressively on the relationship of these related legal development the answer of Cordes, Gewinnteilungsprinzipien (fn. 4), p. 145-149.

in the Middle Ages[37] provide the joint starting point for today's silent partnership and the limited partnership which have only since the 19th century been strictly distinguished from each other, and which shall here be further explored. The management and representation were always already in the hands of the *tractator*, who was liable for debts with all his assets, while the liability of the *commendator* was limited to his contribution. If on these conditions the trade was not operated under a joint company, which actually also occurred and explains the joint origin of the corporate forms, then a silent partnership–also called *participatio* or *compagnia secreta*[38]–existed, where the silent partner in any case was not liable for the debts. As a "secret" or "hidden" partnership, the *participatio* was included in modern times law, possibly borrowed from the French in the 17th century[39] and ascribed to Jaques Savary[40]. However, an argument against this assumption is that already a few years before the publication of the work of Savary the formulation can be found in at least two works of German lawyers: Both Johann Marquard and Daniel Koch, and shortly thereafter also Samuel Stryk, describe this form of contribution to profit and loss as "covert" (*"heimlich"*)[41]. Lastig presumes that the "silent" (*"still"*) or "secret" (*"geheim"*) had not initially referred to legal relations since the time when written documents were also established in trading parlours, but solely to the staff, notably the bookkeepers. Apart from the "open" books, the principal used to keep an own "secret" book where he entered sensitive data, such as mortgage debts or amounts of the business interests of the individual members. According to this interpretation, the question of whether the company

37 Goldschmidt, Levin, *Handbuch des Handelsrechts*, vol. 1, div. 1., Universalgeschichte des Handelsrechts, 1st del., reprint of 3rd. ed. Stuttgart, Ferdinand Enke, 1891, Aalen, Scientia, 1973, p. 254-298, Rehme, Paul, *Geschichte des Handelsrechts*, Leipzig, Reisland, 1914, p. 100-104, 162-169, in summary Cordes, Gewinnteilungsprinzipien (fn. 4), p. 138 f., Amend-Traut, Legal Structure of Early Enterprises (fn. 24).

38 On these with more details Lastig, Stille Gesellschaft (fn. 2), p. 712-714, 722 f.

39 So Schirmer, Alfred, *Wörterbuch der deutschen Kaufmannssprache auf geschichtlichen Grundlagen*, reprint of ed. Straßburg, Trübner, 1911, Berlin / New York, de Gruyter, 1991, "Kommandite", p. 101, Lastig, Stille Gesellschaft (fn. 2), p. 725.

40 Savary (fn. 24), p. 370, 381 f.: companies *en commandite*. For the mention of the silent participation by Savary see more detailed Renaud (Fn. 19), p. 13-20.

41 Marquard, Johann, *Tractatus politico-juridicus de iure mercatorum et commerciorum singulari*, …, Frankfurt am Main, Götz, 1662, Lib. II, Cap. XI, marginal no. 26, Koch (fn. 15), Stryk, Samuel, *Praelectiones Viadrinae de cautelis contractuum necessariis*, Francofurti ad Viadrum, Nicolai, 1684, Sect. II, Cap. X, sec. XVII, p. 369-374, here p. 372.

was "silent" solely depended on how the principal handled it, i.e. which book contained the entries on the business relationship with the investor[42]. However, it needs to be considered that a silent partnership was regularly also unknown to the other parties in legal transactions; especially to be able to fulfil their purposes, they were also frequently not recorded in the relevant registers[43]. At any rate, since the introduction of the Prussian Common Law of 1794 (ALR) the silent partnership had been legally associated with one unknown to the public.

This law for the first time specifically regulated the silent partnership, although at that time it was still known under the term "limited partnership" following the French denomination, which is probably especially based on the *Ordonnance du Commerce* of 1673[44]. The term "sedate" (*"gemächlich"*) partnership, which was sometimes used thereafter, could not assert itself[45]. The development in Germany was continued in the regulations of the General German Commercial Code of 1869 (ADHGB), which for the first time strictly distinguished between the silent partnership and the limited partnership[46]; according thereto, the silent partner lost his privilege of non-solidary liability as soon as he "publicly" appeared as partner[47]. Its draft of 1849 still deliberately distanced itself from including the silent partnership. The motives state in this respect

42 Lastig, Stille Gesellschaft (fn. 2), p. 328, with further substantiation on this double-entry accounting, p. 723-725, with further substantiation on the development of terms.

43 Also pointed out by Goldschmidt (fn. 37), p. 270, fn. 125, and Behrend, Jakob Friedrich, *Lehrbuch des Handelsrechts*, vol. 1, div. 1, Berlin/Leipzig, Guttentag, 1886, p. 457 f., fn. 1. On the recording in registers, see already the statements after fn. 7.

44 Th. II Tit. 8: "Sec. 651. He, who entrusted a certain capital to the company on condition that instead of interest he obtains a share in the profits or losses in proportion to this capital part, is called a silent partner (Associé en commendite). – Sec. 652. If his name is not mentioned in the firm name, nor is he expressly made known as a partner, then he shall be liable to the creditors of the enterprise only with his contributed capital and he cannot be requested to contribute more to the debts of the enterprise."–On the silent partnership in the ALR Lastig, Stille Gesellschaft (fn. 2), p. 726 f., Servos, Rüdiger, *Die Personenhandelsgesellschaften und die stille Gesellschaft in den Kodifikationen und Kodifikationsentwürfen vom ALR bis zum ADHGB*, Diss. iur., Cologne 1984, p. 61-67.

45 So at Schiebe, August, *Kaufmännisches Handwörterbuch*, Leipzig, Fleischer, 1833, "Die stille oder gemächliche Gesellschaft", p. 57.

46 Art. 250-265, BGBl. d. Norddt. Bundes, 1869, no. 32, p. 601, under https://de.wikisource.org/wiki/Allgemeines_Deutsches_Handelsgesetzbuch._Drittes_Buch#Erster_Titel._Von_der_stillen_Gesellschaft.

47 *Cf.* Art. 257: "The name of a silent partner must not be included in the firm name of the owner of the trade; otherwise, the silent partner is personally and severally liable to the creditors of the enterprise."

corporate relationship that this "merely internal" (*"nur nach der inneren Seite"*) relationship did especially not require any publication protecting legal transactions and should therefore "be left to the general rules of commercial law" (*"den allgemeinen Regeln des Handelsrechts überlassen"*)[48]. The Commercial Code of 1897 (HGB) then constituted the final point in German legislative history, where the silent partnership was regulated extensively[49]. The memorandum to the draft stated: "The silent partner participates in the trade operated by another, for a share in the profits and regularly also in the losses; the contribution has to be made in such manner that it is transferred to the assets of the business owner and that the owner performs his business transactions only under his own name and not under the name of a company…, is solely entitled and obliged under these business transactions" (*"Der stille Gesellschafter beteiligt sich an dem Handelsgeschäfte, das ein Anderer betreibt, gegen Antheil am Gewinne und regelmäßig auch am Verluste; die Einlage ist so zu leisten, daß sie in das Vermögen des Inhabers des Handelsgeschäfts übergeht, und der Inhaber, der die Geschäfte nur unter seiner eigenen, nicht unter einer Gesellschaftsfirma betreiben darf…, wird aus diesen Geschäften allein berechtigt und verpflichtet"*)[50]. With minor differences, this form of participation is today found in many commercial laws in Europe and beyond, for example in France as *association en participation* or in Italy as *associazione in participatione*, but not in the Netherlands, where the civil law partnership is used, which does not have to appear externally[51].

---

48 *Entwurf eines allgemeinen Handelsgesetzbuches für Deutschland*, Frankfurt am Main, Naumann, 1849, p 147. However, the bills for the Kingdom of Württemberg of 1839, for the Prussian States of 1857, and the revised bill of an Austrian commercial law consider the silent partnership, but closely following the French interpretation as an enterprise similar to today's limited partnership. For more details see Lastig, Stille Gesellschaft (fn. 2), p. 729 f., on the treatment of the silent partnership in the Austrian legislation of the 19th century see Servos (fn. 44), p. 161-167, 306-323.

49 Secs. 306-314, of 10 May 1897, RGBl., 1897, p. 219. On the legal nature of the silent partnership under the Commercial Code Lübbert (fn. 31), p. 502-512.

50 *Entwurf eines Handelsgesetzbuchs mit Ausschluss des Seehandelsrechts nebst Denkschrift*, official publication, Berlin, C. Heymanns, 1896, p. 87-89, 181-187, here p. 182.

51 On a comparison of the individual countries Jung, Peter, *Handbuch der stillen Gesellschaft*, Uwe Blaurock (ed.), Cologne, O. Schmidt, 2016, sec. 3, marginal no. 3.8-3.91.

SOURCE READINGS

Given that, such forms of internal undertakings are participations, which did not appear externally, it is rather more difficult to trace them than is the case with other forms of participations. This is not only revealed by the already mentioned registers. They also only sporadically appear in corresponding company statutes, which might be handed down[52]. At least a preliminary form is embodied in the formalised silent partnerships, which were recorded in the files of the Florentine *Mercanzia*, where a register was created for the *accomandite*[53]. These *accomandite* were the chosen vehicle for an investment in a trade without assumption of the role of an active partner. Even though these entries do not report on company statutes in the proper sense, but from economic perspectives they apparently have more in common with a participation in a trade company than with a mere provision of loans: Capital was given to a trader for earmarked business activities.

Apart from these systematic records, information on such investments is more often found accidentally, for example in rare notes in private records. However, upon closer examination these are not seldom unrelated to a company law investment model here of interest, but rather amount to loans such as, for example, those of the Florentine patrician Alamanno Salviati, who managed the capital of his inherited estate from Florence. The records of the 1550s are today kept in the Vatican archive[54], because the named Salviati was the son of a papal depositary. As repeatedly stated in his notes, Salviati was looking for investment

52 Some associations of Italian origin are named by Bauer (fn. 30), but these are primarily extracts from balance sheets or accounting files, which provide information on such participations, e.g. p. 140 f. In this context, reference is made to the already mentioned etymological origin of the term "silent", fn. 42.

53 In more detail Lang, Transferbeziehungen (fn. 20), p. 44-46, with further substantiation, as well as Dini (fn. 10) and Carmona (fn. 10).

54 Biblioteca Apostolica Vaticana, Archivio Salviati, No. 303 (Copialettere di Alamanno di Iacopo Salviati, 1551-1560), kindly pointed out by Lang, Heinrich, whose habilitation soon to be published is hereby referred to for further detail: *Wirtschaften als kulturelle Form. Die Florentiner Kaufmannbankiers Salviati und die Handelsgesellschaften der Augsburger Welser auf den Märkten des Messestandortes Lyon (1507-1559)* (Annales Mercaturae, supplements, 2), Stuttgart (in preparation).

options. For this purpose, he had his bankers transfer various financial resources to a *conto di dipositi* in Lyon. From this account, the collected *capitali* were via remittance transferred to treasurers of the French king as a loan to the crown[55]. For such syndicate loans[56], instructions by letter were sufficient; formal contracts were usually not concluded[57]. Different from the silent partnership, however, the parties did with this form of investment not associate for a joint commercial purpose; rather, they individually pursued their own interests: Salviati, as lender, allowed the borrower to find his own ways to be able to repay the borrowed capital with accrued interest–incidentally, Salviati's capital contributions turned out to be a bad investment, because the French crown became insolvent at the end of the 1550s. A legal separation between a silent partnership and a loan, which in the individual case is legally very difficult, was not made for the described constellation, because the recipient of the capital himself did not have any commercial operations–an indication of a loan, also under historic aspects. Also the non-profit-sharing structure of the remuneration for the work of the *tractator* is a strong indication of a loan transaction.

Despite the generally scarce records on silent capital investments, especially those in trading companies, they become particularly apparent in the sources when disputes arose on the handling of the investments. Early normative legal sources prove a need for proof and thus a procedural law need for clarification of conflicts regarding a silent participation. Thus, the already quoted town charter of Medebach further states: "If he who accepted the money later wants to act fraudulently and to reach a wrong judgment, then he who lent the money shall with the testimony of witnesses be given greater justice. This is justice because he can object, and when the witnesses want to deny the truth for friendship, profit seeking, envy or meanness, they shall individually swear to the

55 Lang, Heinrich, "Herrscherfinanzen der französischen Krone unter Franz I. aus Sicht italienischer und oberdeutscher Bankiers. Die Rolle der Florentiner Salviati als Financiers der französischen Regierung", *Das "Blut des Staatskörpers". Forschungen und Perspektiven zur Finanzgeschichte der Frühen Neuzeit*, Peter Rauscher/Andrea Serles/Thomas Winkelbauer (eds.), München/Vienna, Oldenbourg, 2012, p. 457-508.

56 For more details see Bauer (fn. 30), p. 36 f.

57 If, in contrast, Florentine bankers acquired loans from South German merchants situated in Lyon, then so-called *cedulae*, a kind of "preliminary contracts", were drafted and deposited with the notary. I would like to thank Dr. Heinrich Lang very much for this information.

Saints that they were not present." (« *Si postea ille qui pecuniam accipit, fraudulenter egerit et falso iuramento optinere voluerit, ille, qui pecuniam prestitut, testimonio illorum qui aderant maiori iusticia debet optinere. Sic iustum est, quia ille possit contradicere, et si illi, qui presentes fuerunt, pro amicitia vel pro mercede vel pro invidia vel pro perfidia veritatem negare voluerint, singuli iurent super sanctos, quod nunquam advenerint* »)[58]. This brings the focal point at the centre of the third part of the research project *History of Workless Economy*, the *conflict aspect*, to the foreground.

SILENT PARTNERSHIPS IN CONTENTIOUS PROCEEDINGS

Many business models, which generated substantial profits without any physical labour or the exchange of goods, were the subject matter of conflicts. The regular core question of whether a contribution or returns on investment were owed and if so in what amount, was dependent upon the legal basis of the transaction.

Apart from the already mentioned regulations of the town charter of Medebach regarding legal evidence, there were more in younger statutes, including that of Nuremberg and the reforms of the municipal statute of Frankfurt in 1564 and 1578, respectively. However, almost always is the participation by cash contribution not denominated there as a company but as "contribution with specific obligations" (*"Einlegen mit Geding"*). This ultimately expressed that the equity holder was the "master of action" (*"herr des handels"*) while the investor merely participated in the profits or losses without any liability towards the creditors, limited to the amount of his contribution. This limited partner liability dating back to an imperial privilege of 1464 does, however, required that the partner with limited liability was as such named or known, i.e. specifically not a "silent", i.e. unnamed partner[59].

58 Seibertz (fn. 1), p. 74 f. On the evidentiary particularity of testimonial evidence, which here for the first time replaced the duel, and to which both the claimant and the defendant were entitled, Schöne (fn. 5), p. 223-225.

59 So also Butzert (fn. 31), *cf.* e.g. p. 307, fn. 712, p. 340. Regarding the privilege and its expression as limited partner liability in later regulations *id.*, p. 182 ff.

From a legal point of view, the silent partnership could thus be placed between a loan and a trading company, elements of other institutions such as order, works contract with agency or commission–depending on the consideration promised to the *tractator* for his efforts–can also be found.

Irrespective of the dogma-historically interesting question of whether the further development of the individual company structures and the corresponding aspects of the productivity of capital that was also apparent in Germany took place independently, or whether the Italian *participation*[60], which had in the 15th century already been fully developed, was adopted, several questions were controversially discussed. Especially upon the winding up of trading companies, either after the death of a member, upon expiry of the contractual term, after amicable termination of the contract, or after insolvency of the company or one or several members, the contributions or the revenues of the silent partners were fully or partially taken into doubt and thus disputed.

Thus, it could be doubtful by what criteria this silent participation structure could be differentiated from loans, how the ownership situation regarding the provided assets, which did not necessarily had to be money, was structured[61], to what extent the investor was entitled to withdraw or whether the lender was obliged to pay the contribution[62], whether it was a special business form and if so, whether the investor was directly liable to the creditors *in solidum* or *pro rata*, with or without limitation, or he rather participated in the profit or loss with his capital only. Both with regard to the scientific literature of the Middle Ages and the court practice at that time Lastig states that "both were full of dogmatic controversial questions… and also full of almost insoluble contradictions" (*"beide stecken voll von dogmatischen Streitfragen… und auch voll von fast unlösbaren Widersprüchen"*)[63].

60 In this regard e.g. Lastig, Stille Gesellschaft (fn. 2), p. 712 f., Renaud (fn. 19), p. 6-12, Lübbert (fn. 31), p. 496.

61 In this respect, Weber, Max, states, with reference to the company law of the Pisan *Constitutum Usus* of 1160 that the provided asset merges with the property of the enterprise, without the investor becoming a member at the same time, in: Gerhard Dilcher / Susanne Lepsius (eds.), *Zur Geschichte der Handelsgesellschaften im Mittelalter. Schriften 1889-1894* (Max Weber Gesamtausgabe, Abt. 1, vol. 1), Tübingen, Mohr Siebeck, 2008, p. 265 f. Further information on the status of the discussion regarding the ownership situation for the provided asset Lübbert (fn. 31), p. 473-475, 487, 516 f.

62 More detailed Lübbert (fn. 31), p. 493.

63 Lastig, Stille Gesellschaft (fn. 2), p. 711. Also pointed out by Lübbert (fn. 31), p. 464 ff.

Traces of such conflicts can inter alia be found in commercial expert opinions, so-called *Parères*, in arbitration awards and court decisions. All of these sources show the various possibilities of how the disputing parties handled their disputes. The commercial expert opinions were draw up by practically experienced merchants, thus not by studied lawyers, outside of a court action, and were therefore based on their advice suited to either have a mediation effect and thus settle the conflict, or they served as evidence within the scope of later court proceedings[64]. As an alternative to these out-of-court conflict resolutions, the members of a company frequently agreed on arbitration clauses in their contracts, where they subjected to an out-of-court settlement before impartial parties, often third parties well versed in trade matters[65]. Finally, also the records of lower court decisions and in particular the files of the two highest courts of the Old Empire–the Imperial Chamber Court

64 The fundamental research of these expert opinions has so far been a desideratum in Germany. For France Richard, Édouard, "À l'orée du droit des marchands. Les parères", *Revue d'Histoire des Facultés de Droit*, vol. 33, 2014, p. 155-217. The most recent and authoritative work on the practice of legal opinions in the Early Modern Age by Falk, Ulrich, *Consilia. Studien zur Praxis der Rechtsgutachten in der frühen Neuzeit* (Rechtsprechung. Materialien und Studien, 22) Frankfurt am Main, Klostermann, 2006, disregards the entire area of commercial law. The doctoral project of Sonja Breustedt/Ffm., "Pareres der ‚löblichen Kaufmannschaft' zu Frankfurt am Main. Handelsrechtliche Konfliktlösung im 18. Jahrhundert" is a first attempt. However, the study is based on the collections of the Institute of City History/Frankfurt am Main, which does not have any conclusive collection of expert opinions. The project "Die Nürnberger Handelsgerichtsbarkeit. Handelsgerichtliche Gutachten in der Frühen Neuzeit" sponsored by the German Research Foundation (DFG) headed by the Author aims to interpret and analyse the collection of sources that are conclusive for several centuries and which reflects the activities of the Nuremberg Director of Trade. More on this at http://www.jura.uni-wuerzburg.de/lehrstuehle/amend_traut/die_nuernberger_handelsgerichtsbarkeit/. First results of the analyses and considerations can be found in Amend-Traut, Anja, "Die Akten und Beilagen von Reichskammergericht und Reichshofrat als Quellen des Handelsrechts", *ZNR*, vol. 37, 2015, p. 177-205, here p. 187-191, *id.*, "Diversity or Unity? Legal Culture Commonalities and Differences in the finding of Justice in Europe", *GLOSSAE. European Journal of Legal History*, vol. 15, 2018, p. 32-49, see http://www.glossae.eu/wp-content/uploads/2019/03/traut-corregido.pdf, and id., "Kaufmännische Gutachten Nürnberger Provenienz. Weg zur Normativität?", *Handel, Recht und Gericht in Mittelalter und Früher Neuzeit. Die Reichsstadt Nürnberg im regionalen und überregionalen Kontext*, Anja Amend-Traut / Walter Bauernfeind / Hans-Joachim Hecker / Hans-Georg Hermann (ed.), Nuremberg, expected 2020..

65 On such arbitration clause, which contrary to its intention ended up in court, see Amend-Traut, Anja, "Brüder unter sich – die Handelsgesellschaft Brentano vor Gericht. Elemente privater Konfliktlösung im Reichskammergerichtsprozess", *Eine Grenze in Bewegung: Öffentliche und private Justiz im Handels- und Seerecht. Justice priveé et justice publique en matières commerciales et maritimes (Schriften des Historischen Kollegs, 81)*, Albrecht Cordes / Serge Dauchy (ed.), Munich, Oldenbourg, 2013, p. 91-116. Likewise city archive Nuremberg, E 8 585, 63tes Species Facti.

(*Reichskammergericht*) and the Aulic Council (*Reichshofrat*)–contain a number of relevant proceedings. The common denominator of the *Parères* and the highest court decisions is their sustainable nature beyond the concrete case, provided that no formally issued legal regulation applied[66]. This similarly also applies to the Antwerp Statutes of 1608, which contained practised law as "living law" and also included company law regulations as *Consuetudines compilatae*[67].

As regards disputes involving a silent partner, these were as such no longer silent in the background, but rather entered the public domain. Thanks to this, the outlined conflicts show the development of not just the productivity of these investments, but of the *compagnia secreta* as such.

Therefore, in consideration of the following briefly outlined cases, an exemplary overview of the controversies from the end of the 16th century until the middle of the 18th century shall hereafter be given, and the legal questions just raised shall be addressed, which were dealt with in expert opinions and in court rulings[68]:

At the end of the 16th century, the dispute between the Frankfurt investor Peter Mutuir and the trading company established by Sebastian Zorzi from Augsburg and Antonio Susanno from Vincenza in 1585 was brought before the Imperial Chamber Court after it had been dissolved, but especially the legal nature of the appellant's contribution was doubtful[69]. After formation of the company, Zorzi contributed 2,000 florins at 3½% interest by way of a bill of exchange which as agreed was prolonged over several trade fairs. The interest should be payable from trade fair to trade fair and to the extent that the contribution was granted. After the dissolution of the company in 1587 and the following termination of the loan, a dispute arose as to who was the debtor regarding the repayment obligation. Was it solely the shareholder Susanno to whom,

66 On the reception decisions by the Imperial Chamber Court Amend-Traut, Akten und Beilagen (fn. 64), p. 180-185, 204. On the establishment of a European legal culture caused thereby *id.*, Diversity (fn. 64), p. 10-14.

67 In this regard Hofstraeten (fn. 12). Details on their legal source capacity De ruysscher, Dave, "Normative Hybridity in Antwerp Marine Insurance (*c.* 1650–*c.* 1700)", *The Laws' Many Bodies. Studies in Legal Hybridity and Jurisdictional Complexity, c1600-1900 (Comparative Studies in Continental and Anglo-American Legal History, 32)*, Seán Patick Donlan / Dirk Heirbaut (eds.), Berlin, Duncker & Humblot, 2015, p. 145-168, here p. 146 f., 149-151.

68 Further examples in the form of the so-called sub-participation are mentioned at Butzert, with further substantiation (fn. 31), p. 301 f.

69 ISG Frankfurt am Main RKG Nr. 1630.

as his former partner Zorzi claimed, Mutuir had advanced the capital personally and thus in the form of a loan? Or was the debt owed by the company, then this would rather be considered as a silent participation. Ultimately decisive for the presumption of a loan was in the instant case the lack of any corporate involvement of Mutuir, who was not mentioned in the company statutes and also otherwise could not claim any co-determination rights regarding any corporate weal and woe.

In 1673, the electoral chamber court in Berlin in the second instance presented the question to the law faculty in Frankfurt/Oder on what conditions an investor was solidarily liable for debts of the company, or what kind of relationship he generally had to the company's debtors. The law faculty in this respect stated that it was entirely unfair to only enjoy the benefits from a business entity, but not to contribute to the reduction of the debts (*"unbillich... nur Vortheil aus... [einer] Societät [zu] haben, hingegen zu Abtragung der gemachten Schulden nichts zu tragen")*. For the special event, however, when as in the present case the equity holding partner, with the enterprise being in his name only, solely contracted in his own name according to the statutes, this contract was merely a "*jus inter contrahentes*" which did not grant the creditors any claims against the investor. This was all the more true as these creditors at first called the defending investor a "secret" member and had known nothing about him[70].

The dispute also at last brought before the Imperial Chamber Court between the trading company established in 1741 between Johann Franz Eberhard from Ulm on the one hand and the family von Franck on the other hand related to a similar question. In that case, the Francks had at first advanced 8,000 florins of capital and commodities to the member Eberhard to enable him to pay his contribution to the trading company he had established with Johann Georg Seuter[71]. In the following time, Eberhard then defaulted on the redemption, and the debt was then reduced by a settlement agreement concluded before the Council of Ulm. Later, the parties were in dispute about whether the credit granted to Eberhard was a company debt, for which also he member Seuter was liable. The answer to this question especially depended on the question of the company law relationship between Seuter and Eberhard.

70 This case is described at Stryk (fn. 41).

71 Central State Archive Stuttgart, C 3 fascicle 3937 II, Q 21 no. 2.

Was Seuter contractually bound only as a silent partner or was he an equal partner? In the former case, Seuter would have been liable only in the amount of his own contribution. The law faculty Gießen, which was involved in the legal action, first based its considerations on the company statutes. There, it was inter alia stated that "the business was manged solely in Eberhard's name, under his direction and own firm" (*"die Handlung unter Eberhards Nahmen, direction und eigener Firma allein geführet"*)–indications for a mere silent participation of Seuter. At the same time, however, it was also agreed that both members had to "be liable everywhere in solidarity" (*"überall in solidum hafften"*). With due regard to this passage, the faculty then–referring to about a dozen legal references–arrived at the result that not solely an internal partnership, but apparently an external legal entity had been established between the two and that it was therefore also a company debt. In the following, Seuter then also joined this settlement in acknowledgement of the credit as company debt[72]. Even though the case was not decided by the Imperial Chamber Court itself[73], the company statutes included in the files and the considerations of the law faculty of Gießen obtained in the lower instance provide insight into the legal classification of the participation of Seuter: Given that this participation with the joint liability was mentioned in the company statutes, he was classified as an active member.

In 1732 the appointed chairmen of the Nuremberg League of Merchants ordered an anonymized expert opinion on the existence of a trading company, in which one of the two parties had committed himself to providing only capital and the other had undertaken to actively operate the trading business alone: "The old and infirm Cayo orally agrees with Maevio that the former will act as investor and the latter shall devote his full working capacity to the enterprise. His practical experience shall increase Cayo's invested capital and enable him

72 Central State Archive Stuttgart C 3, fascicle 3937 I.

73 According to more recent research, this is a fairly typical outcome of the disputes conducted before the two highest courts of the Old Empire, even though in the concrete case here presented the requirements for appeal were not met. More details Amend-Traut, Anja, "Wie Prozesse enden können – alternative Formen der Beendigung reichskammergerichtlicher Verfahren", *Mit Freundschaft oder mit Recht? Inner- und außergerichtliche Alternativen zur kontroversen Streitentscheidung im 15.–19. Jahrhundert* (Quellen und Forschungen zur höchsten Gerichtsbarkeit im Alten Reich, 65), Albrecht Cordes (ed.), Cologne/Weimar/ Vienna, Böhlau, 2015, p. 233-260.

to properly manage the business so that both of them can earn their living" (*"Maevio, … findet… Gelegenheit, sich mit Cayo, als welcher schon bey Jahren und der Arbeit müde, dergestalt zu vereinigen, daß er ihm mit sich in die Handlung nimbt, und stipulieren beyde einen mündlichen Contract. Daß nehmlich Cajo das Capital geben wolle, hingegen soll Maevio an Fleiß und Arbeit nichts erwinden [= mangeln] laßen, nach seiner Wißenschafft und Erfahrung, dieses Capital dermaßen valirend zu machen, und sonsten alles was zu Nutzen und Frommen der Handlung gerichtet, dermaßen vorzukehren, damit sie beede davon künfftig hin ihr Stück Brodt zu genießen finden mögten"*)[74]. A dispute arose after the legal successor of the presumed silent partner–contrary to what was agreed–first not only actively interfered with the business, but ultimately also wanted to exclude the initially solely active shareholder and "let him go with empty hands" (*"mit leehrer Hand abziehen lassen")*. In the opinion of the capital-providing party, it had not been a company at all. Rather, a service relationship was presumed.

In contrast, Maevius stated that he had "honestly and sincerely run the business" (*"der Handlung ehrlich und aufrichtig vorgestanden"*) for almost 12 years and thus not merely managed it in the name of someone else. He had not only held sole control during the entire time, as was known in the entire country (*"nicht allein die Procura geführet, wie dann seine Hand die Zeit über, in dem ganzen Land… bekand geworden"*). Furthermore, he had provided annual accounts and credited the profits in two equal shares to their respective accounts (*"jährlich Bilanz gezogen, und der darinnen befindliche[r] Seegen in zwey gleiche Theile jeden zur Helfte auf seinem Conto gutgeschrieben"*).

However, Maevius could not present a corresponding contract as proof of the claimed position as shareholder. Such company statutes were, as already mentioned, neither mandatory nor usual practice for such form of participation in the Middle Ages and Early Modern Ages. However, the described case shows the weaknesses of this practised freedom, which was then also criticised by the Nuremberg merchants acting as experts: In their "humble opinion" (*"Unvorgreiffliche[n] Sentiment"*) they answered to the question presented for decision that it had been a detrimental error (*"ein schädlicher Fehler"*) of Maevius that at the beginning of his cooperation with Cajo he had not put the oral agreement into written statutes, whose wording judges would have had to consider in case of

74 City archive Nuremberg, E 8 585, 50tes Species Facti., without folio count.

disputes regarding the company (*"daß dieser bey Antritt, seiner mit Cajo geführten Compagnie Handlung, die zwischen beeden verabredete mündliche Pacta in keine schrifftliche Verfassung bringen lassen, massen wo dieses beobachtet worden wäre, bey allen in der Societet vorgekommen Irrungen littera scripta der Richter hätte seyn und pro norma dienen müssen"*).

However, despite this omission Maevius gained redress, because the journal, he had meticulously kept over all the years right from the beginning of the activities, started with the words that in the name of the Trinity, God the Father, the Son and the Holy Ghost, I Cajo and Mævio start this journal no. 1" (*"In Nahmen der allerheiligen Dreyeinigkeit, Gottes des Vatters, Sohn und Heiligen-Geistes, fange ich Cajo und Maevio dieses Journal N:1 an"*). This allowed no interpretation other than that Mævius irrespective of the non-existing written contract nonetheless was a rightful partner to the business in all respect, especially because he had for 12 years shared half of the profit and loss from the business and also otherwise held and exercised the power of a business partner (*"kann anderst nicht geurtheilet werden, dann daß Maevius, des nicht vorhandenen schrifftlichen Contractes ungeachtet, gleichwohl ein rechtmäßiger Compagnion der Handlung in alle Weege mit gewest seyn müße, umso mehr, da er ja 12 Jahr lang, auf halben Gewinn und Verlust, mit in der Handlung gestandt[en], und sonsten auch allen Gewalt, welcher ein Gesellschaffter, an einer Handlung zukommt, gehabt und exercirt"*).

For this legal classification, however, the Head of the Nuremberg League of Merchants presumably had the participation structure according to the Nuremberg Privilege of 1464 in mind, which provided for the limited liability of a non-managing partner, but which required the existence of corresponding *partnership* agreement. In contrast, according to the described internal allocation of tasks it was principally also not impossible to classify the contract here in dispute as a legal transaction, which was meant to solely take effect in the internal relationship. That the investor actually had all the powers (*"alle Gewalt"*) of a partner, which is presumed in the legal opinion, was in any case not submitted by the disputing parties, but a partnership-like association was indicated at least in a journal–albeit only internally kept. Thus, this case on the one hand shows the partly difficult separation in the classification of the activity of non-managing investors. On the other hand, it shows the risk of using criteria for legal classifications, which apply today on cases where contemporaries had no equivalent.

In a legal case also brought before the Head of the Nuremberg League of Merchants in 1735, the existence of a contract and the respective participation structures as such were undisputed. There, A had more capital than B in the business *("A ein weit größers Capital alß B unter Handen").* Furthermore the company had the name of A alone, but was hiding B as partner *("des A Nahmen allein, des B aber unter dem Nahmen Comp[agnon] "),* and finally investor B was according to his smaller contribution only entitled to a 2/5 share in the business profit *("2/5 Nutzen bey der hiesigen Handlung").* Among other things it was unclear whether the managing member–contrary to his duty of loyalty–could establish a further trading business with a third party without the approval of the silent partner, and whether the silent partner acted lawfully, when he unilaterally terminated *("eigenmächtig separi[e]ret")* the company agreement before the expiry of its agreed term. Even though these questions were not decided on by a *Parère* of the Nuremberg League of Merchants, because the members had in their agreement committed to first taking recourse to arbitrators in case of a dispute[75], they again clearly show what questions arose from commercial practice, for which no standard answer could be given and which increased the spectrum of the legal grey area by further facets. In addition, the described factual circumstances outlined the criteria common for presuming a silent participation in contemporary practice and invoked for interpretation, including also a duty of loyalty under company law. The claims here asserted in connection with a silent participation were also based on the breach of this duty of loyalty to the company.

OUTLOOK

The sources discussed here show that also unresolved problems in the silent partnership were either resolved by a court or by an out-of-court forum and thus metaphorically speaking walked out of the silence. Potential conflicts could especially rise from issues of profit and loss participation and the lack of form requirements for the conclusion of such participation relations. These deficits could at best be compensated

75 City archive Nuremberg, E 8 585, 63th Species Facti.

for by a procedural regulation, such as the town charter of Medebach, but only where it could assert applicability, or by company registers such as, for example, contained in the lower municipal chronicle of the Middle Ages, to the extent that silent participations were at all mentioned there, which was naturally not necessarily the case.

This involves the question as to why the number of records of the participation structure here at issue is so low, a question that can hardly be clarified[76]. Is it due to the fact that today we hardly find any traces of them simply because the transactions were made in silence and only sparsely documented by the contemporaries? After all, creditors did, as a rule, not know that there were silent partners, but they would have had the greatest interest in holding silent partners liable, even if such liability was usually limited. Or did actually only few exist, for example because this participation structure was not popular with business managers, because they feared claims for co-determination, foreign infiltrations, disputes on the allocation of profits and losses or risks that business secrets might be disclosed[77]?

Irrespective thereof, the court pendency of the relevant proceedings gained significance due to the fact that in consideration of all today available sources on silent participations that had been brought to court since the middle of the 17th century, were discussed in contemporary literature and then adopted by science and practice, i.e. by universities and again by other courts[78]. Wolfgang Adam Lauterbach, for example, in his lectures also discussed the requirements of the possible content for company statutes in consideration of contemporary court rulings. The *compendium iuris*[79] created on the basis of his academic teaching, which again served as a basis for lectures at numerous universities (“*an zahlreichen Universitäten als Vorlesungsgrundlage*”)[80], but which was also

76 Hofstraeten (fn. 12) also reports with regard to Antwerp in the period between 1480 and 1620 that only an “absolute minimum” of silent participations were evidenced there, p. 65.

77 This was apparently the case for the so-called sub-participations, whose structure is comparable to today’s silent partnership and the former *commenda*, Butzert (fn. 31), p. 301-303, with further substantiation.

78 In summary on the literature and reception procedure described herein, also Lastig, Stille Gesellschaft (fn. 2), p. 725 ff.

79 Lauterbach, Wolfgang Adam, *Compendium iuris: Brevissimis Verbis, Sed amplissimô sensu & allegationibus, universam ferè materiam Juris exhibens*, Tübingen, Cotta, 1679.

80 Herberger, Maximilian, “Einleitung”, *Wolfgang Adam Lauterbach, Compendium iuris in der Bearbeitung von Johann Jacob Schütz*, Heinrich Schepers / Maximilian Herberger (eds.), Saarbrücken, Alma Mater, 2015, p. I.

invoked by decision making judicial panels[81], in particular also contains the considerations on the issue of legal evidence described before, which in case of silent participations was often virulent[82]. Publications on commercial law, such as those of Marquard, Koch and Savary already mentioned, which explicitly also dealt with the "secret" investments here under discussion, were regularly relied on by judicial panels for finding decisions. As a consequence of this reception process, the first findings that exceeded the concrete application became sustainable and formed the basis for further legal discussions. Generally, criteria perpetuated in this manner which here in particular either suggested the existence of a silent participation–no mention of the name in the firm, liability limited to the contribution, generally without a possibility of exerting influence on the management–or a true member position. Such consolidated indications are finally found in the later commercial law codifications, but not coincidentally, because their legislators regularly relied on achievements tried and tested in practice[83]. This reception procedure thus paved the way to a reinforcement of the silent partnership as an independent commercial law structure that still today is found in the German Commercial Code (HGB).

Anja AMEND-TRAUT
Julius-Maximilians-Universität
(Wurtzbourg)

81 The law faculty of Gießen that was involved in the proceeding Franck vs. Eberhard described above, did in its *rationes decidendi* not refer only to the work of Lauterbach, but also to Stryk, Mevius and other authors dealing with trading companies and their contracts under legal aspects, Central State Archive Stuttgart, C 3 fascicle 2927 I, without quadrangle.

82 Lauterbach (fn. 79), Lib. XVII, Tit. II.

83 More details Amend-Traut, Diversity or Unity (Fn. 64), p. 12-14.

L'HISTOIRE DE L'ÉCONOMIE SANS TRAVAIL DANS LA PERSPECTIVE D'UN HISTORIEN DU DROIT

Dans la littérature française, mettre en perspective c'est regarder par exemple un paysage dans un certain éloignement pour mieux en préciser et en évaluer les éléments à la fois dans leur ensemble et dans leurs connexions. L'historien du droit aborde alors inévitablement l'économie sans travail dans une vaste perspective, c'est-à-dire à la fois l'activité financière par la mise à disposition de capitaux ce qui est de sa nature, mais aussi l'encadrement juridique qui lui est indispensable pour assurer son équilibre. Cette perspective s'impose alors au juriste aussi bien sur le plan de l'évolution économique qu'il faut d'abord préciser, que sur celui de l'encadrement par le droit dont il faut rappeler également la construction. Or cette perspective est très lointaine et s'étale même au-delà des deux millénaires.

LE DÉVELOPPEMENT DES AFFAIRES FINANCIÈRES

Depuis le début du XXe siècle, l'histoire de l'économie a éclairé les deux grandes périodes d'évolution depuis le haut Moyen Age. D'un côté à travers la révolution industrielle entamée au XVIIe les historiens ont particulièrement scruté le développement de phénomènes financiers où l'on peut reconnaître ceux qui rentraient dans le cadre d'une économie sans travail. Mais d'un autre côté en même temps, se posait également la question de l'apparition de phénomènes de ce genre bien au-delà dès lors que l'on remontait le cours de l'époque médiévale. Car à la charnière des XIe et XIIe siècles avec le renversement de la conjoncture, à l'économie traditionnelle de subsistance venait s'adjoindre un grand développement des échanges marchands et cela largement à travers l'Europe. La conséquence en a été le développement des affaires financières qui n'ont cessé de prendre de l'importance surtout à partir du XIIIe siècle. De fait cette période a été marquée par l'éveil à l'activité marchande dans l'Italie du nord, dans les Flandres, en Angleterre, avec aussi le commerce allemand de la Baltique. Il faut alors souligner particulièrement l'essor économique de villes italiennes telles que Gênes, Pise ou Florence.

Cela entraînait en effet une véritable révolution dans la vie économique et donc de nouveaux besoins très divers. Ainsi ne serait-ce que le besoin de sécurité dans les communications, car les marchands par exemple devaient se déplacer vers les lieux de foire, en particulier avec leurs marchandises mais aussi les sommes nécessaires à la fois à la couverture des opérations en foire ou correspondant à leurs bénéfices. Cela d'ailleurs tout en traversant éventuellement des territoires féodaux pas toujours très sûrs à l'aller comme au retour. Les seigneurs devaient en principe assurer la sécurité des marchands cependant sans en avoir toujours la capacité. De même fallait-il répondre aux besoins opposés de facilité et de sûreté dans le mouvement des affaires ; cela d'autant que ce mouvement s'amplifiait à travers les opérations de change face à la variété des monnaies en cours, et à l'importance croissante des opérations de crédit. Ces opérations étaient réalisées aussi bien sur place dans le cadre d'une société de marchands, l'exemple italien est ici très significatif, que dans celui des foires dont l'exemple le plus précoce est celui des foires de Champagne et de Brie.

Les foires de Champagne créées au XIIe siècle se succédaient en un cycle annuel de tenues dans quatre villes (Troyes, Bar-sur-Aube, Lagny et Provins) et le comte de Champagne les avait placées sous sa protection en leur accordant des privilèges particuliers : il nommait des officiers chargés d'assurer la *garde des foires* avec des pouvoirs de police et de justice. Chacune de ces foires comportait échanges de produits et règlements financiers au comptant ou à terme. Or vers le milieu du XIIIe siècle l'activité financière aux foires prenait le pas sur le plus gros commerce, celui des draps, et devenait surtout un marché international des espèces et du change ; c'était devenu un marché essentiellement consacré à la sphère financière de l'économie.

D'ailleurs d'une manière générale, l'activité de distribution de crédit a été très tôt étroitement associée à l'activité marchande tout particulièrement en Italie où se trouvaient les plus grands marchands-banquiers. Au XIVe siècle certains futurs marchands y recevaient une éducation spécifique autour de trois disciplines essentielles : *rédiger des lettres* (en italien et non plus en latin), *tenir une comptabilité*, *interpréter un acte notarié*. Il y a eu aussi des traités de pratique commerciale dont le plus célèbre a sans doute été rédigé pour les agents de la compagnie des Bardi de Florence où l'auteur (Francesco Balducci Pegolotti) donnait des conseils de prudence dans la gestion des fonds. En particulier il fallait, affirmait-il, d'abord certes avoir un comportement honnête sans pour autant éliminer la raison au profit du sentiment ; car faire fructifier sans cesse l'argent sans le laisser dormir était une nécessité. Surtout il ne fallait pas perdre de temps dans cette gestion des capitaux et le conseil essentiel était alors de diviser les risques le plus possible par le fractionnement des placements et des participations. Cet enseignement révélait une solide expérience venant d'une pratique courante du crédit dans les affaires de cette compagnie avec le souci constant d'écarter le plus possible les risques de conflits et de procédures. Il s'agissait bien là, dans les affaires de cette maison de commerce, de la gestion courante de la sphère financière de l'économie.

Plus encore c'est dans le trafic maritime en remontant à l'Antiquité romaine que l'on trouverait de premières traces d'opérations financières relevant de l'économie sans travail. Ce trafic relevait du cabotage alors que les marins ne disposaient pas encore du gouvernail d'étambot ou de la boussole ; la navigation était très aléatoire et les naufrages étaient fréquents. Un voyage supposait à la fois une importante mise de fonds par l'armateur mais encore l'appoint d'investisseurs risquant des capitaux. En effet d'un côté le prix des risques de mer pris par le créancier était l'intérêt de trente pour cent versé par l'emprunteur, en l'occurrence l'armateur, avec le remboursement du capital au retour du navire. En revanche en cas de disparition du bateau ce qui était fréquent à cette époque, l'emprunteur était entièrement libéré, du capital comme des intérêts ; le prêteur perdait totalement sa mise qui relevait d'une sorte de jeu ce qui se traduisait dans le nom de ce genre d'opération : c'était le *prêt à la grosse aventure*. Même à l'époque des grandes découvertes avec la traversée de l'Atlantique alors que les risques de mer demeuraient encore très importants et réclamaient de lourds investissements, non seulement la pratique de ce genre de crédit avait la plus grande utilité, mais elle s'est largement développée et s'est longuement poursuivie. En France, au XVIIe siècle, La Fontaine dans ses *Fables* en a traité le sujet. On en trouverait encore l'exemple dans le formulaire notarial Defrénois de 1919 où un particulier prête dans les mêmes conditions à un armateur pour financer le long voyage d'un navire (plus d'une année) ; le taux d'intérêt y est légèrement inférieur à la tradition millénaire, soit 24 % au lieu de 30 %. Le nom de l'opération *grosse aventure* avec renvoi au terme *prêt* se retrouve d'ailleurs encore dans un *Vocabulaire juridique* de 1987[1].

L'ENCADREMENT JURIDIQUE

Un encadrement juridique était donc nécessaire au fonctionnement d'une économie sans travail surtout dès lors que cette activité financière allait se développer rapidement en mettant en jeu nécessairement de gros intérêts avec tous les risques que cela pouvait comporter. Cet aspect prend évidemment une grande place dans la perspective du juriste face à l'histoire de l'économie sans travail. Cela d'autant que le retournement économique à la charnière des XIe et XIIe siècles s'était produit dans un environnement politique et juridique peu favorable voire hostile. D'une part le système féodal entravait l'activité marchande par de multiples cloisonnements en même temps qu'il tirait une partie de ses ressources des taxes sur les échanges. D'un autre côté l'Église n'avait pas reconnu dans l'immédiat la légitimité de l'activité marchande ; en s'efforçant de maintenir la rigueur de la prohibition du prêt à intérêt elle risquait de ruiner le crédit indispensable à la marchandise. Or d'une manière plus générale se développait non seulement le grand commerce, mais encore une activité bancaire qui lui était liée. Avec les grands marchands banquiers apparaissait alors l'activité financière qui était la base de l'économie sans travail. Cependant au moment de la grande prospérité du XIIIe siècle le monde du commerce avait déjà

1 C'est même toujours le cas dans la 11e édition parue en 2016 : *Vocabulaire juridique*, dir. Gérard Cornu et Association Henri Capitant, Paris, Presses universitaires de France, 2016.

réussi à faire admettre à travers la complexité féodale un espace juridique protégé qui lui était propre ; cela à partir de ses institutions particulières reposant sur le système des corporations marchandes. Le modèle de ces corporations est venu là encore de la pratique italienne dans laquelle ces institutions avaient leurs statuts particuliers s'imposant à leurs membres. C'est à travers elles qu'a commencé à se construire un droit du commerce. Elles avaient aussi leurs juridictions pour en assurer le respect.

À partir de ces statuts, ces juridictions constituaient alors des tribunaux d'exception à côté des tribunaux civils municipaux qui n'étaient pas au fait de la marchandise. Leur procédure était favorable aux intérêts du commerce par sa rigueur et sa rapidité. Les limites de leurs compétences étaient fixées et précisées dans les statuts de la corporation. En premier lieu la compétence reposait sur la qualité de marchand du défendeur c'est-à-dire sur l'adhésion à la corporation quel que soit le demandeur. Surtout, en second lieu, la limite de compétence dépendait de la matière du litige. Or les textes statutaires précisaient cette limite en procédant en général par une énumération des affaires rentrant dans le cadre de la *causa mercantilis* : figuraient alors à côté de la société le *change*, le *prêt*, le *dépôt*, etc. En somme à propos de la juridiction de la corporation, cette énumération intégrait dans les statuts la perspective juridique quasi complète de l'activité financière susceptible d'entrer dans le cadre de l'économie sans travail, particulièrement celle des marchands banquiers.

À côté du modèle des juridictions créées dans les statuts des corporations italiennes une autre institution de justice commerciale a tenu une grande place, celle des foires de Champagne. D'autant que les foires étaient devenues assez rapidement un grand marché financier. Précisément en créant ces foires le comte de Champagne les avait dotées d'une juridiction tenue par des officiers nommés par lui (*les Gardes des foires*) pour en assurer la police et la justice. La procédure qui y était suivie était sommaire et accélérée. Elle écartait les exceptions dilatoires et l'effet suspensif de l'appel qui ne pouvait être interjeté qu'aussitôt après le prononcé de la sentence. Surtout elle était marquée par la rigueur de l'exécution. En effet les débiteurs qui s'étaient engagés en foire étaient obligés corps et biens. Car le fait de l'absence à la foire au moment de l'échéance du remboursement entraînait immédiatement une condamnation : le débiteur était déclaré *fuitif de foire* (c'est-à-dire *fugitif*) donc considéré comme tombé en faillite. Les débiteurs défaillants étaient alors poursuivis immédiatement auprès de la juridiction dont ils relevaient dans leur pays d'origine et cela même en dehors du royaume ; les sergents jurés des Gardes entamaient ainsi les poursuites aussi bien en Italie qu'aux Pays-Bas ou en Angleterre.

Plus encore peut-être les gardes disposaient d'un puissant moyen de pression qui était une forme particulière du droit de représailles : la *Défense des foires.* En cas de refus de la juridiction concernée de faire droit aux requêtes des Gardes des foires de Champagne à l'égard des débiteurs défaillants les Gardes prononçaient à l'égard de tous les ressortissants de la juridiction dont dépendait le *fuitif* l'interdiction de se présenter aux foires de Champagne. Or l'importance de ces foires en quelque sorte dans le rôle de marché financier à partir du XIIIe siècle apparaît d'autant mieux qu'il coïncide avec le début des archives du Parlement de Paris en série continue, c'est-à-dire les quatre registres *d'Olim* couvrant la période de 1254 à 1318. En effet l'activité des Gardes des foires champenoises y a suscité des décisions rendues sur appel d'ailleurs de plus en plus fréquentes au début du XIVe siècle. Précisément la jurisprudence du Parlement, juridiction suprême du roi de France, révèle le souci de protection des intérêts des marchands soumis éventuellement au zèle excessif d'agents royaux. Le Parlement reçoit dans le même esprit les recours contre les décisions des Gardes des foires de Champagne et il est alors amené à réprimer les fraudes dans l'utilisation des privilèges de la juridiction des Gardes. Ainsi il fait défense aux Maîtres des foires de délivrer des lettres conférant la qualité juridique d'obligation passée en foire champenoise à des contrats qui auraient été passés ailleurs; cette fraude devait être assez fréquente pour que le Parlement en 1304 en condamne l'auteur à une lourde amende au roi en précisant bien qu'il s'agit d'une décision prise *à titre d'exemple.*

L'évolution de la conjoncture économique à partir du XVIe siècle avec les grandes découvertes allait créer en particulier dans l'Europe du Nord d'énormes besoins de capitaux et ouvrir encore d'autres horizons à l'économie sans travail. Cela annonçait en effet les créations de puissantes sociétés accompagnées de l'apparition de l'institution de la Bourse.

Jean HILAIRE
Université Paris II Panthéon-Assas

TROISIÈME PARTIE

BOURSE ET SPÉCULATION

ITALIAN PRESENCE IN THE LATE MEDIEVAL BRUGES STOCK MARKET[1]

ITALIANS IN BRUGES REVISITED

This account brings together the two most economically advanced regions of late medieval Europe: the Low Countries with the "Venice of the North" on the one hand, and northern and central Italy on the other. Obviously, the causal significance of their contact in the development of the two regions should not be overstated. In both Italy and Bruges, a hesitant, fragile but ultimately unstoppable process of economic growth had started prior to 1000, before any commercial relationship existed between the two growth centres[2]. However, the Italian presence in

1 With thanks to Mr Albert Meynen, Dr Pamela Anastasio of the Bibliotheca Academia Belgica, Professors Angela Orlandi and Francesco Guidi Bruscoli of the Università degli Studi di Firenze, Dr David Kusman of the Université libre de Bruxelles, Professor Paul Trio of Leuven University and Dr Noël Geirnaert of the Bruges City Archives. This contribution was realised within the context of the Interuniversity Attraction Poles Programme IAP P7/26 *City and Society in the Low Countries (ca. 1200-ca. 1850).*

2 For Bruges: Ryckaert, Marc, « Bruges, a European port », *Bruges and Europe*, V. Vermeersch (ed.), Antwerp, Mercatorfonds, 1992, p. 29-31; *Id.*, « Les origines et l'histoire ancienne de Bruges: l'état de la question et quelques données nouvelles », *Peasants & Townsmen in Medieval Europe. Studia in Honorem Adriaan Verhulst*, J.-M. Duvosquel and E. Thoen (eds.), Gent, Snoeck-Ducaju & Zoon, 1995, p. 117-134. A number of corrections are given by Geirnaert, Noël, « Vroegste religiegeschiedenis en plaatsnaamkunde: vage sporen van de vroegste Brugse geschiedenis », *Handelingen van het Genootschap voor Geschiedenis gesticht onder de benaming "Société d'Émulation" te Brugge*, vol. 148, nº 1, 2011, p. 45-54. In Italy, the process had not only started earlier, but was also more intense: Caferro, William, « Italy. Medieval Period », J. Mokyr (ed.), *The Oxford Encyclopedia of Economic History*, Oxford, Oxford University Press, 2003, vol. 3, p. 176; Lopez, Robert Sabatino, « The Trade of Medieval Europe: the South », *Cambridge Economic History of Europe*, Cambridge, Cambridge University Press, 1952, vol. 2, p. 257-280; Reyerson, Kathryn L., *The Art of the Deal. Intermediaries of Trade in Medieval Montpellier* (The Medieval Mediterranean, 37),

Bruges from the late thirteenth century can be seen to have reinforced urban expansion, while Bruges' world market undoubtedly aided the Italian merchants in their commercial conquest of north-western Europe.

Foreign visitors certainly rated the city's economic importance highly. The Florentine businessman Francesco Balducci Pegolotti, who worked for the bank of the Bardi, identified the Italian city-states' main trading partners in 1340. Of all the cities in Flanders, Bruges was the most significant "*però ch'ella è quella terra ove più stanno i risedenti mercatanti a fare la mercatantia e cambi in Fiandra*". The Castilian nobleman Pedro Tafur regarded the city in 1438 as worthy of comparison with Venice, and considered commercial activity in Bruges to be even more intense than in the city of the Doges: "*pero à mi paresçer, é áun lo que todos dizen, es que muy mucho mayor mercaduría se faze en Brujas que non en Veneja*"[3]. Economic historians familiar mainly with the Italian dimension of the commercial contacts have never hesitated to endorse such statements. Raymond De Roover's view that "Bruges was one of the most important focal points in this [Italian] network", for example, is echoed in a more recent magisterial synthesis of the Florentine economy: "Bruges was the central emporium out of which they [Florentine merchants] conducted their business". Moreover, a consensus quickly arose in older historiography that Bruges itself "a dû son éclatante fortune (...) à des hommes d'affaires italiens"[4]. In their challenging synthesis of the European money economy M. Th. Boyer-Xambeu, G. Deleplace and

Boston, Leiden, Cologne, Brill, 2002, p. 19; Romano, Dennis, *Markets and marketplaces in medieval Italy, c. 1100 to c. 1440*, New Haven, London, Yale University Press, 2015; Sapori, Armando, *Il mercante italiano nel medio evo*, Florence, Università degli Studi di Firenze, 1945, p. 7; Wickham, Chris, *Early Medieval Italy. Central Power and Local Society, 400-1000* (New Studies in Medieval History), Basingstoke, London, Ottawa, University of Michigan Press, 1981, reprint 1989, p. 88-92.

3 *Francesco Balducci Pegolotti. La pratica della mercatura*, Allan Evans (ed.), (The Mediaeval Academy of America, 24), Cambridge (Mass.), The Mediaeval Academy of America, 1936, p. 236. Tafur's description appears in Chapter 24 of his travel account: *Andanças é viajes de Pero Tafur por diversas partes del mundo avidos (1435-1439)*, Marcos Jiménez de la Espada (ed.), (Coleccion de libros españoles raros ó curiosos, 8), Madrid, M. Ginesta, 1874, p. 251. The English translation is taken from *Pero Tafur. Travels and Adventures 1435-1439*, Malcolm Letts (ed.), London, G. Routledge, 1926, p. 198.

4 These quotations appear in De Roover, Raymond, *Money, Banking and Credit in Mediaeval Bruges. Italian Merchant-Bankers, Lombards and Money-Changers. A Study in the Origins of Banking* (The Mediaeval Academy of America, 51), Cambridge (Mass.), The Mediaeval Academy of America, 1948, p. 29; Goldthwaite, Richard A., *The Economy of Renaissance Florence*, Baltimore, The Johns Hopkins University Press, 2009, p. 127; Renouard, Yves,

L. Gillard even claimed that in Bruges "le pouvoir est aux étrangers, les marchands du lieu jouant un rôle subalterne"[5]. More recently, Bruges features in a list of "importanti piazze d'affari (...) dove la concentrazione dei mercanti italiani fu imponente"[6].

However, research during roughly the last two decades, particularly by historians such as Anke Greve, James Murray, Werner Paravicini and Peter Stabel, has drawn attention to the idiosyncratic path taken in late medieval Bruges. The spotlight has been shone in this context mainly on the contribution of non-Italians (especially the Hanseatics) and on the city's distinctive system of indigenous money-changers, innkeepers and brokers[7]. Other scholars have convincingly demonstrated that Italian money-dealers by no means occupied all segments of the market or were able to serve all population groups. It has traditionally been assumed that Bruges' poor tables (*armentafels*) counted only the poor of the parish among their regular clientele through various forms of charitable distribution. Michael Galvin, however, has shown how these lay institutions also invested a large part of their capital on the annuity market (*rentenmarkt*). Small businessmen and merchants of modest means could go to this market for cheap long-term loans secured on property. In this way, many natives of Bruges with somewhat limited resources became integrated into capital and credit circuits that were not offered by the Italians[8]. It had also been tacitly assumed that the presence of Italian financiers in Bruges made typical urban institutions such as a *stadswissel* (city exchange office)–whose presence was so dominant in large cities in Brabant–superfluous; this hypothesis has been called into

---

« Finances et financiers dans la Bruges médiévale », *Annales, Économies, Sociétés, Civilisations*, vol. 5, 1950, p. 254.

5 Boyer-Xambeu, Marie-Thérèse, Deleplace, Ghislain and Gillard, Lucien, *Monnaie privée et pouvoir des princes. L'économie des relations monétaires à la Renaissance*, Paris, Editions du CNRS, 1986, p. 143.

6 Cassandro, Michele, « Istruzione tecnica e cultura umanistica. Per una psicologia del mercante tra medioevo e prima età moderna », *Studi Storici Luigi Simeoni* (Istituto per gli Studi Storici Veronesi), vol. 56, 2006, p. 89.

7 As well summarised by Van der Wee, Herman, « Les innovations de la technique financière à Bruges, Anvers et Amsterdam (XIIIe-XVIIIe siècle) », *Villes et villages. Organisation et représentation de l'espace. Mélanges offerts à Jean-Marie Duvosquel à l'occasion de son soixante-cinquième anniversaire*, A. Dierkens, C. Loir, D. Morsa and G. Vanthemsche (eds.), Brussels, Le livre Timperman, 2011, p. 862 and 863.

8 Galvin, Michael, « Credit and parochial charity in fifteenth-century Bruges », *Journal of Medieval History*, vol. 28, n° 2, 2002, p. 131-154.

question[9]. Finally, it has been rightly noted that during the second half of the fourteenth century, the role of the Italian experts in the financial and monetary administrations of the count decreased appreciably in favour of indigenous specialists[10].

What do these corrections mean for the Italian element in the fascinating process of Bruges' rise and decline? In the following overview I survey the economic life cycle of late medieval Bruges and the associated presence of Italians. I consider in turn the early signs of Italian presence in Bruges, the Italians' heyday in the city, their commercial and financial activities at that time and the city's slow decline with the departure of the Italian colony. This diachronic approach should make it possible to evaluate accurately the relationship between Bruges and its Italian guests and to put the contributions of both parties in their proper proportions.

PREPARATION AND WELCOME

Traders from northern Italy were occasionally recorded at the fairs of the county of Flanders from the early twelfth century[11]. Several factors have been cited in the historiography to explain the spread of the Italian merchants to north-western Europe. However, the earliest systematic presence of Italians in Bruges is undoubtedly linked with the flourishing of the four famous fairs of Champagne in north-eastern France. From 1140-1170 onwards, a number of trade routes passing through Champagne served as the standard link between the commercial traffic of southern and northern Europe. Travelling on winding rivers on

9 Aerts, Erik, « The absence of public exchange banks in medieval and early modern Flanders and Brabant (1400-1800): a historical anomaly to be explained », *The Financial History Review*, vol. 18, n° 1, 2011, p. 100.

10 Blockmans, Wim, « Financiers italiens et flamands aux XIIIe-XIVe siècles », *Aspetti della vita economica medievale. Atti del Convegno di Studi nel X Anniversario della morte di Federigo Melis*, Florence, Università degli Studi di Firenze, 1985, p. 208 and 212.

11 For example, on the fair of Ypres in 1127 (Blockmans, « Financiers italiens et flamands », p. 205 and 211; Kusman, David, *Usuriers publics et banquiers du Prince. Le rôle économique des financiers piémontais dans les villes du duché de Brabant (XIIIe-XIVe siècle)* (Studies in European Urban History (1100-1800), 28), Turnhout, Brepols, 2013, p. 61).

which shoals and eddies were a regular occurrence or scarcely weeded cart tracks which were covered with dust in the summer and turned into muddy quagmires in the winter, the Italians made their way to the Champagne region. The journey took them via Lombardy, the Alps (from Aosta through the Great St. Bernard Pass and from Turin via the Mont Cenis Pass, and later the Simplon and Gotthard too), and through Savoy and Burgundy across the plateau of Langres. "Sometimes the only indication of the route was the ruts left behind by wheels and the absence of grass"[12]. Other routes snaked via Lausanne through the Jura and the Franche Comté or departed from the south of France (Aigues-Mortes, Nîmes), crossed the valley of the Rhône and the Saône and likewise ended up in the Champagne[13]. Some Italian merchants did not stop in the Champagne region, but travelled further north and ended up in Bruges. Here, through the count's initiative, there had existed since 1200 a fair[14] whose thirty-day cycle fell conveniently between the spring market of Bar-sur-Aube and the summer market of Provins in Champagne[15]. After their French colleagues, Italian merchants were

12 Mączak, Antoni, *De ontdekking van het reizen. Europa in de vroeg-moderne tijd*, Utrecht, Het Spectrum, 2001, 2[d] print, p. 15.

13 Doehaerd, Renée, « Les galères génoises dans la Manche et la Mer du Nord à la fin du XIII[e] et au début du XIV[e] s. », *Bulletin de l'Institut Historique belge de Rome*, vol. 19, 1938, p. 6-7; Spufford, Peter, *Power and Profit. The merchant in medieval Europe*, London, Thames & Hudson, 2006 (paperback), p. 155-173; Favier, Jean, *In naam van God en des gewins. De wording van de zakenman.* Amsterdam, Kluwer, Deurne, Uitgeverij Contact, 1990, p. 32-56; Vanhemelryck, Fernand, *Kruis en wassende maan. Pelgrimstochten naar het Heilig Land*, Leuven, Davidsfonds, 1994, p. 48-54.

14 Coppejans-Desmedt, Hilda, « Handel en handelaars op de Vlaamse jaarmarkten in de tweede helft van de XIIIde eeuw », *Album Carlos Wyffels. Aangeboden door zijn wetenschappelijke medewerkers. Offert par ses collaborateurs scientifiques*, H. Coppejans, G. Hansotte, A. Scufflaire and E. Vandewoude (eds.), Brussels, Algemeen Rijksarchief, 1987, p. 73; Nicholas, David, « Commercial Credit and Central Place Function in Thirteenth-Century Ypres », *Money, Market and Trade in Late Medieval Europe. Essays in Honour of John H. A. Munro*, L. Armstrong, I. Elbl and M. M. Elbl (eds.), Leiden, Brill, 2007, p. 330; Van Houtte, Jan Arthur, *Brugge vroeger en nu*, Bussem, Fibula-Van Dishoeck, 1969, p. 9 and 10; *Id.*, "The Rise and Decline of the Market of Bruges", reprinted in *Id.*, *Essays on Medieval and Early Modern Economy and Society* (Symbolae Facultatis Litterarum et Philosophiae Lovaniensis. Series A/5), Leuven, Leuven University Press, 1977, p. 249; Van Werveke, Hans, *Brugge en Antwerpen. Acht eeuwen Vlaamsche handel*, Gent, Willemsfonds, 1941, p. 38.

15 Blockmans, Wim, *Metropolen aan de Noordzee. De geschiedenis van Nederland, 1100-1560*, Amsterdam, B. Bakker, 2010, p. 251; *Id.*, « Transactions at the Fairs of Champagne and Flanders », *Fiere e mercati nella integrazione delle economie europee secc. XIII-XVIII*, S. Cavaciocchi (ed.), (Istituto Internazionale di Storia Economica "F. Datini" Prato. Serie II – Atti delle "Settimane di Studi" e altri Convegni, 32), Prato, Le Monnier, 2001, p. 995;

the main foreign group at the annual markets of Bruges and the other Flemish towns of Ypres, Messines, Lille and Torhout. They appear in the promissory notes known as *lettres de foire* (*jaarmarktbrieven*) after 1270, exclusively as creditors and mainly for supplies of English wool at a time when the normal supply from England had been disrupted by political conflicts[16]. The traders in question were employed by large firms from Piacenza, Siena, Lucca and Florence, but Italian merchants also turned up who were working on their own account[17]. The earliest attested Italian transaction in Bruges dates from the mid-thirteenth century and relates to the sale of silk and jewels by some Genoese merchants[18]. At around the same time that the first Italian merchants were reported in Bruges, the first "Lombards" are also mentioned, in particular in a count's charter with a list of creditors from December 1244[19]. At this

Kruse, Holger, « Die Messen des Pariser Raumes im Hoch- und Spätmittelalter », *Fiere e mercati*, Cavaciocchi (ed.), p. 624.

16 Coppejans-Desmedt, « Handel en handelaars », p. 83.

17 Blockmans, « Transactions at the Fairs of Champagne », p. 998-999; Coppejans-Desmedt, « Handel en handelaars », p. 82-83; Stabel, Peter, « Italian merchants and the fairs in the Low Countries (12th-16th centuries) », *La pratica dello scambio. Sistemi di fiere, mercanti e città in Europa (1400-1700)*, P. Lanaro (ed.), Venice, Marsilio, 2003, p. 137.

18 Vandewalle, André and Geirnaert, Noël, « Bruges and Italy », *Bruges and Europe*, V. Vermeersch (ed.), Antwerp, Mercatorfonds, 1992, p. 183. Greilsammer, Myriam, *L'Usurier chrétien, un juif métaphorique ? Histoire de l'exclusion des prêteurs lombards (XIIIe-XVIIe siècle)*, Rennes, Presses Universitaires de Rennes, 2012, p. 58 dates their presence to Bruges from 1250, and in Ghent and Ypres from as early as 1230. For Petti Balbi, Giovanna, « Bruges, port des Italiens », *Les marchands de la Hanse et la banque des Médicis. Bruges, marché d'échanges culturels en Europe*, A. Vandewalle (ed.), Oostkamp, Stichting Kunstboek, 2002, p. 58 the first "Lombards" do not appear in Bruges until the end of the thirteenth century, a view shared by Galoppini, Laura, *Mercanti toscani e Bruges nel tardo Medioevo*, Pisa, Pisa University Press, 2009, p. 25-26 who encounters the oldest traces of Lombards in Bruges in 1280. Between the Rhine and the Meuse the first Italian merchants began appearing in the mid-thirteenth century, as in Bruges (Reichert, Winfied, « Lombarden zwischen Rhein und Maas. Versuch einer Zwischenbilanz », *Rheinische Viertelsjahrsblätter*, vol. 51, 1987, p. 192-194). Their spread across Europe, however, dates from the second half of the thirteenth century: Bordone, Renato, « Introduzione », *L'uomo del banco dei pegni. "Lombardi" e mercato del denaro nell'Europa medievale*, R. Bordone (ed.), Turin, Paravia/Scriptorium, 1994, p. 12.

19 Blockmans, « Financiers italiens et flamands », p. 196; *Id.*, *Metropolen aan de Noordzee*, p. 271 ; Soetaert, Paul, *De Bergen van Barmhartigheid in de Spaanse, de Oostenrijkse en de Franse Nederlanden (1618-1795)* (Gemeentekrediet van België. Historische Uitgaven, reeks in-8°, 67), Brussels, Gemeentekrediet van België, 1986, p. 57 ; *Id.*, « De oude pandhuizen in Brugge », *Album Albert Schouteet*, Bruges, Westvlaams Verbond van Kringen voor Heemkunde, 1973, p. 187; Van Werveke, *Brugge en Antwerpen*, p. 80. For these chronological details, see Murray, James M., *Bruges, Cradle of Capitalism,*

time they still bore the name *Caorsini*, after the southern French city of Cahors in Quercy. Residents of Cahors were active in the county's wool and cloth trade from the first quarter of the thirteenth century and also played a role in money-lending secured on collateral or by a pledge[20]. Starting in the second quarter of the thirteenth century, financiers from Piedmont, and more specifically from Asti and Chieri and even from Novara and Alba, took over their business in this particular type of credit. Henceforth such lenders were known as "Lombards"[21], but the old name of their predecessors was preserved long into the early modern period. As elsewhere in Europe[22], people evidently made no distinction regarding foreigners' geographical origin.

Until well into the thirteenth century all these Italians travelled to Bruges by land. This was soon to change as a result of profound developments in the pattern of European trade. In the last quarter of the century, European overland trade began to fade away in favour of trade via Europe's major sea routes. For a long time, historians thought that this decline in land-based trade could be attributed to competition from new maritime routes. Today, in line with the hypothesis of the Canadian economic historian John Munro, there is a tendency to reverse the direction of causality. According to this hypothesis, the flourishing of new routes from the Mediterranean across the Atlantic and via the North Sea to the Baltic was a direct result of the collapse of trade by land. The military conflicts that broke out between 1280 and 1290 in the Mediterranean and France pushed up transport and transaction costs

---

1280-1390, Cambridge, Cambridge University Press, 2005, p. 139, but also and already Bigwood, Georges, *Le régime juridique et économique du commerce de l'argent dans la Belgique du Moyen Age* (Académie royale de Belgique. Classe des lettres et des sciences morales et politiques. Mémoires. Collection in-8, 2e série, 14), Brussels, Académie royale de Belgique, 1921, vol. 1, p. 319 and Brussels, 1922, vol. 2, p. 4-5, annexe I and p. 55, annexe II.

20 Grunwald, Kurt, « Lombards, Cahorsins and Jews », *Journal of European Economic History*, vol. 4, 1975, p. 394-395 and mainly Wyffels, Carlos, « Les Cahorsins en Flandre au XIIIe siècle », *Annales du Midi. Revue archéologique, historique et philologique de la France méridionale*, vol. 103, n° 195, 1991, p. 313-314, 316-317 and 318 ; *Id.*, « L'usure en Flandre au XIIIe siècle », *Revue belge de Philologie et d'Histoire*, vol. 69, n° 4, 1991, p. 866.

21 James Murray shows in his brilliant book how Raymond De Roover's old distinction (*Money, Banking and Credit*, p. 346) between "Lombard" as an inhabitant of Lombardy and "lombard" as a pawnbroker did not really apply in late medieval Bruges (Murray, *Bruges, Cradle of Capitalism*, p. 138, footnote 80).

22 Bordone, Renato, « I lombardi in Europa: uno sguardo insieme », *Lombardi in Europa nel medioevo*, R. Bordone and F. Spinelli (eds.), Milan, Franco Angeli, 2005, p. 14-15.

dramatically, and as a result, from the end of the thirteenth century many merchants were looking for alternatives to the traditional and now very unsafe routes via the fairs of Champagne[23]. And alternatives were there. In the last quarter of the thirteenth century, a direct maritime link was opened up between the Italian trading cities and the ports on the North Sea coast. Despite the losses on the transcontinental trade routes, the cargo volume increased so much on the new maritime routes that in a number of places the seasonal fairs grew into permanent markets[24]. With the itinerant caravan trade of previous centuries progressively assuming the character of a sedentary residential trade in the course of the fourteenth century, the international exchange of goods from now on became concentrated in privileged centres along the European coastline. Apart from a number of cities in Italy such as Genoa, Messina, Naples, Palermo, Pisa and Venice, these were Avignon, Barcelona, Bergen, Bordeaux, Boston, Cadiz, Danzig, Hamburg, Lisbon, London, Lübeck, Marseille, Montpellier, Riga, Southampton, and Bruges. This last city in fact became the great gathering place for the maritime powers of the late Middle Ages: the Italians from the Mediterranean with the Spaniards in their wake, and the Hanseatic tradesmen and to a lesser degree English merchants from the North Sea and the Baltic[25].

23 Munro, John H., « The 'New Institutional Economics' and the Changing Fortunes of Fairs in Medieval and Early Modern Europe: the Textile Trades, Warfare, and Transaction Costs », *Vierteljahrschrift für Sozial- und Wirtschaftsgeschichte*, vol. 88, n° 1, 2001, p. 3-26, previously published in *Fiere e Mercati nella integrazione delle economie europee secc. XIII-XVIII*, S. Cavaciocchi (ed.), (Istituto Internazionale di Storia Economica "F. Datini" Prato. Serie II – Atti delle "Settimane di Studi" e altri Convegni, 32), Prato, Le Monnier, 2001, p. 405-434; *Id.*, « The Low Countries' Export Trade in Textiles with the Mediterranean Basin, 1200-1600: A Cost-Benefit Analysis of Comparative Advantages in Overland and Maritime Trade Routes », *International Journal of Maritime History*, vol. 11, n° 2, 1999, p. 4-14. Compare with the old argument of De Roover, *Money, Banking and Credit*, p. 12.

24 Guidi Bruscoli, Francesco, « Trade with Northern Europe », *Francesco di Marco Datini. The Man the Merchant*, G. Nigro (ed.), Florence, Fondazione Istituto Internazionale di Storia Economica "F. Datini", 2010, p. 396; Gelderblom, Oscar, « The Decline of Fairs and Merchant Guilds in the Low Countries, 1250-1650 », *Jaarboek voor Middeleeuwse Geschiedenis*, vol. 7, 2004, p. 200-201; Stabel, « Italian merchants and the fairs », p. 140-141.

25 So important were the Italians and Hanseatics in Bruges that a brilliant book was dedicated to their activities: *Les marchands de la Hanse et la banque des Médicis. Bruges, marché d'échanges culturels en Europe*, A. Vandewalle (ed.), Oostkamp, Stichting Kunstboek, 2002. To Lambert, Bart, *The City, the Duke and their Banker. The Rapondi Family and the Formation of the Burgundian State (1384-1430)* (Studies in European Urban History (1100-1800), 7), Turnhout, Brepols, 2006, p. 15, Hanseatic and Italian merchants were "the two pillars of Bruges trade". Classic historiography had already noted the importance of Italians

For Bruges had the good fortune to lie on the routes of the Italian galleys and carracks that headed northwards via Gibraltar. It was the Genoese who in 1274 started to send ships to the North Sea. Their first ship arrived in Bruges in the spring of 1277[26]. Around three decades later, Venetian galleys also found their way to Bruges. Indeed, from 1314 onwards, a fleet of Venetian galleys (the *galea della Fiandra*) moored there annually[27]. The trip from the city of the Doges to Bruges took considerably longer–around 50 days[28]. Six years later, the Genoese were also a regular presence. In the slipstream of the Genoese and the Venetians followed vessels from Florence, Pisa and other Tuscan cities. In 1314 the famous *compagnia* of the Florentine Bardi established a branch in Bruges[29]. The presence of a large number of gold *fiorini* from Florence in a savings hoard from Bruges dating from 1319-1330 shows that the Italian presence was a familiar reality at that time[30]. The cargoes of the Italians consisted of exquisite and expensive products that they had bought or traded in and around the Mediterranean and Black Sea region, but also in the Middle East, Asia Minor and North Africa (paper, glass, perfumes, exotic fruit, wine, pearls, ivory, precious stones, alum, dyes, silk, gold brocade, sugar, spices etc.). These products

---

and Hanseatics: see the survey in Brulez, Wilfried, « Brugge en Antwerpen in de 15e en 16e eeuw: een tegenstelling? », *Tijdschrift voor Geschiedenis*, vol. 83, 1970, p. 16 and 18 (with an English translation in *Acta Historiae Neerlandicae*, vol. 6, 1973, p. 1-26).

26 Doehaerd, Renée, « Les galères génoises dans la Manche et la Mer du Nord à la fin du XIIIe et au début du XIVe s. », *Bulletin de l'Institut Historique belge de Rome*, vol. 19, 1938, p. 5-76.

27 Vandewalle and Geirnaert, « Bruges and Italy », p. 183; Van Houtte, Jan Arthur, « Mercanti, imprenditori e banchieri italiani nelle Fiandre », *Aspetti della vita economica medievale. Atti del Convegno di Studi nel X Anniversario della morte di Federigo Melis*, Florence, Università degli Studi di Firenze, 1985, p. 153.

28 Van Werveke, *Brugge en Antwerpen*, p. 78. They would leave in the first few days of April, and the fleet would enter the Zwin before the middle of June. The period of 50 days corresponded with the *usanza* of two months for bills of exchange between Bruges and Venice (De Roover, Raymond, *The Bruges Money Market around 1400* (Verhandelingen van de Koninklijke Vlaamse Academie voor Wetenschappen, Letteren en Schone Kunsten van België. Klasse der Letteren, 30, 63), Brussels, Paleis der Academiën, 1968, p. 21, table 1 ; *Id.*, *L'évolution de la lettre de change XIVe-XVIIIe siècles* (VIe section. Centre de Recherches Historiques. Affaires et Gens d'Affaires, IV), Paris, École Pratique des Hautes Études, 1953, p. 53-54).

29 Galoppini, *Mercanti toscani e Bruges*, p. 83.

30 Leroy, Caroline, « Le trésor de Bruges (1877) et la circulation des florins d'or de Florence au nord des Alpes de 1250 à 1350 », *Revue belge de Numismatique et de Sigillographie*, vol. CLIII, 2007, p. 87-134.

were supplemented by whatever the Italians could acquire during their voyages past the Iberian Peninsula (leather from Cordoba, maps from Barcelona, soap and pottery from Valencia, wool and fruit from Castile), the French Atlantic Coast (cereals, wine, salt etc.) and the North African coast (furs, cumin and maple from Morocco, leather, wax and pumice from Tunisia). At dramatic moments, such as in the aftermath of the 1316 famine, Genoan galleys also brought grain to the city at the request of the Bruges authorities to prevent a new period of excessive grain prices or even famine[31]. The city was ready to welcome all these guests and their products. In the course of the twelfth century, due to one of the innumerable storm tides of that time (1134), Bruges became directly connected to the Zwin and hence to the North Sea[32]. The prosperity of a commercial metropolis was based on a relatively narrow five-kilometre-long channel. Around 1300, the city had also achieved its greatest spatial extent[33].

In Bruges, the Italian merchants associated in *nationes* or *nazioni*, also known as *comunità* or *università*–"nations" that grouped together the merchants of a city-state, thus testifying to the political fragmentation of the Italian peninsula. Such a "nation" was in principle run by an elected consul (*consolo*) who was assisted in his executive, diplomatic and judicial functions by a mini-council of *consilieri*. As well as maintaining contact with the city magistrate, these associations were also supposed to look after relations internally between members and safeguard individual and common interests. The Venetians were the first to have a permanent representation and establish a consulate in Bruges–in other words a nation with statutes, a governing body etc.–during the first few decades of the fourteenth century, probably at some point in the decade between 1322 and 1332. The Genoese, who became involved in the Hundred Years

31 Blockmans, Wim and Wubs-Mrozewicz, Justyna, « European Integration from the sea-side. A comparative synthesis », *The Routledge Handbook of Maritime Trade around Europe 1300-1600*, W. Blockmans, M. Krom and J. Wubs-Mrozewicz (eds.), London, New York, Routledge, 2017, p. 449-450.

32 Van Houtte, « The Rise and Decline », p. 251; Blockmans, *Metropolen aan de Noordzee*, p. 30 and 252; Ryckaert, Marc J., « Brugse havens in de middeleeuwen », *Handelingen van het Genootschap voor Geschiedenis gesticht onder de benaming "Société d'Émulation" te Brugge*, vol. 109, n° 1-2, 1972, p. 9.

33 Murray, *Bruges, Cradle of Capitalism*, p. 29-31 and 81; Dumolyn, Jan, « Economic Development, Social Space and Political Power in Bruges, c. 1127-1302 », *Contact and Exchange in later Medieval Europa. Essays in Honour of Malcolm Vale*, H. Skoda, P. Lantschner and R. L. J. Shaw (eds.), Woolbridge, Boydell Press, 2012, p. 37 and 41.

War, in which they sided with the French, organised themselves later, probably between 1358 and 1366. A proper consulate was not set up until 1397. Not long before, the Genoese had received their first ducal privilege in Bruges[34]. In 1369 the magistrate of Lucca approved the statutes of a nation in Bruges. The Florentines, who were active with several important families in Bruges, scaled back their operations after the bankruptcy of their largest firms and did not establish a consulate until 1427, unless the event in question was a reorganisation[35]. The Milanese also had their own nation, but nothing is known about it. Apart from these five nations, merchants from Bologna, Como, Piacenza, Pisa and Siena were active for varying lengths of time without any formal association[36], although it is perfectly possible that these merchants also briefly had nations that have left no trace in the sources[37].

Much ink has flowed about horizontal groupings of this kind[38]. Some scholars believe that the nations–like the guilds and craft associations–had a negative impact on their economic environment, merely serving

34 Braekevelt, Jonas, « Entre profit et dommage : présence et privilèges de la nation génoise à Bruges sous les ducs de Bourgogne (1384-1477) », *Publications du Centre Européen d'Études Bourguignonnes*, vol. 55, 2015, p. 119.

35 De Roover, Raymond, « La communauté des marchands Lucquois à Bruges de 1377 à 1404 », *Annales de la Société d'Émulation de Bruges*, vol. 86, 1949, p. 41 and p. 41, footnote 60 ; Stabel, « Italian merchants and the fairs », p. 147; Vandewalle, André, « Les nations étrangères à Bruges », *Les marchands de la Hanse et la banque des Médicis. Bruges, marché d'échanges culturels en Europe*, A. Vandewalle (ed.), Oostkamp, Stichting Kunstboek, 2002, p. 34 and 35; *Id.*, « Van Genuese Loge tot Saaihalle », *De Genuese Loge van Nathiehuis tot Bankinstelling*, V. Vermeersch, A. Vandewalle, J.-P. Esther and L. Vermeersch (eds.), Bruges, Generale Bankmaatschappij, 1983, p. 20. See also the surveys in Van Houtte, « Mercanti, imprenditori e banchieri », p. 157 and more recently in Galoppini, *Mercanti toscani e Bruges*, p. 46, by Lambert, *The City, the Duke and their Banker*, p. 13 and 15 and also by Blondé, Bruno, Gelderblom Oscar and Stabel, Peter, « Foreign Merchant Communities in Bruges, Antwerp and Amsterdam, c. 1350-1650 », *Cultural Exchange in Early Modern Europe. II. Cities and Cultural Exchange in Europe 1400-1700*, D. Calabi and S. T. Christensen (eds.), Cambridge, Cambridge University Press, 2007, p. 157-160.

36 Marechal, Jos, *Bijdrage tot de geschiedenis van het bankwezen te Brugge*, Bruges, De Anjelier, 1955, p. 47; Stabel, Peter, « De gewenste vreemdeling. Italiaanse kooplieden en stedelijke maatschappij in het laat-middeleeuws Brugge », *Jaarboek voor Middeleeuwse Geschiedenis*, vol. 4, 2001, p. 196 and 211.

37 Galoppini, *Mercanti toscani e Bruges*, p. 224 for example writes "sicuramente i mercanti di Pisa dovevano aver avuto una propria natio e dei consoli anche a Bruges assai prima del Quattrocento".

38 Guidi Bruscoli, Francesco, « Mercanti-banchieri fiorentini tra Londra e Bruges nel XV secolo », *"Mercatura e arte". Uomini d'affari Toscani in Europa e nel Mediterraneo tardomedievale*, L. Tanzini and S. Tognetti (eds.), Rome, Viella, 2012, p. 36.

the interests of their own members, who through privileges and even monopolies sought to exclude other players from the market in a form of rent-seeking behaviour. Most scholars today are inclined to regard the nations as efficient "private order solutions" (Avner Greif), providing mutual assistance for their members, engaging in conflict mediation and successfully lobbying the city magistrate for better commercial facilities. In addition, the economy as a whole benefited from such institutions due to a generalised reduction in transaction costs. The fact that some groups of Italian merchants took so long to establish a *nazione* is explained by some authors by the hospitable business climate of the residential town and particularly the presence of "inclusive open access institutions"[39]. These referred to a set of privileges, laws, customs, practices, services and organisations which were available to the Italian merchants in Bruges. The development of these legal, financial and commercial institutions was the responsibility of both the city magistrate and the sovereign (the count of Flanders), who were supposed to take account of each other's interests in a delicate power game[40]. The population of Bruges knew

39 Cannelloni, Federico, *Credito e pegno, famiglie e nazioni: i Lombardi tra Piemonte e Paesi Bassi (ca. 1380-1500)* (Unpublished doctoral dissertation History Department KU Leuven and Università degli Studi di Padova), Leuven, Padova, 2015, p. 30-32 and 335-336; Gelderblom, Oscar, *Cities of Commerce. The institutional foundations of international trade in the Low Countries, 1250-1650*, Princeton, Oxford, Princeton University Press, 2013, p. 7-8, 44-46; *Id.*, « Thinking about Cities of Commerce – A Rejoinder », *Tijdschrift voor Sociale en Economische Geschiedenis*, vol. 11, n° 4, 2014, p. 125; Puttevils, Jeroen, *Merchants and Trading in the Sixteenth Century: the Golden Age of Antwerp* (Perspectives in Economic and Social History, 38), London, Vermont, Routledge, 2015, p. 147-149 (with survey of the discussion); Sicking, Louis and Neele, Arno, « 'The Goodlyest Haven not of the Lowe Countries only but of all Christendome'. The Scheldt estuary as a gateway system 1300-1600 », *The Routledge Handbook of Maritime Trade around Europe 1300-1600*, W. Blockmans, M. Krom and J. Wubs-Mrozewicz (eds.), London, New York, Routledge, 2017, p. 374. Denzel, Markus A., « Monetary and Financial Innovations in Flanders, Antwerp, London and Hamburg: Fifteenth to Eighteenth Century », *Explaining Monetary and Financial Innovation*, P. Bernholz and R. Vaubel (eds.), (Financial and Monetary Policy Studies, 39), Heidelberg, New York, London, Springer, 2014, p. 256 mentioned the "equal rights of trade enjoyed by foreigners and natives alike".

40 Blockmans and Wubs-Mrozewicz, « European Integration from the seaside », p. 468 and 474 (who also warn against the exclusive emphasis on these institutions); Blockmans, Wim, De Munck, Bert and Stabel, Peter, « Economische dynamiek: verstedelijking, regionale complementariteit en Europese roeping », *Gouden eeuwen. Stad en samenleving in de Lage Landen (1100-1600)*, A.-L. Van Bruaene, B. Blondé and M. Boone (eds.), Gent, Academia Press, 2016, p. 50 (where quite rightly the question is raised of the causality in the relationship between institutions and the economy); Braekevelt, « Entre profit et dommage », p. 129; Dumolyn, Jan and Lambert, Bart, « Cities of

very well that such institutions were important for the merchants. In a set of grievances drawn up by the Bruges rebels during the great revolt of 1488 (see also later), the representatives of the urban middle groups asked the archduke for the rights and privileges of foreign merchants to continue to be respected[41]: the people of Bruges realised that these were the foundation of urban prosperity[42]. Most of these institutions, in Bruges as elsewhere, were created precisely in order to provide specific services to specific groups in urban society. Jelle Haemers and Wouter Ryckbosch have shown that many of these institutions therefore cannot simply be described as "inclusive open access", but rather "targeted particular groups in society"[43]. However, this general restriction did not apply to institutions that were specifically created for foreign merchants[44].

DIVERSE MONEY-DEALERS IN A GOLDEN AGE

At the time when the Italians were finding their way to Bruges in large numbers, they encountered there, as suggested, adequate institutional services which had been developed by the magistrate and the central government for foreign merchants. In addition, the city guaranteed a commercial infrastructure for the proper reception of the foreign guests. Most of the main streets were paved by the end of the

---

Commerce, Cities of Constraints. International Trade, Government Institutions and the Law of Commerce in Later Medieval Bruges and the Burgundian State », *Tijdschrift voor Sociale en Economische Geschiedenis*, vol. 11, n° 4, 2014, p. 91-92, 96-97 and 100; Gelderblom, « Thinking about Cities of Commerce », p. 125-126; Sicking and Neele, « 'The Goodlyest Haven' », p. 377.

41 Dumolyn, Jan, « 'Our land is only founded on trade and industry': economic discourses in fifteenth-century Bruges », *Journal of Medieval History*, vol. 36, n° 4, 2010, p. 380-381.

42 Greve, Anke, « Vreemdelingen in de stad: integratie of uitsluiting? », *Core and periphery in late medieval urban society. Proceedings of the colloquium at Ghent (22nd-23rd August 1996)*, M. Carlier, A. Greve, W. Prevenier and P. Stabel (eds.), (Studies in Urban, Social, Economic and Political History of the Medieval and Modern Low Countries, 7), Leuven, Apeldoorn, Garant, 1997, p. 161.

43 Haemers Jelle and Ryckbosch, Wouter, « A targeted public: public services in fifteenth-century Ghent and Bruges », *Urban History*, vol. 37, n° 2, 2010, p. 216.

44 Puttevils, *Merchants and Trading*, p. 3, 137, 144, 150 en 173 points out that in Antwerp during the second half of the sixteenth century, the (legal) institutions for all foreign merchants applied without significant discrimination or formal exclusion.

thirteenth century. Two impressive ramparts (from 1127 and 1297-1301) and at least nine city gates guaranteed security and protection. On the central market square stood the belfry and various halls or covered marketplaces, to which the huge new halls (not coincidentally known as the "Waterhalle") were added at the end of the thirteenth century. There were also warehouses, toll and weighing houses, an ingenious city crane from 1288 and later a mint workshop. Specialised professions such as notaries, brokers, changers and pawnbrokers offered their services to foreign merchants[45]. Amid this colourful collection, the extensive group of innkeepers and hostellers has attracted particular attention in recent years. Besides accommodation, food and drinks, Bruges innkeepers offered their business guests a comprehensive range of services, including money deposits and goods storage, brokerage and intermediation, information, loans, capital mobilisation and capital investment[46]. An analysis of the

---

45 Blockmans, *Metropolen aan de Noordzee*, p. 252 and 253; Murray, *Bruges, Cradle of Capitalism*, p. 58, 59, 65-66, 71-72; Stabel, Peter, « From the market to the shop. Retail and urban space in late medieval Bruges », *Buyers & sellers. Retail circuits and practices in medieval and early modern Europe*, B. Blondé a.o. (eds.), (Studies in European Urban History (1100-1800), 9), Turnhout, Brepols, 2006, p. 86-90; Callewier, Hendrik, « Brugge, vijftiende-eeuws centrum van het notariaat in de Nederlanden », *Tijdschrift voor Rechtsgeschiedenis*, vol. 77, n° 1-2, 2009, p. 73-102.

46 See already Van Houtte, Jan Arthur, « Makelaars en waarden te Brugge van de 13de tot de 16de eeuw », *Bijdragen voor de Geschiedenis der Nederlanden*, vol. 5, 1950, p. 177-197. This argument was later developed in detail by Sosson, Jean-Pierre, « Courtiers, changeurs et lombards à Bruges et à Damme à la fin du XIVe siècle », *Les Pays-Bas bourguignons. Histoire et Institutions. Mélanges André Uyttebrouck*, J.-M. Duvosquel, J. Nazet and A. Vanrie (eds.), (Archives et Bibliothèques de Belgique. Numéro spécial, 53), Brussels, Archives et Bibliothèques de Belgique, 1996, p. 403-411; Greve, Anke, « Herberge, Wirte und Handel in Brügge im Spätmittelalter », *Vergleichende Ansätze in der hansischen Geschichtsforschung*, R. Hammel-Kieson (ed.), (Hansische Studien, 13), Trier, Porta Alba Verlag, 2002, p. 223-237; *Ead.*, « Hanseatic merchants: banking customs in 14th century Bruges », *Finances publiques et finances privées au bas moyen âge. Actes du colloque tenu à Gand les 5 et 6 mai 1995. Public and private finances in the late Middle Ages. Proceedings of the colloquium Ghent, May 5th and 6th 1995*, M. Boone and W. Prevenier (eds.), (Studies in Urban, Social, Economic and Political History of the Medieval and Modern Low Countries, 4), Leuven, Apeldoorn, Garant, 1996, p. 6-11 ; *Ead.*, *Hansische Kaufleute, Hosteliers und Herbergen im Brügge des 14. und 15. Jahrhunderts* (Kieler Werkstücke. Reihe D. Beiträge zur europäischen Geschichte des späten Mittelalters, 16), Frankfurt am Main, P. Lang, 2011 ; Murray, James M., « Cloth, Banking, and Finance », *Textiles of the Low Countries in European Economic History*, E. Aerts and J. H. Munro (eds.), (Proceedings Tenth International Economic History Congress. Session B-15), Leuven, Leuven University Press, 1990, p. 25 ; *Id.*, *Bruges, Cradle of Capitalism*, p. 73-76, 196-205; *Id.*, « Een bakermat van het kapitalisme: Brugge in de 14de eeuw », *Handelingen van het Genootschap voor Geschiedenis gesticht onder de benaming "Société d'Émulation" te Brugge*, vol. 131, n° 1-3, 1994, p. 167-177; Blockmans, *Metropolen aan de Noordzee*, p. 264 and 265; Stabel, « De gewenste vreemdeling », p. 198.

accounts of one such Bruges innkeeper around 1500, Wouter Ameyde, shows that he was not only active as a broker, merchant, entrepreneur and banker, but also played an important intermediate role between local producers and international wholesalers. Ameyde numbered several large Italian companies among his customers and recorded his transactions in a progressive double-entry bookkeeping system[47].

Bruges benefited from the presence of foreign merchants. At its economic peak around the mid-fourteenth century, the city had at least 57,000 inhabitants, making it one of the largest cities in north-western Europe at that time[48]. After the infamous Black Death plague epidemic in 1349, the population trend would decline sharply. In the late fourteenth century, the city is thought to have had around 37,000 people[49]. At that moment almost a fifth of the working population

47 Stabel, Peter, « Entre commerce international et économie locale. Le monde financier de Wouter Ameide (Bruges fin XVe-début XVIe siècle) », *Finances publiques et finances privées au bas moyen âge. Actes du colloque tenu à Gand les 5 et 6 mai 1995. Public and private finances in the late Middle Ages. Proceedings of the colloquium Ghent, May 5th and 6th 1995*, M. Boone and W. Prevenier (eds.), (Studies in Urban, Social, Economic and Political History of the Medieval and Modern Low Countries, 4), Leuven, Apeldoorn, Garant, 1996, p. 75-99; Verbist, Botho, *Traditie of innovatie? Wouter Ameyde, een makelaar in het laatmiddeleeuwse Brugge 1498-1507* (Unpublished doctoral dissertation History Department University of Antwerp), Antwerp, 2014.

48 However, Bruges remained well below the level of the three largest Italian cities (Florence, Venice and Milan) which ranged between 120,000 (Florence and Venice) and as many as 150,000 people (Pinto, Giuliano, « Poids démographique et réseaux urbains en Italie entre le XIIIe et le XVe siècle », *Villes de Flandre et d'Italie (XIIIe-XVIe siècle). Les enseignements d'une comparaison*, É. Crouzet-Pavan and É. Lecuppre-Desjardin (eds.), (Studies in European Urban History (1100-1800), 12), Turnhout, Brepols, 2008, p. 13-14), and of course very far below that of Paris, which had more than 200,000 inhabitants in around 1325 (Roux, Simone, *Paris in the Middle Ages*, Philadelphia, University of Pennsylvania Press, 2009, p. 47). At its peak, the population of Bruges can be compared with that of Siena (Galoppini, *Mercanti toscani e Bruges*, p. 42). Favier, Jean, *La guerre de cent ans*, Paris, Fayard, 1980, p. 23 seriously underestimates the population of Bruges ("peut-être trente mille habitants"). Older population figures for Bruges have been revised by Stabel, Peter, Puttevils, Jeroen and Dumolyn, Jan, « Production, Markets and Socio-economic Structures I: c. 1100-c. 1320 », *Medieval Bruges c. 850-1550*, A. Brown and J. Dumolyn (eds.), Cambridge, 2018, p. 98 who for the late 13th century even suggest a number of around 60,000 people.

49 Or even 32,000 according to Denewith, Heidi, « Een demografische knoop ontward? Brugse bevolkingscijfers voor de vroegmoderne tijd », *Handelingen van het Genootschap voor Geschiedenis gesticht onder de benaming "Société d'Émulation" te Brugge*, vol. 147, n° 1, 2010, p. 3-48. With these revised numbers it is difficult to defend the thesis that the figures suggest "only a slight population decline after the Black Death" (Stabel, Peter, Puttevils, Jeroen, Dumolyn, Jan, Lambert, Bart, Murray, James A. and Dupont, Guy,

earned an income from commercial and financial activities[50]. Yet the situation was not so rosy for everyone in Bruges. Five to ten or more percent lived in abject poverty[51], mostly in slums that lay like a kind of industrial belt around the rich commercial centre with its major access roads[52]. Those black spots on a colourful palette were scarcely noticed by visitors, who had more of an eye for the presence of numerous foreign traders. The Italians in particular, with their brilliant and distinctive clothing, their exotic products, their richly furnished houses and their sophisticated lifestyle, must have been striking elements in the Bruges urban scene. Unfortunately, there are no figures to illustrate that presence quantitatively. Historians always refer here to the same source, namely the participation of foreign merchants at a large urban procession to mark the visit of duke Philip the Good in 1440. One hundred and fifty Italians took part, with Venetians and Milanese representing more than half (80), plus 36 Genoese, 22 Florentines and 12 Lucchesi[53]. Even the

---

« Production, Markets and Socio-economic Structures II: c. 1320-c. 1500 », *Medieval Bruges c. 850-1550*, A. Brown and J. Dumolyn (eds.), Cambridge, 2018, p. 236).

50 Prevenier, Walter, « La démographie des villes du comté de Flandre aux XIIIe et XIVe siècles. État de la question. Essai d'interprétation », *Revue du Nord*, vol. 115, n° 257, 1983, p. 256 and 257; Dumolyn, Jan, « Population et structures professionnelles à Bruges aux XIVe et XVe siècles », *Revue du Nord*, vol. 81, n° 329, 1999, p. 49; De Meyer, Ingrid, « De sociale strukturen te Brugge in de 14e eeuw », *Studiën betreffende de sociale strukturen te Brugge, Kortrijk en Gent in de 14e en 15e eeuw*, W. Blockmans a.o. (eds.), (Standen en Landen, 54), Heule, UGA, 1971, p. 27; Stabel, Puttevils, Dumolyn, Lambert, Murray and Dupont, « Production, Markets and Socio-economic Structures », p. 242, table 6.2.

51 Murray, *Bruges, Cradle of Capitalism*, p. 88 and 91; Lambert, *The City, the Duke and their Banker*, p. 7. For some individual cases: Lowagie, Hannes, « Zelfmoord als laatste uitweg. Ziekte, waanzin en armoede in Brugge tijdens de Bourgondische periode (1385-1500) », *Biekorf. West-Vlaams Archief voor Geschiedenis, Archeologie, Taal en Volkskunde*, vol. 108, 2008, p. 40-46.

52 Dumolyn, « Economic Development, Social Space », p. 47; Denewith, Heidi, Leloup, Ward and Speecke, Mathijs, « Een versteende ruimte? De impact van stedelijke veranderingsprocessen op de sociale topografie van Brugge, 1380-1670 », *Stadsgeschiedenis*, vol. 13, n° 1, 2018, p. 19, 28, 29, fig. 2a.

53 Blockmans, Wim, « Bruges, a European trading centre », *Bruges and Europe*, V. Vermeersch (ed.), Antwerp, Mercatorfonds, 1992, p. 52; *Id.*, *Metropolen aan de Noordzee*, p. 546; Blondé, Gelderblom and Stabel, « Foreign Merchant Communities », p. 156; Bolton, James L. and Guidi Bruscoli, Francesco, « When did Antwerp replace Bruges as the commercial and financial centre of north-western Europe? The evidence of the Borromei ledger for 1438 », *The Economic History Review*, vol. 61, n° 2, 2008, p. 363; Dumolyn, « Population et structures professionnelles », p. 46, note 17; Guidi Bruscoli, « Trade with Northern Europe », p. 399; *Id.*, « Mercanti-banchieri fiorentini », p. 15; Murray, *Bruges, Cradle of Capitalism*, p. 95; Petti Balbi, « Bruges, port des Italiens », p. 61; Stabel, Peter, « Les

total number of foreign merchants is not known, as some merchants from Spain, Portugal, France and the British Isles were not precisely counted. According to the latest, but also speculative estimate by Oscar Gelderblom, there were around 350 resident foreigners[54]. If this minimalist figure is correct, the Italians would have represented about 40 percent of the foreign merchant community and hence the largest group–larger than the 100 Hanseatics, although in the high season these could easily number some 200 members. However, the figures for 1440 come from a period that follows Bruges' real zenith. What is more, they relate to the month of December, a time when business was virtually non-existent. The numbers around the middle of the fourteenth century would thus undoubtedly have been higher. Peter Stabel estimates the foreign colony at that time as consisting of as many as 2,000 people, merchants, servants, assistants and presumably family members included[55]. Within this estimate, the total Italian presence in Bruges' golden age can easily be put at some 800 individuals. All in all, this was about one percent of the total urban population. Was this small percentage sufficient to have any economic weight?

Our understanding of the economic activities of the Italians in Bruges has long been coloured by the formidable œuvre of Raymond De Roover (1904-1972). In 1988, his intellectual legacy was still reckoned "among the most attractive flowers" in the "well-tended garden" of medieval banking history"[56]. In 1948 De Roover published his doctoral thesis on the late medieval money business in Bruges and in subsequent publications he studied, with his wife Florence Edler (1900-1987), the fortunes of a number of important Italian companies, particularly those

marchands dans la ville », *Les marchands de la Hanse et la banque des Médicis. Bruges, marché d'échanges culturels en Europe*, A. Vandewalle (ed.), Oostkamp, Stichting Kunstboek, 2002, p. 86; *Id.*, « De gewenste vreemdeling », p. 198-199; *Id.*, « Italian merchants and the fairs », p. 144; Van Houtte, « Mercanti, imprenditori e banchieri », p. 158.

54 Gelderblom, « The Decline of Fairs », p. 205, tabel 1; *Id.*, *Cities of Commerce*, p. 25, tabel 2.1.

55 Stabel, « Les marchands dans la ville », p. 86 and *Id.*, « De gewenste vreemdeling », p. 191. His source is Blockmans (see footnote 53) who only gives the figure (slightly revised by Gelderblom) of 400 foreign merchants for 1440. Stabels estimates are higher than that of most historians, who suggest a figure of "roughly a thousand merchants" (Murray, *Bruges, Cradle of Capitalism* p. 89), probably because he included merchants who resided in the city only for a brief period.

56 Jordan, William Chester, « Women and Credit in the Middle Ages: Problems and Directions », *The Journal of European Economic History*, vol. 17, n° 1, 1988, p. 33.

of the largest holding company in the late Middle Ages, the Medici bank[57]. De Roover, who had trained as an accountant and was exceptionally well acquainted, through his wife, with Italian economic history, thought that three groups of money-dealers could be distinguished in fourteenth-century Bruges: native money-changers, pawnbrokers or Lombards and Italian merchant bankers. He focused mainly on the first group, within which he saw the emergence taking place of the local deposit and giro banking system with fractional reserve and multilateral clearing[58]. The money-changers did indeed develop a deposit banking system from the early fourteenth century. They performed bilateral netting or clearing with their colleagues of money transfers between their customers' accounts, and applied the principle of the fractional reserve, meaning that their cash reserves represented only a portion of their deposits. The 15 or 16 money-changers ran approximately 1,200 to 1,500 bank accounts, confirming the importance that the cashless economy had assumed in Bruges outside the Italians' sphere of influence. In other words, the suggestion that Bruges' reputation mainly derived its significance from the encounter between the Italians' cashless payment mechanism and the north-western European payment mechanism based on transfer of precious metal and coin fails to do justice to the historical reality[59]. My interest, however, will focus exclusively on the other two groups, as these consisted mainly of Italians. De Roover himself remarked that there were no hard and fast divisions between the three groups; he also admitted that some succeeded in moving from one group

57 De Roover, Raymond, *Money, Banking and Credit in Mediaeval Bruges. Italian Merchant-Bankers, Lombards and Money-Changers. A Study in the Origins of Banking* (The Emergence of International Business, 1200-1800, 2), London, Routledge, 2002. This is a reprint of the original edition published in Cambridge (Mass.) in 1948 in the series of The Mediaeval Academy of America Publications, 51. For his most important publications on the Medici: *Id.*, *The Medici Bank. Its Organisation, Management, Operations, and Decline*, New York, London, New York University Press, 1948 and *Id.*, *The Rise and Decline of the Medici Bank 1397-1494*, Washington (DC), Beard Books, Paperback reprint, 1999. This is a reprint of the original edition published in 1963 in Cambridge (Mass.) in the series Harvard Studies in Business History, 21. Unless expressly indicated otherwise, I quote in what follows from the original editions.

58 For an assessment of De Roover's œuvre: Aerts, Erik, « Middeleeuwse bankgeschiedenis volgens Professor Raymond De Roover », *Liber Alumnorum Karel van Isacker s.j.* (Bijdragen tot de Geschiedenis, 63, 1-4, 1980), Antwerp, 1980, p. 49-86; *Id.*, « Raymond De Roover on the Bankers of Mediaeval Bruges », *Annales Mercaturae. Yearbook for the History of International Trade and Commerce*, vol. 4, 2018, p. 85-107.

59 Denzel, « Monetary and Financial Innovations », p. 256.

to another. Yet he regarded such persons as the exception rather than the rule. The image therefore emerges from a reading of his work of a rigid hierarchy of three categories of money-dealers, dominated by the internationally operating Italians, legally distinct, each with its own economic package of activities, and drawn from different groups within society. The reality was more nuanced and complex, however. Within the triptych there were numerous interfaces, and financial operations often overlapped with one another.

The pawnbrokers, mainly from Asti and Chieri, who were known in Bruges as *lombaerden* or *lommerds* and, as already noted, even as *cauwersinen* or *caourchinen*, were present in Flanders from the second quarter of the thirteenth century[60]. De Roover saw them as less important for the urban money business[61]. According to him, following the example of their Florentine colleagues in the *banchi di pegno*, they had no influence on the banking system in Bruges: they specialised in short-term consumer credit and did not operate with other people's money, but only used their own capital. Because of the high interest they charged both within and outside Bruges and Flanders (which could be up to 2 pennies per pound per week, or 43.3 percent per year[62]), they were feared and hated by the common people and quickly acquired the pejorative name of *woekerars* or *persemieren* ("usurers" or "loan sharks"). In addition to the popular odium they were subject to sporadic distrust on the part of the prince and the stigma of the ecclesiastical authorities. This led De Roover to conclude that the Lombards lived in profound social isolation,

60 See *supra*, texts with footnotes 19 and 21. Wyffels, « Les Cahorsins en Flandre au XIIIe siècle », p. 317-318. According to De Roover they did not appear until the last quarter of the thirteenth century, a view with a long-lasting legacy in the literature (see *supra*, footnote 18).

61 De Roover also contributed little new information about them. The basic work here therefore remains (as De Roover acknowledges in his *Money, Banking and Credit*, p. 346) the study of Bigwood, Georges, *Le régime juridique et économique du commerce de l'argent dans la Belgique du Moyen Age* (Académie royale de Belgique. Classe des lettres et des sciences morales et politiques. Mémoires. Collection in-8. 2e série, 14), Brussels, Académie royale de Belgique, 2 vols., 1921-1922. Further details are given by Marechal, *Bijdrage tot de geschiedenis*, p. 11-45. The chapter of De Roover's thesis on the Lombards was translated into Italian as « Denaro, operazioni finanziarie e credito a Bruges nel Medioevo », *L'uomo del banco dei pegni. "Lombardi" e mercato del denaro nell'Europa medievale*, R. Bordone (ed.), Turin, Paravia/Scriptorium, 1994, p. 99-169.

62 I. e. [(2/240)*100]*52 according to the simple interest rate principle. Violations were punished (Kusman, *Usuriers publics et banquiers du Prince*, p. 383 ; Wyffels, « L'usure en Flandre au XIIIe siècle », p. 866).

figuratively and literally on the fringes of Bruges society[63]. This image of Shylock-like pariahs thriving on short-term interest at usurious levels has been radically overhauled in recent years, and not just for Bruges[64]. While pawnbroking may have made the activity unpopular and bred animosity and even hostility in harsh times, so that princely protection was more than welcome, such phenomena were not experienced solely by the pawnbrokers. The money-changers and even anyone involved in the city's financial system were regular objects of popular opprobrium[65]. The Bruges city rhetorician Anthonis de Roovere (ca. 1430-1482), for

63 De Roover, *Money, Banking and Credit*, p. 117, 127, 152 and 348. A good summary of De Roover's ideas about the Lombards is given by Greilsammer, *L'Usurier chrétien, un juif métaphorique ?*, p. 86-88. The Lombards' precarious position is emphasised by Reichert, « Lombarden zwischen Rhein », p. 222-223. Evidence of complaints by the population and actions taken by the duke is also presented in Van Nieuwenhuysen, Andrée, *Les finances du duc de Bourgogne Philippe le Hardi (1384-1404). Économie et politique* (Université libre de Bruxelles. Faculté de Philosophie et Lettres, LXXX), Brussels, Université libre de Bruxelles, 1984, p. 201 although she notes that "Les lombards ne paraissent pas en effet avoir, en Flandre, polarisé le mécontentement de la population, comme c'était le cas en Bourgogne" (*ibid.*, p. 203). By contrast, Ibanès, Jean, *La doctrine de l'eglise et les réalités économiques au XIIIe siècle. L'intérêt, les prix et la monnaie* (Travaux et recherches de la faculté de droit et des sciences économiques de Paris. Série "Sciences économiques", 4), Paris, Presses Universitaires de France, 1967, p. 95 and 98 seems to agree completely with De Roover's conviction.

64 To cite only the thorough studies of Cannelloni, *Credito e pegno, famiglie e nazioni*, p. 97-98 ; *Id.*, « Casane e casanieri: attività e proprietà dei Lombardi nei Paesi Bassi borgognoni (secoli XIV-XV) », *Reti Medievali Rivista*, vol. 15, n° 1, 2014, p. 2, footnote 6; Gnetti, Donatella, « L'autunno dei lombardi astigiani e chieresi in patria e nelle Fiandre nel XV secolo », *Lombardi in Europa nel medioevo*, R. Bordone and F. Spinelli (eds.), Milan, Franco Angeli, 2005, p. 95; Kusman, *Usuriers publics et banquiers du Prince*, p. 297-298 and 382-383; Greilsammer, Myriam, « Pour blanchir son argent et son âme. La double réhabilitation d'un usurier lombard dans les Pays-Bas du XVIe siècle », *Revue belge de Philologie et d'Histoire*, vol. 72, 1994, p. 793-833; Van Schaïk, Remi, « On the Social Position of Jews and Lombards in the Towns of the Low Countries and Neighbouring German Territories during the Late Middle Ages », *Core and periphery in late medieval urban society. Proceedings of the colloquium at Ghent (22nd-23rd August 1996)*, M. Carlier, A. Greve, W. Prevenier and P. Stabel (eds.), (Studies in Urban, Social, Economic and Political History of the Medieval and Modern Low Countries, 7), Leuven, Apeldoorn, Garant, 1997, p. 165-191. For Italy itself, see the views of Federigo Melis: "i confini tra uomini di affari onorati e usurai dovevano essere meno marcati di quanto pensava De Roover" (quoted by De Rosa, Luigi, « Federigo Melis Storico dell'economia », *Aspetti della vita economica medievale. Atti del Convegno di Studi nel X Anniversario della morte di Federigo Melis*, Florence, Università degli Studi di Firenze, 1985, p. 9-10). In general: *L'uomo del banco dei pegni. "Lombardi" e mercato del denaro nell'Europa medievale*, R. Bordone (ed.), Turin, Paravia/Scriptorium, 1994.

65 Greilsammer, *L'Usurier chrétien, un juif métaphorique ?*, p. 21; Murray, James M., « The Devil's Evangelists? Moneychangers in Flemish Urban Society », *Money, Morality, and*

example, put usurers on the same level as money-changers and sellers[66]. It is true that the Lombards were not active in the financial heart of Bruges[67], but to infer from this that they were visited at nightfall in the then neglected and poverty-stricken district of Sint-Gillis by a desperate clientele, and that their revenue dropped when there was a full moon[68], is a grotesque exaggeration. While some Lombards had their large houses and offices a certain distance from the centre, they were still operating in a very lively commercial area. Other pawnshops were located in the district that came under the jurisdiction of the provost of the influential Chapter of St Donatian[69].

In proclaiming measures against *usura* or unauthorised interest, the ecclesiastical and secular authorities undoubtedly had the practices of a number of Lombards in mind. John Munro argued that measures against *usura* grew more robust precisely during the commercial revolution of the second half of the thirteenth century[70]. But ecclesiastical doctrine lacked consistency and was often very ambiguous[71]. An examination of judicial sources shows that in practice, this legal and moral framework by no means led to severe repression. The secular protection provided by

---

Culture in Late Medieval and Early Modern Europe, J. M. Vitullo and D. Wolfthal (eds.), Farnham, Burlington, 2010, p. 53-67.

66 *De gedichten van Anthonis de Roovere naar alle tot dusver bekende handschriften en oude drukken*, Jacobus Johannes Mak (ed.), Zwolle, Tjeenk Willink, 1955, p. 337.

67 Murray, *Bruges, Cradle of Capitalism*, p. 139; Petti Balbi, « Bruges, port des Italiens », p. 62. The Lombards initially settled in the district of Sint-Gillis, outside the first city wall, in the north of the present city centre (Bigwood, *Le régime juridique et économique*, vol. 1, p. 323 and 336). See also Cannelloni, « Casane e casanieri », p. 11; Soetaert, « De oude pandhuizen », p. 188; Aerts, Erik, « Money and credit, Bruges as a financial centre », *Bruges and Europe*, V. Vermeersch (ed.), Antwerp, Mercatorfonds, 1992, p. 66.

68 To echo the felicitous image of Somers, Jozef, *Bijdrage tot de geschiedenis van de lombarden in Brabant tijdens de late middeleeuwen (1406-1511)* (Unpublished master thesis History Department KU Leuven), Leuven, 1979-1980, p. 25. Indeed, see De Roover, « Denaro, operazioni finanziarie », p. 114.

69 Greilsammer, *L'Usurier chrétien, un juif métaphorique ?*, p. 149-150; Marechal, *Bijdrage tot de geschiedenis*, p. 13-17.

70 Munro, John H., « The Medieval Origins of the Financial Revolution: Usury, Rentes, and Negotiability », *The International History Review*, vol. 25, n° 3, 2003, p. 506-507.

71 Greilsammer, *L'Usurier chrétien, un juif métaphorique ?*, p. 89; Todeschini, Giacomo, « Usury in Christian Middle Ages. A Reconsideration of the Historiographical Tradition (1949-2010) », *Religione e istituzioni religiose nell'economia europea (1000-1800). Religion and religious institutions in the European Economy (1000-1800)*, F. Ammannati (ed.), (Istituto Internazionale di Storia Economica 'F. Datini" Prato. Serie II – Atti delle "Settimane di Studi" e altri Convegni, 43), Florence, 2012, p. 120; Wyffels, « L'usure en Flandre au XIIIe siècle », p. 870 and 871.

count, duke and city magistrate was partly responsible for this, as well as laxity and even an attitude of accommodation on the part of much of the local clergy[72]. Records of convictions and fines of the Lombards do appear in the archive of episcopal synods and officialities, but these had little or no impact on their business[73]. It is also clear that many Lombards will have asked themselves personally about the compatibility of their walk of life with Christian ideals and prescriptions. However, they had these problems of conscience in common with all money dealers or merchants, and not just the Italian ones, who hoped to save their souls through generous donations to the poor and to the Church or through religious devotion[74].

Moreover, if one browses in the lives of the great Lombard clans such as the Asinari, Caloccio or Calosso (Calochs), Deal (De Ales, Dealis), Garretti (Garet), Macetti or Mazzetti (Machet, Masset), Roerio, Rotari (Royer, Rouchier), Solari or Solaro, Villa and others[75], one encounters various traces of highly successful social integration. Thus there is the example of Giovanni (Joannes) de Roerio, who between 1342 and 1360 was chaplain of the parish of the Bruges beguinage as well as being a respected public notary (*notarius*)[76]. Another example is Pietro de Villa, who together with a few colleagues from Chieri and nearby Riva accepted the outstanding liabilities after the notorious bankruptcy of the Bruges pawnshops of the Mazzetti in 1457. De Villa declared his willingness

72 Blockmans, « Financiers italiens et flamands », p. 199-200; Greilsammer, *L'Usurier chrétien, un juif métaphorique ?*, p. 144-145.

73 In June 1520 the "Lombard merchants" of Bruges were fined by the officiality of Tournai (Vleeschouwers-Van Melkebeek, Monique, *Compotus sigilliferi curie Tornacensis. Le tribunal de l'officialité de Tournai et les comptes du scelleur (1483-1531). Introduction, édition et traduction française* (Tournai – Art et Histoire. Instruments de travail, 28), s.l. (Louvain-la-Neuve), 2016, vol. 2, p. 453, nr. 20766.

74 Galoppini, *Mercanti toscani e Bruges*, p. 346; Wolfthal, Diane, « Florentine Bankers, Flemish Friars and the Patronage of the Portinari Altarpiece », *Cultural Exchange between the Low Countries and Italy (1400-1600)*, I. Alexander-Skipnes (ed.), Turnhout, Brepols, 2007, p. 5, 16; more information in Aerts, Erik, « La religione nell'economia. L'economia nella religione – Europa 1000-1800 », *Religione e istituzioni religiose nell'economia europea (1000-1800). Religion and religious institutions in the European Economy (1000-1800)*, F. Ammannati (ed.), (Istituto Internazionale di Storia Economica 'F. Datini" Prato. Serie II – Atti delle "Settimane di Studi" e altri Convegni, 43), Florence, Firenze University Press, 2012, p. 31-32, 44-50 and 57.

75 Bigwood, *Le régime juridique et économique*, vol. 1, p. 237-238, 243, 245, 246, 248, 251 and vol. 2, p. 55-58, annexe II; Murray, *Bruges, Cradle of Capitalism*, p. 141.

76 Marechal, *Bijdrage tot de geschiedenis*, p. 24; Murray, *Bruges, Cradle of Capitalism*, p. 78 and 142-143.

to satisfy the numerous creditors in 1459. The personal prestige that he and his family enjoyed with the duke of Burgundy increased as a result[77]. Or there was the Piedmontese Matteo Novarez, the owner of the Bruges pawnshop of *De Grote Caorsijnen* between 1610 and 1618, who as a benefactor of the Church and a member of several fraternities acquired the title of esquire (*jonkheer*) in later life[78]. A number of Lombards maintained excellent relations with the clergy, occupied important positions in the public administration, were on the membership lists of the fraternities, sometimes married daughters of prominent families, and were buried in the main churches. Most Lombards in Bruges had purchased citizenship rights of the city and therefore held the status of *poorter*[79]. Once a year they put on a feast for the aldermen of Bruges[80]. They owed their integration not only to their often fabulous wealth, but also to their professional activities, which were far more diversified than De Roover implied when he characterised them as "vulgaires usuriers"[81]. Having acquired an expensive license from the count or duke[82], the Lombards developed numerous activities outside the world of consumer credit. Unlike in other regions, in Flanders and Bruges they were not involved in the transfer of the papal collections to the Apostolic Chamber in Rome[83]. However, local manual money-changing was an important aspect of their activities[84]. Like the indigenous money-changers, they

77 Gnetti, « L'autunno dei lombardi », p. 95.

78 Marechal, Jos, « Een lommerdhouder uit de adelstand te Brugge in de XVIIe eeuw », *Album Albert Schouteet*, Bruges, Westvlaams Verbond van Kringen voor Heemkunde, 1973, p. 101-109; Van Houtte, Jan Arthur, *De Geschiedenis van Brugge*, Tielt, Lannoo, 1982, p. 452.

79 Greilsammer, *L'Usurier chrétien, un juif métaphorique ?*, p. 79.

80 Gnetti, « L'autunno dei lombardi », p. 96.

81 De Roover, « La communauté des marchands Lucquois », p. 25. Compare the critique in Le Goff, Jacques, *La bourse et la vie. Économie et religion au moyen âge*, Paris, Hachette, 1986, p. 59.

82 There are traces of this in the Bruges city accounts: "*voor tconsent ende octroy dat zij hebben te moghen leenene op pande*" ("for the consent and permission thay have to lend against a pledge"). See City Archives Bruges, Oud Archief, city account Sept. 1489-Sept. 1490, fol. 35v.

83 Lejeune, Jean, *La formation du capitalisme moderne dans la principauté de Liège au XVIe siècle* (Bibliothèque de la Faculté de Philosophie et Lettres de l'Université de Liège, LXXXVII), Liège, Paris, E. Droz, 1939, p. 69, footnote 2.

84 See the examples already quoted by Bigwood or by De Roover himself: Bigwood, *Le régime juridique et économique*, vol. 1, p. 356 and De Roover, *Money, Banking and Credit*, p. 347. The Lombards' licences indeed refer to "*prester, changier, marchander, vendre et achatter...*" (Pinchart, Alexandre, *Inventaire des archives des chambres des comptes précédé d'une notice*

accepted deposits at interest, had accounts with these colleagues and entered into partnerships with them[85]. They used their own capital but also the money from deposits[86] for loans to the city, to prominent Bruges families and to members of the ducal family, but equally often as investment loans for local and international trade (in commodities such as wool and linen). Impressive sums were often involved in such transactions[87]. Not just because of this financing, but also because of their consumer loans to the poorer groups of the population, the Lombards played an essential role in the late medieval city[88]. For while it was believed in the older historiography that credit was confined to the world of investment and trade, it is now clear that all population groups relied extensively on loans as part of a survival strategy[89]. It is invariably found that when the officially operating Lombards were not granted a licence, clandestine usurers quickly took their place. Recent research has shown that for this reason, the Lombards' position during the sixteenth century was stronger than previously thought[90].

---

historique sur ces anciennes institutions, Brussels, Archives générales du Royaume, 1865, vol. 4, p. 160, with a similar expression in General State Archives Brussels, Chambers of Account (Rekenkamers), reg., nr. 2395, account II, fol. 296v).

85 Murray, *Bruges, Cradle of Capitalism*, p. 146 and 147. See also Greilsammer, *L'Usurier chrétien, un juif métaphorique?*, p. 69-70.

86 Bigwood, *Le régime juridique et économique*, vol. 1, p. 346-348; De Roover, Raymond, « New Interpretations of the History of Banking », *Journal of World History*, vol. 2, 1954-1955, p. 51.

87 Blockmans, « Financiers italiens et flamands », p. 201; Murray, *Bruges, Cradle of Capitalism*, p. 140, 143-144, 148; Van Nieuwenhuysen, *Les finances du duc de Bourgogne*, p. 203.

88 Greilsammer, *L'Usurier chrétien, un juif métaphorique ?*, p. 74 and 90 mentions the "nécessité économique des fonctions des prêteurs lombards" and refers to their "rôle crucial et indispensable".

89 Willems, Bart, *Leven op de pof. Krediet bij de Antwerpse middenstand in de achttiende eeuw*, Amsterdam, Aksant, 2009, p. 23 and 245.

90 Greilsammer, *L'Usurier chrétien, un juif métaphorique ?*, p. 35.

THE IMAGE AND URBAN INTEGRATION OF HIGH FINANCE

International *haute finance* in Bruges was run by a group of dealers who combined trade in goods with trade in money and were therefore called "merchant bankers" by De Roover[91]. Among the representatives of well-known Italian commercial dynasties[92] there were also the factors (*fattori*) and partners (*governatori*) of the large *compagnie* or firms of that time, partnerships with cross-border branches or departments that some historians have enthusiastically described as "super-companies"[93]. Both the centralised and the decentralised *compagnie* made their appearance in Bruges: the Acciaiuoli, Alberti *antiqui*, Bardi and Peruzzi in the fourteenth century and the Alberti *novi*, Frescobaldi and Medici in the fifteenth century, with the Datini at the intersection of the two centuries. A number of smaller firms or their *fattori* were also active[94]. The protagonists left it in no doubt that they saw themselves primarily as merchants[95]. For them, Bruges was the main market in their trade with north-western Europe[96]. It was a place where they could offload their Mediterranean luxury goods in a densely populated, highly urbanised and prosperous region; where they found a crucial raw material, English wool, as well as a number of Hanseatic products that made up

91 De Roover, *Money, Banking and Credit*, p. 28, 29-30, 31. See also Murray, *Bruges, Cradle of Capitalism*, p. 230.

92 See the lists in De Roover, Raymond, « The Organization of Trade », *The Cambridge Economic History of Europe*, Cambridge, Cambridge University Pres, 1963, vol. 3, p. 75-76 and in Sapori, *Il mercante italiano*, p. 18 and 19.

93 Hunt, Edwin S., *The Medieval Super-Companies. A Study of the Peruzzi Company of Florence*, Cambridge, Cambridge University Press, 1994.

94 Guidi Bruscoli, « Trade with Northern Europe », p. 400-403 and *Id.*, « Mercanti-banchieri fiorentini », p. 17-35 offers a survey of the Florentine firms.

95 "*Il fondamento nostro è sulla merchatantia*" we read in a letter from Tommaso Portinari, director of the Bruges branch of the Medici, to Cosimo on 14 May 1464 (Grunzweig, Armand, *Correspondance de la filiale de Bruges des Medici* (Commission royale d'histoire, in-8°), Brussels, Lamertin, 1931, p. 131).

96 Murray, *Bruges, Cradle of Capitalism*, p. 237. These commercial activities were deliberately neglected by De Roover (De Roover, *Money, Banking and Credit*, p. 89), but are discussed in numerous works, for example in Melis, Federigo, *I mercanti italiani nell'Europa medievale e rinascimentale* (Istituto internazionale di storia economica "F. Datini" Prato. Opere sparse di Federigo Melis, 2), Florence, Le Monnier, 1990.

the return cargo to Italy. But as well as this trade in merchandise, the money trade was very important. The one derived from the other. The commercial flows generated by the Italians resulted in huge surpluses in the Italian balance of trade with Bruges. This could be paid in the form of hard cash, as a result of which the precious metal left Bruges along with the galleys in the autumn.

For the sake of convenience and safety, however, most Italian merchants preferred to rely on the bill of exchange. This financial document had developed during the thirteenth century from a Genoese notarial promissory note, and entered into widespread use by the Italians in the mid-fourteenth century. In practice, it was a non-negotiable or non-discountable payment order which involved both a money-changing operation and a transfer and credit operation between four parties[97]. In Bruges it was customary to express a fixed or 'certain' unit of Italian currency (e.g. one Florentine florin or one Venetian ducat) in a variable or 'uncertain' number of Flemish groats. The Bruges money market therefore quoted in its exchange rates with Italian banking places "the uncertain" (*l'incertain*)[98]. While purely financial and even speculative bills of exchange existed (such as the "dry" or "fictitious" variants), it is accepted today that most bills of exchange traded on the Bruges money market primarily had a transfer function. Hardly any speculative *cambio-ricambio* operations, in which bills of exchange were protested and a re-exchange took place, were found in a sample of the Bruges Borromei in 1438[99]. Bills of exchange were considered the ideal tool for moving funds quickly and safely from one firm to another or from one branch

97 See the literature in Aerts, Erik, « La lettre de change sur la place financière de Bruges à la fin du Moyen Age », *À la bourse. Histoire du marché des valeurs en Belgique de 1300 à 1990*, G. De Clercq (ed.), Paris, Louvain-la-Neuve, Duculot, 1992, p. 33-47 and 442-444. Add Spufford, Peter, *How rarely did medieval merchants use coin* (Van Gelder-lezing, 5), Utrecht, Geldmuseum, 2008, p. 16-18 and especially Bell, Adrian R., Brooks, Chris and Moore, Tony K., « Cambium non est mutuum: exchange and interest rates in medieval Europe », *The Economic History Review*, vol. 70, n° 2, 2017, p. 373-396.

98 De Roover, *The Bruges Money Market*, p. 21-22; Bell, Brooks and Moore, « Cambium non est mutuum », p. 381-382.

99 Guidi Bruscoli, Francesco and Bolton, Jim, « The Borromei Bank Research Project », *Money, Market and Trade in Late Medieval Europe. Essays in Honour of John H. A. Munro*, L. Armstrong, I. Elbl and M. M. Elbl (eds.), Leiden, Brill, 2007, p. 473-474. Munro, John H., « Bullionism and the Bill of Exchange in England, 1272-1663: a Study in Monetary Management and Popular Prejudice », *The Dawn of Modern Banking*, New Haven, London, Center for Medieval and Renaissance Studies, 1979, p. 172-173 and Aerts, « Middeleeuwse bankgeschiedenis volgens Professor Raymond De Roover », p. 75-76 already underlined

to another within a given firm. Private individuals (e.g. pilgrims and other travellers) were also glad to resort to the bill of exchange in order to have access to cash abroad at reduced transaction costs. In addition, a number of large merchants regularly took on the role of banker or investor. The difference between the exchange rate in the original bill and the exchange rate in the bill drawn a few months later could be regarded as interest for the temporary loss of capital or a reward for the investor. Precisely because this exchange difference was uncertain, the bill of exchange did not fall under the canonical ban on interest. The success of a bill of exchange was dependent on mutual trust[100]. This concept (*la fede*) had acquired a central place in Italian mercantile ethics[101]. Honour (*onore*) played an equally important role. A number of

---

that the transfer function of the bill was much more important than the motive of speculation.

100 Stabel, Peter, « La lettre de change : un moyen de paiement international », *Les marchands de la Hanse et la banque des Médicis. Bruges, marché d'échanges culturels en Europe*, A. Vandewalle (ed.), Oostkamp, Stichting Kunstboek, 2002, p. 121.

101 For example, see sayings such as "*Qui sinza fede non è mercadante*" or "*Cescaduno mercadante fa mercato con soy fede*" (De Bruijn-van der Helm, José a.o., *Een koopman in Venetië. Een Italiaans-Nederlands gespreksboekje uit de late Middeleeuwen*, Hilversum, Verloren, 2001, p. 94, numbers 13 and 14). "*Ha più corta la fede, che la lepre la coda*" (Origo, Iris, *The merchant of Prato Francesco di Marco Datini*, New York, Knopf, 1957, 2d ed., p. XIX) was accordingly one of the worst insults one merchant could give another. In general: Alfani, Guido and Gourdon, Vincent, « Entrepreneurs, formalization of social ties, and trustbuilding in Europe (fourteenth to twentieth centuries) », *The Economic History Review*, vol. 65, n° 3, 2012, p. 1005-1028; Blockmans, Wim, « Inclusiveness and exclusion: trust networks at the origins of European cities », *Theory and Society*, vol. 39, n° 3-4, 2010, p. 322; Dahl, Gunnar, *Trade, Trust, and Networks. Commercial Culture in Late Medieval Italy*, Lund, Nordic Academic Press, 1998; Cassandro, Michele, « Aspects of the Life and Character of Francesco di Marco Datini », *Francesco di Marco Datini. The Man the Merchant*, G. Nigro (ed.), (Fondazione Istituto Internazionale di Storia Economica "F. Datini" Prato), Florence, Firenze University Press, 2010, p. 35; Orlandi, Angela, « Networks and commercial penetration models in the late medieval Mediterranean: revisiting the Datini », *Commercial Networks and European Cities, 1400-1800*, A. Caracausi and C. Jeggle (eds.), (Perspectives in Economic and Social History, 32), London, Taylor and Francis, 2014, p. 82, 93 and 105; Stabel, Peter, « Negotiating value: the ethics of market behaviour and price formation in the late medieval Low Countries », M. Boone and M. Howell (eds.), *In but not of the market: movable goods in the late medieval and early modern economy*, Brussels, Koninklijke Vlaamse Academie van België voor Wetenschappen en Kunsten, 2007, p. 69; De Kerf, Raoul, *De juiste prijs in de laatmiddeleeuwse stad. Een onderzoek naar middeleeuwse economische ethiek op de ambachtelijke markt en in moralistische lekenliteratuur* (Studies Stadsgeschiedenis, 6), Amsterdam, Aksant, 2010, p. 80 and 89, and already the ideas of Max Weber as presented in his *The History of Commercial Partnerships in the Middle Ages. The First Complete English Edition of Weber's Prelude to the Protestant Ethic and the Spirit of Capitalism*, translated and introduced by L. Kaelber, Laham (Maryland), 2003, p. 154. The famous double portrait

bankers therefore preferred the more honourable trade in merchandise to the trade in bills of exchange[102].

Around the mid-fourteenth century, Bruges developed into the most important foreign exchange market (*piazza di cambio*) of north-western Europe. Around this time the exchange rates were quoted there on a daily basis for, among other places, Barcelona, Genoa, London, Paris and Venice, and often even for Pisa, Florence, Lucca and Montpellier[103]. Unlike Antwerp later on, Bruges had no separate building where bills of exchange were traded. The Italian merchants came together on the Beursplein (*Forum Mercatorum*, *Der Cooplieden Buerse*), named after a Bruges family that owned several inns on that square near the Vlamingstraat that were very popular with foreign merchants[104]. In sunny weather they conducted their transactions in the open air on the square that still today lies a few minutes' walk from the central market square or *Grote Markt*. In wet weather they took shelter in the inns or under the awnings attached to the front of several of them. Around the square there were also the main meeting houses or *loggie* (*loges*) of the Italian nations (except that of the Lucchesi). The oldest description is found in

of the Arnolfini can also be interpreted in this light: the raised right hand which seems to suggest an oath (merchants affiliated to a nation swore an oath), the interlaced hands of the merchant and his wife, the presence of a little dog (see footnote 122). Trust was also the basis for extensive credit relationships outside commercial circles: Fontaine, Laurence, *L'économie morale, pauvreté, crédit et confiance dans l'Europe préindustrielle*, Paris, Gallimard, 2008.

102 De Roover, *Money, Banking and Credit*, p. 90; Wolfthal, « Florentine Bankers, Flemish Friars », p. 4 and 14. See also the quotation (from 1398) in Bell, Brooks and Moore, « Cambium non est mutuum », p. 389 and the presence of the concept in the statutes of the nations (an example in Guidi Bruscoli, « Mercanti-banchieri fiorentini », p. 41).

103 De Roover, *The Bruges Money Market*; *Id.*, « Renseignements complémentaires sur le marché monétaire à Bruges au XIVe et au XVe siècle », *Handelingen van het Genootschap voor Geschiedenis gesticht onder de benaming « Société d'Émulation » te Brugge*, vol. 109, n° 1972, p. 51-91.

104 De Roover, *Money, Banking and Credit*, p. 17; Marechal, Jos, *Geschiedenis van de Brugse beurs*, Bruges, De Anjelier, 1949; Van Houtte, Jan Arthur, « Von der Brügger Herberge "zur Börse" zur Brügger Börse », *Wirtschaftskräfte und Wirtschaftswege. Festschrift für Hermann Kellenbenz*, J. Schneider (ed.), (Beiträge zur Wirtschaftsgeschichte, 8), Stuttgart, Klett-Cotta, 1981, vol. 5, p. 237-250; *Id.*, « Börse », *Lexikon des Mittelalters*, Zürich, Artemis, 1983, vol. 2, col. 467; Vandermaesen, Maurice, « Robrecht (I) van der Buerse (ca. 1265-1320). Naar de roots van het actuele beursgebeuren », *Vlaanderen. Tweemaandelijks tijdschrift*, vol. 51, n° 1, 2002, p. 2-4. "*Ter Burse*" was situated in the *officium Vlamingorum*, one of the six quarters of the city (De Leeuw, Leontien and Geirnaert, Noël, « Een fragment van een onbekende zettingslijst voor een verplichte lening te Brugge uit 1296 », *Handelingen van de Koninklijke Commissie voor Geschiedenis*, vol. CLV, 1989, p. 29).

the travel account by a doctor from Nuremberg, Hiëronymus Muenzer (or Monetarius), who visited the Beursplein in March 1495 and summarised the activity there as follows: "*forum, ubi conveniunt mercatores: "die boers" dictum. Ubi inquam Hispani, Itali, Angli, Almani, Ostrogotti, et omnes naciones conveniunt*"[105]. We can imagine the appearance of the Beursplein at that time fairly well thanks to a drawing in the *Flandria illustrata* from 1641 of the Flemish historian Antonius Sanderus (1586-1664). Sanderus' illustration shows us the *Byrsa Brugensis* with, from left to right, the consulates of the Genoese nation (*domus Genuensium*) and the Florentine nation (*domus Florentinorum*) and in the middle the Venetian *loggia*. To the left of this building is the former inn "de nieuwe Beurs" as it must have looked around the mid-fifteenth century[106]. His frozen snapshot of an empty square contrasts sharply with the throng that must have been customary in the square during the fourteenth and fifteenth centuries[107].

Most of the activities described above relate to international operations. These obviously had secondary effects on the urban economy, but were the Italian merchants also *directly* involved in the workings or the internal business of the city? De Roover painted a picture of a somewhat separate, closed group, highly nepotistic and even xenophobic[108]. Later historians have cautiously adopted his position[109]. This conclusion is

105 *Hieronymus Monetarius. Voyage aux Pays-Bas (1495)*, P. Giselet and P.-M. Delcourt (eds.), (Collection Nationale, 22), Brussels, Office de Publicité, 1942, p. 44 and 45.

106 Numerous descriptions with beautiful pictures in (inter al.) De Clercq, Geert, « A Bruges il y a une place… Bruges en tant que marché financier au XIVème et au XVème siècle », *À la bourse. Histoire du marché des valeurs en Belgique de 1300 à 1990*, G. De Clercq (ed.), Paris, Louvain-la-Neuve, Duculot, 1992, p. 17-19; Murray, James A., « Techniques commerciales et financières », *Les marchands de la Hanse et la banque des Médicis. Bruges, marché d'échanges culturels en Europe*, A. Vandewalle (ed.), Oostkamp, Stichting Kunstboek, 2002, p. 118-119; A. Vandewalle (ed.), *Hanze @ Medici. Brugge, wisselmarkt van Europese culturen*, Bruges, Stichting Kunstboek, 2002, p. 6-13; Vermeersch, Valentin, Vandewalle, André, Esther, Jean-Pierre and Vermeersch, Luc, *De Genuese loge van Natiehuis tot Bankinstelling*, Bruges, Generale Bankmaatschappij, 1983, p. 16-20. And of course, there is the well-known description by Lodovico Guicciardini (Ehrenberg, Richard, *Das Zeitalter der Fugger. Geldkapital und Creditverkehr im 16. Hahrhundert*, Jena, G. Fischer, 1922, vol. 1, 3rd ed., p. 80).

107 Stabel, Peter, « Brugge: de Beurs. Centrum van de financiële handel in Noord-Europa », *Plaatsen van herinnering. Nederland van prehistorie tot Beeldenstorm*, W. Blockmans and H. Pleij (eds.), Amsterdam, Bert Bakker, 2007, p. 267-268.

108 De Roover, *Money, Banking and Credit*, p. 22.

109 E.g. Murray, James M., « The profession of notary public in medieval Flanders », *Tijdschrift voor Rechtsgeschiedenis*, vol. 61, n° 1, 1993, p. 11: "the Italian business community mixed very little with the native Flemish population".

certainly true with regard to outsiders' access to the Italian business environment[110]. In their relations with the outside world, however, the Italians in Bruges present a much more nuanced picture. Thus, the Italian merchants in Bruges certainly lived in no ghetto[111]. Quite a few residences of Lucchesi and Florentines lay in the heart of the city or near the financial centre, but the rest were scattered throughout the better neighbourhoods of the city. Although Italian was the *lingua franca* in the business environment, various merchants had a smattering of Flemish, difficult though they found the local idiom[112]. Moreover, there were striking differences between the nations. For example, the Venetians were fairly poorly integrated in the city and kept themselves aloof from urban government and finance. Peter Stabel explains this attitude in terms of large-scale state intervention. In *La Serenissima* there had long been close ties between the commercial aristocracy and the political elite. That connection led to a highly controlled approach in which trade was a state affair. Strict and detailed government regulations promoted trade[113] and reduced the need for Venetian merchants to work with the local authorities–in the present case, those of Bruges. The attitude of the Genoese was very different. For them, trade was a private matter, which meant that the individual merchant was far more vulnerable abroad. Unlike their Venetian colleagues, Genoese merchants were in need of cooperation with and protection from the local authorities and institutions. The Genoese were therefore well integrated in urban society. They formed part of the Bruges elite, were involved in the finances of prince and city and were even active on the marriage market. An excellent example of perfect integration is the originally Genoese Adorno clan, which, as the "Adornes" was among the most prominent families in Bruges from the mid-fourteenth century. As alderman, member of the city council, treasurer and mayor they held important administrative offices, and by marrying into the urban patrician class they became related with the local elite. Furthermore, they participated actively in the activities of craft associations, shooting guilds and fraternities, and

110 Access was fairly difficult throughout this milieu (De Roover, *Money, Banking and Credit*, p. 21; Origo, *The merchant of Prato*, p. 101-102).

111 Galoppini, *Mercanti toscani e Bruges*, p. 288; Stabel, « De gewenste vreemdeling », p. 213 and 215; *Id.*, « From the market to the shop », p. 93.

112 Galoppini, *Mercanti toscani e Bruges*, p. 289-291.

113 González de Lara, Yadira, « The Secret of Venetian Success: a public-order, reputation-based institution », *European Review of Economic History*, vol. 12, 2008, p. 247-285.

some prominent fairly members played an important role in the spread of Italian humanism after 1400[114].

Merchants from Tuscany took an intermediate position. In general, they inclined more towards the Genoese model[115]. Several members of the Florentine Peruzzi company were involved in urban financial operations[116]. Experts from Lucca and Pistoia also took the office of count's mint master in Bruges[117]. Some firms from Florence and Lucca acted as "*campsores domini papae*", taking care of the transfer of contributions from the Bruges clergy to the Apostolic Chamber[118]. Figures such as the Florentine Tommaso Portinari († 1501) and the Lucchesi Dino Rapondi († 1415) and Giovanni (di Arrigo?) Arnolfini († 1472) are well known in the history of Bruges, and by extension of Flanders[119]. Rapondi was active in the large-scale urban debt settlement to the receiver of Flanders in the context of the political rapprochement between the city administration and the new Burgundian dynasty (1385). He was also regularly involved in financial operations later on, including transfers of municipal tax revenue to the duke. Finally, he granted numerous loans and advances and became one of the largest money-lenders in the city[120]. Rapondi

114 Boone, Marc, Danneel, Marianne and Geirnaert, Noël, « Pieter IV Adornes (1460-ca. 1496): een Brugs patriciër in Gent », *Handelingen der Maatschappij voor Geschiedenis en Oudheidkunde te Gent*, nieuwe reeks, vol. 39, 1985, p. 123; Geirnaert, Noël, « Universitas Mercature. Marchands, culture et religion à Bruges au Moyen Âge », *Les marchands de la Hanse et la banque des Médicis. Bruges, marché d'échanges culturels en Europe*, A. Vandewalle (ed.), Oostkamp, Stichting Kunstboek, 2002, p. 152; Kesteloot, Sarah, *De positie van de Adornes in Brugge aan de hand van hun huwelijken en enkele kennissen (eind 13de eeuw-ca. 1512* (Unpublished master thesis History Department KU Leuven), Leuven, 2014-2015, p. 31, 44-45, 64-67, 91; Vandewalle and Geirnaert, « Bruges and Italy », p. 200-204. Background information is given by Haemers, Jelle and Lambert, Bart, « Pouvoir et argent. La fiscalité d'État et la consommation du crédit des ducs de Bourgogne (1384-1506) », *Revue du Nord*, vol. 91, n° 379, 2009, p. 48-49.

115 On this subject in general, see the thorough study of Stabel, « De gewenste vreemdeling », p. 200, 201, 206-208 and also *Id.*, « Les marchands dans la ville », p. 89-90 and *Id.*, « Italian merchants and the fairs », p. 146.

116 Murray, *Bruges, Cradle of Capitalism*, p. 235; Stabel, « Les marchands dans la ville », p. 86.

117 Blockmans, « Financiers italiens et flamands », p. 207-208 and 214; General State Archives Brussels, Chambers of Account (Rekenkamers), rolrekeningen, nrs. 771-773.

118 Bigwood, *Le régime juridique et économique*, vol. 1, p. 641 and 642; De Roover, *The Bruges Money Market*, p. 13; Guidi Bruscoli, « Trade with Northern Europe », p. 396.

119 Galoppini, *Mercanti toscani e Bruges*, p. 335-337; Prevenier, Walter and Blockmans, Wim, *De Bourgondische Nederlanden*, Antwerp, Mercatorfonds, 1983, p. 114, 126, 332; Vandewalle and Geirnaert, « Bruges and Italy », p. 193-194.

120 Lambert, *The City, the Duke and their Banker*, p. 91, 92, 96; Van Nieuwenhuysen, *Les finances du duc de Bourgogne*, p. 49-51, 342-344 already underlined the importance of

was thus perfectly integrated in urban society. He lived in the city and would eventually be buried there. The city council repeatedly praised and thanked him for his services[121]. His fellow townsman Giovanni (di Arrigo?) Arnolfini was immortalised together with his wife Giovanna di Guglielmo Cenami by Jan van Eyck in 1434 and gives us a glimpse into the luxury bedchamber of a rich merchant in fifteenth-century Bruges[122]. In the years 1444-1446, Arnolfini was the leading supplier of silk and luxury fabrics to the Burgundian court. He too acquired the citizenship of Bruges and became an advisor of the duke of Burgundy. Another famous personage in Bruges was Tommaso Portinari, from 1464 director (*governatore*) of the branch (*accomanda*) of the Medici firm set up in Bruges in 1439. This was in effect a limited partnership, and its director was the active partner (*compagno*) within the large decentralised *compagnia*. On the basis of a memorandum personally dictated by Lorenzo il Magnifico, who from 1469 was the *maggiore* of the holding company, Raymond De Roover came to the conclusion that Portinari bore significant responsibility for the formal liquidation of the Bruges branch in August 1480. Excessive lending to the duke of Burgundy, misinvestments and high personal expenses charged to the branch ("*farssi grande alle nostre spese*") apparently caused the losses to quickly mount to

Rapondi for the ducal finances. For the role of other Lucchesi in the Bruges financial system: Lambert, Bart, « The Political Side of the Coin. Italian Bankers and the Fiscal Battle between Princes and Cities in the Late Medieval Low Countries », *Economies, Public Finances, and the Impact of Institutional Changes in Interregional Perspective. The Low Countries and Neighbouring German Territories (14th-17th centuries)*, R. Van Schaïk (ed.), (Studies in European Urban History (1100-1800), 36), Turnhout, Brepols, 2015, p. 109.

121 Lambert, *The City, the Duke and their Banker*, p. 85, 86, 88, 92, 140-141; *Id.*, « The Political Side of the Coin », p. 108.

122 According to a recent interpretation, the famous portrait in the National Gallery in London depicts not a marriage or engagement, but a commercial agreement. Nor is there any consensus about the depicted person, although the tendency nowadays is to accept that it is Giovanni di Nicolao rather than his nephew Giovanni di Arrigo (Hall, Edwin, *The Arnolfini Betrothal. Medieval Marriage and the Enigma of Van Eyck's Double Portrait*, Berkeley, Los Angeles, University of California Press, 1994; Carroll, Margaret D., « In the Name of God and Profit: Jan van Eyck's Arnolfini Portrait », *Representations*, vol. 44, 1993, p. 96-132). The debate remains unresolved on many points, however. See Anderson, Christy, « Looking and Not Seeing », *The Oxford Art Journal*, vol. 19, 1996, p. 101-103. Galoppini, *Mercanti toscani e Bruges*, p. 182, 186, 187, 193 and 335 fails to solve the problem of identification based on the sources, but prefers Giovanni di Arrigo. For a more general interpretation: Howell, Martha C., *Commerce before Capitalism in Europe, 1300-1600*, Cambridge, 2010, p. 130-132.

20,000 pounds or 70,000 ducats[123]. Drawing on mainly central bookkeeping documentation of the Burgundian state, Marc Boone considerably qualified De Roover's view[124] on Portinari's "mismanagement"[125]. The truth is that after the liquidation of the Bruges branch of the Medici bank, Portinari continued banking in Bruges and even became a citizen there in 1483. He also nurtured his close contacts with the Burgundian ducal dynasty, served as advisor to Philip the Good and Charles the Bold, and remained in the diplomatic service of Maximilian of Austria until his old age. Portinari was a member of an important Bruges fraternity, actively supported the Franciscan Observants in the city and spoke French and probably Flemish[126]. However, he went to die in his native Florence. What all Italian merchants had in common, both in Bruges and elsewhere outside Italy, was of course that they were first and foremost Italian, with close bonds to their mother city and their family there[127].

Obviously, not every Tuscan merchant rose to become a political advisor at the highest level of the Burgundian state, but equally, it is clear that a number of Italians were integrated in the city where they lived and worked. Several members of the great families from Florence, Pisa and Lucca found a bride in Bruges or sired bastards there, who

123 De Roover, Raymond, « Oprichting en liquidatie van het Brugse filiaal van het bankiershuis der Medici », *Mededelingen van de Koninklijke Vlaamse Academie voor Wetenschappen, Letteren en Schone Kunsten van België. Klasse der Letteren*, vol. 15, n° 7, 1953, p. 12-15. In practice, Lorenzo had already terminated the partnership with Portinari in 1478 (De Roover, Raymond, *The Rise and Decline of the Medici Bank 1397-1494*, Washington (DC), Paperback reprint, Beard Books, 1999, p. 381 and *Id.*, « Tommaso di Folco Portinari », *Nationaal Biografisch Woordenboek*, Brussels, Paleis der Academiën, 1966, vol. 2, col. 683).

124 De Roover, *The Rise and Decline of the Medici Bank*, p. 71 but also p. 348-349 and 365. The same negative judgement is found in other publications by De Roover, for example *Id.*, « Tommaso di Folco Portinari », col. 692-694 and *Id.*, « Oprichting en liquidatie van het Brugse filiaal », p. 13-15.

125 Boone, Marc, « Apologie d'un banquier médiéval : Tommaso Portinari et l'État bourguignon », *Le Moyen Age. Revue d'Histoire et de Philologie*, vol. 105, n° 1, 1999, p. 31-54; *Id.*, « Bruges et les ducs de Bourgogne : du shopping sur les marchés de l'argent et du pouvoir », *Les marchands de la Hanse et la banque des Médicis. Bruges, marché d'échanges culturels en Europe*, A. Vandewalle (ed.), Oostkamp, Stichting Kunstboek, 2002, p. 132.

126 Wolfthal, « Florentine Bankers, Flemish Friars », p. 9 and 11.

127 Fouquet, Gerhard, « "Kaufleute auf Reisen". Sprachliche Verständigung im Europa des 14. und 15. Jahrhunderts », *Europa im späten Mittelalter. Politik – Gesellschaft – Kultur*, R. C. Schwinges, C. Hesse and P. Moraw (eds.), (Historische Zeitschrift. Beiheft NF, 40), München, Oldenbourg, 2006, p. 474; Galoppini, *Mercanti toscani e Bruges*, p. 65.

might gain an appointment as canon of St Donatian's. Others decorated altars and maintained chapels in the churches that they frequented and where they were sometimes buried. They were members of fraternities of varying degrees of exclusivity. In public processions and during festive events, merchants were present in large numbers along with their families and servants, and attracted attention with their colourful and costly attire[128]. The question remains whether these examples are representative of merchant circles as a whole. The answer must be negative. Although we cannot call the Genoese and Tuscan merchants a closed group, successful integration in Bruges city life can only be said to have occurred in a small number of cases[129].

In 1908, the German historian Rudolf Häpke, who studied these financial and commercial activities, had no hesitation, somewhat in imitation of the Nuremberg doctor Monetarius (1495), in describing Bruges as the *mittelalterlicher Weltmarkt* par excellence. The anonymous Bruges schoolmaster of the *livre des mestiers*, a textbook for practical language use (ca. 1368), already referred to it as "*une des milleurs villes marchandes qui soit en Chrestienté*"[130]. Jan Arthur Van Houtte later qualified Häpke's pronouncement, offering the hypothesis of *Bruges, marché national*: the port of Bruges only exported Flemish goods and only imported foreign goods for local consumption[131], so that no truly international exchange of goods (of the kind later found in Antwerp and Amsterdam) took place there. Direct trade in the city itself between Bruges' main commercial guests, the Italians and the Hanseatics, was rather limited in scale[132]. Bruges' actual hinterland, Van Houtte argued, was therefore very small. Wilfried Brulez showed that Bruges' significance was clearly greater than that of a national market and at the same time he downplayed

128 Galoppini, *Mercanti toscani e Bruges*, p. 222-223, 234-235, 301, 310, 311, 322-327.

129 *Ibid.*, p. 372. This conclusion seems correct to me, although the author saw far too little Bruges material.

130 Quoted by Murray, *Bruges, Cradle of Capitalism*, p. 1.

131 See the impressive list in *Cartulaire de l'ancienne Estaple de Bruges. Recueil de documents concernant le commerce intérieur et maritime, les relations internationales et l'histoire économique de cette ville*, Louis Gilliodts-Van Severen (ed.), (Recueil de chroniques, chartes et autres documents concernant l'histoire et les antiquités de la Flandre publié par la Société d'Émulation de Bruges), Bruges, Deplancke, 1904, vol. 1, p. 19-21 as well as *Hansisches Urkundenbuch*, Konstantin Höhlbaum (ed.), Halle, Leipzig, Waisenhaus, 1882, vol. 3, p. 419-420, number 1.

132 Guidi Bruscoli, « Trade with Northern Europe », p. 397.

the difference or the classic antithesis between Bruges and the later port of Antwerp[133]. Peter Stabel also pointed out that Bruges' role in the distribution of, for example, Mediterranean products (southern fruits, spices, olive oil, paper) extended far beyond its own region[134]. Bruges was in every way, to use the terminology of urban historians and economic geographers, a "gateway" that integrated the regional economy through trade flows with the international economic system and enabled the industrial output of the Low Countries–and often its artistic output too–to find its way into international markets[135]. The city became the central market for textiles in the Low Countries and a leading player in the luxury and finishing industry within an extensive urban network[136]. James Murray went a step further and called the city, with its inns and brokers, dealers, changers and bankers, a dynamic and highly flexible nerve centre in an extensive European network of international trade. He even described Bruges as "the first 'network' city in European economic history". In Wim Blockmans' impressive synthesis of metropoles at the North Sea, Bruges appears as "the most international market city of north-western Europe"[137].

133 Van Houtte, « The Rise and Decline », p. 260 but also *Id.*, *Brugge vroeger en nu* (Fibula Heemschutreeks, 4), Bussum, Fibula-Van Dishoeck, 1969, p. 42 or *Id.*, « Bruges et Anvers, marchés 'nationaux' ou 'internationaux' du XIVe au XVIe siècle », *Revue du Nord*, vol. 34, 1952, p. 89-108. For Brulez's view, see Brulez, Wilfried, « Brugge en Antwerpen in de 15e en 16e eeuw: een tegenstelling? », *Tijdschrift voor Geschiedenis*, vol. 83, 1970, p. 15-37 (with an English translation in *Acta Historiae Neerlandicae*, 6, 1973, p. 1-26). Additional data in Blockmans, *Metropolen aan de Noordzee*, p. 548 and 551.

134 Stabel, Peter, « Markt en hinterland: de centrale functies van de kleinere steden in Vlaanderen tijdens de late middeleeuwen en het begin van de moderne tijd », *Het stedelijk netwerk in België in historisch perspectief (1350-1850). Een statistische en dynamische benadering. 15de Internationaal Colloquium Spa, 4-6 sept. 1990. Handelingen* (Gemeentekrediet. Historische Uitgaven, reeks in-8°, 86), Brussels, Gemeentekrediet, 1992, p. 342 (footnote 3), 349 and 350 ; *Id.*, *De kleine stad in Vlaanderen. Bevolkingsdynamiek en economische functies van de kleine en secundaire stedelijke centra in het Gentse kwartier (14de-16de eeuw)* (Verhandelingen van de Koninklijke Academie voor Wetenschappen, Letteren en Schone Kunsten van België. Klasse der Letteren, 57, 156), Brussels, Paleis der Academiën, 1995, p. 89.

135 Stabel, « De gewenste vreemdeling », p. 196 ; *Id.*, *De kleine stad in Vlaanderen*, p. 88.

136 Blockmans, De Munck and Stabel, « Economische dynamiek: verstedelijking », p. 47.

137 Blockmans, *Metropolen aan de Noordzee*, p. 14 and 545; Murray, James M., « Of Nodes and Networks: Bruges and the Infrastructure of Trade in Fourteenth-Century Europe », *International Trade in the Low Countries (14th-16th Centuries). Merchants, Organisation, Infrastructure. Proceedings of the International Conference Ghent-Antwerp, 12th-13th January 1997*, P. Stabel, B. Blondé and A. Greve (eds.), Leuven, Apeldoorn, Garant, 2000, p. 1-14.

THE DECLINE OF BRUGES AND THE END OF THE ITALIAN PRESENCE

In the course of the fifteenth century, Bruges' golden age came to an end. Unfortunately, reliable time series that can be used to untangle this downward trend from volatile cyclical fluctuations are not available. However, it has been accepted in recent years on the basis of disparate indications that the city's decline took place later and more slowly than previously supposed. For the duke of Burgundy, Philip the Good, Bruges in 1450 was still very much "*la plus renommée par tout le monde par le fait de marchandise qui se y hante*"[138]. Contemporary accounts, including those of foreign visitors, confirm the duke's perception. The fact is that around the mid-fifteenth century the city was definitely the richest metropolitan area in the Low Countries[139]. Even in the last decades of the fifteenth century, many contemporaries were clearly unaware of any crisis or impending shift[140]. Population figures during the late Middle Ages indicate that Bruges probably had 37,000 inhabitants around 1395, some 35,000 in 1430-1450 and as many as 42,000 in 1477. Population decline only occurred after 1475-1480[141]. Excise duties on

138 Gilliodts van Severen, Louis, *Inventaire des archives de la ville de Bruges. Section première. Inventaire des chartes. Première série : Treizième au seizième siècle*, Bruges, E. Gailliard, 1876, vol. 5, p. 345, number 105. Also quoted by Murray, *Bruges, Cradle of Capitalism*, p. 344; Pirenne, Henri, *Histoire de Belgique*, Brussels, Lamertin, 1903, vol. 2, p. 393; Van Uytven, Raymond, « Stages of Economic Decline: Late Medieval Bruges », *Peasants & Townsmen in Medieval Europe. Studia in Honorem Adriaan Verhulst*, J. M. Duvosquel and E. Thoen (eds.), Gent, Snoeck-Ducaju & Zoon, 1995, p. 259; *Id.*, « La conjoncture commerciale et industrielle aux Pays-Bas bourguignons. Une récapitulation », *Les Pays-Bas bourguignons. Histoire et Institutions. Mélanges André Uyttebrouck*, J.-M. Duvosquel, J. Nazet and A. Vanrie (eds.), (Archives et Bibliothèques de Belgique. Numéro spécial, 53), Brussels, Archives et Bibliothèques de Belgique, 1996, p. 442.

139 Blockmans, Wim, « The Burgundian Court and the urban milieu as patrons in 15th century Bruges », *Economic history and the Arts*, M. North (ed.), Cologne, Böhlau, 1996, p. 215; *Id.*, *Metropolen aan de Noordzee*, p. 558.

140 Van Uytven, « Stages of Economic Decline », p. 261; De Keyser, Joey, « De visie van vreemdelingen op de verschuiving van het commerciële zwaartepunt van Brugge naar Antwerpen (14de-16de eeuw) », *Handelingen van het Genootschap voor Geschiedenis gesticht onder de benaming "Société d'Émulation" te Brugge*, vol. 146, n° 2, 2009, p. 277.

141 Dumolyn, « Population et structures professionnelles », p. 44, 45 and 60, 61-62; Janssens, Albert, « Het Brugs bevolkingsaantal in 1477 », *Van Middeleeuwen tot heden. Bladeren door Brugse kunst en geschiedenis*, J. L. Meulemeester (ed.), Brugge, Jong Kristen Onthaal voor

essential products such as beer show that the total leased taxes between 1477 and 1483 significantly increased and even in 1492 were higher than in 1477. However, a shift is observable from the consumption of wine to the cheaper beer, suggesting that more and more townspeople were experiencing a fall in real income[142]. The leased revenue of the major Zwin toll refers to a slight decrease from 1464 and a catastrophic collapse in 1493[143]. Records of citizens'registration fees, which are an indicator of the city's economic attractiveness, reveal a fairly favourable picture, albeit with a turning point shortly after the mid-fifteenth century, and a crisis that is apparent after 1480[144]. The city's art market also withstood the threatened crisis fairly well, as cultural investment remained high, thanks to the happy combination of artistic tradition and widespread availability of capital[145]. The number of registrations of new masters in the Bruges painters' guild therefore only shows a downward trend after 1516[146].

Naturally, there has been intense speculation in the historiography about the cause of Bruges' decline. Even before the Second World War, little credence was attached to the notion of a natural silting process whereby large parts of the Zwin ceased to be navigable by the larger galleys[147].

Toerisme, 1983, p. 32 and 34 (the figure of 42,000 is the most likely estimate, between extremes of 37,000 and 46,000). See Stabel, Puttevils, Dumolyn, Lambert, Murray and Dupont, « Production, Markets and Socio-economic Structures », p. 238-239, the article by Prevenier (*supra*, footnote 50) and Van Uytven, « Stages of Economic Decline », p. 263.

142 Van Uytven, « Stages of Economic Decline », p. 264-265 and tabel III.

143 *Ibid.*, p. 266, graph 1; *Id.*, « Politiek en economie: de crisis der late XVe eeuw in de Nederlanden », *Belgisch Tijdschrift voor Filologie en Geschiedenis*, vol. 53, 1975, p. 1146.

144 Stabel, Peter, « Organisation corporative et production d'œuvres d'art à Bruges à la fin du Moyen Âge et au début des Temps Modernes », *Le Moyen Age. Revue d'histoire et de philologie*, vol. 113, n° 1, 2007, p. 94; Thoen, Erik, « Verhuizen naar Brugge in de late Middeleeuwen », *Beleid en bestuur in de oude Nederlanden. Liber amicorum Prof. Dr. M. Baelde*, H. Soly and R. Vermeir (eds.), Gent, Universiteit Gent, 1993, p. 329-349.

145 Wilson, Jean C., *Painting in Bruges at the Close of the Middle Ages. Studies in Society and Visual Culture*, Pennsylvania, Pennsylvania State University Press, 1998, p. 168-169. Also Blockmans, Wim, « 'Fondans en melencolie de povrety'. Leven en werken in Brugge 1482-1584 », *Brugge en de renaissance. Van Memling tot Pourbus*, M. Martens (ed.), Bruges, Gent, Ludion, 1998, p. 31.

146 Blockmans, « The Burgundian Court », p. 20; Dewilde, Brecht, *Sociale mobiliteit, machtsverdeling en status in het Brugse beeldenmakersambacht (1453-1795)* (Unpublished master thesis History Department KU Leuven), Leuven, 2004, p. 77 (graph 7) and 87; Stabel, « Organisation corporative et production », p. 109, table 1.

147 Van Houtte, « The Rise and Decline », p. 263-264; Wellens, Robert, « La révolte brugeoise de 1488 », *Handelingen van het Genootschap voor Geschiedenis gesticht onder de benaming*

It is of course true that the navigable channel of the Zwin received an insufficient inflow from nearby rivers and immediately began to clog up, so that people at the time were impressed with the ever recurring phenomenon of silting[148]. Thanks to a series of structural investments starting as early as the end of the thirteenth century, the city managed to remedy the problem somewhat with the support of the central government[149]. These plans and works for new connections with the sea and canal routes continued until the end of the sixteenth century[150], and large ships of 300 tons appeared in Sluis until well into this period[151]. Although the port's poor accessibility undoubtedly increased transaction and transport costs, this geographical factor was clearly inadequate as an argument. Therefore, other explanatory factors had to be found. Jan Arthur Van Houtte mainly saw the crisis in the classical drapery and the successive measures to ban English cloth as the major cause of Bruges' decline[152]. As a secondary point, he also referred to the "ponderous" fiscalisation that characterised Bruges' economy from the end of the fifteenth century[153].

"Société d'Émulation" te Brugge, vol. 102, 1965, p. 10. See the survey in Verbist, *Traditie of innovatie? Wouter Ameyde*, p. 32-34.

148 De Keyser, « De visie van vreemdelingen », p. 282, 283, 305.

149 Dewilde, Brecht, Dumolyn, Jan, Lambert, Bart and Vannieuwenhuyze, Bram, « 'So one would notice the good navigability': economic decline and the cartographic conception of urban space in late fifteenth- and sixteenth-century Bruges », in *Urban History*, vol. 43, 2016, p. 4-5.

150 Blockmans, « Fondans en melencolie », p. 28.

151 Van Uytven, « Stages of Economic Decline », p. 262.

152 Van Houtte, « The Rise and Decline », p. 265 and *Id.*, *Brugge vroeger en nu*, p. 48. The conversion from a luxury drapery based on English wool to a new drapery (*nouvelle draperie*) based on less expensive Spanish wool did not occur until around the mid-sixteenth century (Munro, John, H., « Medieval woollens: the Western European woollen industries and their struggles for international markets, c. 1000-1500 », *The Cambridge History of Western Textiles*, D. Jenkins (ed.), Cambridge, Cambridge University Press, 2003, vol. 1, p. 290; Van der Wee, Herman and Munro, John H., « The Western European Woollen Industries, 1500-1750 », *The Cambridge History of Western Textiles*, D. Jenkins (ed.), Cambridge, Cambridge University Press, 2003, vol. 1, p. 405). The first half of the sixteenth century also saw the emergence of a light drapery (*draperie légère*) based on serge and a mixed drapery (e.g. fustian) (Vermaut, Jos, « Structural transformation in a textile centre: Bruges from the sixteenth to the nineteenth century », *The Rise and Decline of Urban Industries in Italy and in the Low Countries (Late Middle Ages–Early Modern Times)*, H. Van der Wee (ed.), (Studies in Social and Economic History, 1), Leuven, Leuven University Press, 1988, p. 187-192).

153 Van Houtte, Jan Arthur, « De draperie van Leidse lakens in Brugge 1503-1516. Een vroege poging tot inplanting van nieuwe nijverheden », *Album Antoon Viaene*, Bruges, Westvlaams Verbond van Kringen voor Heemkunde, 1970, p. 337, reprinted in *Id.*, *Essays*

Recently it has been argued that competition from Bruges' successor, the Antwerp market, started to kick in earlier and harder than previously imagined. For example, southern German merchants with their fustian and copper already had an established presence in Antwerp by the early fifteenth century[154]. Also, lower wage levels, the support of the central government and especially the fact that economic activity was less stringently controlled were decisive in this intense competitive struggle that at the end favoured Antwerp's commercial ascent[155]. In line with this argument, Bart Lambert has shown that the highly regulated Bruges staple market generated costs for a number of smaller dealers that drove them into the informal economy[156]. While all of these factors undoubtedly had an influence, the main cause for the long-term decline of Bruges ultimately remains a thorough shift in trade flows in Europe on the eve of the early modern period. The rise of the southern German region and the new links with northern Italy (especially Venice), the revival of the transcontinental trade with the proliferation of fairs in France and Castile, the textile exports of the English Merchant Adventurers and soon even the Portuguese maritime expansion all worked in favour of the city on the Scheldt[157]. By contrast, in the eyes of contemporaries and from

on Medieval and Early Modern Economy and Society (Symbolae Facultatis Litterarum et Philosophiae Lovaniensis. Series A/5), Leuven, Leuven University Press, 1977, p. 331-339.

154 Bolton and Guidi Bruscoli, « When did Antwerp replace Bruges », p. 360-379. Contemporaries failed to see this growing competition and were mesmerised by the image and reputation of Bruges (De Keyser, « De visie van vreemdelingen », p. 272).

155 Blockmans, Wim, « Cities, networks and territories. North-central Italy and the Low Countries reconsidered », *Europa e Italia. Studi in onore di Giorgio Chittolini*, P. Corrao a.o. (eds.), Florence, Firenze University Press, 2011, p. 52. Galoppini, *Mercanti toscani e Bruges*, p. 39 likewise pointed to the "maggiore libertà di commercio ad Anversa" as the main cause.

156 Lambert, Bart, « Merchants on the margins: fifteenth-century Bruges and the informal market », *Journal of Medieval History*, vol. 42, n° 2, 2016, p. 226-253.

157 Van der Wee, Herman and Peeters, Theo, « Un modèle dynamique de croissance interséculaire du commerce mondial (XIIe-XVIIIe siècles) », *Annales, Économies, Sociétés, Civilisations*, vol. 25, n° 1, 1970, p. 102; Van der Wee, Herman, « Die Niederlande 1350-1650 », *Handbuch der europäischen Wirtschafts- und Sozialgeschichte*, H. Kellenbenz (ed.), Bamberg, Klett-Cotta, 1986, vol. 3, p. 583-584. See also the summary and literature in Aerts, Erik, « Antwerp », *The Oxford Encyclopedia of Economic History*, J. Mokyr (ed.), Oxford, Oxford University Press, 2003, vol. 1, p. 144-145 and *Id.*, « The Stock Exchange in Medieval and Early Modern Europe. The Origins of a Concept in the Southern Low Countries », *Miscellanea in memoriam Pierre Cockshaw (1938-2008). Aspects de la vie culturelle dans les Pays-Bas méridionaux (XIVe-XVIIIe siècle). Aspecten van het culturele leven in de Zuidelijke Nederlanden (14de-18de eeuw)*, F. Daelemans and A. Kelders (eds.), (Archives et Bibliothèques de

a short–or medium-term perspective, Bruges' crisis was political. The main factor from this viewpoint was the civil war against Maximilian, resulting in the repeated despoiling of the surrounding countryside, the blockading of the ports of Sluis and Damme, the departure of foreign merchants, and the city's financial depletion due to military spending, high fines and economic sanctions[158]. In later artistic evocations, the city authorities called these years "the iron age", following the gold and the silver era's[159]. The diffuse image of a city that, to judge from some imperfect quantitative indicators, encountered serious problems especially after 1480 and breathed freely again after 1495, partly confirms this political explanation.

Belgique. Archief- en Bibliotheekwezen in België. Numéro spécial-Extra nummer 82), Brussels, Archives et Bibliothèques de Belgique, 2009, vol. 1, p. 37-39.

158 Blockmans, « Cities, networks and territories », p. 53; De Keyser, « De visie van vreemdelingen », p. 277-280; Derycke, Laurence, « The public annuity market in Bruges at the end of the 15th century », *Urban Public Debts. Urban Government and the Market for Annuities in Western Europe (14th-18th centuries)*, M. Boone, K. Davids and P. Janssens (eds.), (Studies in European Urban History (1100-1800), 3), Turnhout, Brepols, 2003, p. 168; Stabel, « Organisation corporative et production », p. 92-93; Van Uytven, « Politiek en economie », p. 1149. Numerous traces of the military troubles are found in the city accounts, which are full of items such as "*dat van noede was haestelic penninghen te vindene omme temployeerne int fait vander oorloghe*"("because funds needed to be found urgently to be used for war") (City Archives Bruges, Oud Archief, city account Sept. 1490-Dec. 1490, fol. 24). There are equally frequent references to loans and debts "*ter cause vand. oorloghe*" ("because of the war") (City Archives Bruges, Oud Archief, city account Sept. 1489-Sept. 1490, fol. 38, but also fol. 174v). In november 1489 explicit reference is made to the "high and excessive costs and burdens of war, to be endured daily and for a long time because of the war and conflicts within the Land of Flanders" ("*groote ende excessive costen ende lasten die zoe langhe tijd ghesupporteird hadde ende noch daghelicx supporterende ende draghen moeste ter cause vanden oorloghe ende gheschillen die aldoer waren binnen den lande van Vlaenderen*") (City Archives Bruges, Oud Archief, city account Sept. 1489-Sept. 1490, fol. 117). Similar quotations in the city accounts for Sept. 1491-Sept. 1492, fol. 40 and for Sept. 1492-Sept. 1493, fol. 63, but also in Haemers, Jelle, « A Financial Revolution in Flanders? Public Debt, Representative Institutions, and political Centralisation in the County of Flanders during the 1480s », *Economies, Public Finances, and the Impact of Institutional Changes in Interregional Perspective. The Low Countries and Neighbouring German Territories (14th-17th centuries)*, R. Van Schaïk (ed.), (Studies in European Urban History (1100-1800), 36), Turnhout, Brepols, 2015, p. 149-150. For quantitative data about the revenue from Bruges excise duties and subsidies to the government, see Haemers, Jelle, « Faire son prouffit. Die Finanzpolitik Maximilians I. und die städtischen Aufstände in den Niederlanden (1477-1488) », *Habsburger Herrschaft vor Ort – weltweit (1300-1600)*, J. Rauschert, S. Teuscher and T. Zotz (eds.), Ostfildern, Thorbecke, 2013, p. 202-204.

159 W. Blockmans, « Fondans en melencolie », p. 26.

As always and everywhere, the financial developments followed the commercial vicissitudes with a certain time lag[160]. In other words, sometime after the city's commercial failure was evident, the Italians' financial activities at the Beurs simply continued as usual. After his imprisonment in Bruges in February 1488, Maximilian of Austria had demanded in June of that year that foreign merchants would move to Antwerp, where, incidentally, the new arrivals would encounter many of their townspeople (including foreigners holding the citizenship of Bruges)[161]. As a result of this measure, but also due to lack of security, privateering and random confiscations by all parties, trading in Bruges came to a complete standstill[162]. The Bruges mayor Nicolas Despars (1522-1597) recounts in his chronicle from 1562 how the still rebellious lord of the castle at Sluis, Philip of Cleves, took revenge on the peace party in Bruges by allowing "no merchant ships in the direction of Bruges" ("*gheenrande coopvaerders schepen te Brugge waert*") in the winter of 1490-1491[163]. Several thousand homes were said to be vacant because their inhabitants had fled the city[164]. Only after the signing of the major peace treaties (in Cadzand on 29 July 1492 and in Senlis on 23

160 Spufford, Peter, *From Antwerp to London. The Decline of Financial Centres in Europe* (Ortelius Lecture, 4), Wassenaar, Nias & Universiteit Antwerpen, 2005, p. 16-17, 20 and 34; Usher, Abbot Payson, *The Early History of Deposit Banking in Mediterranean Europe* (Harvard Economic Studies, LXXXV), Cambridge (Mass.), Harvard University Press, 1943, vol. 1, p. 127; Van Houtte, Jan Arthur and Van Uytven, Raymond, « Financiën », *Algemene Geschiedenis der Nederlanden*, Haarlem, Fibula-Van Dishoeck, 1980, vol. 4, p. 112; Blockmans, *Metropolen aan de Noordzee*, p. 653.

161 Asaert, Gustaaf, « Gasten uit Brugge. Nieuwe gegevens over Bruggelingen op de Antwerpse markt in de vijftiende eeuw », *Album Carlos Wyffels. Aangeboden door zijn wetenschappelijke medewerkers. Offert par ses collaborateurs scientifiques*, H. Coppejans, G. Hansotte, A. Scufflaire and E. Vandewoude (eds.), Brussels, Archives générales du Royaume, 1987, p. 23-41; Prims, Floris, *Geschiedenis van Antwerpen*, Antwerp, Standaard Boekhandel, 1939, vol. XVI, p. 51; Puttevils, *Merchants and Trading*, p. 150.

162 De Gelaen, Eric, « De gevolgen van de opstand tegen Maximiliaan van Oostenrijk voor het Vlaamse platteland », *Handelingen Koninklijke Geschied- en Oudheidkundige Kring van Kortrijk*, nieuwe reeks, vol. 40, 1973, p. 192; Van Uytven, « Politiek en economie », p. 1130.

163 *Cronijcke van den lande ende graefscepe van Vlaenderen gemaect door Jo^r^ Nicolaes Despars*, Jan De Jonghe (ed.), Bruges, 1840, vol. 4, 2^d^ ed., p. 493. Background information in Van der Wee, Herman, *The Growth of the Antwerp Market and the European Economy (Fourteenth-Sixteenth Centuries)* (Université de Louvain – Recueil de travaux d'histoire et de philologie, IVe série, fasc. 29), Leuven, Paris, The Hague, M. Nijhoff, 1963, vol. 2, p. 103.

164 According to a letter of Maximilian and Philip the Fair as quoted by Wyffels, Antoon, « De omvang en de evolutie van het Brugse bevolkingscijfer in de 17de en de 18de eeuw », *Belgisch Tijdschrift voor Filologie en Geschiedenis*, vol. 36, 1958, p. 1244.

May 1493) did most of the merchants, including the Italians, return to Bruges, and they only did so reluctantly[165]. In around 1500, the Florentines and Lyonnais still regarded the Bruges money market as the most important in north-western Europe[166]. However, that would change within a decade. The Milanese were the first to leave, probably before 1494. In 1501, the Venetian senate decided to send the galleys directly to Southampton henceforth and to ignore Bruges[167]. In 1515 the Venetians still residing in Bruges also departed. Their consul or head of the nation had already disappeared from the city in 1505. Most Florentine, Genoese and Lucchesi merchants left Bruges in 1516. Their consuls remained at their post for a few more years, but between 1518 and 1523 their residence in Bruges likewise came to an end[168]. The heirs of the Lombard pawnbrokers stayed on for far longer in the city, though their numbers declined during the sixteenth century. In 1537 a Lombard from Piedmont received a licence from the emperor to open a pawnshop in Bruges. The presence of several Lombards continued to be reported in the city until 1625. The last one was the Piedmontese Carel Mus, who in that year obtained an individual licence and was also participating at that time in the pawnshops of other cities. From 1573, pawnbroking by the Lombards ran into serious competition in Bruges due to the establishment of a municipal and public loan bank[169].

Bruges did not immediately collapse into an economic mess. In early August 1517, the Italian cardinal Luigi d'Aragona and his assistant, canon Antonio de Beatis, spent some time in the once renowned metropolis and recorded some impressions of it. Although the city had been hard

165 Van Houtte, Jan Arthur, « Anvers aux XVe et XVIe siècles. Expansion et apogée », reprinted in *Id.*, *Essays on Medieval and Early Modern Economy and Society* (Symbolae Facultatis Litterarum et Philosophiae Lovaniensis. Series A/5), Leuven, Leuven University Press, 1977, p. 148; Van Uytven, « Politiek en economie », p. 1147.

166 Van der Wee, *The Growth of the Antwerp Market*, vol. 2, p. 111, footnote 133.

167 Van Uytven, « Politiek en economie », p. 1148.

168 Based on Marechal, Jos, « Le départ de Bruges des marchands étrangers (XVe et XVIe siècles) », reprinted in *Id.*, *Europese aanwezigheid te Brugge De vreemde kolonies (XIVde-XIXde eeuw)* (Vlaamse Historische Studies, 3), Bruges, Genootschap voor Geschiedenis, 1985, p. 181-187; Vandewalle, « Les nations étrangères », p. 40; Van Houtte, « Mercanti, imprenditori e banchieri », p. 159; Vandewalle and Geirnaert, « Bruges and Italy », p. 191. See also the survey in Stabel, « Italian merchants and the fairs », p. 152.

169 Greilsammer, *L'Usurier chrétien, un juif métaphorique ?*, p. 185, footnote 95, p. 209, footnote 177 and p. 225, footnote 239; Soetaert, *De Bergen van Barmhartigheid*, p. 75 and 111; *Id.*, « De oude pandhuizen », p. 191.

hit by years of civil war ("*per la guerra che tenne con lo imperatore* (…) *che durò molti anni, sia molto ruinata*"), it was still home to "*molti mercanti*" who "*fanno artificii et industrie assai*"[170]. The author of this travel account is known to have taken a rather blithe view of life[171]. His description of an anything but sleepy town suggests that, while the golden years were definitely over, economic activity did not just come to a halt from one day to the next. Although the real wages of many Bruges craftsmen fell after 1500, up to 1545 they were still earning more than their colleagues in Antwerp and other cities[172]. The balance tipped in the middle of the sixteenth century[173]. Around that time, the Hanseatic *Kontor* also moved to Antwerp. Even after that, much dormant capital remained present. In the tax lists of the hundredth penny (1569-1570), a 1 % tax on immovable and movable capital, Bruges was ranked third after Brussels and Antwerp. The movable capital in Bruges was in fact considerably greater than in Brussels[174]. Such figures indicate a long afterglow in Bruges[175].

So the Italians moved away from Bruges. This did not mean that their role in the Southern Netherlands was over. In Antwerp, they continued to operate. The traditional historiography about that city has somewhat downplayed the presence of Italians relative to newcomers such as the

---

170 *Don Antonio de Beatis. Voyage du Cardinal d'Aragon en Allemagne, Hollande, Belgique, France et Italie (1517-1518)*, Madeleine Havard de la Montagne (ed.), Paris, Perrin, 1913, p. 110. For the original quotation I used *Die Reise des Kardinals Luigi d'Aragona durch Deutschland, die Niederlande, Frankreich und Oberitalien, 1517-1518, beschrieben von Antonio de Beatis*, Ludwig Pastor (ed.), (Erläuterungen und Ergänzungen zu Geschichte des deutschen Volkes, 4,4), Freiburg im Breisgau, Herder, 1905, p. 118.

171 *Don Antonio de Beatis*, Havard de la Montagne (ed.), p. 15.

172 Blockmans, « Fondans en melencolie », p. 31.

173 Van Houtte, « The Rise and Decline », p. 273; Stabel, *De kleine stad in Vlaanderen*, p. 101-103. The presence of the Spanish (Castilian) wool staple remained "the focus of its [Bruges] mercantile life" (Phillips, William D. jr., « Merchants of the Fleece: Castilians in Bruges and the Wool Trade », *International Trade in the Low Countries (14th-16th Centuries). Merchants, Organisation, Infrastructure. Proceedings of the International Conference Ghent-Antwerp, 12th-13th January 1997*, P. Stabel, B. Blondé and A. Greve (eds.), Leuven, Apeldoorn, Garant, 2000, p. 79; see also Dewilde, Brecht, *Portretten en de macht. Het familiebedrijf Claeissens in zestiende-eeuwse Brugge* (Unpublished master thesis Art History Department KU Leuven), Leuven, 2007, vol. 1, p. 9 and De Keyser, « De visie van vreemdelingen », p. 283).

174 Stabel, Peter and Vermeylen, Filip, *Het fiscale vermogen in Brabant, Vlaanderen en in de heerlijkheid Mechelen: de Honderdste Penning van de hertog van Alva (1569-1572)*, Brussels, Koninklijke Commissie voor Geschiedenis, 1997, p. 29, 35 and 36.

175 Blockmans, « Fondans en melencolie », p. 30.

southern Germans, the English and the Portuguese. Wrongly, as it turns out, because in monetary terms Italian silk and related products were the main product in the trade balance of the Southern Netherlands which was largely drawn up in Antwerp. The role of the Italians in Antwerp was without any doubt greater than it was long thought to be[176]. Or, to cite cardinal d'Aragona's secretary again: "*mercanti italiani vi fan stantia, chi non son pochi*"[177]. Jeroen Puttevils also points to the persistent, albeit reduced importance of Italian merchants for Antwerp's golden age[178]. Paola Subacchi goes so far as to claim that "Antwerp's business life, however, was dominated by the Italians"[179]. This is probably an exaggeration in the other direction. Despite the much larger scale of Antwerp, the number of Italian merchants there, in both absolute and relative terms, was smaller than in Bruges[180]. Bearing in mind the financial development process that had occurred in Antwerp independently from Italy to some extent[181], the innovative element of the

176 Brulez, Wilfried, « Le commerce international des Pays-Bas au XVIe siècle : essai d'appréciation quantitative », *Revue belge de Philologie et d'Histoire*, vol. 46, n° 4, 1968, p. 1206 and 1213; *Id.*, « De handel », *Antwerpen in de XVIde eeuw*, Antwerp, Genootschap voor Antwerpse Geschiedenis, 1975, p. 124, 128-129. More general: *Id.*, « Brugge en Antwerpen », p. 16-36.

177 *Die Reise des Kardinals*, Pastor (ed.), p. 111. Fernando Álvarez de Toledo, third duke of Alva, expressed himself in a similar vein in the memorandum for his successor: Janssens, Gustaaf, « Het "politiek testament" van de hertog van Alva: aanbevelingen voor don Luis de Requeséns over het te voeren beleid in de Nederlanden (Brussel, 2 december 1573) », *Handelingen van de Koninklijke Commissie voor Geschiedenis*, vol. 175, 2009, p. 469 (the importance of Italian merchants for the money market and the state finances).

178 Puttevils, Jeroen, « Klein gewin brengt rijkdom in: de Zuid-Nederlandse handelaars in de export naar Italië in de jaren 1540 », *Tijdschrift voor Sociale en Economische Geschiedenis*, vol. 6, n° 1, 2009, p. 35 and 45. See also Hildebrandt, Reinhard, « Die Bedeutung Antwerpens als Börsenplatz 1579 », *Scripta Mercaturae*, vol. 1-2, 1974, p. 18-19.

179 Subacchi, Paola, « Italians in Antwerp in the Second Half of the Sixteenth Century », *Minderheden in West-Europese steden (16de-20ste eeuw). Minorities in Western European Cities (sixteenth-twentieth centuries)*, H. Soly and A. K. L. Thijs (eds.), Bruges, Rome, Belgisch historisch instituut, 1995, p. 74.

180 Both Subacchi, « Italians in Antwerp », p. 78, figure 1 and Brulez, « De handel », p. 128 followed by Blondé, Gelderblom and Stabel, « Foreign Merchant Communities », p. 165 estimate the number of Italian merchants around the middle of the century at about 200, but Gelderblom, « The Decline of Fairs », p. 218, tabel 2 only accepts a hundred permanent residents. Clearly Antwerp was for the Italians "not a place where to live on a permanent basis" (Subacchi, « Italians in Antwerp », p. 86). Gelderblom's figures are closer to those of Van Houtte, « Anvers aux XVe et XVIe siècles », p. 162.

181 Van der Wee, Herman, « Anvers et les innovations de la technique financière aux XVIe et XVIIe siècles », *Annales, Économies, Sociétés, Civilisations*, vol. 22, n° 5, 1967, p. 1071-1089;

Italians also seems to have diminished. Overall, however, the Italian role in the development of commercial law (marine insurance, the influence of Genoese legislation) as well as in the spread of modern commercial methods (commission trade, the spread of the bill of exchange, double entry bookkeeping, etc.) in Antwerp was of great importance.

THE SIGNIFICANCE OF THE ITALIANS FOR THE BRUGES ECONOMY

We have seen how Bruges and the Italians were closely linked, in the eyes of both people at the time and historians today. Bruges was without doubt significant to the Italians as the most important node in their commercial network outside Italy and in north-western Europe. One striking illustration of this is that the Datini archives in Prato contain 2,383 letters sent from Bruges and just 267 from London[182]. This huge difference says much about the relative importance of these two money markets for the Italians. But conversely, was the Italian presence also important for the city of Bruges? The question seems superfluous in the light of the foregoing discussion. The prevailing perception in Bruges at the time also indicates that the answer must self-evidently be affirmative. In any case the Bruges city authorities did their utmost to accommodate the Italian guests' requirements as far as possible. During periods of political and military crisis, the urban middle classes in Bruges were even prepared to make concessions simply in order to keep the Italians

Id., « Monetary, Credit and Banking Systems », *The Cambridge Economic History of Europe*, V, *The Economic Organization of Early Modern Europe*, E. E. Rich and C. H. Wilson (eds.), Cambridge, London, New York, Melbourne, Cambridge University Press, 1977, p. 323, 325-332; *Id.*, *The Growth of the Antwerp Market*, vol. 2, p. 367-368. Antwerp's financial contribution is heavily downplayed by historians such as Brulez and De Roover (Brulez, « De handel », p. 135 and De Roover, *Money, Banking and Credit*, p. 349). De Ruysscher, Dave, *Handel en recht in de Antwerpse rechtbank (1585-1713)* (Unpublished doctoral dissertation Faculty of Law KU Leuven), Leuven, 2009, p. 275-279 gives a fair account of the debate and opts for a moderate compromise solution. He too stresses that the Antwerp money market did not produce any *ex nihilo* innovations and remained indebted to Italian advances.

182 Guidi Bruscoli, « Mercanti-banchieri fiorentini », p. 12; *Id.*, « Trade with Northern Europe », p. 399-400.

in the city by reducing transaction costs[183]. Nevertheless, the question of the Italian contribution to the urban economy of Bruges is worth asking, especially as Pamela Nightingale has recently pointed out that in the late thirteenth century Italian merchants introduced a number of "destabilising factors" to the economy of London and, by extension, England as a whole[184]. She refers to currency speculation, depreciation of the quality of the currency, inflation, popular unrest, excessive interest rates in loans to the royal government, volatile exchange rates, outflow of specie, and political pressure. Social inequality, smuggling and espionage could be added to this list[185]. For Nightingale at least, the contribution of "alien finance" to the English economy was a serious threat rather than a blessing. Some of these negative forces were also active in Bruges and Flanders.

Due to the extensive and valuable Italian supply of products from the Mediterranean and Black Sea regions, but also from the Middle East, Asia Minor, North Africa and the Iberian Peninsula, Flanders, and indeed the whole of north-western Europe, ran a deficit on their balance of trade with Italy. Venetian galleys and Genoan carracks found barely enough cargo in Bruges for the return journey. Northern Italy developed its own textile industry in the course of the fourteenth century, and was therefore interested not in finished cloth from Flanders, but in raw wool from England. Fortunately, Flanders was able to use a surplus on its balance of trade with Catalonia to meet the Italian claims through a kind of triangular trade[186]. Italian merchants sometimes also turned to the balances they had accumulated in Bruges to finance their Middle Eastern purchases[187].

183 Dumolyn, « Our land is only founded », p. 380-381; Stabel, « Italian merchants and the fairs », p. 146.

184 Nightingale, Pamela, « Alien finance and the development of the English economy, 1285-1311 », *The Economic History Review*, vol. 66, n° 2, 2013, p. 477-496. See already Munro, « Bullionism and the Bill of Exchange in England », p. 109 and 207.

185 Guidi Bruscoli, « Mercanti-banchieri fiorentini », p. 39; Lambert, « The Political Side of the Coin », p. 108-109.

186 De Roover, Raymond, « La balance commerciale entre les Pays-Bas et l'Italie au quinzième siècle », *Revue belge de Philologie et d'Histoire*, vol. 37, 1959, p. 347-386; *Id.*, *The Bruges Money Market*, p. 44-46; *Id.*, « Renseignements complémentaires sur le marché », p. 63-64; Guidi Bruscoli, « Trade with Northern Europe », p. 413; *Id.* and Bolton, « The Borromei Bank Research Project », p. 467 and 469; Spufford, *Power and Profit*, p. 351-352; Watson, W. B., « The Structure of the Florentine Galley Trade with Flanders and England in the Fifteenth Century », *Revue belge de Philologie et d'Histoire*, vol. 40, n° 2, 1962, p. 322-324.

187 Day, John, « Money and Credit in Medieval and Renaissance Italy », *The Medieval Market Economy*, J. Day (ed.), Oxford, 1987, p. 145.

However, the rest of the trade deficit had to be settled sooner or later. As noted earlier, the cumbersome and often forbidden export of bullion or coins was avoided by the widespread use of bills of exchange, leading to substantial outflows of fiduciary money from Flanders[188]. During regularly recurring periods of "bullion famine"[189], such an outflow contributed to a deflationary pressure on the economy after 1350. From 1370, Bruges, like other cities and so many regions, also started to experience downwards price trends, which were only interrupted by spasmodic inflation shocks[190]. Another disadvantage for the urban population, associated with Italian intervention, was the increasing fiscal pressure that was the result of the Italian loans to the city. A good illustration of the popular assessment of the consequences of the Italian financial services are the claims of the Bruges craft guilds during the urban uprise in 1411. The urban militia realised that the fortune of Italian bankers "only benefitted from the misery of the city" and required the confiscation of all the Rapondi possessions[191]!

However, it would be wrong only to consider the negative effects of the Italian presence. There were also numerous positive aspects, although they are equally hard to quantify[192]. Contemporary inhabitants of Bruges explicitly voiced the expectation that the money their Italian guests earned through their commercial activity in the city would also be spent there[193]. This might happen through consumer spending or through investments. Although Bruges had little to offer the pampered

188 Guidi Bruscoli and Bolton, « The Borromei Bank Research Project », p. 471.

189 See some background information in Aerts, Erik, « The European monetary famine of the late middle ages and the bank of San Giorgio in Genoa », *La Casa di San Giorgio: il potere del credito*, G. Felloni (ed.), (Atti della Società Ligure di Storia Patria, nuova serie, XLVI, II), Genoa, Società Ligure di Storia Patria, 2006, p. 27-62.

190 Verhulst, Adriaan, « Prijzen van granen, boter en kaas te Brugge volgens de "slag" van het Sint-Donatiaanskapittel (1348-1801) », *Dokumenten voor de geschiedenis van prijzen en lonen in Vlaanderen en Brabant (XIIIe-XIXe eeuw)*, Ch. Verlinden a.o. (eds.), (R.U.G., Werken uitgegeven door de Faculteit van de Letteren en Wijsbegeerte, 136), Bruges, De Tempel, 1965, p. 33-37.

191 Lambert, *The City, the Duke and their Banker*, p. 135-136; *Id.*, « The Political Side of the Coin », p. 109.

192 Orlandi, Angela, « Tuscan merchants in Andalusia: a historiographical debate », *European Review of History: Revue européenne d'histoire*, vol. 23, n° 3, 2016, p. 359.

193 "*zi tghelt dat van den coopmanscepen die zi hier bringhen, ontfanghen, besteden ende bekeeren willen in coopmanscepen van draperien ende andre ghemaect bin den lande van Vlaendren*" ("that they will receive, spend and use the money, that they bring here with their business, in drapery merchandise and other products made in the land of Flanders"), quoted by Dumolyn, « Our land is only founded », p. 381, footnote 26).

Italians with their refined lifestyle[194], they did occasionally purchase luxury products such as books, jewellery, mink furs, paternosters, paintings and tapestries in the Bruges market[195]. The urban middle classes in Bruges also earned income by supplying the everyday needs of Italian consumers. In addition, brokers, innkeepers, ship's captains, sailors, carriers and stevedores benefitted from the Italians' business, as did money-changers, lawyers, notaries, translators, silversmiths and other representatives of commercial and financial professions, who together at the end of the fourteenth century accounted for a fifth of the working population of Bruges[196]. Moreover, wealthy Italian residents ordered art objects, ornaments, tombstones and funerary monuments, decorated chapels and altars, ordered masses in the churches of Bruges[197], and purchased or rented monumental houses, merchant nation buildings, warehouses and stalls. All these activities must have stimulated the income of numerous inhabitants of Bruges, although the multiplier effects on total urban income should perhaps not be overstated[198].

In addition, Italian merchants invested a fair amount of money in the city. Some, such as the Rapondi, used their unique position as financial power brokers between the urban and ducal administrations to generate "gigantic capital flows", not only negotiating the capital transfers, but also providing the city with the necessary funds and assistance. The Rapondi were regularly rewarded by the city for their willing provision of credit[199]. Members of the Arnolfini and Portinari families invested in Bruges' public debt through the purchase of annuities, often involving substantial sums[200]. Other Italians, the Lombards, provided consumer credit to the lower population groups, but also invested in the cloth trade. In all of this, the demonstration effects of expertise with innovative

194 Bolton and Guidi Bruscoli, « When did Antwerp replace Bruges », p. 369.

195 Lambert, *The City, the Duke and their Banker*, p. 29; Van Uytven, Raymond, « Splendour or Wealth: Art and Economy in the Burgundian Netherlands », reprinted in *Id.*, *Production and Consumption in the Low Countries, 13th-16th Centuries*, Aldershot, Ashgate, 2001, p. 107. Dumolyn, « Population et structures professionnelles », p. 57 rightly refers to the "énorme pouvoir d'achat qu'avaient les nations étrangères", although such purchasing power was of course by no means exclusively to the benefit of Bruges incomes.

196 See *supra*, footnote 50.

197 Lambert, *The City, the Duke and their Banker*, p. 141.

198 Van Uytven, « Splendour or Wealth », p. 111-112.

199 See *supra*, footnote 121.

200 Lambert, « The Political Side of the Coin », p. 110; Derycke, « The public annuity market », p. 170-171.

financial methods (such as the spread of deposit giro banking and double-entry book-keeping)[201], but also in the management of public offices (such as those of receiver-general and mintmaster) should not be overlooked. The merchants and financiers from northern and central Italy were responsible for transfers not just of capital in Bruges, but of knowledge and experience too. But perhaps the main benefit of the Italian presence in Bruges lay in the simple fact that Bruges, mainly thanks to the Italians, was able to develop into the largest gateway city in north-western Europe after the decline of active Flemish trade[202]. Although it was shown a considerable time ago that the decline of Flemish active trading during the fourteenth century was not a general phenomenon[203], it remains a fact that Flemish merchants found their way to foreign countries less easily than before. While the overall evaluation of the Italian contribution to the Bruges economy is therefore positive, it should be stressed that this contribution may have been less significant than De Roover believed and certainly less significant than the Italians' importance for the central government[204].

CONCLUSION

It was no coincidence that three centuries of Italian commercial and financial presence in Bruges coincided with the golden age of medieval Bruges. Profound changes in Europe's long-distance trading after 1200, and especially after 1300, were responsible for the prosperity of Bruges and had enticed the Italians to the city. In the second half

201 Van Houtte, « Mercanti, imprenditori e banchieri », p. 170.

202 See *supra*, footnotes 135-137, but especially the brilliant analysis in Murray, *Bruges, Cradle of Capitalism*, chapter 6, and particularly p. 236 and 258.

203 An overview of the older historiography is given in Aerts, Erik and Van Cauwenberghe, Eddy, « Die Grafschaft Flandern und die sogenannte spätmittelalterliche Depression », *Europa 1400. Die Krise des Spätmittelalters*, F. Seibt and W. Eberhard (eds.), Stuttgart, Klett-Cotta, 1984, p. 98-100.

204 Along the same lines as Michael Prestwich's conclusions concerning England: Prestwich, Michael, « Italian Merchants in Late Thirteenth and Early Fourteenth Century England », *The Dawn of Modern Banking*, New Haven, London, Center for Medieval and Renaissance Studies, 1979, p. 103.

of the fifteenth century, similar forces shifted the economic centre of gravity in the Low Countries to the Antwerp market and drove the Italians there by the same logic. From then on Bruges had to content itself with a regional importance that faded over the centuries. In the course of those three hundred years, the Italian businessmen within the city walls of Bruges had obtained a specific shape. The relatively inconspicuous individual merchants of the late twelfth and early thirteenth century acquired a distinctive profile shortly before 1250, in the form of Piedmontese pawnbrokers who initially focused mainly on short-term consumer credit. This form of credit remained their hallmark, but their global operations were more diverse than that. Soon afterwards, the representatives and personnel of the major Italian firms also made their appearance in Bruges. They combined international trade effortlessly with international finance. Once their numbers were sufficient, the Italians grouped into nations in order to increase their influence on the commercial policy of the sovereign and the city. In the population of Bruges, they represented no more than a few percent.

The starting point of any evaluation of the Italians in Bruges must still be Raymond De Roover's impressive research. Nobody who surveys the activities of foreign merchants in late medieval Bruges can fail to recognise that the great Belgian-American banking historian went too far in his almost exclusive attention to the Italian presence in the city. Other traders–Hanseatics and Spaniards to name but a few–were also present in large numbers, and at times even more numerous than the Italians. However perfected Italian networks and financial techniques were, other practices and solutions also existed for other problems and population groups[205]. Indigenous money-changers had brought into being a successful deposit banking system. Brokers and innkeepers intervened in monetary transactions and were integrated in the trade in goods. Poor relief institutions provided capital to smaller artisans and modest traders in return for hereditary and single-life annuities (*erfrenten* and *lijfrenten*). Native experts and businessmen had pushed many if not most Italians out of the top positions in the Burgundian state after 1350. Local financiers had achieved a higher degree of interaction with the Italian guests than might be expected[206]. Finally,

205 Murray's book has clearly demonstrated this, see Murray, *Bruges, Cradle of Capitalism*, p. 230 and 236.

206 This is the central contention in Blockmans' innovative contribution: Blockmans, « Financiers italiens et flamands », p. 212-214.

the financial importance of this Italian presence was greater for the central government than for the city. The Italian financiers created extra income for a greedy duke while they imposed a rapidly increasing fiscal burden on the city and also introduced other negative elements in the urban economy.

Yet De Roover's fascination and positive assessment are understandable. After the fading of Flemish active trade foreign merchants were noticed in larger numbers in Flanders[207]. This included the Italians. Never in the history of the Southern Netherlands–or perhaps in Europe–was the impact of the Italians so extensive and decisive for a city as in Bruges during the last two hundred years of the Middle Ages. Obviously 'financial modernity' is a delicate and teleologically laden concept with an associated danger of interpreting financial development in the past on the basis of conditions in the present. Moreover, the concept fails to do justice to the variety of financial functions that co-existed and that not always corresponded to an evolutionary and linear model[208]. Still, one cannot disregard the financial advances that were achieved in the Italian city-states and taken from there to Bruges. It was the Italians that gave medieval banking its tools and nomenclature[209]. "All important innovations in commerce and accounting were made in Italy"[210]. "Le rôle des Italiens fut prépondérant. Leurs techniques tant commerciales que financières étaient supérieures à celles des autres nations de marchands"[211]. Somehow the relationship between Bruges

207 Buylaert, Frederik, De Rock, Jelle and Dumolyn, Jan, « La Loge des Bourgeois de Bruges. Les stratégies de distinction d'une élite commerçante cosmopolite », *Revue du Nord*, vol. 414, n° 98, 2016, p. 46.

208 Gelderblom, Oscar, Jonker, Joost and Kool, Clemens, « Direct finance in the Dutch Golden Age », *The Economic History Review*, vol. 69, n° 4, 2016, p. 1178 and 1196.

209 Bergier, Jean-François, « From the Fifteenth Century in Italy to the Sixteenth Century in Germany: a New Banking Concept », *The Dawn of Modern Banking*, New Haven, London, Center for Medieval and Renaissance Studies, 1979, p. 105 and 129; De Roover, Raymond, « Le rôle des Italiens dans la formation de la banque moderne », *La Revue de la Banque*, vol. 16, 1952, p. 640-663; Neal, Larry, *A Concise History of International Finance: From Babylon to Bernanke*, Cambridge, Cambridge University Press, 2016, p. 28.

210 Pounds, Norman J. G., *An Economic History of Medieval Europe*, London, New York, Longman, 1983, 2d print, p. 362.

211 Stabel, « Les marchands dans la ville », p. 86; Callewier, « Brugge, vijftiende-eeuws centrum », p. 102. Also Kusman, David, « Jean de Mirabello dit van Haelen (ca. 1280-1333). Haute finance et Lombards en Brabant dans le premier tiers du XIVe siècle », *Revue belge de Philologie et d'Histoire*, vol. 77, n° 4, 1999, p. 915 (reprinted as « Giovanni di Mirabello detto Van Halen (ca. 1280-1333): alta finanza e Lombardi in Brabante nei primi trent'anni

and the Italians was therefore unequal, in the sense that initiative and innovation came mainly from the latter[212]. The fact that the Italian businessmen had themselves borrowed numerous commercial techniques from their Arab business partners is irrelevant here[213]. The Italians supplied the know-how, their capital, their trade flows and commercial networks; apart from an excellent location, Bruges offered its infrastructure and institutions as well as a benevolent government, an extensive urban demand and a relatively prosperous hinterland. Decision-making power in this economic marriage between Bruges and Italy lay almost entirely with one partner. Despite this undeniable Italian supremacy, Bruges succeeded, including in international finance, in becoming permanently associated with the history of a pivotal financial institution, which entered the Italian vocabulary as "*borsa*"[214]. But even this concept proved rather meagre compared with the abundance of sophisticated Italian innovations. Or as Georges Lengherand, the mayor of Mons and the Burgundian receiver in Hainaut, put it during his stay in Venice in March 1486: "*l'on parle des marchans de Bruges et de la Bourse, c'est tout peu contre ce que j'ay cy veu...*"[215].

del XIV secolo », *Dal banco di pegno all'alta finanza. Lombardi e mercanti-banchieri fra Paesi Bassi e Inghilterra nel Trecento*, R. Bordone (ed.), (Centro studi sui Lombardi, sul credito e sulla banca. Quaderni. Cahiers 2), Asti, Comune di Asti, 2007, p. 27-114) relates "le développement des techniques bancaires" in Bruges and later in Antwerp with Italian financiers.

212 Blockmans, « Bruges, a European trading centre », p. 49.

213 Blockmans and Wubs-Mrozewicz, « European Integration from the seaside », p. 447; Çizakça, Murat, *A Comparative Evolution of Business Partnerships. The Islamic World and Europe with specific Reference to the Ottoman Archives* (The Ottoman Empire and its Heritage, 8), Leiden, E. J. Brill, 1996, p. 4-9, 11-12; Munro, John H., « The Weber Thesis Revisited–and Revindicated? », *Revue belge de Philologie et d'Histoire*, vol. 51, 1973, p. 384; Pamuk, Şevket, « The evolution of financial institutions in the Ottoman Empire 1600-1914 », *The Ottoman Economy and Its Institutions*, Pamuk, Ş. (ed.), (Variorum Collected Studies Series, 917), Farnham, Burlington, Ashgate, 2009, p. 12-13.

214 Aerts, « The Stock Exchange », p. 29 and 30.

215 *Voyage de Georges Lengherand, mayeur de Mons en Haynaut, à Venise, Rome, Jérusalem, Mont Sinaï & le Kayre, 1485-1486 avec introduction, notes, glossaire etc.*, De Godefroy Ménilglaise (ed.), (Société des bibliophiles belges séant à Mons, 19), Mons, Société des bibliophiles, 1861, p. 35; Bettini, Sergio, *Venezia. Nascità di una città*, Milan, 1978, reprint Vicenza, Neri Pozza, 2006, p. 19; Stabel, Peter, « Venetië in de ogen van pelgrims. Stedelijkheid en stadservaring in laatmiddeleeuwse reisverhalen uit de Nederlanden », *Tijdschrift voor Geschiedenis*, vol. 122, n° 2, 2009, p. 141.

"L'horizon des Italiens c'est le monde"[216]. If I might paraphrase this nice quotation from the French medievalist Jean Favier, I would venture to conclude that the horizon for many of the inhabitants of Bruges was the world of the Italians.

Erik AERTS
KU Leuven

216 Favier, Jean, *De l'or et des épices. Naissance de l'homme d'affaires au Moyen Âge*, Paris, Fayard, 1987, p. 60.

LE PARI DES LUMIÈRES

Loterie royale et projets de pouvoir du XVIIIe siècle

« A imitación de la Corte de Roma y de otros países », un décret du 30 septembre 1763 introduisait en Espagne la Loterie Royale. La nouvelle institution avait sa propre arche (« Tesorería de la lotería »), bien que le Trésor public dans son ensemble (la « Tesorería general ») répondait des prix : sommes variables, en fonction de la quantité pariée et la combinaison jouée, lorsque « faltáre caudal para pagar á los interesados las suertes que les toquen » ; les gains potentiels seraient (en général) pour des « Hospitales, Hospicios, y otras obras pias y públicas, en que se consumen anualmente muchos caudales de mi Real Erario ». Cette brève loi ne fut pas publiée dans la presse de la couronne (*Gazeta de Madrid* et *Mercurio histórico et político*), mais elle fut effectivement distribuée parmi les autorités du royaume et on la trouve aujourd'hui dans les ouvrages de l'époque sur les impôts[1]. Elle fut bientôt suivie par d'autres mesures – par exemple, une ordonnance royale de 1774 (28 juillet) interdisait la vente de billets de la loterie néerlandaise, « sin embargo de estar prohibido por repetidas Ordenes el establecimiento de Loterias Estrangeras en España » – et une longue *Instrucción* (1776) qui vint organiser une structure bureaucratique assez complexe afin de soutenir la nouvelle

1 On connaît la résolution de Manuel de Sada, châtelain d'Amposta et président de *l'Audiencia* du royaume de Valence, avec la reproduction du décret et de l'ordre de publication par édits. Le décret a été recueilli par Juan de la Ripia, *Practica de la administracion y cobranza de las rentas reales…* (ed. Diego María Gallardo), Madrid, MDCCXCVI [1796], p. 384-385. *Cf.* José Altabella, *La Lotería nacional de España (1763-1963)*, Madrid, Dirección general de Tributos especiales, 1962, p. 43-44 ; Julio Caro Baroja, « La Lotería », dans *Revista de dialectología y tradiciones populares* 40 (1985), 7-19 ; Henar Herrero Suárez, *El monopolio de una pasión. Las reales loterías en tiempos de Carlos III*, Valladolid, Universidad – Lotería Nacional, 1992.

rente de la couronne[2]. À ce stade, le jeu avait atteint la vice-royauté du Mexique[3].

À l'image de la Cour de Rome. L'avertissement n'était point innocent, puisque l'autorité papale avait oscillé entre l'interdiction radicale décrétée par Clément XI et son successeur Benoît XIII (1727), et l'autorisation réticente de la loterie sous Clément XII, qui était due à la situation fragile des finances pontificales (1731). Pendant ce temps, et toujours organisés comme une ressource du Trésor royal, les monopoles du jeu colonisaient divers pays d'Europe : Gênes (1610), Naples (1735), Venise (1733), Florence (1739), Lucques… en Italie ; la Prusse (1763), la Pologne (1768), la France (1776), enfin, le Portugal (1805)[4]. Il n'est donc pas étonnant que la définition du mot, documenté en espagnol trente ans avant l'adoption de cette ressource fiscale, ait souligné cette dimension cosmopolite[5].

À l'image de la Cour de Rome. Le changement dramatique de la position du Saint-Siège dans cette affaire mit fin à des siècles de scrupules concernant le jeu d'argent[6]. Depuis le cirque romain et les compétitions

2 *Cf. Instrucción expedida por S. M. para el manejo del ramo de la Real Lotería*, Madrid, par D. Manuel Martin, Impresor de la Real Loteria, 1776. Approuvé sous la présidence de Miguel Múzquiz comme secrétaire de Finances, ce règlement était conçu pour réguler le fichier de la direction générale compétente, le bureau de 'Castelete' et des billets à ordre, celui des corrections et des sceaux, celui de la distribution des notes… Tout fut adopté le 26 Septembre 1776.

3 José María Cordoncillo Samada, "La Real Lotería en Nueva España", dans *Anuario de estudios americanos* 18 (1961), 193-331.

4 Mais les loteries et les tirages au sort sont documentés depuis le Moyen Âge, en particulier en Italie (Rome, Gênes, Venise) : Evelyn Welch, « Lotteries in Early Modern Italy » dans *Past and Present* 199 (2008), 71-111. *Cf.* Paolo Macry, *Giocare la vita. Storia del lotto a Napoli tra Sette e Ottocento*, Rome, Donzelli, 1997, p. 19ff. ; Francesco Colzi, *La fortuna dei Papi. Il gioco del lotto nello Stato pontificio tra Sette e Ottocento*, Napoli, Editoriale Scientifica, 2004, p. 28 et suiv.

5 « Loteria. Lo mismo que Rifa. Hácese en varias ciudades de Europa con mercaderías, ó billetes de banco, asistiendo la justicia », selon le *Diccionario de Autoridades* (1734) et les dictionnaires *usuales* de 1780, 1783 et 1791 ; mais le mot *lotería* est documenté depuis le XVIIe siècle (*cf.* Marcos Fernández, *Olla podrida a la española*, Anvers, Philip van Eyck, 1655). Un petit saut dans la définition de l'Académie Royale (« especie de rifa, que se hace con mercaderías, billetes, dineros y otras cosas con autoridad pública. *Sortitio* »), qui sacrifie la référence à l'étranger, vient seulement en 1803 : lorsque la loterie caroline avait quarante ans d'expérience. Depuis 1817, d'autres significations sont apparues (comme jeu de loterie nationale, ou comme local ou bureau où les paris sont faits) ; en 1822 la voix « Lotero » (le vendeur des billets) fut introduite.

6 Humberto Burroni, *Il gioco d'azzardo. Saggio storico di dottrinale sui moralisti secoli XIII-XVII*, Rome, Fiamma del Sacro Cuore, 1966 ; Jean-Claude Lavigne, « Les jeux d'argent », dans *Revue d'éthique et de théologie morale* 262 (2014), 7-35. *Cf.* Colzi, *La fortuna dei Papi*, p. 46 et suiv.

olympiques – activités interdites aux chrétiens – la Patristique (Tertullien, Novatien, Augustin, Jean Chrysostome… y compris la réflexion monographique du Pseudo-Cyprian, *De aleatoribus*) – avait résolu d'une manière toute simple la question de la moralité du jeu : le plaisir dans ses diverses formes, surtout quand l'argent était impliqué, était une chose du diable, un déplorable moyen de perpétuer l'idolâtrie et les plus diverses tromperies, en bref, l'occasion de commettre des faux témoignages. La christianisation de l'éthique aristotélicienne adoucit, cependant, cette conviction – qui, comme en témoigne l'art. 1965 du *Code Napoléon*, s'avéra un phénomène à long terme[7]. En effet, la *Somme Théologique* de Thomas d'Aquin aborda la question dans la *Secunda Secundae*, q. clxviii (« De modestia secundum quod consistit in exterioribus motibus corporis ») ; dérive spéciale du traité sur la tempérance, ce chapitre analyse la moralité des activités récréatives en mettant l'accent sur les exercices physiques (y compris les représentations théâtrales, puisqu'elles mettaient les *histriones* en avant) et sans aucune référence expresse aux jeux de fortune. En tout cas, la tendance réaliste de Thomas l'amena à admettre, contre les vieilles autorités trop sévères, la nécessité de donner le repos au corps et à l'âme ; à cet effet tout plaisir modeste et honnête serait légitime. Mais l'occasion de jouer pourrait conduire au péché « secundum defectum debitarum circunstantiarum », comme ce serait le cas par exemple si nous jouons dans un lieu ou à un temps impropre ou de façon contraire à notre dignité, ou profession, ou avec une telle passion que ce serait en détriment de l'amour dû à Dieu et de l'observance des préceptes ecclésiastiques. Et pour en éviter les excès le saint dominicain recommandait de cultiver la vertu de l'*eutrapelia* (le mot et le concept sont empruntés à Aristote) : l'équivalent de la modération dans la pratique des divertissements, cette vertu était située entre les extrêmes de la bouffonnerie choquante et de la misanthropie, car le jeu

7 Cet article dispose que « la loi n'accorde aucune action pour une dette du jeu ou pour le paiement d'un pari », de sorte que le débiteur est uniquement lié par une obligation naturelle. La disposition nous ramène au réalisme connu de Thomas, puisque le sage entendait (*IIa-IIae*, q. XXXVII : sur l'aumône, mais aussi sur le destin de ce qui a été acquis d'une manière injuste) que celui qui, ayant été induit au jeu, gagne, n'est pas toujours tenu de rendre les gains. Sur les interdictions radicales du jeu, qui furent communes dans la culture juridique et sociale anglo-saxonne, voir : John Ezell, *Fortune's Merry Wheel. The Lottery in America*, Cambridge (Mass.), Harvard University Press, 1960 ; Anisha S. Dasgupta, "Public Finance and the Fortunes of the Early American Lottery", dans *Quinnipiac Law Review* 24 (2006), 227-264.

modéré répondrait à la sociabilité naturelle de l'homme et était cause de joie : *iucunditas*, dans le latin de la *Summa*[8].

Sur cette base la tradition catholique distinguait entre les passe-temps légitimes et les immoraux – les paris tombant généralement dans la deuxième catégorie[9]. Or, comme il est toujours préférable de tolérer un moindre mal pour éviter des conséquences encore pires (*permettere minora mala ut maiora evitentur*)[10], les loteries publiques forgeaient leur chemin au long du XVIIIe siècle ; la pratique de la charité – la construction d'églises, le maintien des hôpitaux, les dots pour les jeunes femmes – justifiaient d'ailleurs le monopole étatique des paris.

Dans ce sens, la ligne possibiliste ouverte par la *Summa Theologica* inspira l'une des principales réflexions sur les jeux qui furent proposées par l'Église espagnole – un examen approfondi de la pragmatique du 6 octobre 1771 (= *Novísima Recopilación* 23.12.15), loi qui fut approuvée au milieu du triomphe populaire de la loterie caroline. Je me réfère à la lettre pastorale mentionnée ci-dessus (7 novembre 1781) de l'archevêque Ferrer y Figueredo, évêque de Zamora. « Aunque medie algún pequeño interés y ganancia » (que la loi limitait à un *real* par partie et un maximum de trente ducats), Saint Thomas, et après lui une légion de théologiens, ont admis la légalité des activités ludiques pour le divertissement et le repos de l'esprit. Sur cette base le dignitaire de Zamora revenait à l'ancienne classification des jeux en fonction de l'attente d'un bénéfice pécuniaire. En premier lieu, le *simple loisir*, toujours légal dans les « bonnes circonstances » ; ensuite, les *jeux lucratifs*, « en [los] que se busca la ganancia solamente » (et « ceci est presque toujours illégal, et plus ou moins fatal selon le caractère excessif du désir de gagner ») et finalement, les *jeux mixtes*, où l'espoir d'obtenir de l'argent semble secondaire au pur amusement ; c'est précisément cette condition hybride des jeux mixtes qui a attiré la réflexion du moraliste.

---

8 *Éthique à Nicomaque*, liv. II, VII (1108). *Cf.* Conrad Vilanou Torrano – Jaume Bantolà Janot, « Sobre la eutrapelia, o la virtud del juego. Moralidad, historia y educación », dans *Bordón* 65 (2013), 47-58.

9 La définition de l'*Encyclopédie* du mot *jouer* comme *parier* représente une nouvelle ère : « c'est risquer de perdre ou de gagner une somme d'argent, ou quelque chose qu'on peut rapporter à cette commune mesure, sur un événement dépendant de l'industrie ou du hasard ».

10 « Jugar por divertirse guardando el modo de la Eutrapelia » selon une pastorale espagnole de 1781, « que ordena la moderación en los juegos, podrá ser meritorio en quien tiene caridad ». *Cf. Carta pastoral, que el Ilustrísimo señor D. Manuel Ferrer y Figueredo, arzobispo, obispo de Zamora dirige a las fieles de su obispado sobre el juego*, Salamanca, Oficina de Juan Antonio de Lasanta, 1782, p. 8.

Ferrer offrait sur ce point une nouvelle distinction : les jeux mixtes pouvaient, à leur tour, être « de pure industrie » (dames, boule), de « chance et fortune » (dés, cartes, banque) et de nouveau, « mixtes » (comme ceux qu'on appelle « homme », « commerce », « trucs »… en général, tous ces jeux qui combinent la compétence et la chance). Bien évidemment, les jeux de « chance et fortune » méritaient la condamnation car, même s'ils n'étaient pas toujours illicites, ils ouvraient l'occasion de péché, ce qui justifiait une politique répressive en vertu des lois édictées par l'autorité légitime. L'expertise ou la force des joueurs dans le cas des exercices récréatifs, leur situation personnelle (des limitations morales pour les femmes mariées, des interdictions pour le clergé), leur engagement plus ou moins ludique (par exemple, il serait immoral de jouer sans modération) et même le montant des paris offraient un catalogue de circonstances dont la pondération finissait par déterminer la condition morale de l'amusement. Parmi ces nombreuses digressions, nous nous intéresserons à l'analyse de la loterie royale, qui fut créée par la Couronne juste avant la pragmatique sur le jeu. Eh bien, l'évêque de Zamora reconnut que la loterie était un *casus dubius* ; immorale ou pas, elle était interdite aux particuliers, et n'était au contraire légale – entre les lignes Ferrer y Figueredo semblait admettre aussi sa moralité – que lorsque « interviene la superior autoridad de los Príncipes ».

Le monarque était chargé, en somme, d'accepter un jeu d'hasard dont les revenus étaient au service du bien commun. Le poids reconnu aux lois civiles dans la résolution des questions morales frayait son chemin au siècle des lumières. Les perplexités sur la loterie royale et son admission par la décision du prince se déroulaient parallèlement au débat sur la productivité du capital à la suite de l'encyclique *Vix Pervenit* du pape-canoniste Benoît XIV (1745). Sans entrer dans les détails d'une affaire de dimensions européennes[11], il suffira de rappeler ici les points essentiels de ses manifestations dans les terres du roi catholique.

Au printemps 1763, quelques mois avant la promulgation du décret qui créa le monopole de la loterie, la banque des *Cinco Gremios Mayores* de Madrid – les principales corporations des marchands de la Cour – fut impliquée dans une grave controverse morale. Les *Gremios* prenaient

11 *Cf.* Paola Vismara, *Oltre l'usura. La Chiesa moderna e il prestito a interesse*, Soveria Mannelli, Rubbettino, 2004, p. 253 et suiv., p. 327 et suiv. sur l'encyclique citée. Pour l'Espagne, *cf.* Carlos Petit, *Historia del Derecho mercantil*, Madrid, Marcial Pons, 2016, p. 108 et suiv.

l'argent des particuliers contre une rémunération annuelle de 2 à 3 pour cent ; la modestie de cet intérêt n'empêcha pas certains prédicateurs rigoristes (« clérigos de cogote pelado, rígidos y tétricos, que llaman de la sana doctrina ») de décrier l'usure enfermée dans ces contrats, de sorte que les *Gremios* furent forcés de se défendre en ayant recours à des théologiens plus bienveillants. Leurs parères ou avis –ils furent si nombreux qu'il est facile d'en trouver aujourd'hui des copies dans les bibliothèques– offraient une sélection soigneuse des termes en discussion (par exemple, ils évitaient le mot dangereux *prêt*, alors que *prix* était employé au lieu d'*intérêt*), ainsi qu'une description intentionnée de la condition des déposants : des veuves, des enfants, des fondations pieuses… tous des sujets éloignés du commerce qui ne pouvaient pas tirer profit de leurs fonds. Cependant, les *Gremios* appliquaient l'argent à leurs entreprises commerciales et manufacturières : alors ils pouvaient former un quasi-accord d'association avec le particulier dont la nature juridique permettait la participation légitime aux bénéfices, tout en évitant le risque d'usure[12]. Car « el dinero acumulado en este cuerpo se puede considerar, mediante el tráfico, negociación y fatiga, como un fundo de tierras, viñas u olivares, que con alguna analogía se hace fructífero[13] ».

La similitude remarquable des affaires commerciales avec le cas des revenus agricoles, dont la légitimité ne fut jamais discutée, laissait la voie ouverte pour trouver une sortie. Comme ce fut le cas du jeu de la loterie avec le décret fondateur de 1763, les scrupules sur les impositions des *Gremios* furent réduits au silence par un arrêté royal du 10 juillet 1764. Suite à des consultations, Charles III détermina « que son legítimos y obligatorios estos contratos, y mandar que como tales sean juzgados en mis tribunales ». La mesure fut autant applaudie que critiquée, et finalement, même les théologiens les plus exigeants admirent que « el Principe algunas veces permite menores males para evitar mayores ; permite por eso el curso de algunos contratos ilícitos ». Le prince pouvait également exercer son autorité extraordinaire (« a legibus soluta »),

---

12 Pour le financement d'un marchand la *Summa Theologica* (*cf. IIa-IIae* q. LXXVIII) acceptait qu'il y ait un accord tacite d'association (« per modum cuisdam societatis ») ; il était donc légitime de participer aux avantages du marchand financé (« licite potest partem lucri inde provenientis expetere, tamquam de re sua »).

13 P. Alejandro Aguado, *Dictamen… sobre los tratos de una casa de comercio* (5 mars 1763), Biblioteca Nacional (Madrid) [BN], ms. 11023, ff. 70-84. Un exemple, parmi d'autres, de la littérature causée par la banque des *Gremios*.

et transférer dès lors « el dominio que los vasallos tienen en sus bienes, cuando conviene para el bien de la Causa pública, pues usando de esta facultad da a los capitalistas aquel interés que por otra parte sería propio del comerciante, y una vez que el Rey les da tales bienes, pueden ellos recibirlos con buena conciencia[14] ». Une sorte d'expropriation de bénéfices pour cause d'utilité publique, pourrait-on dire.

Ainsi, certaines activités de moralité douteuse pouvaient devenir légitimes par l'autorisation de la Couronne eu égard du bien commun. Dans le cas du jeu d'argent, la vertu de l'*eutrapélie* devait alors être accompagnée d'une autre vertu plus noble ; je me réfère à la *charité*. Il est vrai que l'analyse quantitative des revenus de la loterie a démontré que seule une petite partie était appliquée aux objectifs bénéfiques annoncés dans le décret fondateur[15], mais les sommes données à la Inclusa (90.000 rs.), la Casa de la Misericordia de Cadix (100.000 rs,) ou le Beaterío de San José (9000 rs.) n'étaient que la *bonne cause* qui rendait admissible, dans une culture qui condamnait la spéculation, la légalisation d'un jeu de hasard ou d'un contrat incertain[16]. Par exemple, la proposition pionnière de Bernardo Ward, le secrétaire de la « Junta Real de Comercio », sur la création de réseaux d'assistance en Espagne et aux Indes, devait couvrir les coûts énormes de la philanthropie d'État par le biais des tirages au sort qui seraient organisés par une nouvelle entité appelée « Hermandad de la Caridad[17] ». Vingt ans plus tard, les objectifs charitables de la loterie

14 Fray Martín Benassat, *Aviso caritativo a Don Joseph María de Uría Nafarrondo y Moral desengaño al Público, respectivo a su Aumento del comercio con seguridad de la conciencia. Obra necesaria a los comerciantes y útil para todos los que exercitan cura de almas*, Vich, Juan Dorca y Morera, 1790, p. 229-230.

15 En 1786, la première année avec des chiffres fiables, les sommes destinées aux œuvres de charité ne dépassèrent pas les quinze pour cent : Herrero, *Monopolio*, p. 32-33. La loterie romaine était plus généreuse : Colzi, *Fortuna dei Papi*, p. 65 ss (« aiuto alle missioni apostoliche per la propagazione della santa fede alli spedali, ed altri luoghi pii di Roma... ed anche della nostra Camera, in altre opere di pietà, o pubbliche, che potessero alla giornata suggerirci l'occasione, ed il bisogno »), p. 144 et suiv. (les 33 pour cent pour les œuvres publiques – comme la Fontana di Trevi, les musées du Capitole, la façade de Saint-Jean-de-Latran – ou les 19 pour cent pour les instituts de charité).

16 Dix ans après l'approbation de la loterie Francisco et Benito Antonio Bassols, deux citoyens d'Olot (Catalogne), ont été reportés aux autorités pour leurs expressions offensives contre la légalité du jeu : Archivo General de Simancas – Secretaría y Superintendencia de Hacienda (Real Lotería) [= AGS, Real Lotería], liasse 513.

17 Bernardo Ward, *Obra pía, y eficaz modo para remediar la miseria de la gente pobre de España* (1742), Madrid, Antonio Espinosa, 1787, p. 70 et suiv. ; la confrérie était présente au Pérou et au Mexique.

royale (« les hôpitaux, les centres de soins palliatifs et d'autres œuvres pieuses et travaux publics ») comprenaient une allocation *italico modo* pour la dot des filles pauvres, dont les noms, changés dans chaque extraction, contribuaient au renforcement de la sécurité des paris. Et finalement, en mai 1787 – ce genre de mesures foisonnent dans les papiers de la loterie – on procéda au renouvellement de l'aumône de trois mille *reales* par extraction, qui était destinée à l'Oratorio del Caballero de Gracia[18]. Bien sûr, « los piadosos fines de su establecimiento » (décret du 14 décembre 1792) ont toujours accompagné la loterie royale dans le discours officiel.

À l'image de la Cour de Rome. Parmi les deux méthodes utilisées en Europe pour ce jeu, la loterie espagnole de Charles III adopta le complexe système italien, dit de *la beneficiata*. La loterie néerlandaise consistait en des prix attribués aux quelques billets tirés au sort de la pile des papiers vendus. Au contraire, le loto italien exigeait l'extraction de cinq boules numérotées entre quatre-vingt-dix, de sorte que les paris se payaient en fonction de la probabilité des résultats. Par exemple, parier avec succès sur un seul chiffre (« extracto ») été payé beaucoup moins que les paris sur deux (« ambo ») ou trois chiffres (« terno »)... allant jusqu'à quatre (« cuaterno ») et cinq numéros (« quinterno »), ces deux dernières hypothèses étant rares et si chères qu'elles tombèrent bientôt en désuétude[19] ; bien entendu, la faible probabilité d'atteindre l'ordre d'extraction des boules (« apuestas determinadas ») multipliait les gains. Basés sur les montants joués (sans limites, mais avec un minimum par pari) et sur la rareté des formules choisies par le joueur (mesurées en pourcentage de multiplication des mises, mais toujours en dessous de la probabilité statistique du tirage en faveur de la nouvelle rente)[20], dans cette complexe modalité du jeu les *promesses* ou engagements étaient assumés par la Couronne[21]. Par conséquent, le décret de 1763 vint à indiquer clairement

18 AGS, Real Lotería, liasse 523.

19 Aussi à Naples, mais pas dans la loterie française : *cf.* Macry, *Giocare vita*, p. 30.

20 Une description manuscrite, avec la « razón de las extracciones » dès le premier tirage (du 10 décembre 1763) et toutes sortes de tables et calculs est offerte par Miguel Poveda, *Lotería completa, que instruye en este Real juego, con su Tarifa General para el arreglo de los Precios a todas suertes de Jugadas, y Regla fixa, o perspect[i]ua, para sacar los Números, que deven Jugarse en cada extraccion para proporcionar las ganancias con el acierto de los extractos*, en Madrid, año de 1779 (74 p.) ; dans BN, ms. 1124. Pour une description moderne, les travaux de Altabella, *Lotería Nacional*, p. 56 et suiv.

21 « *Promesa*. Llámase así » – d'après Diego N. Herranz y Quirós, *Tratado teórico-práctico demostrado de las reglas de la combinación en general, y de sus aplicaciones al juego de la R[ea]l*

que, au-delà des fonds accumulés par l'administration de la loterie, le Trésor royal répondait, lorsque tel était le cas, du paiement des paris[22].

Un *rex ludens*, le monarque éclairé ? En avril 1778, le directeur de la loterie reçut un avertissement sur les numéros 12, 19 et 69, trop « chargés » de paris : plus de quatre millions de *reales*, ce qui entraînait un risque énorme pour le Trésor ; et pourtant le roi ordonna d'accepter les enjeux[23]. Si, d'une part, nous apprécions dans l'audace royale une manifestation de la *magnanimitas* caractéristique de la monarchie[24], le courage du roi en soutenant les paris favorisait le jeu, qui aurait certainement souffert face à une crainte de faillite du Trésor due aux prix exorbitants qu'il devait assumer[25].

D'ailleurs, il serait erroné de séparer l'introduction de la loterie en Espagne (et aux Indes) des autres réformes parrainées par Charles III. La création d'usines royales, la réforme de l'agriculture, la colonisation de terres incultes, l'ouverture du trafic indien… mais aussi le décorum urbain de Madrid et même l'expulsion des jésuites répondait à un plan cohérent. En effet, il était question d'exercer des pouvoirs *domestiques* (c'est-à-dire, les facultés de l'*œconomie* : « arte ou ciência pela qual a orden das coisas domésticas é disposta de forma sábia » selon le portugais Antonio Da Natividade, 1653) outre l'exercice des fonctions traditionnelles de la *politique* (« tutto quello, che riguarda gli affari publici di Stato per la conseruatione, aumento, decoro, e felicità del Principato », selon les paroles du Cardinal De Luca). José Moñino, le comte de Floridablanca (1728-1808), appelait la nouvelle tendance un *gouvernement actif* : l'adjectif contenait une intention claire, car la tradition politique de l'ancien régime, basée sur le concept de *iurisdictio* et le modèle ('passif') du

---

Lotería… Madrid, en la imprenta de Benito Cano, año de 1796 – "la cantidad de reales de vellón á que echa su suerte el Jugador, y que S. M. promete pagársela en caso de ganarla", p. 68 et n. (a).

22 Le cas est arrivé en décembre 1771, avec un résultat négatif de 284,620 *reales* contre le Trésor (AGS, Real Lotería, liasse 512).

23 La loterie espagnole n'a pas accepté la pratique du « Castelete », à savoir, la fermeture des paris aux numéros trop populaires. Pour le royaume de Naples, Macry, *Giocare la vita*, p. 30-31.

24 António M. Hespanha, « Cálculo financiero y cultura contable en el Antiguo Régimen », en Carlos Petit (ed.), *Del ius mercatorum al derecho mercantil*, Madrid, Marcial Pons, 1997, 91-109.

25 AGS, Real Lotería, liasse 515. En novembre de la même année une observation similaire sur les numéros 82, 84 et 86, chargés en 3720,000 *reales*, fut ignorée, car « no hay tiempo de cerrar los números ».

procès, réservait au roi l'arbitrage des conflits sociaux, en se limitant à réparer l'ordre naturel injustement altéré. Or, le *pater familias* travaille *activement* pour nourrir la famille, élever et éduquer ses enfants, diriger les servants, bâtir une maison appropriée. Et le monarque éclairé, en gouvernant finalement à titre de *père* et de *seigneur*, enrichit ses anciennes facultés juridictionnelles avec les pouvoirs d'un *pater* qui applique ses efforts au progrès général de la maison[26].

Il ne fait aucun doute que la mise en œuvre de la loterie royale donna lieu à une inondation d'*actions* gouvernementales : un siècle plus tard des experts en droit public raisonnaient justement que le hasard avait été « elevado por el Estado a la categoría de institución administrativa[27] ». Comme ce fut le cas du *Real Giro* (une espèce de bureau royal de finances qui effectuait des paiements et des virements à l'étranger, fondé en 1748) ou des entreprises de commerce de Ferdinand VI et Charles III – de la *Real Compañía de Caracas* (1728) à la *Real Compañía de Filipinas* (1785) – le monopole du jeu fournit une importante source d'argent (fonds liquides, d'ailleurs) pour le Trésor[28]. Ce ne serait pas alors exagéré de considérer la loterie caroline comme un précédent (dans le sens politico-économique, au moins) des soi-disant *vales reales* : des titres de créance à quatre pour cent et à la valeur nominale très élevée, transmissibles par endossement et utilisés comme papier-monnaie pour le paiement de certaines obligations[29].

---

26 En mettant l'accent sur les pratiques commerciales du roi, Petit, *Histoire*, p. 165 et suiv. *Cf.* Daniela Frigo, *Il padre di famiglia. Governo della casa e governo civile nella tradizione dell'economica tra Cinque e Seicento*, Rome, Bulzoni, 1985 ; pour les textes hispaniques, Pedro Cardim, « Uma tradução portuguesa dos Económicos », en *Philosophica* 26 (2005), 308-328.

27 Ce sont des mots de Vicente Santamaria de Paredes, dans Caro Baroja, « Lotería », p. 9.

28 Le bilan public dépendait étroitement de la production d'argent au Mexique, de sorte que la poursuite des hostilités contre l'Angleterre entravait l'arrivée régulière des flottes : *cf.* Rafael Torres Sanchez, *El precio de la guerra. Le prix de la guerre. El Estado fiscal-militar de Carlos III (1777-1783)*, Madrid, Marcial Pons, 2013. *Cf.* Herrero, *Monopolio*, p. 149 et suiv. Parmi les recettes du Trésor, la loterie atteint rapidement la rentabilité du papier timbré, fournissant plus de trois millions de réales à la Couronne.

29 Juan de la Reguera Valdelomar, *Recopilacion de todas las providencias respectivas á vales reales expedidas desde MDCCLXXX*, Madrid, Imprenta de la Viuda é Hijo de Marín, 1802 ; sur les circonstances de la première émission (1780), le statut juridique et les circonstances matérielles des titres, Carlos Petit, *Arte y Derecho mercantil. Imagen y concepto de los títulos-valores en la España ilustrada*, Madrid, Marcial Pons, 2017, en particulier p. 40 et suiv. J'ajoute maintenant qu'une fois lancés, ces titres étaient admis pour acheter des billets de loterie – avec l'endossement de rigueur – quand le pari correspondait exactement à sa valeur nominale : Herrero, *Monopolio*, p. 73.

Nous nous occuperons plus tard de la variable strictement commerciale qui en dérive. Il faut d'abord mettre l'accent sur une autre réforme institutionnelle que le monopole du jeu entraîna. Les anciens ordres territoriaux, en dépit de la « nueva planta » imposée à la Couronne d'Aragon (1707-1716), restèrent en vigueur sous les Bourbons espagnols. Mais la loterie royale réussit à étendre (sans opposition significative, d'ailleurs)[30] un réseau d'agents et d'autorités (organes centraux, administrateurs généraux et particuliers et agents de vente des billets) dispersés par tout le royaume. La nouvelle administration arriva même aux soi-disantes « provincias exentas » : en l'absence d'une délégation des impôts due au statut privilégié de Vizcaya, quand la loterie royale atteint la ville de Bilbao les produits des paris furent saisis dans la maison commerciale Goossens e Hijo[31].

D'ailleurs, la riche bureaucratie du jeu était organisée selon une conception fortement hiérarchique du pouvoir qui exaspéra la tension entre le *centre* et la *périphérie*[32]. Deux institutions récentes, les intendants et la Surintendance des Postes (dont les règlements furent approuvés juste avant l'apparition de la loterie), fournirent le soutien nécessaire pour le déploiement territorial du revenu ludique[33]. L'autorité la plus élevée rési-

30 Ce qui n'empêcha pas une certaine résistance. En mai 1764, le maire de Jaen refusa de donner possession à l'administrateur de la loterie sans un ordre explicite du ministre des Finances, le Marqués de Esquilache (AGS, Real loterie, liasse 509). Un peu plus tard, le capitaine général de la Catalogne, le Marquis de la Mina, nia l'utilisation des armes royales à l'administrateur du jeu de Barcelone (*ibid.* liasse 510).

31 AGS, Real Lotería, liasses 510 et 514. Sur les activités de la maison citée (de la société Lacoste y Goossens, 1747, à Goossens y Compañía et finalement Goossens e Hijo, 1776) on trouve quelques informations dans Carlos Petit, *La compañía mercantil bajo el régimen de las Ordenanzas del Consulado de Bilbao, 1737-1829*, Sevilla, Universidad, 1980.

32 La tension avait une influence organique. Par exemple, la création de deux *Contadurías*, qui « han de entender, la una en todo lo concerniente à este Ramo en el Reyno fuera de la Corte ; y la otra en todo el Casco de Madrid » (*Instrucción*… de 1776, art. XXX).

33 Un excellent *case study*, mené sur l'expérience portugaise du XVIIe siècle, est offert par António M. Hespanha, « Centro y periferia », dans *La Gracia del derecho. Economía de la cultura en la edad moderna*, Madrid, Centro de Estudios Constitucionales, 1993, 123-150. En ce qui concerne notre question, les intendants étaient chargés de la recherche de personnes qualifiées pour recevoir des paris (AGS, Real Lotería, liasse 510) ; d'ailleurs, ils étaient compétents en première instance pour les litiges relatifs au jeu (*cf.* liasse 523, sur la question devant l'intendant de Tolède entre l'agent de loterie Francisco Carralexo et le voisin Francisco Vidal Cordero, requis par ce Carralexo pour installer un poste de vente à la maison de Vidal). À son tour, la circulation des documents nécessaires dépendait de la Poste, de sorte que le rythme des courriers conditionnait les tirages au sort (même liasse 523).

dait dans le ministre en charge des finances, c'est-à-dire, le secrétaire d'État et directeur du Trésor royal[34]. À la tête du jeu on trouvait un directeur général (art. VIII-XXVIII, *Instruction*... de 1776) et un directeur adjoint (art. XXIX) ; ils étaient compétents en matière administrative (organisation des bureaux et en particulier celle des billets, sélection et nomination du personnel, élaboration de rapports, salaires des employés...), tandis que les affaires de justice appartenaient au sous-délégué (art. II-III, et VI-VII) : un fonctionnaire proche au secrétaire-surintendant des Finances, généralement un membre du *Consejo de Hacienda*, dont la présence à côté du directeur assurait le contrôle direct du jeu par le pouvoir royal. Deux compteurs (art. XXX-XL) et un trésorier (art. XLI-XLIII), avec un train de figures mineures (des cassiers, officiels, dépendants, classeurs, assistants, imprimeurs, correcteurs, porteurs, 'entretenidos'), complétaient cette structure rigide[35].

En dehors des organes centraux la loterie royale s'appuyait sur des administrations générales et particulières pour recueillir et payer les paris. Celles-ci étaient dispersées par toutes les provinces, les villes et les chefs-lieux ; elles étaient attribuées à des personnes abonnées après le dépôt d'une caution[36]. Par exemple, dans le royaume de Séville, la capitale éponyme était le siège d'une administration générale (l'autre était à Cadix, compte tenu du dynamisme du port des Indes). Il y avait d'ailleurs cinq administrations particulières dans la ville et vingt autres dans les villages ; il y avait encore trois administrations d'arrondissement (de *cabeza de partido*) à Ecija, Antequera et Algésiras – le parti de Jerez ayant été ajouté à Cadix.

Placés sous la dépendance complète des autorités centrales (auxquelles « deberán ciegamente obedecer ») des agents situés en tête des postes de la loterie royale traitaient directement avec les joueurs[37].

34 Par décret du 14 décembre 1792, qui suivit de quelques mois la séparation entre la Surintendance générale et le Secrétariat des Finances (décret du 25 Mars), on attribua les compétences sur le jeu à l'autorité de celui-ci, comme « superintendente nato de la real lotería ».

35 *Cf.* Herrero, *Monopolio*, p. 78 et suiv. pour la bureaucratie inférieure et sa rémunération, qui était variable ; environ 1780, les salaires allaient de 3,666 *reales* par mois pour le directeur et le trésorier aux modestes 108 *reales* pour un concierge.

36 *Ibi* p. 106 et suiv. La règle principale a été l'*Instrucción... de las reglas que deben observar los Administradores de la Real Lotería...* du 26 Septembre 1776, en De la Ripia, *Rentas reales*, p. 394 et suiv.

37 En outre, ils canalisent leurs plaintes. À la fin d'août 1767, l'administrateur Andrés Bini adressait à la direction générale une pétition pour augmenter de 80 % les *ternos* et de

Ils distribuaient les listes avec les noms (numérotés) des jeunes filles indiquées pour l'extraction. Ils procédaient à la réception des paris et livraient à la partie intéressée un « rescuentro » ou billet provisoire ; et finalement ils écrivaient dans un livre spécial les « promesas », ou prix calculé selon la combinaison numérique et l'argent parié – parfois une avance, dans l'attente du « pagaré » ou billet proprement dit ; en vue des listes ('périferiques') de paris l'administration centrale faisait imprimer les « pagarés », qui étaient remis par la Poste aux agents vendeurs. L'exhibition du « pagaré » gagnant permettait la perception du prix dans l'administration respective, avec les fonds arrivés du centre lorsque le montant dépassait ses ressources liquides[38].

Le système italien dit de « la beneficiata » supposait, comme nous le savons, de parier contre le Trésor royal. Le versement rapide des prix compromettait à la fois la gloire et la conscience du monarque ainsi que le crédit du jeu lui-même, de sorte que les règlements de la loterie mandatèrent le directeur général de « cuid[ar] con la mayor vigilancia, que no haya el menor atraso en el examen, y liquidacion de todas las cuentas de este Ramo, que procurará por todos los medios queden finalizadas en cada Extraccion » (art. VIII, *Instrucción*... de 1776)[39]. Mais la duplication des listes de paris et la teneur littérale des « pagarés » furent la cause de plusieurs problèmes. Ainsi, malgré les efforts du bureau des correcteurs, les inadéquations entre les numéros et les noms des jeunes filles annotés sur les « rescuentros » et les données imprimées sur les « pagarés » étaient inévitables. Bien que ces derniers fussent les seuls

---

20 % les *ambos*, « como lo han pedido a gritos los jugadores por las calles de Sevilla » : AGS, Real Lotería, liasse 511.

38 *Cf.* Altabella, p. 44 et suiv. avec l'édition de « Instrucción para los posteros que reciben el Juego de la Real Lotería de Madrid y sus Reynos... » On y trouve la clause de « obéissance aveugle » sur l'ordre de fermer les paris avant le jour de l'extraction « si la cantidad de los Villetes jugados no diessen lugar para imprimirlos todos ».

39 AGS, Real Lotería, liasse 511. En juin 1770, le directeur général s'est plaint de l'attitude de l'administrateur de Saragosse, pour ne pas payer les 20.000 reales d'un *terno* ; il a informé le ministre des Finances d'avoir donné des ordres pour la livraison immédiate du prix. D'un an plus tard date la plainte d'un chanoine contre l'administrateur Juan de Tejada (Soria), qui apparemment a manqué son honneur et qui n'a pas voulu admettre son pari (*ibid.* liasse 512). Aussi intéressante est la représentation (octobre 1775) du sous-délégué de la loterie contre le directeur général Raimundo Vecino (liasse 514), par l'opposition de Vecino à payer un prix à Cadix d'accord avec les listes, bien que le « pagaré » s'était perdu dans la Poste ; on y constate l'intérêt officiel pour le payement des prix, ainsi que les scrupules de conscience du monarque.

titres admis, la Couronne concéda souvent par la voie de grâce tout ce qu'elle ne pouvait pas donner en justice[40]. Un cas similaire se produisait lorsque la somme pariée en son temps différait de l'annotation finale du « pagaré[41] ». En plus, et à l'encontre des prévisions officielles (« que no se ha de pagar partida alguna á quien no presente el Pagaré impreso... para evitar los graves inconvenientes que se han experimentado, y pueden resultar de atender á las pretensiones maliciosas de algunos de los Jugadores", *cf.* art. XXVII, *Instrucción...* de 1776), la magnanimité du roi permit d'obtenir les prix quand le billet avait été perdu ou détruit... pourvu que le pari figurait sur les listes soumises à la direction centrale[42]. En général, l'attitude gracieuse des autorités conseilla de faire des avances sur les salaires aux employés, d'anticiper le montant du loyer aux agents locaux, enfin, la mainlevée des garanties économiques déposées par les vendeurs en faveur de leur veuves[43].

Les listes et reçus provisoires et les « pagarés » prétendaient couper les abus, mais on ne put empêcher les contrefaçons, qui étaient passibles de plusieurs années de prison et des peines d'exil[44]. Les documents de loterie royale présentent des exemples tant de « pagarés » remaniés (et ainsi celle de « distinto movimiento, distinto aire y distinta formación », qui présenta un José Santos Chaves en septembre 1773) comme de soustractions de « pagarés » pour la revente. La première action n'était pas facile, parce que le double système d'annotation du pari et le renouvellement de la liste des jeunes filles dans chaque tirage laissaient

40 Voir de nouveau liasse 511, demande d'un Juan Bentura [*sic*] Sanchez, à qui est concédé le prix par voie de grâce (Janvier 1768). Nous gardons un « pagaré » du premier tirage au sort à cause de la plainte d'une pauvre veuve, Maria de San Martin, qui a misé sur le 80 et a reçu (et consenti) un document avec le 70 ; comme le 80 est sorti à la troisième extraction, tel qu'il était parié dans la mise initiale, elle s'est précipitée à demander le prix : la somme n'a pas été payée, mais la veuve a reçu le total comme « limosna » : voir Altabella, *Loteria National*, p. 58-60.

41 Un *terno* de 100.000 *reales* posté à Alcala de Henares avait été satisfait seulement avec 10.000 ; il a été déterminé que si les numéros sortaient, le prix serait payé d'accord au dernier montant (AGS, Real Lotería, liasse 524).

42 Sur ces circonstances il y a une abondante documentation. *Cf.* par exemple la même liasse 524, demande d'un Jorge de Mesa, joueur de Sevilla, concernant le paiement d'un *ambo* malgré avoir rompu le « pagaré » ; mais la direction était d'avis contraire.

43 Plusieurs exemples dans AGS, Real Lotería, liasse 512.

44 *Cf. ibid.* liasse 513, avec des papiers relatifs à une affaire (Octobre 1773) impliquant un ecclésiastique et plusieurs militaires, mais les faussetés sont apparues au second tirage (28 Janvier 1764) : Altabella, *Lotería Nacional*, p. 60. En général, Herrero, *Monopolio*, p. 46 et suiv.

peu de place aux faux titres. Même si les notes ne disposaient pas de riches ornements destinés à entraver les infractions, comme ce fut le cas des beaux « vales reales », les noms des jeunes filles et les numéros joués, la variété des types d'impression et les sceaux sur les « pagarés » contribuèrent considérablement à éviter les contrefaçons.

Avec un succès plus ou moins discret, la vente de billets volés était objectivement possible grâce à la nature du « pagaré » en tant que titre au porteur[45]. Nous n'avons pas d'information sur des affaires qui auraient eu lieu avec des billets de loterie. Mais une transmission légitime du « pagaré » avant le tirage au sort aurait été parfaitement possible, ce qui aurait eu lieu par la simple livraison du titre donné ou transmis contre paiement, en tout ou en partie, de la somme misée ; bien que la Couronne avait reconnu qu'un joueur pouvait se repentir et retirer son pari, il est clair qu'un accord entre sujets privés rendait plus facile l'opération[46]. De plus, le « pagaré » était justement une note incorporant le crédit de la « promesa » contre le Trésor royal ; en d'autres termes, les billets de loterie fonctionnaient comme des instruments de crédit transmissibles à titre onéreux ou gratuit : alors que dans la deuxième instance la donation du droit au prix était comprise, le premier cas se produisait quand un joueur chanceux acquittait ses dettes en délivrant au créditeur son « pagaré ». Car celui-ci avait la même valeur que l'argent métallique, ce qui n'était pas le cas des cités « vales reales » dont l'utilité comme moyen de paiement fut légalement limitée aux grandes opérations. Le « pagaré » de loterie était aussi préférable aux papiers de la Banque de Saint Charles (1783), des titres d'une (récente : 1782) société commerciale qui n'obtint jamais l'acceptation du public, malgré l'appui de la Couronne ; confrontés aux cédules de la Banque, la liquidité des billets de loterie se bénéficiait de l'engagement obligatoire du Trésor.

Tout ce que nous avons évoqué ci-dessus – la solution royale aux scrupules religieux, la centralisation administrative, des pratiques gouvernementales entre la justice et la grâce, le jeu et la bienfaisance

45 Reproduction de ces documents dans Altabella, *Lotería Nacional*, p. 51 ; Herrero, *Monopolio*, p. 43.

46 En dehors des concessions gracieuses, le retour du pari avait à faire avec la disparité erronée entre le jeu fait selon les listes de l'administrateur et le « pagaré » envoyé de Madrid, si ce dernier n'était pas accepté par le joueur (art. XIII-XVI, *Instrucción*... de 1776), ou avec la rétention accidentelle des listes et l'incapacité successive d'imprimer les « pagarés » (art. XVII).

de l'État – nous donne la mesure d'un monde en voie de constitution. Nous arriverons au même résultat, pour finir ces lignes, en examinant l'abondante littérature concernant la loterie[47]. Il s'agit de livres et de brochures aussi nombreux que contradictoires. D'une part, beaucoup de travaux pénétraient la rationalité des mathématiques afin d'éduquer les joueurs dans les arcanes des probabilités[48]. D'autre part, les superstitions les plus absurdes attirèrent l'attention d'une nation désireuse de déchiffrer les forces de la fortune, ce qui allait outre les doctrines morales et l'appel à la prudence[49]. Dans ce *paese di cuccagna* qu'incarnait l'Espagne de la loterie, la modération dans le jeu – *eutrapélie* – fut rapidement rattrapée par une frénésie d'almanachs et de suppositions. Une *confiance* hors du commun, plus proche du *crédit public* (« la opinión que los hombres forman de la agena probidad » selon le traducteur d'Adam Smith)[50] que de la première vertu de la religion : c'est-à-dire, la *foi*. Peut-être aussi avec cette croyance hétérodoxe les Bourbons espagnols agirent de nouveau *à l'image de la Cour de Rome.*

Carlos Petit
Universidad de Huelva – Onubense

47 Il suffit de consulter le vaste répertoire d'Antonio Palau y Dulcet, *Manual del librero hispanoamericano* (ed. Agustín Palau Claveras), IV, Oxford, The Dolphin Book, rep. 1984, p. 87-88. Bien sûr, les historiens de loterie ont abordé ce sujet. Herrero, *Monopolio*, p. 153 et suiv. ; Macry, *Giocare la vita*, p. 53 et suiv.

48 D'un grand intérêt est le travail précité d'Herranz, *Tratado Teórico-Práctico-Demostrado de las reglas de la combinación*, où, après une ample théorie générale, il est ensuite traité « de la aplicación de la rifa, o juego de la Real Lotería a la tercera clase de combinaciones de cosas desemejantes sin orden de lugar », p. 67 et suiv. Mais Herranz a traité aussi « de la fidelidad ó legalidad con que se sortea este Real Juego de la Loteria, » qui décrit, avec des détails assez riches, les cérémonies entourant les tirages au sort.

49 Mais ceci ne manque pas : voir Francisco Collart, *Lecciones Theologico-Morales sobre el Juego...* Madrid, Juan de Zúñiga, [1737] ; fray Pedro Miravete y Moya, *Consuelo de jugadores, aviso de divertidos, instrucción para todos : mesa de juego...* Zaragoza, Joseph Fort, [1756].

50 Joseph Alonso Ortiz, *Ensayo económico sobre el sistema de la moneda-papel y sobre el crédito público*, Madrid, Imprenta Real, 1796, p. 227.

QUATRIÈME PARTIE

ASSURANCES ET SÛRETÉS

EARLY MODERN MARITIME INSURANCE BETWEEN MERCANTILE CUSTOMS AND *IUS COMMUNE*

Some remarks on the liability of the shipmaster

I

On many aspects of the history of commercial law, and of insurance in particular, our focus on learned law, while understandable, should also take into account the non-learned origins of many rules. This way we might better appreciate their development, and possibly also better understand what impact the shift towards the civil law system might have had on them. We know relatively little of customary law. This is in part due to the insufficient evidence we have, and also to the scarce attention that most legal historians have paid to the subject. The point is somewhat circular: the insufficient knowledge of customary law we have has often contributed to the tacit assumption that customary law was not too important; not being particularly important, in turn, customary law did not deserve much attention.

The reason for looking at the position of the shipmaster instead of providing a broader picture of insurance at large is simple: it brings us *in medias res*. This might perhaps be more useful than providing yet another broad introduction to the subject.

In all probability, the earliest kind of insurance is maritime insurance. Maritime insurance stems from sea-carriage. In most contemporary legal systems, important changes may be done with the stroke of a pen. This is perhaps not entirely the case for early modern learned law, given the great weight of high courts. But it is surely not the case for customary law. Any change in customs is gradual by definition. Even when it is possible to trace a specific moment when a change was decided (and discounting the fact that such a decision was normally just the acknowledgment of a pre-existing, slow evolution), its implementation remained gradual. Besides, customary law is the result of a complex equilibrium, resulting from a combination of chance, historical, cultural and geopolitical factors, and (to some extent) economic efficiency considerations[1]. This complex equilibrium explains the gradual character of customary changes. Thus, saying that insurance derived from sea-carriage does not simply mean that one built on the other, but rather that it is not possible to understand insurance customs without taking into account sea-carriage usages.

An obvious difference between insurance and sea-carriage is the number of parties[2] involved. While in the insurance context the parties are three (insurer, insured and shipmaster), in the sea-carriage context they are only two parties: merchant and shipmaster. The first entrusted his merchandise to the second so that he would bring them to the agreed destination against the payment of a specified sum. The shipmaster warranted safe delivery at destination, barring several events that we would qualify as *vis maior*. On the face of it, liability might appear strict. In fact, the fortuitous events mentioned in most charter-parties only pointed to the most frequent cases where the loss could not be imputed to the master–a standard but not exhaustive list.

A modern lawyer would automatically qualify the events excluded from the shipmaster's undertaking as cases of *vis maior*. A merchant would have rather thought that they were situations in which the shipmaster could not be blamed for the loss. The difference is extremely important. If we were to draw a spectrum of liability, *vis maior* would occupy one end of it. The central and main part would be for *culpa*, in its various shades and degrees. Finally, on the other end of this spectrum, there would be

1 Specifically on the influence of geopolitical considerations on the development of customs see D. De ruysscher and J. Puttevils, *The Art of Compromise. Legislative Deliberation on Marine Insurance Institutions in Antwerp (c. 1550-c. 1570)*, 130 (2015), *BMGN-Low Countries Historical Review (2015)*, p. 25-49. On the economic efficiency considerations see G. Rossi and S. Spagano, *From Custom to Law, An Economic Rationale behind the Black Lettering*, forthcoming in *Journal of Economix Issues*. As to the internal equilibrium of customary sets of rules see e.g. G. Rossi, *The Abandonment to the Insurers in Sixteenth Century Insurance Practice: Comparative Remarks*, in A. Cordes, S. Dauchy, D. De ruysscher, H. Philajamäki (eds.), *Understanding the Sources of Early Modern and Modern Commercial Law*, Leiden, Brill, 2018, p. 87-118.

2 I am obviously using the term 'party' more in its economic than legal meaning. From a legal standpoint, the (contractual) parties are obviously only two.

intentional wrongdoing–*dolus*. Distinguishing on the basis of whether the shipmaster could be *blamed* for the mishap or not meant grouping together *culpa* and *dolus*. This made perfect sense, given that the whole relationship was between two parties only: either the shipmaster was liable, or he was not. Blameworthiness sufficed. There was a clear reason for this: blameworthiness entailed the inversion in the burden of proof. The concept of blame dispensed with strict proof of causation, as it associated responsibility with the detachment from the usual *modus operandi* of one's peers. If the shipmaster did something unusual (i.e., something that most other shipmasters would not do) and loss ensued, in other words, it was up to him to explain himself. For a merchant, blame did not simply aggravate one's probatory position, but rather attracted liability. It would be a mistake to fully divide social and legal dimensions. Blame entailed ill repute, and ill repute was serious enough as to produce consequences–social and (therefore) legal. Blameworthiness meant imputability. The obvious difference is that imputability refers to the loss or damage, whereas the object of blameworthiness is the conduct. This is why blame attracted liability: a blameworthy conduct meant that the damage or loss was to be imputed to the person to be blamed.

A practical example might help to better understand the point. The shipmaster gave his word that he would safely bring the cargo at destination. Any violation of that undertaking attracted blame. *Vis maior* simply removed the blame from the master's failure to fulfil his obligation. To distinguish the two cases, the late sixteenth-century insurance compilation of Rouen known as the *Guidon de la Mer* distinguished between 'forced' and 'voluntary' barratry[3]. Forced barratry occurred in case of arrest or seizure of the ship and cargo (cases falling within *vis maior*), while 'normal' barratry was termed as 'voluntary'. The use of the term 'barratry' is extremely interesting: barratry did not simply mean 'fault', but it conveyed the idea of deceit–and so, we would say, of *dolus*[4]. And the deceit was implied in the simple fact that the

3 *Gvidon, Stile et Vsance des Marchands Qvi mettent à la Mer*, (2[d] edn.), Roven, Martin le Mesgissier, 1619, cap. 9, p. 41-42. While perhaps the customary position of Rouen (as attested in the abovementioned *Guidon de la Mer*) was particularly clear on the point, it was hardly an isolated case. See e.g. the 1608 Antwerp compilation known as *Compilatae*, pt. 4, tit. 11, section 4, art. 110-111.

4 E.g. *Dictionnaire universel françois et latin, vulgairement appelé Dictionnaire de Trévoux : contenant la signification et la définition des mots de l'une et de l'autre langue…* Paris, par la

shipmaster did not honour his word. On the face of it, he betrayed the merchant consignor, who was relying on his word. The *Guidon* used the term 'barratry' for any violation of the charter-party: the question was not whether the shipmaster had violated the charter-party, but whether he had been forced to do so. If the cargo did not arrive safely at destination the shipmaster was *prima facie* in breach of contract–and so to be blamed. The whole issue focused on whether or not he could exculpate himself. Proving 'forced barratry' literally meant that the master's deceit–the breaking of his own word–had been forced on him. Being forced not to honour his word, the master was clearly not to be blamed for it. But if he could not prove as much, then he remained liable. From this perspective, it was immaterial whether the breach of contract depended on the master's negligence or on his fraudulent conduct.

The increasingly widespread use of insurance added a new party, the insurer, to this scheme. The insurer undertook to pay up for some cases in which the cargo would not reach safely its destination–but not (or not necessarily) for others. The main distinction focused not on the kinds of *vis maior* (the insurance policy would normally include them all), but on the degree of blameworthiness of the shipmaster. Bearing the consequences of the conduct of a negligent shipmaster was one thing, paying for his dishonesty was clearly another. This distinction ultimately led to the division of blameworthiness in two kinds. Again, a lawyer would think of distinguishing between *culpa* and *dolus*. But the fact that merchants moved from blameworthiness led to somewhat different conclusions. Customs evolve gradually: there are no U-turns in their development. Blameworthiness had been the benchmark of the carrier's liability for a very long time. Merchants did not forsake blameworthiness just because a new party entered the picture. Rather, they adapted blameworthiness to the new scenario, distinguishing it between 'ordinary' and especially serious cases of blameworthiness. This distinction might be described as the separation of, broadly speaking, intentional from unintentional loss. But, once again, we should be careful not to be carried away by our legal terminology. The fact that merchants

---

Compagnie des Libraires Associé, 1771, vol. 1, p. 751 s.v. *Baratterie*: 'C'est la tromperie du Patron, ou malversation du Maître, ensemble les larcins, altérations, et déguisemens causîtres par le Maître, ou par l'équipage. ... Décharger une barque pendant le cours de la navigation, est un crime de *baraterie* qui est punissable. Un Capitaine de vaisseau faisant naufrage volontaire, fait un crime de baraterie.'

were moving from blameworthiness affected both the qualification of the two groups ('our' intentional vs. unintentional loss), and the way in which they applied. As to the qualification, the category that we would define as *culpa lata* would typically fall within the second kind (the most serious one) of blameworthiness–a reason more to be careful when speaking of intentionality. As to the way in which they applied, the fact that the categories of intentionality and non-intentionality were the result of an 'internal' division of blameworthiness greatly conditioned their object. Blameworthiness referred to the conduct leading to the loss, not to the loss itself. As such, the concept of intentionality did not refer to the actual mishap, but to the behaviour of the shipmaster leading to it. This allowed to continue focusing on the conduct of the master, and to measure it against the usual standard expected of (and followed by) his peers. A voluntary deviation from that standard attracted more blame, and could therefore be distinguished from other situations, which might be often described as negligent deviations from the same standard. More than intentional and unintentional loss, therefore, we might speak of intentionally blameworthy and unintentionally blameworthy conducts. Moving from Rouen to the other side of the Channel, some coeval English policies for instance defined barratry as 'falseness and untruths or mysordres of the master owner or mariners', or as any 'wickedness unjustness or folly of the said master and mariners'[5].

II

The main question of this contribution is: what happened to those criteria of 'unintentional blameworthiness' (translated approximately with *culpa*) and 'intentional blameworthiness' (equally roughly rendered with *dolus*) with the passage from custom to law? While maritime customs are (often but not always) sufficiently homogeneous across Europe (western Europe in particular), the same of course may not be

5 London insurance policies of 16.5.1523 and 8.1.1566, transcriptions in G. Rossi, *Insurance in Elizabethan England*, Cambridge 2016, Appendix IV, doc. 1, p. 723-725, and in R. G. Marsden, *Select Pleas in the Court of Admiralty*, vol. 2, A. D. 1547-1602, London, Quaritch, 1897, p. 52-53 respectively.

said for the law. We shall limit our observations to the late *ius commune*, especially in the Italian Peninsula. A good reason for choosing Italy and no other civil law countries is that some other jurisdictions do not allow distinguishing between fault and fraud on insurance matters.

The most interesting case is that of France, where the 1681 *Ordonnance de la Marine* of Colbert linked fault to barratry: the insurers would answer for the fault of the master only if the policy covered also barratry[6]. This meant forcing the insurers to cover the loss or damage imputable to any kind of conduct of the shipmaster. The only alternative would have been insuring only against *vis maior*, and so offering an extremely scant protection to the merchant insured–virtually no marine insurance policy waived liability for the fault of the shipmaster. As such, this provision (which then found its way also in the 1807 *Code de Commerce*, art. 353), effectively amounted to a forcible shift of the risk from the merchant to the underwriters: taking out insurance, the merchant would be always covered also against the fraud of the shipmaster. The change was of remarkable significance, not least as it went in the opposite direction as many other jurisdictions, which progressively narrowed or even excluded the insurability of barratry[7]. This meant that France, and France alone, did not have a clear distinction between fraud and fault of the master for a long time. It is quite common to find, among early modern French legal writers, definitions of barratry substantially encompassing both fraud and fault[8]. While the point did not pass

6 Ordinance on Commerce of 1681, lib. 3, tit. 6, art. 28: 'Ne seront aussi tenus les Assureurs de porter les pertes et dommages arrivez auz Vaisseauz & Marchandises par la faute des Maítres & Mariners, si par la Police ils ne sont chargez de la Baraterie de Patron.'

7 Probably, the most complete list on the subject may be found in D. Azuni, *Dizionario Universale Ragionato della Giurisprudenza Mercantile del Sig. Senatore D*r. *D. A. Azuni…*, (2d edn.), Livorno, Glauco Masi, 1822, vol. 1, s.v. *Barattería*, p. 209-210, n. 5.

8 So for instance Pothier qualifies as barratry 'toutes les espèces tant de dol que de simple imprudence, défault de soin et impéritie, tant du patron que de gens de l'équipage' (R.J. Pothier, *Traité du contrat d'assurance*, Marseille, de l'Imprimerie de Roux-Rambert, 1810, p. 104-105, n. 65). A similar definition may be found e.g. in Guyot: 'en termes de commerce maritime, on appelle *Baraterie de patron* tout le dommage qui peut provenir du fait du maître ou des gens de son équipage, soit par impéritie, imprudence, malice, changement de route, larcin ou autrement' (J.-N. Guyot, *Répertoire universel et raisonné de jurisprudence civile, criminelle, canonique et bénéficiale, ouvrage de plusieurs jurisconsultes, mis en ordre & publié par M. Guyot, écuyer, ancien magistrat*, Paris, Chez Panckoucke, 1776, vol. 5, s.v. *Baraterie*, p. 204). Guyot is of particular interest as he also provides some practical examples of the barratry of the master, which clearly point to negligence, not fraud. So, the shipmaster is liable 's'il fait mal placer les marchandises en en mettant de féches ou de

unnoticed among lawyers writing on comparative commercial law in the early nineteenth century[9], it seems to have attracted considerably little attention thereafter.

Let us start with the transposition of unintentional blameworthiness into fault (*culpa*). The passage was far from gradual: as it is well known, civil lawyers found in the Roman sources that the shipmaster answered for *custodia*[10]. Seeking to avoid to speak of strict liability–especially when this was in conflict with the general principle of utility–they preferred to think of a particularly strict kind of fault, *culpa levissima*. Under this stringent standard of care, even the slightest degree of negligence was sufficient to trigger liability. Since this standard was measured against the abstract criterion of the extremely diligent man of the same condition and profession (one would be tempted to say, a sort of super-*paterfamilias*), civilians managed to impose strict liability without saying as much[11]. The subject, a rather complex one, may not be dealt with here[12]. More

précieuses sous d'autres fujettes à coulage; s'il les laisse sur le tillac; s'il manque de tenir fermés les écoutilles et les sabords du navire, si par contravention à l'ordonnance de 1689, il oblige un capitaine de vaisseau du roi à lui lâcher quelques coups de canon, sur son refus d'aller à bord lui montrer ses instructions, e que les marchandises en reçoivent quelque dommage, etc.' (*ibid.*, p. 205). Guyot's definition was of particular success, as it may be found verbatim in several other publications, for instance in Merlin (P.-A. Merlin, *Répertoire universel et raisonné de jurisprudence*, 4th edn., Paris, chez Garnery, vol. 1, 1812, s.v. *Baraterie*, p. 685). *Cf.* also the *Encyclopédie méthodique. Jurisprudence, dédiée et présentée à Monseigneur Hue de Miromesnil…*, Paris, Chez Panckoucke, Liège, Chez Plomteux, 1782, vol. 1, s.v. *Baraterie*. Although less informative, see further C.-J. de Ferrière, *Dictionnaire de droit et de pratique, contenant l'explication des termes de droit, d'ordonnances, de coutumes & de pratique, par M. Claude-Joseph de Ferrière*, new edn., Paris, Chez Bauche, 1771, vol. 1, s.v. *Baraterie* p. 178; J.-B. Denisart, *Collection des décisions nouvelles et de notions relatives à la jurisprudence actuelle*, 5th edition, Paris, Chez Desaint, 1766, vol. 1, s.v. *Baraterie*, p. 250.

9 So for instance Azuni observed how the French notion of barratry encompasses 'as much *dolus* and fraud, as simple imprudence, lack of attention, and inexperience of shipmaster and sailors' (Azuni, *op. cit.*, vol. 1, s.v. *Baratteria*, p. 208, n. 2). *Cf.* L. Piantanida, *Della giurisprudenza marittima-commerciale antica e moderna*, Milano, Dalla Stamperia e Fonderia di Gio. Giuseppe Destefanis, 1806, vol. 1, p. 166.

10 D.4.9.1pr and D.4.9.3.5.

11 E.g. H.-J. Hoffmann, *Die Abstufung der Fahrlässigkeit in der Rechtsgeschichte, unter besonderer Berücksichtigung der culpa levissima*, Berlin 1968, p. 50; R. Zimmermann, *The Law of Obligations. Roman Foundations of the Civilian Tradition*, Oxford, Oxford University Press, 1996, p. 192 and 524-525, and esp. H. Dilcher, *Die Theorie der Leistungsstörungen bei Glossatoren, Kommentatoren und Kanonisten*, Frankfurt-am-Main, Klostermann, 1960, p. 74-90.

12 Specifically with regard to the position of the shipmaster see e.g. G. Rossi, *The Liability of the Shipmaster in Early Modern Law: Comparative (and Practice-Oriented) Remarks*, 12 (2017) *Historia et Ius*, paper n. 12, p. 6-13.

important for our purposes is the position of the law courts. Civilians typically provided abstract definitions of fault. Law courts accepted such definitions, but preferred to focus more on causation.

Ascertaining (or presuming) the *culpa* of the defendant was not sufficient. It was also necessary that such *culpa* would lead directly to the mishap. As the courts put it, *culpa* had to be *ad casum ordinata*[13]. This in effect was not too dissimilar from the modern *conditio sine qua non* test[14]. On a practical level, this meant that the *culpa levissima* of the shipmaster did not amount to strict liability. Almost paradoxically, however, because the causality link had to be direct, the courts made increasingly frequent use of a series of causal presumptions[15].

In a nautical context, the use of causality presumptions was particularly widespread, both because judges were hardly experts of maritime affairs and because such presumptions had a foothold in the Roman sources. The reason for the success of those presumptions, however, was at the same time their main weakness: they were remarkably simple[16].

---

13 See e.g. a decision of the Roman Rota rendered on 31.3.1656, *Sacrae Rotae Romanae Decisionvm Recentiorvm a Pavlo Rvbeo I.C. Romano selectarum*, Romae, apud Paulum Balleonium, 1716, vol. 12 (1655-1658), dec. 159, p. 229, n. 9 and 12: 'quando enim culpae est imputandus casus, necessarium est, illam fuisse ad casum ordinatam, ita vt aliter non successisset, set sic quod causa, ac illa quidem immediata, culpa fuisset casus… quod vt possit onerari conductor, sit necessarium probare, non potuisse casum contingere nisi culp[a] intercessisset'. *Cf.* e.g. J.L.M. de Casaregis, *Discursus Legales de Commercio* (2[d] edn.), Venetiis, Ex Typographia Balleoniana, 1740, vol. 1, disc. 1, p. 6, n. 83: 'Intellige, seu declara, quod si casus sinister evenit etiam existente culpa Institoris, Domini, ac Nautae, quae tam casui causam non dedit, itaut ea non existente nullatenus contingisset casus, assecuratores tenentur, quia quoties alicuius culpae, casus, qui evenit, adscribitur, demonstrandum necessario est culpam illam ad casum fuisse dispositam, atque ordinatam, itaut nisi propter eam culpam casus nequaquam fuisset eventurus'.

14 In the discussion of early modern doctrine and courts the *conditio sine qua non* test was understood in rather broad terms, which today would be considered as encompassing also contributory causation when particularly relevant as to the production (or the non-occurrence) of the result. *Cf.* H.-J. Wieling, *Interesse und Privatstrafe vom Mittelalter bis zum Bürgerlichen Gesetzbuch*, Köln-Wien 1979, p. 45-51.

15 E. A. Pegas, *Emmanuelis Alvarez Pegas… Resolutiones forenses practicabiles…*, pt. 1, Vlyssipone, Ex Typographia Michaelis Deslandes, Sumptibus, et expensis Amtonij Leyte Pereyra, 1682, vol. 1, cap. 3, p. 96, n. 37-40: 'Sicuti etiam dicitur ordinata ad casum, si culposus fuit praemonitus, et noluit parere… Item dicitur culpa ordinata ad casum, si aliquis non faciat, quod diligens, seu diligentissimus paterfamilias secundum naturam contractus fecisset… Rursus dicitur culpa ordinata ad casum, si faciat aliquid contra conuentionem… Consideratur etiam culpa ordinata ad casum, in vtente re ad alium vsum, quam ad quem sibi commodata fuit.'

16 Probably the most quoted set of presumptions of causality concerning the shipmaster is that of Roccus. The main groups identified by Roccus (following a tradition that can be easily traced back to Petrus Santerna and Benvenutus Stracca) were seven: 1) grounding

This simplicity made them very easy to invoke and apply, but did not encourage more sophisticated elaborations. Equally simple were the presumptions elaborated to rule out the causal link between mishap and shipmaster's conduct[17].

The presumptions identified specific kinds of mishap so as to ascribe its occurrence to the shipmaster, or to deny as much. Crucially, causation was described in terms of fault. As the presumptions were based on the kind of mishap, the specific features of the mishap would determine the presence of fault and its causal relevance towards the loss. This combination of causality and fault meant that the courts would first of all look at the kind of mishap to determine whether the shipmaster should be presumptively saddled with the loss or not. This ultimately meant that the probatory position of the shipmaster did not depend on the presence of *culpa levissima*, but rather on the kind of mishap[18]. In principle, the shipmaster was a *conductor* (the contract of carriage was subsumed within the *locatio-conductio* scheme) subjected to a more stringent standard than that applicable to most other *conductores* (instead of *culpa levis*, *culpa levissima*). In practice, however, the emphasis on the kind of mishap relegated to a secondary role the specific features of his contractual liability. The nature of the mishap would determine the burden of proof. So, for instance the land-carrier who overloaded the

---

the ship (unless that depended on *vis maior*); 2) sailing in bad weather and, especially, in wintertime; 3) keeping the cargo onboard for a long time after arrival at destination; 4) choosing incompetent or unknown people to man the ship; 5) smuggling; 6) using another country's flag; 7) not defending the ship against attacks. F. Roccus *De Navibus et Navlo*, in *Id.*, *Responsorum legalium cum decisionibus centuria secunda ac mercatorum notabilia in sex titulos distributa*, Neapoli, ex Typographia Lucae Antonij Fusci, sumptibus Iacobi Antonii Bagnuli, 1655, not. 55-57, 62, 66 and 70, p. 151-190. *Cf.* e.g. J. de Hevia Bolaño, *Laberinto de Comercio Terrestre y Naval... avtor Ivan de Hevia Bolaño...*, Madrid, por Luis Sanchez... a su costa, y de Geronimo de Courbes, 1619, lib. 3, cap. 11, p. 617, n. 3-4, and esp. cap. 12, p. 628-634, n. 6, 9-16, 18, 23-24, 27, 29, 31; J. Loccenius, *De Jure Maritimo et Navali Libri Tres* (3rd edn.), Holmiae, apud P. de Dobbeleer [ca.1660], lib. 1, cap. 7, p. 63-64, n. 3.

17 The main ones were shipwreck, seastorms, pirates, privateers and enemies. On the Roman law roots of (most of) such presumptions see esp. S. Scaccia, *Tractatus de Commerciis et Cambio...*, Romae, sumptibus Andreae Brugiotti, ex Typographia Iacobi Mascardi, 1619, § 1, q. 1, p. 37, n. 135 (building esp. on D.2.11.3, D.4.9.3.1, D.13.6.18pr, D.39.2.24.4 and C.4.34.1).

18 E.g. Pegas, *op. cit.*, vol. 1, cap. 3, p. 99, n. 66 "culpa in his terminis dicitur ad casum ordinata, si ex ea poterat euenire casus". *Cf.* M. A. Savelli, *Summa Diversorum Tractatuum... collecta, ac propriis locis distributa a Leopoldo Josepho Crescini*, Venetiis, Ex Typographia Balleoniana, 1748, vol. 1, lib. 1, s.v. *Casus*, p. 226, n. 6.

mule was subjected to the same presumption of fault as the shipmaster who did the same with the ship, despite that his standard of fault was *culpa levis* and not *levissima*[19]. This passage from abstract theorisations on *culpa* to its concrete application through presumptive causation would probably deserve more attention by legal historians.

Compared with the traditional perspective of merchants, the *culpa* of the shipmaster was strikingly different. First, *culpa* was typically approached in a remarkably abstract way. Perhaps the distinction often found in modern literature between *culpa in abstracto* and *culpa in concreto* is somewhat too dogmatic–to what extent was it really applied in law courts, is something far from clear. It would seem that was the first kind of fault–*culpa in abstracto*–to be the main one, to the point of being identified with the whole category, at least among high courts. If *culpa* was *culpa in abstracto*, the first thing to be looked at was the kind of contract, not what agreed between the parties. As such, the shipmaster was at fault not when he did not keep faith to his word and did not fulfil his obligation, but when his conduct fell short of a certain–extremely high–standard.

On a practical level, the difference between unintentional blameworthiness and *culpa* was magnified by the insistence of the bench on causation, and especially its reliance on a set of presumptions of causality. It is important to stress the link between them. Law courts did not change their mind as to the need to prove direct causation. Paradoxically, it was their insistence on the point that favoured the emersion (and the progressive consolidation) of presumptions. The bar, in other words, was too high. Relying on a system of presumptions had profound consequences on the position of the shipmaster. For a merchant, the occurrence of *vis maior* simply took the blame away from the misperformance of the carrier's obligation, because that misperformance was *per se* blameworthy. For a civil law judge, *vis maior* presumptively severed the causal link between shipmaster's conduct and mishap. On the other side, a number of different scenarios crystallised into as many presumptions leading to the opposite conclusion: the shipmaster's conduct was the direct and immediate cause of the mishap. Encouraged by the

19 E.g. V. Carocius, *Tractatvs Locati et Condvcti... D. Vincentio Carocio... Auctore...*, Venetiis, 1584, apud Lucianum Pasinum, et Marcum Amadorum, pt. 2, s.v. *Dolo et Culpa*, *fol.* 51*r*, n. 8.

insistence on the immediate relationship between conduct and event, such presumptions were used as much as possible. For the alternative would have been requiring actual proof. This led to rather awkward results. So for instance the Roman Rota inverted the burden of proof and required the shipmaster whose vessel had been attacked by privateers (a typical *casus fortuitus*)[20] to disculpate himself. The reason was that the master set sail in wintertime (one of the cases where the causal link between conduct and mishap was presumed)[21]. As the ship was–quite unsurprisingly–attacked after her departure and not before it, then the second presumption would trump the first. Because he sailed in winter, the master was presumptively responsible for having encountered some privateers (despite the fact that, in wintertime, there were fewer in circulation–just as any other crew, also privateers would normally opt for summer sailing)[22].

III

Having briefly looked at *culpa*, we might now want to turn to *dolus*. The most obvious difference with *culpa* is that *dolus* could never be presumed. Given the emphasis of law courts on causation, the need to prove *dolus* on a case-by-case approach led to a remarkably difficult probatory onus on the plaintiff.

Civil law was a closed system. New categories–whether contractual, delictual or criminal–could not be invented. They had to be worked out by way of approximation. Typically, this process of approximation was analogical–though, in principle, analogy could only stretch the boundaries of a category, not create a new one. The need to work with pre-existing categories led jurists and law courts alike to look for something sufficiently similar to the merchants' concept of barratry of the master. A first candidate was found in the *crimen repetundarum*, since it was typically rendered with the vernacular *barattaria*. At least from Dante–but very probably even

20 *Supra*, note 17.

21 *Supra*, note 16.

22 *Sacrae Rotae Romanae Decisiones nuperrimae*... Romae, apud Simonem Occhi, 1763, vol. 9 (1705-1706), dec. 82 (29.4.1705), esp. p. 129-130.

earlier–the *barattieri* were those magistrates who accepted a bribe[23]. Some decades later, Baldus provided probably the most famous definition of barratry: 'Qui pecuniam iudici mutuat presumitur iudicem corrumpere, et qui propter honorem publicum consequendum dat pecuniam exilij poena punitur, h[oc] d[icitur] in officiali recipienti licet adijciatur titulus mutui presumitur barataria'[24]. If the term was the same, the similarity between judicial and maritime contexts was far from obvious. In order to allow the analogical transposition of the concept from one context to the other, it was necessary to insist on its etymology. *Barattaria*, many jurists noted, came from *baratum*: the judge would barter justice with money[25].

Only at this point could the barratry of the shipmaster be qualified after civil law categories. Trying to explain the shipmaster's barratry in civil law terminology, Stracca for instance moved from the bribe taken by the judge to that accepted by the shipmaster to betray the merchant. The connection might appear somewhat weak, but in fact it is extremely revealing. In Stracca's example, the shipmaster received a bribe from the Turks to take on board a spy of the Sultan with the ultimate purpose of causing the capture of the vessel[26]. This example (imagined at the time when the fear of Turkish spies was almost an obsession) is an excellent

---

23 In the *Inferno* the terms 'barratry' (*baratteria*) and 'barrator' (*barattier, baratti*) are used five times in the sense of grafting and corruption: Canto 11, line 60; Canto 21, line 41; Canto 22, lines 53, 87 and 136.

24 Baldus de Ubaldis, *ad* C.4.2.16 (*Baldus super Sexto Codicis*, Ludguni, 1539, *fol.* 9*r*). *Cf.* Petrus de Ancharano, *Consilia*, Venetiis, 1490, cons. 272: '… delictum quod dicitur barateria quod crimen vulgus interpretatur esse illud quod committitur per iudicem mediante pecunia…'; Paulus Castrensis, *Consilia*, Nurinberge, 1485, cons. 153: 'incidit in penas statutorm disponentium contra eos qui sunt in aliquo officio publico et committunt falsitatem furtum vel baratariam seu fraudem in officio'; Paris de Puteo, *Excelle[n]tissimi ac doctissimi Juris vtriusq[ue] doctoris… Paris de Puteo Neapolitani in materia Sindicatus omniu[m] officialiu[m] Tractatus: vna Tractatus de Sindicatu…*, Ludguni, Vincentius de Portonariis, 1529, *fol.* 93*v*: a judge who accepts bribes 'dicatur corruptus vel baratariam commisisse.'

25 E.g. A. Justinus, *de Syndicatu*, in *Tractatvs de Syndicatv Variorvm Avthorvm… a Gabriele Sarayna… in vnvm congesti…*, Lvgdvni, apud Heredes Iacobi Iuntae, 1560, *fols.* 82*v*-83*r*, n. 163-165; T. Deciani, *Tractatus Criminalis D. Tiberii Deciani…*, Venetiis, Apud Franciscum de Franciscis Senensem, 1590, vol. 2, lib. 8, cap. 33, *fol.* 238*v*, n 9; J. B. Muscatelli, *Practica tvm Civilis S. R. Consilii… Cum Criminalis, necnon praxis Fideivssoria…*, Venetiis, apud Bertanos, 1686, § *De iudicis corruptela, concussione, extorsione, et barattaria*, p. 634, n. 21. On the subject of barratry, see further G. Rossi, *The Barratry of the Shipmaster in Early Modern Law: The Approach of Italian and English Law Courts*, 87 (2019) *Tijdschrift voor Rechtsgeschiedenis*, p. 65-85 and 504-574.

26 B. Stracca, *Clarissimi Ivrisc. Benvenvti Stracchae…, De Assecurationibus, Tractatus…*, Venetiis, 1569, gl. 31, *fol.* 128*v*, n. 2.

transposition in legal terms of the merchants' concept of blameworthiness. The shipmaster gave his word to the merchant consignor, but then betrayed him. This betrayal could hardly be more serious, given the danger posed by Turkish ships in the Mediterranean. The blame of the shipmaster could hardly be greater. Moving from this example, Stracca then thinks of a second one: this time the shipmaster does not wait for the Turks to come on board, but brings the ship directly to them[27]. Again, the blame of such an action (far from unrealistic, especially in the Barbary coasts) is great. And, once again, the conduct can be easily described as a fraudulent *do ut des*. Stracca's third and final example dispenses altogether with Saracens: to make a gain, the shipmaster sinks the ship so as to pocket the insurance money[28]. This third case is more usual than the first two. But it is extremely significant that Stracca ends with it instead of beginning with it. What the jurist sought to do was leading his (legally knowledgeable) reader from the civil law notion of barratry to the maritime one, while at the same time bringing the mercantile concept of blame–in particular, of intentional blameworthiness–within the civil law framework.

Despite Stracca's efforts, between the bribe of the judge and the fraud of the shipmaster there was an obvious difference: the wrongdoing of the shipmaster was not a (public) crime, but a (private) delict. The example of the shipmaster insuring the ship and then sinking it fraudulently was in effect a classic case of insurance fraud, for the captain was also the insured party. Most maritime insurances, however, were not hull but cargo policies. There, the insured and the shipmaster were two different parties. In such cases, the barratry of the shipmaster was directed at the merchant, not at the insurers. When the shipmaster did not deliver the cargo at destination but simply disappeared with it (the most obvious case of barratry), his conduct closely resembled theft. There was however an obvious difference: one of the main elements of *furtum* was the handling of the thing (*contrectatio*). In a 'normal' case of theft, the thief had no prior relationship with the thing, whereas the shipmaster did. The case of the shipmaster was sufficiently close to embezzlement, even though not exactly the same. But even the difference between embezzlement and theft was far from clear[29].

27 *Ibid.*

28 *Ibid., fol.* 129*r.*

29 The problem was whether it was possible to identify a moment in which the originally lawful handling of the thing (*administratio*) became malicious *contrectatio* or not. Some jurists thought that the contractual background sufficed: in case of embezzling, the

In order to bring the barratry of the shipmaster towards theft, something had to be added to normal *furtum*. Possibly the best definition of barratry in civil law terms is that of Casaregis, not least as it was a remarkably practice-oriented definition. According to Casaregis, the barratry of the master consisted in the premeditated scheming leading to a mishap, effected with the intention of embezzling money or goods belonging to others[30]. This embezzling is described as 'conver[sio] in proprios usus alienas pecunias, seu merces'. While the intention to commit barratry sufficed (for the obvious reason that if the captain actually managed to escape with the cargo, condemning him *in contumacia* would not prove of great help), the problem was of course how to prove it. Further, this fraudulent intention had to appear clearly from the shipmaster's behaviour: his conduct had to point to a fraudulent scheming from which the final intention (embezzling) could be unambiguously inferred. Lastly, and just as with *culpa*, the plaintiff had

wrongdoer was still liable to give an account for his handling and return the thing (usually, the money). A breach of contract, in other words, was sufficiently protected by the law. See e.g. P. Farinacci, *Consilia siue Responsa atqve Decisiones Cavsarvm Criminalivm*, Coloniae Allobrogvm, Excudebat Philippvs Gamonetvs, 1649, vol. 1, cons. 96, p. 583, n. 20, and A. Cravetta, *Consiliorvm Aymonis Cravettae…*, pars prima et secvnda, Venetiis, Apud Cominum e Tridino Montisferrati, 1566, pt. 2, cons. 244, *fol.* 52*r*, n. 8. The contrary position insisted on the change of mental attitude (*animus*) towards the thing: when the person holding the thing decides to defraud the counterparty, he commits theft. Clearly, the *animus* had to be manifested in some relevant manner. Hence the idea of considering the withholding (*retinere*) of the thing as evidence of this change of *animus*. So for instance Caballus qualified withholding as 'retinere et contrectare'. P. Caballus, *Resolvtionvm Criminalivm Petri Caballi…*, Venetiis, Apud Matthaeum Valentinum et Socios, 1607, casus 136, p. 304, n. 18. *Cf.* e.g. I.P. Surdus, *Decisiones*, Francofvrti, apud Andreae Wecheli heredes, Claudium Marnium, et Ioan. Aubrium, 1598, dec. 304, p. 817, n. 16, and D. Tuschus, *Practicarvm Conclvsionvm Ivris… Dominici TT. S. onvphrii S.R.E. Presbyt. Card. Tvschi* (3rd edn.), Lvdgvni, ex Officina Ioannis Pillehotte, sumpt. Ioannis Caffin, et Francisci Plaignard, 1634, vol. 4, concl. 553, p. 65, n. 25. On the subject (especially, the development of constructive *contractatio – contractatio fictiva*) see recently F. Battaglia, *Furtum est Contrectatio. La definizione romana del furto e la sua elaborazione moderna*, Padua, CEDAM, 2012, p. 24-29 and 74-75.

30 Casaregis, *op. cit.*, vol. 1, disc. 73, p. 228, n. 1: 'Barattaria, ad cujus probationem nonnulla requiruntur, praecipue, quod Truffator nullum Ius habeat in re diversimode disposita, et praemeditatus dolus sit praeordinatus ad casum cum intentione convertendi in proprios usus alienas pecunias, seu merces'. *Cf.* e.g. J. B. De Luca, *Theatrum Veritatis et Justitiae…*, Venetiis, apud Paulum Balleonium, 1716, lib. 8, disc. 106, p. 184, n. 28; C. Targa (1614-1700), *Ponderationi Sopra la contrattatione Marittima, Opera del Dottor Carlo Targa…*, Genova, per Antonio Maria Scionico, 1692, cap. 74, p. 304-305; Azuni, *op. cit.*, vol. 1, s.v. *Barattería*, p. 208, n. 3.

also to prove the direct causal link between scheming and mishap. All these elements had to be necessarily proven.

In a maritime context, the first and foremost reason why law courts made increasingly frequent use of presumptions was the sheer difficulty of proving the direct link between fault of the shipmaster and occurrence of damage or loss. If the direct causation (*ordinatio ad casum*)[31] was difficult to establish for simple fault, in case of fraud the difficulty could only increase. The great difference between the two fields however is that *dolus* could never be presumed.

Let us take a classical example: the shipmaster seeks to flee with the cargo. There is little doubt that, in principle, this amounts to barratry. At least, a merchant would have not entertained the slightest doubt. But when the matter came before a law court, common sense (or rather, the common interpretation of a certain behaviour) no longer sufficed. Several early modern decisions may be found that absolved the shipmaster in such a situation. The plaintiff ought not just to prove the attempted flight of the shipmaster, but also–and moreover–that such a flight had been premeditated with malice, in order to defraud him of his property[32].

On the subject, a particularly interesting decision was rendered by the Rota of Florence in the early seventeenth century[33]. During night-time, a ship sailing in a convoy from Portugal towards Leghorn left her convoy to go towards Barbary. The ship was intercepted just at the outer edge of the Italian Peninsula, and the local authorities pronounced for barratry. This however did not please the insurers (who would have had to pay for any damage arising from barratry), who challenged such qualification and refused to pay. Before the Florentine high judges, the insured insisted on the simple fact that the attempt of

31 *Supra*, text and note 13.

32 See esp. two decisions of the Roman Rota both dating to the 1660s, reported in *Sacrae Rotae Romanae Decisionum Recentiorum… a Paulo Rubeo I. C. Romano… selectarum…*, Venetiis, Apud Paulum Balleonium, 1716, vol. 14 (1663-1666), dec. 54 (given on 30th April 1663), and dec. 120 (rendered on the 14th of January 1664), p. 56 and 126-127 respectively. See further C. Delle Site, *La Sacra Rota Romana e le sue decisioni in materia commerciale nel XVII secolo*, unpublished PhD thesis, Università degli Studi di Milano, 2012, p. 143-144.

33 *Decisionvm Lvcensivm, Florentinarvm, et Bononiensivm, Criminalium, Ciuilium, Mixtarum, Libri Tres… Antonio Monacho… Auctore*, Venetiis, Apud Petrum Mariam Bertanum, 1619, Florentinarvm Decisionum, dec. 1, p. 1-9. An abridged report of it may be read in Casaregis, *op. cit.*, vol. 2, disc. 141, p. 58-59.

the shipmaster to flee towards the African coasts was prove enough of his fraudulent design–after all, the ship was already hundreds of miles past her destination[34]. Ultimately, the Rota did find for barratry, but only because the insurance policy had excluded theft on board from the risks insured against. Since–according to the judges–there was no conclusive and univocal evidence that the shipmaster tried to steal the cargo[35], then his wrongdoing could be saddled on the insurers, for theft was the only exception to their liability[36]. This way, the most blatant case of barratry–so blatant that Stracca thought of it when describing the shipmaster-traitor who betrayed the merchant by colluding with the Turks[37]–was accepted by the judges only because it was not exactly the same as theft (which was precisely the opposite reasoning as Stracca and, with him, of any merchant). The paradox in this position is that the exclusion of theft onboard was customarily added to many insurance policies to alleviate the position of the insurers, for there was no doubt that the shipmaster was responsible for any theft occurring onboard his vessel[38].

Let us take another subject: contraband. Smuggling was probably the most practiced way for shipmasters to supplement their income. Lawsuits involving contraband are therefore unsurprisingly abundant. The problem is that the typical sanction of port authorities was confiscation of the whole ship. When smuggling, therefore, the shipmaster put at risk also the merchant's cargo. And this is why contraband is useful to our purposes: it highlights the consequences of asking for a direct causal link between the premeditated scheming and the mishap. The object of premeditation was not the mishap, but the fraud at the expenses of the merchant. This made the requirement of direct causality extremely difficult (sometimes, nearly impossible) to prove. Because the insured

34 *Decisionvm Lvcensivm, Florentinarvm, et Bononiensivm*, *loc. cit.*, p. 5, n. 29-32.

35 *Ibid.*, p. 6, n. 57-59.

36 *Ibid.*, p. 6-7, n. 60-62.

37 *Supra*, text and note 27.

38 Statutes of Florence of January 1524, policy models appended. The statue may be read in A. Baldasseroni, *Dizionario Ragionato di Giurisprudenza Marittima e di Commercio*, Livorno, Stamperia di Tommaso Masi e Comp., 1786, vol. 3, p. 505-509. *Cf.* e.g. the already mentioned Antwerp *Compilatae*, pt. 4, tit. 11, sec. 4, art. 112. See also the insurance code of the Spanish Consulate in Bruges of 1570, tit. 10, ord. 1. The coeval insurance ordinances of London were even more explicit: theft onboard did not constitute barratry. *Cf.* G. Rossi, *Insurance in Elizabethan England*, cit., p. 278-279.

or insurers (depending on whether the policy included or excluded barratry) would have to provide clear evidence that the mishap depended on the scheme, which in its turn had to be both premeditated (and so, it had to pre-exist to the mishap) and directed primarily against the merchant. If the damage or loss to the merchant's cargo was only, so to say, collateral damage, that would not suffice.

On the subject, a case particularly widely cited among high courts, especially Italian and Iberian ones, was discussed before the Roman Rota in the 1660s. A ship coming from Apulia and directed towards Flanders was seized at Cadiz for her master was smuggling Spanish silver. As the policy did not include barratry, the insurers refused payment. After a long series of decisions, the Roman Rota gave a final decision, in 1677, in favour of the insured. For the court, what happened was not barratry[39]. The judges acknowledged that the shipmaster's conduct amounted to a premeditated fraudulent scheming. But, crucially, that scheming was not primarily aimed at defrauding the merchant insured, only the Spanish Crown. As its object was not the merchant's cargo, the fraud could not be considered *ad casum praeordinata*. Besides, the shipmaster did not stand to gain anything from the *casus* of the seizure of the merchant's goods[40]. Applying the strict requirements prescribed by law courts, barratry could happen only if the shipmaster's scheming was designed specifically to cause a loss to the merchant consignor so as to obtain some profit from it. If the same loss occurred in consequence of the shipmaster's scheming, that was not barratry. Proving the direct link between shipmaster's fraudulent machination and mishap (difficult as it already was), in other words, was not sufficient.

Similar cases were hardly isolated. In a particularly clear one, this time given by the Rota of Florence at the beginning of the eighteenth century[41], the shipmaster smuggling silver was caught directly at the port of departure. Again, the ship was seized and the insurers refused

39 *Sacrae Rotae Romanae Decisionum Recentiorum a Joanne Baptista Compagno J. C. Romano selectarum*, Venetiis, Apud Paulum Balleonium, 1716, vol. 19, pt. 1 (1677-1678), dec. 58 (5.5.1677), p. 62-64. *Cf.* De Luca, *op. cit.*, lib. 8, disc. 106, p. 181-184, esp. 183-184, n. 24-35, and H. Rocca, *Disputationes Juris Selectae, in duo volumina divisae*, Genevae, Apud Fratres De Tournes, 1697, vol. 2, disp. 97, p. 22-25.

40 See esp. the summary of this case provided by De Luca, *op. cit.*, lib. 8, disc. 106, p. 184, n. 28, and Rocca, *op. cit.*, vol. 2, disp. 97, p. 11, n. 23.

41 J. de Comitibus, *Decisiones Inclitae Rotae Senensis et Florentinae...*, Florentiae, ex Typographia Bonducciana, 1725, vol. 2, pt. 1, dec. 63 (10.5.1709), p. 17-24.

to pay alleging barratry (here as well, excluded from the policy). The Florentine judges followed the same reasoning as their Roman colleagues, and perhaps were even more precise: they highlighted the overlap between causality and fraudulent scheming. Because the fraud of the master was not 'directa, et praeordinata, ad amissionem mercium in navi existentium', with regard to the merchant the behaviour of the shipmaster was not fraud but *culpa*, and a *culpa* not even 'ordinata ad casum'[42].

Proving the occurrence of barratry could become even more difficult. Let us think of Stracca's third example of barratry, the shipmaster who sinks the ship to pocket the insurance[43]. What in principle was a straightforward case of barratry became extraordinarily difficult to prove before a law court. Shipwreck was the first and foremost kind of mishap presumptively classified as fortuitous[44]. In such a case, the causal link between shipmaster's conduct and mishap was excluded unless proven in full. That presumption was elaborated with regard to *culpa*, not *fraus*, but it clearly influenced both: if it made more difficult to find for the first, it rendered almost impossible to ascertain the second. The irony is that Stracca, as we have seen, was progressively adapting the concept of bribe from barratry as *repetundae* to barratry as fraud of the shipmaster. To do so, he moved from more hypothetical cases (the Turkish spy) to plain and typical ones–precisely that of the master fraudulently sinking his ship. There are many such cases in collections of early modern decisions. But in almost none of them the insurers are able to prove barratry. That would have meant first of all disproving the presumption of *vis maior*, and then providing all the required evidence as to the fraudulent machination (in this case, typically, directed at the insurers, for in most such cases the shipmaster was also the insured).

If the passage from unintentional blameworthiness of the merchants to *culpa* of the law courts had profound consequences on the notion of fault

42 'Hanc autem machinationem, et dolum Domini censuerunt probatum non remanere ex eo, quod Navis Gubernator oneravit Argenta vetata extrahi ex Regnis Hispaniarum… Ex hoc non resultat aliquis dolus, vel fraus directa, et praeordinata, ad amissionem mercium in Navi existentium, sed aviditas lucri connaturalis Viatoribus, et Navigantibus in evitanda solutione emolumentorum, et vectigalium debitorum pro extractione, vel introductione rerum; Ex quo arguitur simplex culpa non ordinata ad casum, pro qua Assecuratores tenentur', *ibid.*, p. 19, n. 9 and 11-12.

43 *Supra*, text and note 28.

44 *Supra*, note 17.

of the master, that between intentional blameworthiness and fraudulent machination affected the concept of barratry even more deeply. Any definition is a limitation: we can identify something only by separating and circumscribing one part from the whole. The definition of barratry provided by civilians contained several very specific elements. Combined together, those elements resulted in an extremely narrow category. Perhaps here the difference between the two approaches (the customary and the civil law ones) was even more pronounced than in the case of fault. While it was possible to discern some similarity between the merchants' fault and the civilians' *culpa*, in case of barratry there was no resemblance at all. Ultimately, the reason lay in that, considering barratry as a qualified case of theft, civilians narrowed the scope of an already significantly narrow concept–that of *furtum*. Moreover, applying the same strict causality test that they required for *culpa* without at the same time allowing for any causal presumption, the courts effectively imposed an unrealistic probatory burden on the party seeking to prove the occurrence of barratry.

IV

To conclude this short exam on the position of the shipmaster in the passage from custom to law, we might put it in relation to the scope of the insurance policy. To this purpose, both fault and fraud are relevant. The basic choice of the merchant is whether to insure or not. Once the choice to insure is made, the next question is which additional risks to include in the policy (so long as the rules on insurance would allow).

Without a policy, the merchant could receive compensation only for loss or damage imputable to the shipmaster. Any loss due to *vis maior* would not be recoverable. If the courts considered the most frequent cases of loss–from shipwreck and sea-storms to pirates and enemies–as presumptively due to *vis maior*, and required the merchant to provide a remarkably high standard of proof (especially on causation) to change that presumption, then the merchant would have a strong incentive to insure. The allocation of liability provided by the charter-party, in other words, had to be reconsidered in the light of the position of law courts, due to their reluctance to allow a case-by-case approach (if not in principle, at least in practice). The shipmaster was no longer presumptively liable so long as he could not prove otherwise. In most cases, the qualification of the mishap would determine the allocation of liability.

If the merchant decided to take out insurance, then the question was what to include in it. *Vis maior* was always included, and so was the mishap due to the fault of the shipmaster. The main issue, therefore, was whether to include also the loss or damage due to the fraud of the master. Not all insurance markets and jurisdictions allowed that[45]. But when they did, the choice was of the merchant. Because of the (significant) additional cost, a merchant might be reluctant to include this additional protection. On a practical level, however, the choice was often taken away from the parties and made by the courts. A panel of merchants had little difficulty in finding for barratry. But law courts required such high standards of proof–and, especially, the combination of several elements (each to be proven in full)–to make it extremely difficult. Indeed, they found for barratry only in remarkably few cases. In many occasions where merchants would have had no hesitation to condemn, law courts dismissed the claim. The consequences of all this on the insurance markets are still to be studied.

When we think of how did insurance work, therefore, we should not only look at the rules, but also at who applied them.

Guido Rossi
University of Edinburgh

45 *Supra*, note 7.

LIST OF WORKS CITED

AZUNI, Domenico, *Dizionario Universale Ragionato della Giurisprudenza Mercantile del Sig. Senatore D^{r}. D. A. Azuni…*, (2[d] edn.), Livorno, Glauco Masi, 1822.

BALDASSERONI, Ascanio, *Dizionario Ragionato di Giurisprudenza Marittima e di Commercio*, Livorno, Stamperia di Tommaso Masi e Comp., 1786, vol. 3.

BALDUS DE UBALDIS, *Super Sexto Codicis*, Ludguni, 1539.

BATTAGLIA, Federico, *Furtum est Contrectatio. La definizione romana del furto e la sua elaborazione moderna*, Padua, CEDAM, 2012.

CABALLUS, Petrus, *Resolvtionvm Criminalivm Petri Caballi…*, Venetiis, Apud Matthaeum Valentinum et Socios, 1607.

CAROCIUS, Vincentius, *Tractatvs Locati et Condvcti… D. Vincentio Carocio… Auctore…*, Venetiis, apud Lucianum Pasinum, et Marcum Amadorum, 1584.

CASAREGIS, Josephus Laurentius Maria de, *Discursus Legales de Commercio* (2[d] edn.), Venetiis, Ex Typographia Balleoniana, 1740.

CRAVETTA, Aymone, *Consiliorvm Aymonis Cravettae…*, pars prima et secvnda, Venetiis, Apud Cominum e Tridino Montisferrati, 1566.

DE COMITIBUS, Jacobus, *Decisiones Inclitae Rotae Senensis et Florentinae…*, Florentiae, ex Typographia Bonducciana, 1725.

DE LUCA, Johannes Baptista, *Theatrum Veritatis et Justitiae…*, Venetiis, apud Paulum Balleonium, 1716.

DE PUTEO, Paris, *Excelle[n]tissimi ac doctissimi Juris vtriusq[ue] doctoris… Paris de Puteo Neapolitani in materia Sindicatus omniu[m] officialiu[m] Tractatus: vna Tractatus de Sindicatu…*, Ludguni, Vincentius de Portonariis, 1529.

DE RUYSSCHER, Dave, and Puttevils, Jeroen, *The Art of Compromise. Legislative Deliberation on Marine Insurance Institutions in Antwerp (c. 1550-c. 1570)*, 130 (2015), *BMGN-Low Countries Historical Review (2015)*, p. 25-49.

DECIANI, Tiberius, *Tractatus Criminalis D. Tiberii Deciani…*, Venetiis, Apud Franciscum de Franciscis Senensem, 1590.

Decisionvm Lvcensivm, Florentinarvm, et Bononiensivm, Criminalium, Ciuilium, Mixtarum, Libri Tres… Antonio Monacho… Auctore, Venetiis, Apud Petrum Mariam Bertanum, 1619.

DELLE SITE, Carlo, *La Sacra Rota Romana e le sue decisioni in materia commerciale nel XVII secolo*, unpublished PhD thesis, Università degli Studi di Milano, 2012.

DENISART, Jean-Baptiste, *Collection des décisions nouvelles et de notions relatives à la jurisprudence actuelle* (5th edn.) Paris, Chez Desaint, 1766.

Dictionnaire universel françois et latin, vulgairement appelé Dictionnaire de Trévoux:

contenant la signification et la définition des mots de l'une et de l'autre langue... Paris, par la Compagnie des Libraires Associé, 1771.

DILCHER, Hermann, *Die Theorie der Leistungsstörungen bei Glossatoren, Kommentatoren und Kanonisten*, Frankfurt-am-Main, Vittorio Klostermann, 1960.

Encyclopédie méthodique. Jurisprudence, dédiée et présentée à Monseigneur Hue de Miromesnil..., Paris, Chez Panckoucke, Liège, Chez Plomteux, 1782.

FARINACCI, Prosperus, *Consilia siue Responsa atqve Decisiones Cavsarvm Criminalivm*, Coloniae Allobrogvm, Excudebat Philippvs Gamonetvs, 1649.

FERRIÈRE, Claude-Joseph de, *Dictionnaire de droit et de pratique, contenant l'explication des termes de droit, d'ordonnances, de coutumes & de pratique, par M. Claude-Joseph de Ferrière* (2d edn.), Paris, Chez Bauche, 1771.

GUYOT, Joseph-Nicolas, *Répertoire universel et raisonné de jurisprudence civile, criminelle, canonique et bénéficiale, ouvrage de plusieurs jurisconsultes, mis en ordre & publié par M. Guyot, écuyer, ancien magistrat*, Paris, Chez Panckoucke, 1776.

Gvidon, Stile et Vsance des Marchands Qvi mettent à la Mer, (2d edn.), Roven, Martin le Mesgissier, 1619.

HEVIA BOLAÑO, Juan de, *Laberinto de Comercio Terrestre y Naval... avtor Ivan de Hevia Bolaño...*, Madrid, por Luis Sanchez... a su costa, y de Geronimo de Courbes, 1619.

HOFFMANN, Hans-Joachim, *Die Abstufung der Fahrlässigkeit in der Rechtsgeschichte, unter besonderer Berücksichtigung der culpa levissima*, Berlin, de Gruyter, 1968.

JUSTINUS, Amadeus, *de Syndicatu*, in *Tractatvs de Syndicatv Variorvm Avthorvm... a Gabriele Sarayna... in vnvm congesti...*, Lvgdvni, apud Heredes Iacobi Iuntae, 1560.

LOCCENIUS, Johannes, *De Jure Maritimo et Navali Libri Tres* (3rd edn.), Holmiae, apud P. de Dobbeleer [ca.1660].

MARSDEN, Reginald Godfrey, *Select Pleas in the Court of Admiralty*, vol. 2, A.D. 1547-1602, London, B. Quaritch, 1897.

MERLIN, Philippe-Antoine, *Répertoire universel et raisonné de jurisprudence* (4th edn.), vol. 1, Paris, chez Garnery, 1812.

MUSCATELLI, Johannes Bernardinus, *Practica tvm Civilis S.R. Consilii... Cum Criminalis, necnon praxis Fideivssoria...*, Venetiis, apud Bertanos, 1686.

CASTRENSIS, Paulus, *Consilia*, Nurinberge, 1485.

PEGAS, Emmanuel Alvarez, *Emmanuelis Alvarez Pegas... Resolutiones forenses practicabiles...*, pt. 1, Vlyssipone, Ex Typographia Michaelis Deslandes, Sumptibus, et expensis Amtonij Leyte Pereyra, 1682.

ANCHARANO, Petrus de, *Consilia*, Venetiis, 1490.

PIANTANIDA, Luigi, *Della giurisprudenza marittima-commerciale antica e moderna*, Milano, Dalla Stamperia e Fonderia di Gio. Giuseppe Destefanis, 1806, vol. 1.

POTHIER, Robert Joseph, *Traité du contrat d'assurance*, Marseille, de l'Imprimerie de Roux-Rambert, 1810.

ROCCA, Hieronimus, *Disputationes Juris Selectae, in duo volumina divisae*, Genevae, Apud Fratres De Tournes, 1697.

ROCCUS, Franciscus, *De Navibus et Navlo*, in *Id.*, *Responsorum legalium cum decisionibus centuria secunda ac mercatorum notabilia in sex titulos distributa*, Neapoli, ex Typographia Lucae Antonij Fusci, sumptibus Iacobi Antonii Bagnuli, 1655.

ROSSI, Guido, and Spagano, Salvatore, *From Custom to Law, An Economic Rationale behind the Black Lettering*, forthcoming.

ROSSI, Guido, *Insurance in Elizabethan England*, Cambridge, Cambridge University Press, 2016.

ROSSI, Guido, *The Abandonment to the Insurers in Sixteenth Century Insurance Practice: Comparative Remarks*, in A. Cordes, S. Dauchy, D. De ruysscher, H. Philajamäki (eds.), *Sources of Commercial Law*, forthcoming, Leiden, Brill, 2018.

ROSSI, Guido, *The Liability of the Shipmaster in Early Modern Law: Comparative (and Practice-Oriented) Remarks*, 12 (2017) *Historia et Ius*, paper n. 12.

Sacrae Rotae Romanae Decisiones nuperrimae… Romae, apud Simonem Occhi, 1763, vol. 9 (1705-1706).

Sacrae Rotae Romanae Decisionum Recentiorum… a Paulo Rubeo I. C. Romano… selectarum…, Venetiis, Apud Paulum Balleonium, 1716, vols. 12 (1655-1658) and 14 (1663-1666).

Sacrae Rotae Romanae Decisionum Recentiorum a Joanne Baptista Compagno J. C. Romano selectarum, Venetiis, Apud Paulum Balleonium, 1716, vol. 19, pt. 1 (1677-1678).

SAVELLI, Marcus Antonius, *Summa Diversorum Tractatuum… collecta, ac propriis locis distributa a Leopoldo Josepho Crescini*, Venetiis, Ex Typographia Balleoniana, 1748, vol. 1.

SCACCIA, Sigismundus, *Tractatus de Commerciis et Cambio…*, Romae, sumptibus Andreae Brugiotti, ex Typographia Iacobi Mascardi, 1619.

STRACCA, Benvenutus, *Clarissimi Ivrisc. Benvenvti Stracchae…, De Assecurationibus, Tractatus…*, Venetiis, 1569.

SURDUS, Iohannis Petrus, *Decisiones*, Francofvrti, apud Andreae Wecheli heredes, Claudium Marnium, et Ioan. Aubrium, 1598.

TARGA, Carlo, *Ponderationi Sopra la contrattatione Marittima, Opera del Dottor Carlo Targa…*, Genova, per Antonio Maria Scionico, 1692.

TUSCHUS, Dominicus, *Practicarvm Conclvsionvm Ivris… Dominici TT. S. onvphrii S.R.E. Presbyt. Card. Tvschi* (3rd edn.), Lvdgvni, ex Officina Ioannis Pillehotte, sumpt. Ioannis Caffin, et Francisci Plaignard, 1634.

WIELING, Hans Josef, *Interesse und Privatstrafe vom Mittelalter bis zum Bürgerlichen Gesetzbuch*, Köln-Wien 1979.

ZIMMERMANN, Reinhard, *The Law of Obligations. Roman Foundations of the Civilian Tradition*, Oxford, Oxford University Press, 1996.

THE RISK IN HISPANIC-INDIES TRADE

Sea loans and maritime insurances (16th-19th century)

INTRODUCTION[1]

The intense traffic[2] of merchandise between Spain and the Indies was subject to diverse natural and human originated dangers, reflecting the political, military, economics, social conditions, and needs of the time. The losses suffered by merchants and passengers to the Indies were divided according to the theory of risk, where two legal instruments played a particularly important role: the *préstamo a la gruesa ventura* (sea loan or bottomry bond) or *maritime risk* or simply *risk*, where the creditor runs the risk of borrowed money, in case the goods on which the loan was made do not reach their destination, or the creditor has suffered a reduction in the capital loaned to the extent that the risks of the trip have caused it.

The other instrument was the maritime insurance, a mechanism to transfer the risk of the thing to the insurer. Because of the insurance, the creditor in the sea loan would not lose more than the insurance premium in case of loss. Thus, the lender insured the merchandise that guaranteed the sea loan. If the debtor traveled without mishaps, the creditor would collect the amount borrowed plus the premium, if instead the trip did not come to fruition, he collected the insurance.

1 Abbreviations: AHPC Archivo Histórico Provincial de Cádiz, España; AGN Archivo General de la Nación, México. Thank's to Marion de Regules Rivollier for her assistance in the translation of this document and presentation.

2 See Trujillo Bolio, Mario, *El péndulo marítimo-mercantil en el Atlántico novohispano (1798-1825). Comercio libre, circuitos de intercambio, exportación e importación*, México, CIESAS, Universidad de Cádiz, 2009, p. 68-69.

In the sea loan, the risk of the capital is borne by the creditor, hence in consideration of such risk, an interest is paid by the debtor[3], who had to repay the loan amount shortly after of having arrived at port[4]. The creditor can buy an insurance, transferring the risk to the insurer. The interests "only serve to commute and satisfy the Creditor, who lent the money, the damage that was followed, because of the loan; And also tend to reward him, for which he probably lost from winning with his industry or negotiation"[5]. The canonist Pedro Murillo Velarde said that "the lender can receive and request something from the borrower, apart from the capital, if he himself assumes the risk of capital by giving it to those who go to fairs or places infested with thieves, or who navigate through the seas…"[6].

Carlos Targa maintained that these contracts are the most frequently used in cities and seaports, but few of the users really understand them[7]. It should be kept in mind that the financing of the sea trade and navigation between Spain and the Spanish America (*Carrera de Indias*) was carried out to a great extent thank's to the use of the sea loan[8].

---

3 See Paz, Juan de, *Consultas y resoluciones varias theologicas, jurídicas, regulares y morales*, Sevilla, por Thomas Lopez de Haro, 1687, fol. 5.

4 Baskes, Jeremy, *Staying Afloat. Risk and uncertainty in Spanish Atlantic World Trade, 1760-1820*, Stanford, Stanford University Press, 2013, p. 114-115.

5 Herrera, Francisco Manuel de, *Reglas de comercio lícito, libre del contagio de la usura, y que como importantes a la instrucción de Juezes, Confessores y Comerciantes de todas clases, salen reimpressas*, Madrid, S/E, 1735, p. 4.

6 Murillo Velarde, Pedro, *Cursus Iuris Canonici Hispani et Indici*/Curso de derecho canónico hispano e indiano, 3ª ed., Madrid, Imprenta de Ulloa de Ramón Ruiz, 1791, Trad. Alberto Carrillo Cázares, Zamora, Michoacán, El Colegio de Michoacán, Facultad de Derecho, UNAM, 2005 Lib. V, Num. 228.

7 Targa, Carlos, *Reflexiones sobre los contratos marítimos, sacadas del derecho civil, y canónico, del Consulado del Mar, y de los usos marítimos, con las formulas de tales contratos*, Trad. Juan Manuel Girón, Madrid, Imprenta de Francisco Xavier García, 1753, p. 100.

8 Herrero Gil, María Dolores, *El mundo de los negocios de Indias*, Madrid, Consejo Superior de Investigaciones Científicas, Universidad de Sevilla, Diputación de Sevilla, 2013, p. 307.

THE SEA LOANS

It is defined as a "unilateral, aleatory, real contract by virtue of which a person lends to another a certain amount of money or merchandise on things exposed to maritime risks: on the condition that that amount is to be returned to him with the gain stipulated, if they are saved, and if they deteriorate or perish the lender can not claim more than what remain of them"[9]. Many authors have definitions regarding the sea loans[10] All point out three principles of the sea loan:

- Only those who can dispose of the ship and genders can make these types of contracts and are bound solely for the value of the ship and/or goods, so that the surplus amount is understood as a simple loan.
- The creditor has the risk of the ship and the goods, which begins to run from the time he made the contract, until the ship reaches port. If the ship is at risk, not by a superior force or act of nature, but because it has changed its course due to navigation, to arrive at another port more distant than the one expressed in the writing, or is smuggling, this does not damage the creditor, nor does the jettison, because "the money spun in exchange should not contribute

9 Ros Biosca, José María, *Código de Comercio reformado según el decreto-ley de 6 de diciembre de 1868; concordado y anotado.* Librería de Pascual Aguilar, Editor, Valencia, 1878, p. 242, nota 376. See also *Real Cédula sobre seguros marítmos de 27 de octubre de 1768*, in Pérez y López, Antonio Xavier, *Teatro de la Legislación Universal de España e Indias.* Imprenta de Don Antonio Espinoza, Madrid, 1798, tomo XXVII, p. 177-185. See also Ravina Martín, Manuel, « Riesgos marítimos en la Carrera de Indias », en *Documentación y archivos de la colonización española.* Ministerio de Cultura, Dirección General de Bellas Artes, Archivos y Bibliotecas, Subdirección General de Archivos, Madrid, 1980, tomo II, p. 107. Also Guimerá Ravina, Agustín, *Burguesía extranjera y comercio atlántico. La empresa comercial irlandesa en Canarias. 1703-1771.* Santa Cruz de Tenerife, 1985, p. 175. Also Cruz Barney, Oscar, *El riesgo en el comercio hispano-indiano: préstamos y seguros marítimos durante los siglos XVI a XIX.* Instituto de Investigaciones Jurídicas, UNAM, México, 1998.

10 Ayala, Manuel Joseph de, *Notas a la Recopilación de Leyes de Indias*, nota a la Ley 6, Tít. 39, Lib. XI, según cita de Céspedes del Castillo, Guillermo, "Seguros marítimos en la carrera de Indias", en *Anuario de historia del derecho español.* Instituto Nacional de Estudios Jurídicos, Madrid, 1948-1949, tomo XIX, p. 64. Also see Jordan de Asso, Ignacio and Miguel Manuel Rodríguez, *Instituciones del derecho civil de Castilla.* Quinta edición, Imprenta de Ramón Ruiz, Madrid, 1742, p. 230.

to compensate for the damage caused by the jettison". At this point it is of interest what Fray Martín de Torrecilla points out in the sense that he who throws the foreign goods in the sea (not having his own) is not obliged to restore anything to the owner[11].

- Because of this risk, capital can include the payment of a certain interest, in proportion to the danger and risk of navigation[12].

Thus, the sea loan is a loan agreement, in which the payment of the amount borrowed and the interest agreed upon are subject to the happy arrival at port of the effects on which the loan was done[13].

By the 18th century it was a handwritten contract on stamped paper stating the name of the debtor, his residence or nationality and his professional activity or social quality[14], It is known in the Hispanic world as *obligación a riesgo, préstamo a la gruesa ventura* or *tomar dinero a cambio*, although the term *préstamo a la gruesa* is the one that had to endure. Carlos Targa points out that the reason why it is called *Change* (*Cambio*) it's because "having been introduced for the subsidy of the Merchants in their Maritime Businesses, the one who gave the money should reimburse or receive it elsewhere; and since that currency was different from the one he reimbursed, this contract was called *change*, from the words *Cambio* and *Marítimo*, because it is given for the maritime trade; as the *ground change* is denominated that way, by the businesses that are made in the fairs"[15].

In the *Carrera de Indias*, where the sea loan reached "its zenith and maximum economic expression" it was also known as "taking money in exchange" or "tomar dinero a cambio"[16]. The sea loan was "the prefer-

11 Torrecilla, Martín de, *Consultas morales, y exposición de las proposiciones condenadas por nuestros muy santos padres Inocencio XI y Alejannro VII*, Madrid, Por Juan García Infançon, 1684, p. 317.

12 Jordan de Asso, Ignacio and Miguel Manuel Rodríguez, *Instituciones…*, p. 230-231.

13 See García-Baquero González, Antonio, "Un modelo de financiación del tráfico con Indias: El riesgo marítimo en las flotas de 1765 y 1768", en *Archivo Hispalense.* Publicaciones de la Excma. Diputación Provincial de Sevilla, 2ª época, tomo LXXII, Num. 129, Sevilla, 1989, p. 225.

14 Bernal Rodriguez, Antonio-Miguel, "Los medios de transporte y comunicación, soportes del crédito en la financiación de la Carrera de Indias", en *Las comunicaciones entre Europa y América: 1500-1993. Actas del I Congreso Internacional de Comunicaciones.* Ministerio de Obras Públicas, Transportes y Medio Ambiente, Secretaría General de Comunicaciones, Madrid, 1995, p. 34.

15 Targa, Carlos, *Reflexiones…*, p. 101.

16 Céspedes del Castillo, Guillermo, "Seguros marítimos…, p. 64. See Rojas Vaca, María Dolores, *El documento marítimo-mercantil en Cádiz (1550-1600). Diplomática Notarial*, Cádiz, Servicio de Publicaciones Universidad de Cádiz, Consejo General del Notariado, 1996, p. 120.

red mechanism for financing Indies trade"[17], it became the framework of the maritime trade, because without the participation of the great capitalists it would have been unthinkable any high seas navigation[18]. It was "a financial instrument almost exclusively linked to trade with the Indies"[19]. Access to credit required the maintenance of a good reputation, directly associated with the merchant's honor[20].

The Church prohibited the sea loan in the Middle Ages because it was consider usurer, assimilating it to the loan with interest and it was in the Decretal *Naviganti* of Pope Gregorio IX that this prohibition was put in force, considering usurious the navigators that lend a fixed amount of money assuming the risk and receiving more than capital[21], which would soon fall into disuse[22]. Dr. Sarabia de la Calle still refers to it as usurer in his work published in 1544[23]. Although the sea loan was considered usurious at the time, it was clear that whoever applied for the sea loan acted lawfully. Fray Domingo de Soto in 1556 points out that "It is lawful to borrow with usury from the one who is willing to borrow from the usurer... (therefore) to use the sin of another for good is not absurd; for God also does it[24] ». The sea loan implicitly has a condition for the repayment of the borrowed capital, which consists of the happy arrival to port of the goods on which the loan is made.

---

17 García-Baquero González, Antonio, *La Carrera de Indias: suma de la contratación y océano de negocios.* Algaida Editores, S.A., Sociedad Estatal para la Exposición Universal Sevilla 92, S.A., p. 252.

18 See Priotti, Jean Philippe, *Los Echávarri: mercaderes bilbaínos del Siglo de Oro. Ascenso social y económico de una familia.* Trad. Fernando Quincoces, Diputación Foral de Biskaia, Departamento de Cultura, España, s/f, p. 30.

19 Carrasco González, Ma. Guadalupe, *Los instrumentos.del comercio colonial en el Cádiz del siglo XVII (1650-1700).* Banco de España-Servicio de Estudios, Estudios de Historia Económica, n°35, España, 1996, p. 101.

20 Baskes, Jeremy, *Staying Afloat...*, p. 118.

21 Gregorio IX, *Decretales*, Ex Typographia Regia, Augustæ Taurinorum, 1776, tomus secundus, Lib. V, Tít. XIX, Cap. XIX.

22 Carrasco González, Ma. Guadalupe, *Los instrumentos...*, p. 81.

23 Saravia de la Calle, Luis, *Instrucción de mercaderes muy provechosa, en la qual se enseña como deven los mercaderes tractar y de que manera se han de cuidas las usuras de todos los tractos de ventas y compras*, Medina del Campo, Pedro de Castro, 1544, p. 75.

24 Soto, Domingo de, *De Iustitia et Iure Libri Decem*, Salmanticae, Excudebat Andreas a Portonariis, 1556, Libro VI, p. 534.

TYPES OF GUARANTEE IN THE SEA LOAN

The sea loan can be taken over three things:

- *Sea loan on vessels:* Where the debtor borrowed an amount that, invested in some way in the vessel[25] was taking a risk on the vessel on his outward or round trip to America[26].
- *Sea loan on mechandise:* The debtor assigned the money lent on certain goods shipped on his own or bought groceries with the loan. In any case, the amount of the loan could not exceed the value of the goods. This type of risk could also be taken on the debtor's baggage. This type of risk was used by the crews and passengers of the ships to the Indies[27].
- *Sea loan on a Chance*: "With the double tipicity of simple bet or on life. Under this nomenclature we mean a loan made on a chance: whether or not the ship in which the debtor embarks arrives to port or if the debtor arrives alive"[28]. These, according to García-Baquero, were prohibited by a *Real Cedula* of May 31st, 1763, which also prohibited this kind of insurances of the same type[29].
- *Sea loan on salary:* Prohibited in 1737 by the *Ordinances of the Bilbao Consulate* in its chapter XXIII, the loan on salary is the one that was guaranteed with the salary of the crewman of the ship[30].

ELEMENTS OF THE SEA LOAN: REAL AND FORMAL

The elements of the sea loan contract are divided into *real* and *formal*. The things that can be affected to the loan and the risks that condition its return are the *real* elements of the contract. The *formal* elements deal precisely with the way in which the loan must be agreed upon and the requirements of the specific document. The subject matter of the sea loan was the amount that the debtor received from the creditor. The

25 Carrasco González, Ma. Guadalupe, *Los instrumentos…*, p. 86-87.

26 Ravina Martín, Manuel, « Riesgos marítimos…", p. 110.

27 Carrasco González, Ma. Guadalupe, *Los instrumentos…*, p. 87.

28 Ravina Martín, Manuel, « Riesgos marítimos…", p. 110.

29 García-Baquero González, Antonio, *La Carrera de Indias…*, p. 257. Antonio Xavier Pérez y López, *Teatro de la Legislación…*, tomo XXVII, p. 161-165.

30 Carrasco González, Ma. Guadalupe, *Los instrumentos…*, p. 88. *Ordenanzas de la ilustre Universidad y Casa de Contratación de la M.N. y M.L. Villa de Bilbao*. Oficina de la Viuda de D. Manuel Fernandez, Madrid, 1769, Cap. XXIII, Num. V.

amount of these could range from a few pesos to large sums of money borrowed for large commercial operations[31].

With regard to the amounts that could be received by the debtor, it is possible to distinguish them depending on the type of sea loan: on the ship, the goods, bets or on salaries. For the sea loan on the vessel, by a Royal Decree of October 22, 1587, was established a cap of the third of the value of the ship and on August 8, 1621 was raised to two thirds of that value. This limit ws constantly violated by the owners and masters of the ships[32]. "The biggests sums taken at the sea loans, which sail in the *Carrera de Indias*, were without a license from the Consulado…"[33]. Indeed, it seems that such practice was usual in the seventeenth century with knowledge of the Consulate. « There was no lack of a master who preferred to lose his ship than to repay the money guaranteed with it[34] ». On April 27, 1765, it was authorized the contracting of the sea loan up to two-thirds of the amount of its freight and equipment[35].

The Mexican *Consulado de Comercio* explained that the owners of the ships thus insured showed little or no interest in avoiding the risks[36]. In the *Sea loans on mechandise*, there was no limitation to the amount of the loan, except that it did could not exceed the value of the goods, hence the sea loan contracts indicated that the risk was "on the boxes of my clothes that is onboard together with my person […] they are shipped with effects of greater value than the sum of this debit of whose proof I am relieved"[37]. The sea loans on salaries were prohibited by the

31 Guimerá Ravina, Agustín, « La financiación del comercio de Garachico con las Indias », en *II coloquio de historia canario-americana (1977)*. Coord. Francisco Morales Padrón, Ediciones del Excelentísimo Cabildo Insular de Gran Canaria, Sevilla, 1979, tomo I, p. 268. Some exampkes in AHPC, prot. num. 1810, fols. Ileg. and AHPC, prot. num. 3.728, fols. 899-901v.

32 Veitia Linage, Joseph de, *Norte de la contratación de las Indias Occidentales*, Sevilla, Por Juan Francisco de Blas, 1672, Lib. II, Cap. VII, Num. 31.

33 *Ibidem.* See *Leyes de Recopilación.* En la Imprenta de Pedro Marín, Madrid, 1772. Tomo I, Lib. IV, Tít. XXV, Ley. XLVIII.

34 Clarence H. Haring, *Comercio y navegación entre España y las Indias, en la época de los Habsburgos.* Traducción de Emma Salinas, Fondo de Cultura Economica, México, 1984, p. 356.

35 Antonio García-Baquero González, *La Carrera de Indias…*, p. 257; Manuel Ravina Martín, « Riesgos marítimos…" p. 118. See *Real Cédula sobre seguros marítimos de 5 de abril de 1768*, en Antonio Xavier Pérez y López, *Teatro de la Legislación Universal de España e Indias.* Imprenta de Don Antonio Espinoza, Madrid, 1798, tomo XXVII.

36 Baskes, Jeremy, *Staying Afloat…*, p. 235.

37 AHPC, prot. num. 3.754, fol.ileg.(1696).

Ordinances of Bilbao, like the loans on a chance, suppressed by the Real Cédula of 31 of May of 1763.

Borrowed money is generally expressed in pesos escudos of eight reales of silver, including risk premiums. It often does not make the distintion between capital and interest, which used to be very high compared to other lending operations[38] and which varied depending on the circumstances, not being the same the interest rate of a loan for a trip to Caracas than for Veracruz, or in the case of a war[39]. It was customary in the business of the Carrera de Indias that the sea loan was made in pesos, and that payment would be received later in the most valuable Mexican *pesos fuertes*, which represented an increase of 33.3 % on the creditor's profit[40].

In sea loan contracts, the quantity of the goods is always assigned to certain goods, the trunks of the debtor's clothing, or the "keel, hull, ship, artillery and rigging" itself, including freight and in some cases the goods as guarantee of the creditor in case of shipwreck. If the loss is total, both parties lose capital and goods[41]; If it is partial, what could be saved is sold, sharing the resources obtained according to company account[42]. Hence, the amount borrowed must be less than the value of the merchandise on which it has been assigned, a commodity that is "worth a greater amount than the one containing the deed"[43].

The fact that the sea loan could be taken on merchandise or on the vessel itself caused that insurance and sea loan were mistaken one with each other, since one might think that their effects are similar, so if the owner of a vessel took a risk on the ship, and the ship was lost, the fact that the debtor does not have to return the money received on loan, worked just like an insurance, without premium and payd in advance[44]. The substantial difference between insurance and the sea loan, in the first term "is that while the insurance only serves to cover the possible losses (its primary purpose is to cover a risk), the sea loan, as the debtor

38 Guimerá Ravina, Agustín, "La financiación del comercio…, p. 270.
39 Guimerá Ravina, Agustín, *Burguesía extranjera…*, p. 264 y 368.
40 *Idem*, p. 262.
41 AHPC, prot. num. 3.728, fol.900.
42 Ravina Martín, Manuel, "Riesgos marítimos…", p. 129.
43 AHPC, prot. num. 3.576, fols.284-285v.
44 García-Baquero González, Antonio, « Un modelo de financiación…, p. 225. Del mismo autor, *La Carrera de Indias…*, p. 255.

receive the money before the loss occurs, is susceptible to be negotiated and produce commercial profits, thus becoming a simple commercial loan, with the exception of not having to be returned in case of loss"[45], secondly, in the event of an accident the losses are total for the lender, while in the insurance the policy holder charges his policy, and third, from the point of view of the form of the document, the sea loan is different from the insurance from the point of view of relations between Parties as well as in relation to the protocolization of the document[46]. As for the return of the money lent, the debtor must return it to some representatives of the creditor at the port of destination if the trip is one-way only, or at the port of departure to the creditor himself if the trip is back and forth.

In order for the sea loan to exist, it is necessary that the goods or things affected by it be exposed to a maritime risk. "Hence the name of "loan to the thick fortune": where there is no maritime adventure can not give this kind of loan[47]. The risks to which the voyage to the Indies were subject are listed in the risk writings as "sea, wind, earth, fire, friends, enemies and other unhappy Divine or human events that may come to the said ship"[48]. In some notarial forms the list of risks includes: "sea, fire, enemies and other unfortunate event"[49]. Also, those inherent situations related to war and the large number of corsairs that crossed the Caribbean waters[50], the long stays in the ports and the wear and tear of the boats. In addition, those inherent to the merchandise itself and its marketing such as price fluctuations, breaches and slowness in collections[51]. Ravina Martín mentions also the solvency and honesty of the debtor. An exception for the risks was the *barateria* of the skipper,

45 *Ibidem.*

46 Guimerá Ravina, Agustín, *Burguesía extranjera…*, p. 175-176.

47 Garrigues, Joaquín, *Curso de derecho mercantil*, 9a edición, reimpresión, Ed. Porrúa, S.A., México, 1993, tomo II, p. 751.

48 AHPC, prot. num. 3.728, fols.899-901v. See also Antonio Miguel Bernal, *La financiación de la Carrera de Indias (1492-1824). Dinero y crédito en el comercio colonial español con América.* Fundación el Monte, Madrid, 1992, p. 48.

49 See Jiménez Gómez, Juan Ricardo, *Un formulario notarial mexicano del siglo XVIII. La Instrucción de escribanos de Juan Elías Ortíz de Logroño*, Querétaro, Universidad Autónoma de Quérétaro, Miguel Angel Porrúa, 2005, p. 250.

50 On the privateering in the New World see Cruz Barney, Oscar, *El corso marítimo*, México, Secretaría de Marina, Centro de Estudios Superiores Navales, Instituto de Investigaciones Jurídicas, UNAM, 2013.

51 Guimerá Ravina, Agustín, *Burguesía extranjera…*, p. 355-356.

which consisted in the malice and fraud used in order to damage the shipowner or injure the owner of the merchandise[52]. Likewise, the change of routes, which was accepted only if it was done to join with some navy or companies[53].

As regards to the duration of the sea loan contract, it was understood that it ran from the time the vessel was sealed up to twenty-four hours after its arrival in port. In October 27, 1768 a change in the duration of the risks occurred. Having as antecedent the loss of the goods loaded in a ship named *Peregrina* that caught fire in the dock of the port of Cadiz the 18 of May of 1760 and of the ships of *Nuestra Señora de la Luz* and the *Nueva España* burned in the port of Veracruz[54], it was decided to change the normal duration of the risk by Real Cédula of October 27, 1768, approving what was agreed at the General Meeting of the *Consulado de la Universidad de Cargadores a Indias de la Ciudad de Cádiz* on June 7, 1760. From that moment, the risks should be understood from shore to shore. However, apparently it was not so, at least with regard to the Philippine Islands since on August 29, 1786 the Consulate of the City of Manila addressed the King to state that despite the provisions of the Royal Decree 27 Of October, 1760, it had continued with the previous practice in the sense that the risks ran from the time the ship had been set sail until twenty-four hours after its arrival in port, "perhaps by omission, or defect of news of the provisions of the aforementioned Royal Decree. "In response to the above petition, the King ordered the full compliance of the Real Cédula of 1760 to the authorities in the Indies and Philippine Islands in another Real Cédula of the 7 of March of 1787[55].

---

52 See Elizondo, Francisco Antonio de, *Práctica universal forense de los tribunales de España y de las Indias*. Sexta reimpresión, Madrid MCDCCXCII, Viuda e Hijo de Marín, tomo II, p. 215. *Rec.Ind.* Lib. IX, Tít. XXXIX, Leyes. 35 y 47; Pérez y López, Antonio Xavier, *Teatro de la Legislación...*, tomo XXVII, p. 154-155.

53 *Rec.Ind.* Lib. IX, Tít. XXXIX, Leyes. 35 y 47.

54 Ravina Martín, Manuel, « Riesgos marítimos...", p. 131. Also en la *Real Cédula sobre seguros marítmos de 27 de octubre de 1768*, en Pérez y López, Antonio Xavier, *Teatro...* tomo XXVII, p. 181-184.

55 *Riesgo de los contratos marítimos. Para que en los reinos de las Indias e Islas Filipinas se cumpla y observe lo resuelto por la inserta Real Cédula en cuanto a los riesgos de los contratos de cambios marítimos sean y se entiendan de orilla a orilla en la forma que se expresa.* AGN, Reales Cédulas Originales, Vol. 136, Exp. 114, Fojas 183-188. Also: *Tratos y contratos marítimos. Remite Real Cédula sobre que estos se entiendan de orilla a orilla.* AGN, Reales Cédulas Originales, Vol. 136, Exp. 137, a Foja 238.

As for the prize[56], the amount of the same is "one of the darkest points of the changes and loans to sea risk"[57]. Generally, the interest does not appear in an instrument, but the sum borrowed included interests "that have been moderated according to the present times"[58].

It will be the *Llibre del Consolat del Mar* where the figure of the sea loan in the Middle Ages appears and indicate the elements of form required for this type of contract. Previously the *Breviary of Alarico* had contemplated the figure[59]. Subsequently, on November 21, 1435, the *Ordinances of the municipal magistrates of Barcelona on maritime matters* were issued[60]. These Ordinances established that each of the changes and contracts constituted and granted at risk must be formalized by authentic public deeds, in such a way that no payment of these contracts can be made if it does not appear in a public document.

The master and the notary had to sign the notarial deeds, declaring their consent in the act. They should carry on board the ship a book with detailed account of the expenses of habilitation, utility or provisioning so that the creditors can know, if necessary, in which areas the resources object of the loan have been used or invested. The contract had to be agreed in written form in order to produce a right of action in a trial. Commonly, the parties went before the notary for the granting of the deed, and their wording remained "unalterable for almost three centuries"[61]. These writings constituted public instruments, even though they do not contain the *guarentigia clause*, by which they granted power to the Justices to execute the obligation contained in the instrument[62]. In addition, if there was any risk before the goods

56 Ravina Martín, Manuel, « Riesgos marítimos…", p. 131.

57 Carrasco González, Ma. Guadalupe, *Los instrumentos…*, p. 93.

58 AHPC, prot. num. 3.754, fol. 160. See Antonio Miguel Bernal, *La financiación de la Carrera de Indias…*, p. 285-288.

59 Pérez-Prendes Muñoz Arraco, José Manuel, *Interpretación histórica del derecho. Notas, esquemas, prácticas.* Servicio publicaciones facultad derecho, Universidad Complutense, Madrid, 1996, p. 875.

60 *Ordenanzas de los magistrados municipales de Barcelona sobre cuestiones marítimas*, en *Libro del Consulado del Mar*, Edición de la Aseguradora Mexicana, S.A., México, 1983.

61 Ravina Martín, Manuel, « Riesgos marítimos…", p. 133.

62 Alcaraz y Castro, Isidoro, *Breve instruccion del método, y práctica de los quatro juicios, civil ordinario, sumario de partición, executivo, y general de concurso de acreedores.* Tercera edición, En la Oficina de Antonio Fernández, Madrid, 1781, p. 59; also Francico Antonio de Elizondo, *Práctica universal…*, Tomo I, p. 2. See also *Nva. Rec.* Lib. IV, Tít. XXI, Leyes II y XIX.

had been registered for their departure to the Indies, the book of the notary was considered[63].

The sea loan deeds generally stated: Names of the creditor and debtor(s), character, occupation or position of the same, data of the vessel and, if applicable, data of the fleet to the Indies in which the debtor will embark and the name of the person responsible for the sea loan, as well as its destination, the loan amount, usually including the premium, with the mention that interest is as measured as possible, property with which the loan is guaranteed, indicating that its value exceeds the amount of the loan in case of sea loans on merchandise or clothing, coverage of risk, whether it is round trip or only one way and from when to when the risk is covered (up to the Royal Decree of 1760), risks to be incurred: Sea, wind, earth, fire, friends, enemies and other unhappy events Divine or human, waivers in some cases on the part of the debtor to the benefits of the Law *si convenerit de jurisdictione omnium iudicum*, law *duobus nexo de vendi*, de *Autentica presenti*, of the defense based on money not paid or *non numerata pecunia, Leyes del entrego*, its proof, deceit, term of two years, and decrees on submissions, names of guarantors and date. From 1636, it is a contract written on sealed paper[64].

PERSONAL ELEMENTS, CONTENTS AND KINDS OF THE SEA LOAN

They are the creditor, who is the capitalist who disburses the money to lend and assumes the risks of navigation and the debtor or borrower, who is obliged to repay the loan plus a prize, unless a loss occurs, in which case he was released from his obligation. Generally, the creditor was a businessman, while the borrower could be from a simple sailor or passenger who takes the risk on their luggage or clothes, to merchants, encomenderos and officials who, to prepare their trip, request large amounts of money on sea loan. In fact, since 1507, sea loan takers on ships should be their owners, not their masters, even in the case of commodities[65]. Thus, by Real Cédula of October

63 *Rec.Ind. Rec.Ind.*, Lib. IX, Tít. XXXIX, Ley XXVIII.

64 Carrasco González, Ma. Guadalupe, *Los instrumentos…*, p. 84-86. See Antonio Xavier Pérez y López, *Teatro de la Legislación…*, tomo XXII, p. 83. Igualmente See *Leyes de Recopilación.* En la Imprenta de Pedro Marín, Madrid, 1772. Tomo I, Lib. IV, Tít. XXV, Leyes. XLIV y XLV.

65 García-Baquero González, Antonio, *La Carrera de Indias…*, p. 256-257.

22, 1587, it was ordered that no owner or master of a vessel could take money at risk without license from the Prior and Consul of Seville, after valuing the vessel[66].

The sea loan agreement is essentially a loan in which the obligations are on the side of the debtor or borrower. The delivery of the capital by the creditor does not constitute an obligation, but is a constituent element of the contract, of a real nature. On the other hand, the fact that the creditor supports the loss of capital at any given time is not an obligation on his part, but the extinction of the obligation of payment by the debtor.

The typical obligation in this contract is the repayment of borrowed money, for which the following assumptions may be made[67]:

- Fulfillment of the condition of happy arrival: When the ship has arrived at its destination port without suffering any damage or losses in the merchandise embarked. In that case, the debtor is obliged to repay the amount received on loan to the debtor or his representative, at the date and time fixed in the contract, once the risk has been extinguished by the creditor. The creditor, for his part, has a security right over the things that have fallen on the loan: clothing, goods, gear or the ship itself[68].
- Arrival of the ship to its destination but with general average (avería gruesa): In this case, the proportional rate was applied between the debtor and the creditor on the salvaged part. It was established in the deed that in case of partial loss of the goods the creditor would receive its prorate part according to the amount of the loan[69].
- Lack of arrival of the ship to its destination: In case of loss of the vessel or total loss, as mentioned above, the debtor was released from its obligation to pay both the principal and the prizes, and the creditor assumed the losses[70].

---

66 *Rec.Ind.*, Lib. IX, Tít. XXXIX, Ley VI.

67 Garrigues, Joaquín, *op. cit.*, p. 753-755.

68 AHPC, prot. num. 2.112, fol.316; 3.728, fol.515; prot. num. 3.079, fol.652v; prot. num. 2.369, fol.817v; prot. num. 3.079, fol.640v; prot. num. 3.738, fol.ileg; y prot. num. 3.119, fol.257.

69 AHPC, prot.num. 3.278, fol.900.

70 AHPC, prot. num. 2.112, fol.316; 3.728, fol.515; prot. num. 3.079, fol.652v; prot. num. 2.369, fol.817v; prot. num. 3.079, fol.640v; prot. num. 3.738, fol.ileg; y prot. num. 3.119, fol.257.

The sea loans have been classified as follows[71]: one way sea loan; round trip risk; permission sea loan[72]; sea loan on a chance; proration sea loan[73].; pledging sea loan (pignoración)[74].

It will be untill the *Ordinances of Bilbao* that appears a chapter, the XXIII, destined exclusively to the maritime risks.

THE MARITIME INSURANCE

CONCEPT AND BACKGROUND OF MARITIME INSURANCE

The insurance contract has as its subject matter a property interest related to things or rights, and to cover the risks that threaten the assured interest during the transport by sea, or in the moments that precede, interrupt or follow[75]. It has been defined as the contract "by which one secures to another the goods of the danger, or risks of sea, or of land, by a price received for this reason"[76]. Elizondo points out that "some authors call the insurance contract "commission of the dangers" to which the merchant goods are exposed: others "indemnity for a certain price"; and lately "innominate contract"[77]. Joseph de Ortega y Cotes affirm that insurance is the contract by which "the insurer obliges by award to exempt from the damage of loss in the risks, and in the dangers..."[78] Francisco Garcia with respect to the contract of insurance indicates that "to ensure is a promise by which the insurer promises a security of a dubious thing and subject to dangers, taking in and to

71 Adoptamos la clasificación que hace Manuel Ravina Martín, « Riesgos marítimos...", p. 134-141.

72 Miguel Bernal, Antonio, "Sobre los seguros marítimos en la Carrera de Indias, siglo XVI", en *Actas del V Centenario del Consulado de Burgos. (I) Simposio Internacional "El Consulado de Burgos".* Excma. Diputación Provincial de Burgos, Burgos, 1994, p. 517.

73 *Idem*, p. 140-141.

74 *Ibidem.*

75 Garrigues, Joaquín, *Curso...*, p. 702-703.

76 Ignacio Jordan de Asso y Miguel Manuel Rodríguez, *Instituciones...*, p. 227.

77 Francisco Antonio de Elizondo, *Práctica...*, p. 214.

78 Ortega y Cotes, Ignacio Joseph de, *Questiones del derecho público en interpretación de los tratados de paces.* En la oficina de Antonio Marín, Madrid, 1747, p. 135. Targa, Carlos, *Reflexiones...*, p. 171.

its account, all the dangers that a ship or merchandise can suffer for a certain price"[79]. In the trade with the Indies, insurance contracts will reach their maturity in the XVI century, to be perfected in the XVII century, "hence the great stability of its norms and the scarce legal evolution that these offer"[80].

From the outset, the "Carrera de Indias" began to purchase insurances "more as a usual practice than as the result of specific legislation", the *Ordinances for the Prior and Consulates of the University of Merchants of the City of Seville* point out that one of the most necessary conditions for trade and its preservation is the ancient custom of securing goods and ships[81].

Prior to the promulgation of the *Seville Consulate Ordinnances* in 1556, the insurance was dealt using the contract *in fide*, which was agreed in a verbal manner and without more evidence than the entry in the insurer's books, situation which due to the constant frauds was corrected in the ordinances of the mentioned Consulate of Seville and indicated in the Real Ordinances for the House of Trade (*Casa de Contratación*) of Seville, where it was pointed out that the verbal insurances were invalid, since the insured charged two or three times the Value of what was lost, so it was ordered that these insurances would not be valid anymore[82]. The Casa de Contratación was responsible for the solution of disputes arised in commercial matters, particularly those related to the "Ships that go to the said Indies, and come from them, and whatever contracts they may have done"[83].

Since the creation of the Seville Consulate in 1543, the Prior and Consuls had been given the power to solve any insurance disputes arising from the traffic of goods between the Peninsula and the Indies[84].

---

79 Garcia, Francisco, *Tratado utilísimo y muy general de todos los contractos, quántos en los negocios humanos se suelen ofrecer*, Valencia, En casa de Joan Navarro, 1583, edición y transcripción de Idoya Zorroza y Horacio Rodríguez-Penelas, Pamplona, EUNSA, Ediciones Universidad de Navarra, 2003, p. 473. See also Antonio García-Baquero González, *La carrera de Indias…*, p. 262.

80 Céspedes del Castillo, Guillermo, "Seguros marítimos…, p. 65.

81 *Ordenanzas del Consulado de Sevilla*, p. 78, num. 25.

82 *Ordenanzas Reales para la Casa de la Contratacion de Sevilla*, art. 161. Antonio García-Baquero González, *La carrera de Indias…*, p. 265.

83 Encinas, Diego de, *Cedulario indiano*, Ed. facsimilar de la única de 1596, Ediciones de Cultura Hispánica, Madrid, 1945, tomo III, p. 144.

84 Bernal Rodriguez, Antonio-Miguel, "Sobre los seguros marítimos en la Carrera de Indias, siglo XVI", en *Actas del V Centenario del Consulado de Burgos. (I) Simposio Internacional "El Consulado de Burgos"*. Excma. Diputación Provincial de Burgos, Burgos, 1994, p. 515.

These provisions would be confirmed in the Ordinances of the Consulate of Seville of 1556, covering everything concerning the contract of insurance, besides providing the forms for the correct writing of the policies. The *Sumaries* of Aguiar y Acuña incorporate the consular provisions on insurance almost completely, but omits the models of the policies[85]. Likewise, the *Recopilación de leyes de los Reynos de las Indias* regulates insurers, risks and insurance of the Carrera de Indias under the Book IX, Title XXXIX, where the same insurance provisions of the Seville Consulate are included[86]. The *Compilation of the Laws of the Indies* of Antonio de León Pinelo also reproduces in great measure the provisions of the Ordinances of the Consulate of Seville[87].

From 1507 to 1543 the Casa de Contratación of Seville was responsible of hearing all the cases related to loans, changes and maritime insurance. From 1543 to 1587 the Casa only had jurisdiction on the first instance of the lawsuits regarding loans and changes, passing the jurisdiction of the insurance to the Consulate. From 1587 the decitions over maritime loans and insurance matters would pass to the jurisdiction of the Consular Tribunal, culminating in full jurisdiction in insurance matters on June 26, 1598[88]. Later on May 31, 1763, a Royal Decree was issued, prohibiting insurance "by way of bet" (por vía de apuesta)[89], in 1767 and 1768 provisions were issued on sea loans and insurances, on November 10, 1773 the previous one of 1763 was clarified, in May of 1755 was issued a Royal Order for the Indies on the coverage of the insurance on merchandise that were transhipped from one ship to another[90], 7 of June of 1777 a Real Order was issued on the alterations of value on premiums[91].

---

85 *Sumarios de la Recopilación General de las leyes de las Indias Occidentales*, por Rodrigo de Aguiar y Francisco de Montemayor y Córdoba de Cuenca, con licencia en México, Impreffos por Francisco Rodríguez Lupercio, México, 1677, facsimilar, estudio introductorio Ismael Sánchez Bella, Fondo de Cultura Económica, México, 1994, Lib. III, Tít. XXX.

86 Carrasco González, Ma. Guadalupe, *Los instrumentos*…, p. 169.

87 *Recopilación de las Indias*, Por Antonio de León Pinelo, Edición y estudio preliminar de Ismael Sánchez Bella. Escuela Libre de Derecho, Gobierno del Estado de Chiapas, Gobierno del Estado de Morelos, Instituto de Investigaciones Jurídicas, UNAM, Universidad Cristóbal Colón, Universidad de Navarra, Universidad Panamericana, Miguel Angel Porrúa, Librero – Editor, México, 1992, tomo I, Lib. III, Tít. XXXV.

88 Bernal Rodriguez, Antonio-Miguel, "Sobre los seguros marítimos…", p. 516 y 518.

89 *Real Cédula de 31 de mayo de 1763*, en Antonio Xavier Pérez y López, *Teatro*…, tomo XXVII.

90 *Real Orden sobre seguros marítimos.* AGN, Reales Cédulas Originales, Vol. 75, Exp. 19, Fs. 2.

91 Citada por Guillermo Céspedes del Castillo, "Seguros marítimos…, p. 74-75.

ELEMENTS OF THE MARITIME INSURANCE CONTRACT

The elements of the maritime insurance contract are divided into personal, formal and real.

Personal elements

- *The insurer*: The one who in exchange for the premium that he receives, takes responsibility for the risk[92] and is obligated to pay the insured a compensation for the damage or loss suffered in the insured goods, exposed to the dangers of navigation. One or more people could sign as insurers, until the creation in the 18th century of specialized insurance companies. The insurer may contract by itself or through a representative, being prohibited by *cedula* of June 13 of 1554 for the merchants that perform managerial positions in the Consulate of Seville to act as insurers, with the penalty of incurring in deprivation of the position[93].
- *The policyholder or insured* is the one who has an interest in the conservation of the things that he insures. The Ordinances of the Consulate of Seville established that all persons who signed the deeds of going to or coming from the Indies had to sign that they signed "by so-and-so, or by comission, or by commissions," and must show the powers to the Prior and Consuls for their conformity prior to the signing of the policies[94]. Same provision contains the first law of the *Recopilación de Indias*[95].

Insurance for the *account of another* is the one where the insured and the policyholder are two different people: the first receives the benefits of the contract, and the second is the one who hires and pays the premium, that is contemplated in the Law LVII of the *Recopilación de Indias*. Céspedes del Castillo points out that the insured in this insurance for the account of others may not be expressly designated, as permitted by Laws XXVII and LVI of the *Recopilación de Indias*[96].

92 Hevia Bolaños, Juan de, *Curia Philipica*, Madrid, por D. Josef Doblado, 1783, p. 515.

93 Veitia Linage, Joseph de, *Norte de la contratación...*, Libro I, Cap. CVII, Num. 21. p. 147; Céspedes del Castillo, Guilermo, "Seguros marítimos..., p. 78.

94 *Ordenanzas del Consulado de Sevilla*, ord. 28.

95 *Rec.Ind.* Lib. IX, Tít. XXXIX, L. 1.

96 Céspedes del Castillo, Guilermo, "Seguros marítimos..., p. 80.

Formal elements

The maritime insurance contract, at least from the 15th century onwards, is an innominate contract similar to a lease[97], of a formal nature, and must use the policy that for that purpose is contained in the various consular ordinances, which must be signed by the parties.

In the Ordinances of the Consulate of Seville, the formal character of the contract is established by imposing a precise form for its celebration, establishing that "all the policies that are made must be in accordance with the model contained in the ordinances[98], they must be written in printed[99] and sealed texts, with the special clauses by hand and locating them at the margin or at the bottom of the document, acquiring the value of a public instrument[100].

The policies models are both for travels to and back from the Indies, "and on commodities, such as gold and silver and other things, and hulls of ships", as well as pearls, money, or precious stones, although they are not expressed[101].

The insurance policies for goods are divided into a. General one-way policy to the Indies, b. Policy to be signed by insurers for travels to the Indies, c. General policy for travels coming from the Indies, and d. Policy of coming from any place of the Indies that insurers have to sign.

Real elements:
the object and interest of the maritime insurance contract

The insured goods in this contract is the interest that the insured has in the conservation of things or rights[102].

The insurable interest, which represents an economic value, can be about things like the ship, goods, food, supplies, etc., or about rights such as credits as sea loans. For the maritime insurance it is essential that this interest is subject to the risks of navigation.

---

97 Dominguez Vicente, Joseph Manuel, *Ilustración y continuación a la Curia Philipica*, Valencia, Imprenta de Francisco Berton, 1770, tomo III, p. 336.

98 *Ordenanzas del Consulado de Sevilla*, pólizas.

99 Veitia Linage, Joseph de, Lib. II, Cap. XIX, Num. 2, p. 712.

100 Céspedes del Castillo, Guilermo, "Seguros marítimos…, p. 93.

101 Hevia Bolaños, Juan de, *Curia…*, p. 516.

102 Garrigues, Joaquín, *Curso…*, p. 708.

The insurance can be, from the point of view of the insured value, on the ship, on merchandise, on quantities given by sea loans, on the patrimony, and those insurances with uncertainty of the insured object: the insurance *in quovis vassello* and the floating insurance policy. The freight, the artillery and the rigging of the ship could not be insured by express provision of the law[103].

– Insurance with determination of the insured object

Insurance on the ship: the insurance on the ship excludes the freight, the artillery and the rigging[104], being limited to the hull of the insured ship. Joseph Manuel Domínguez Vicente points out that when the ship is insured it is understood that the goods are not insured and vice versa[105]. The insured limit were two-thirds of the value of the hull[106] on the one-way voyages to the Indies, on the returning voyages there was no limit but it has to be authorized by the Prior and Consuls of the Consulate, until 1765 that it was allowed to insure the full value of the ship[107]. This insurance should be done on a separate policy and never in conjunction with the goods.

Insurance on goods: the insurance may cover the goods included in a particular contract of transport or all that constitute the cargo of the ship. It was the most frequent and probably the oldest form of insurance[108]. When the insurance policy established that its subject matter was the goods, without specifying which, it was to be understood "all kinds of merchandise; except beasts, and slaves; hulls, and rigging, freight, and artillery of Naos..."[109], if the insured goods were slaves or beasts it should be specified in the policy, and in the event that some

103 *Rec.Ind.*, Lib. IX, Tít. XXXIX, L. V.

104 *Rec.Ind.*, Lib. IX, Tít. XXXIX, L. V. El seguro sobre fletes se utilizará a partir del *Código de Comercio Español de 1829*.

105 Domínguez Vicente, Joseph Manuel, *Ilustración...*, p. 336.

106 Haring, Clarence H., *Comercio y navegación...*, p. 357. Ma. Guadalupe Carrasco González, *Los instrumentos...*, p. 175. *Ordenanzas de la Casa de Contrataciónde Sevilla* de 1556, num. 162.

107 Céspedes del Castillo, Guillermo, "Seguros marítimos..., p. 89.

108 García y Sanz, Arcadio, "El seguro marítimo en España en los siglos XV y XVI", en *Actas del V Centenario del Consulado de Burgos. (I) Simposio Internacional "El Consulado de Burgos"*. Excma. Diputación Provincial de Burgos, Burgos, 1994, p. 466.

109 *Rec.Ind.*, Lib. IX, Tít. XXXIX, L. XXXVI.

beast had to be thrown into the sea, the insurer would run with the lost[110]. As to the cost and value of the insured goods, it was necessary to accept under oath shipper's declaration, without further inquiries[111].

Insurance on amounts given by sea loan: lets remember that one of the characteristics of the sea loan contract is that its return depends on the happy arrival at the port of destination for the goods on which the loan is made, where the creditor runs a risk that is susceptible of being insured: that the capital is not reimbursed to him at the end. Here the insurer takes care of the risks that the creditor runs in the sea loan[112].

– Insurance with a non determined insured object

In quovis: It is the insurance of a shipment without determining the ship in which it will be shipped, allowing the transfer of goods from one ship to another. This insurance is a very old form of insurance, used in Barcelona since 1399[113].

Flotante: In this insurance both the goods and the ship are indeterminate and it is used to secure the shipped goods during a period of time or in a determined trip and up to the limit of a determined amount. It is also a contractual modality of great antiquity, known in Barcelona since 1428[114]. The advantage of this policy consisted in the possibility for the merchants to have several cargos insured in the Carrera de Indias without the expenses and waste of time that would imply to make an insurance contract for each of them.

THE RISK IN THE INSURANCE CONTRACT AND ITS COVERAGE

The maritime risk according to Joaquin Garrigues is the possibility that by chance, a casualty will occur, caused by the own or complementary operations of the maritime expedition[115]. The Compilation of the Indies established that the risk should be understood as sea, wind, fire, enemies, friends and any other case, except for the fraud or negligence of

110 *Rec.Ind.*, Lib. IX, Tít. XXXIX, L. XXXI y XXXXVI.
111 *Rec.Ind.*, Lib. IX, Tít. XXXIX, L. XXXXI.
112 Garrigues, Joaquín, *Curso…*, p. 712.
113 García y Sanz, Arcadio, "El seguro marítimo…, p. 466.
114 *Ibidem.*
115 Garrígues, Joaquín, *Curso…*, p. 714.

the skipper (*baratería del patrón*) or spoiling of the merchandise, the ones related to the Cape Verde route if the policy did not include them and damage or missing of the insured goods[116]. The Burgos Ordinances of 1538 established as risks to cover those of sea, wind, fire, reprisals and detentions by the King, lord or lords and of communities and any person or persons, friends and enemies[117]. The ordinances of 1572 establish in the general policy that the risk was that of sea, wind, fire, friends, enemies, reprisals, fraud or negligence of the skipper (*baratería del patrón*), detention by Kings and lords or of any other person or persons, of any state or condition they are[118].

In principle, the insurer would cover the risk of the thing from the day the departure of the ship was agreed, or from the time it was actually made, up to the port of destination[119]. The duration of the risk will depend on whether the insurance was agreed for a specific trip or for a certain period. In the first case, the duration of the risk is the same as that of the voyage, which in the insurance of ships runs from the day and time of departure until twenty-four hours after the anchor has been dropped at the port of destination; in freight insurance the risk runs from starting to load at the departing port until it is unloaded at the consignment dock. In the insurance with a specified period of time, the insurance covers a series of trips without predetermined duration[120].

There were certain cases of risk exclusion, which were subject to the will of the parties at the time of contracting the respective insurance. The exclusions ussually were fraud or negligence of the skipper (*baratería del patrón*), risks by acts of the insured person, by qualities or vices of the things insured and the risks attributable to the harmful effects of the delay on the merchandise[121].

116 *Rec.Ind.*, Lib. IX, Tít. XXXIX, Leyes XX, XXXX y XXXXII.

117 *Ordenanzas hechas por el Prior y Consules de la Universidad de la contratación desta ciudad de Burgos por S. Magestades confirmadas para en los negocios y cosas tocantes a su juredeción y juzgado*, 1538; fol. XXXVI.

118 *Ordenanzas del Consulado y Casa de Contratación de Burgos, aprobadas por el rey, Feipe II en 1572*, fol. 30.

119 Hevia Bolaños, Juan de, *Curia…*, p. 517.

120 Céspedes del Castillo, Guillermo, "Seguros marítimos…, p. 90.

121 García y Sanz, Arcadio, "El seguro marítimo…, p. 475-478.

THE PREMIUM

An essential element of the maritime insurance and most important obligation of the insured is to pay the premium to the insurance company or person[122]. The amount of the premium was set taking into consideration the amount of the sum insured, which was considered adequate to repair the possible damage, the itinerary to be followed by the ship and the model of the vessel, taking into account the risk for the goods to be insured[123].

The Ordinances of Burgos of 1538 allowed the parties to fix the amount of the premium. They also ordered that in the insurance contracted from the first of October until the end of April, the payment of the premium should be made at the next May fair in Medina del Campo. Insurance contracted from the first of May to the end of September would be paid at the fair next October[124]. The subsequent ordinances of 1572 established that it was up to the Prior and the Consuls to determine the amount of the premium in order to avoid abuses between the parties. The payment time would be during fairs in May or October, setting the double as penalty in the case of non-payment of the same[125].

The Seville Consulate Ordinances of 1556 established that the payment of the premium had to be paid by the cash to the insurer or within three months after signing, without it, the insurer would be exempted from its obligation[126]. In the event of total or partial cancellation of the insurance, the insured had to pay the insurer 0.5 % of all that, being originally insured, was withdrawn from the insurance coverage[127].

122 García y Sanz, Arcadio y María Teresa Ferrer I Mallol, *Assegurances i canvis marítims…*, p. 227.

123 The *Ordenanzas sobre seguros marítimos, ultimamente dictadas por los magistrados municipales de Barcelona*, en *Libro del Consulado del Mar…*, established that the benefit of the insurers should be in proportion to the risk they were to run. Cap. 5.

124 *Ordenanzas del Consulado de Burgos* de 1538, fols. XXXVII y XXXIX.

125 *Ordenanzas del Consulado de Burgos* de 1572, nums. 43 y 48.

126 *Ordenanzas del consulado de Sevilla* de 1556, num. 37. *Rec. Ind.*, Lib. IX, Tít. XXXIX, Ley. XI.

127 *Ordenanzas del consulado de Sevilla* de 1556, nums. 39 y 54. *Rec. Ind.*, Lib. IX, Tít. XXXIX, Ley. XIII.

THE SUM INSURED AND THE RIGHTS OF CONTRACTING PARTIES

The sum insured is that which the insured considers sufficient to repair the damages that the insured property could suffer in the event of an accident. The insured sum must be declared on the insurance policy, at least in those that were governed by the Burgos Consulate Ordinances, as well as in the broker's records[128].

The insured amount should, in principle, correspond to the value of the insured property, although it was possible to insurance a lower sum compared to the insured interest, or to insure a sum greater than the insured interest, in this caser the last insurers were outside the policy and charge their 0.5 % that corresponds to them[129]; also a double insurance, when the insured contracted various insurances with different insurers on the same interest and risk[130].

The rights of the parties were the following:

- Rights of the insurer: Collection of the premium, which is the basic obligation of the insured and is charged to the person who contracts the insurance, even if he is not acting on his own behalf. The charge is made only once and it was understood that its amount can not be modified by supervening events[131].
- Rights of the insured:
- Collection of the sum insured in case of loss, "cause and rationale of the contract"[132] whenever this means a property damage, taking into consideration the exceptions to the risk already noted. The insured, as the first interested party, should notify the insurer of the incident and prove the damage suffered. The insured could use one of the two mechanisms to demand the payment of that sum, which is the action of average and the action of abandonment.
- Intervent in the insured things and to carry out expenses for their rescue in case of loss, with the corresponding obligation of the insurers to contribute to the expense in proportion to the insured sum[133].

128 *Rec. Ind.*, Lib. IX, Tít. XXXIX, Ley. II.

129 *Rec. Ind.*, Lib. IX, Tít. XXXIX, Ley. XV.

130 Céspedes del Castillo, Guillermo, "Seguros marítimos…, p. 91-92.

131 *Rec. Ind.*, Lib. IX, Tít. XXXIX, Ley. LII.

132 García y Sanz, Arcadio, "El seguro marítimo…, p. 487.

133 García y Sanz, Arcadio, "El seguro marítimo…, p. 487.

As we have just noted, the two actions that the insured has to collect the sum insured are the average and abandonment.

Action of average

This was used to determine the damage actually suffered by the insured. By means of this action, the insurer set the amount of the damage and the amount that the insured was entitled to receive. The amount of damage could result from the total or partial loss of the thing or from the expenses that the insured had to incur as a result of the loss.

If the loss was total, the amount of damage was equivalent to the value of the property or the hull of the ship, which was usually agreed in the insurance policy. In order to prove the existence of the thing before the incident and the value of it, the insured could use the manifestation made before the registrar of records in the Indies[134], whose absence exempted the insurer from taking the risk on the goods. If the risk occurred before the registration was made, the clerk's book that intervened in the insurance contract served as evidence[135]. In any case, for the proof of the cost and value of the insured goods, the simple declaration of the shipper was good enough[136].

In case of partial loss, it was necessary to know the amount of the lost goods, and in the case of the "jetisson general average"[137] determine the amount that corresponded to be covered by the insurer[138].

In the case of expenses incurred by the insured, he has the right to ask for reimbursement by the insurer according to the sum insured and the loss suffered, hence in the general policy to ensure the hulls of the vessels it is pointed out that insurers will pay "the part of the damage received that we have to pay"[139].

The action of average must be exercised within six months after the date of signing the policy until after four years, in accordance with the deadlines set forth in the Compilation of Laws of the Indies, namely:

134 *Rec. Ind.*, Lib. IX, Tít. XXXIX, Ley. XXVII.

135 *Rec. Ind.*, Lib. IX, Tít. XXXIX, Ley. XXXVIII.

136 *Rec. Ind.*, Lib. IX, Tít. XXXIX, Ley. XXXXI.

137 See Basas Fernández, Manuel, *El Consulado de Burgos...*, p. 170.

138 *Rec. Ind.*, Lib. IX, Tít. XXXIX, Ley. XX. See also *Ordenanzas del Consulado de Sevilla* de 1556, num. 36.

139 *Rec. Ind.*, Lib. IX, Tít. XXXIX, Ley. LVI.

- Two years counted from the signature of the policy for the shipper or owner to notify the insurers of the loss or damage on the round trip.
- Two years, from the previous notification to present the security for collection[140].

Action of abandonment and relinquishment

This apparently originated at the end of the fifteenth century, "for a commercial use, which in cases of clear claims, tended to simplify the conditions of exercise by the insured of their right to compensation,..."[141], since it excents the obligation on the insured to prove the damage.

It consists of the insured leaving the remains of the insured things and all the rights he has over them to the insurer, with the burden of paying the insured sum in full in the time, place and corresponding form[142]. Relinquishment and abandonment differ in that the former resulted in a provisional payment made by the insurers to the insured until there was certainty on the loss of the insured good, abandonment to the contrary implies the transfer of ownership of the insured asset to the insurer[143].

Relinquishment was granted to the insured by the Compilation of laws of the Indies and in the Seville Consulate Ordinnances[144] in the following cases:

- When there is no news after one and a half years have passed since the departure and cargo of a vessel that has left on a voyage to and from the Indies[145].
- When there was loss or shipwreck of the ship or unloading of the goods because the ship is not able to navigate (in this case gold and silver can not be abandoned)[146].

140 *Rec. Ind.*, Lib. IX, Tít. XXXIX, Ley. XVIII. *Ordenanzas del Consulado de Sevilla* de 1556, num. 44.

141 García y Sanz, Arcadio, "El seguro marítimo..., p. 491.

142 Ros Biosca, José María, *Código de Comercio...*, p. 268.

143 See Carrasco González, Ma. Guadalupe, *Los instrumentos...*, p. 174.

144 See also *Ordenanzas del Consulado de Burgos* de 1572, nums. 64 y 65.

145 *Rec. Ind.*, Lib. IX, Tít. XXXIX, Ley. VIII. *Ordenanzas del Consulado de Sevilla* de 1556, num. 34.

146 *Rec. Ind.*, Lib. IX, Tít. XXXIX, Ley. XXIX. *Ordenanzas del Consulado de Sevilla* de 1556, num. 55. Also *Rec. Ind.*, Lib. IX, Tít. XXXIX, Ley. XXX. *Ordenanzas del Consulado de Sevilla* de 1556, num. 56.

It was also stated that when some person or persons got insured on behalf of another, they could get the insurance payment and exercise the action of abandonment without having the power to do so[147].

INVALIDITY AND TERMINATION

There are several causes for invalidity of the maritime insurance contract, which are:

Withdrawal, that can be requested by the insured at any time, having to pay the 0.5 % to the insurer of the amount of the assets that used to be insured. In the case of the insurer, when the insured does not make the payment of the corresponding premium in time.

As for invalidity, it operates:

- When the insured knows of the loss of the state and still contracts the insurance, being there a presumption that the insurer knew about the accident[148].
- When the freight, the artillery or the rigging of the ship are insured[149].
- By change of the route established in the policy.
- When the risk is not taken within two years of signing the policy[150].
- When the hull of the vessel is affected by a sea loan and secured by the total, it must be adjusted[151].
- When the insurance is for an amount greater than the value of the merchandise, the insurances of the last insurers are annulled[152].
- When the policy was not given in writing[153].

147 *Rec. Ind.*, Lib. IX, Tít. XXXIX, Ley. LVII. *Ordenanzas del Consulado de Sevilla* de 1556, fol. 85v.

148 *Rec. Ind.*, Lib. IX, Tít. XXXIX, Ley. VIII. *Ordenanzas del Consulado de Sevilla* de 1556, num. 33.

149 *Rec. Ind.*, Lib. IX, Tít. XXXIX, Ley. V. *Ordenanzas del Consulado de Sevilla* de 1556, num. 32; *Ordenanzas del Consulado de Burgos* de 1538, fol. XXXVIIIv.

150 *Rec. Ind.*, Lib. IX, Tít. XXXIX, Ley. XVII. *Ordenanzas del Consulado de Sevilla* de 1556, num. 43.

151 *Rec. Ind.*, Lib. IX, Tít. XXXIX, Ley. V. *Ordenanzas del Consulado de Sevilla* de 1556, num. 32.

152 *Rec. Ind.*, Lib. IX, Tít. XXXIX, Ley. XIX. *Ordenanzas del Consulado de Sevilla* de 1556, num. 45.

153 *Rec. Ind.*, Lib. IX, Tít. XXXIX, Ley. XXXIIII. *Ordenanzas del Consulado de Sevilla* de 1556, num. 60; *Ordenanzas del Consulado de Burgos* de 1538, fol. XXXVI; *Ordenanzas del Consulado de Burgos* de 1572, nums. 43 y 46.

- When the policy is not registered in the Royal Registry[154].
- When the policy was made on gold, silver or other merchandise and confiscated things[155] that were out of register[156].

The Bilbao Ordinances deal with maritime insurance in Chapter XXII. The insurance policies must be done before a notary or between the insured and insurers[157] themselves, with or without the intervention of a broker, "as they see fit". The Bilbao Ordinances regulate the mandatory content of insurance policies, assets that can be insured and their valuation, obligations of the parties, abandonment of insured goods, and cases of nullity, recession and modification of the Insurance Contract.

SEA LOANS AND INSURANCES IN THE XIX CENTURY MEXICO

On the independent Mexico (since September 27, 1821), the prohibitions on usurary loans contained in the Indies legislation reamined in place[158]. After many changes on the mexican legislation regarding usurary loans issued in 1833, 1839 and 1843, on March 16, 1861 all prohibitive laws of the usurer loan were abrogated, leaving the interest rate to the will of the parties[159]. This was influenced by the works of Bentham and Turgot through the work of Guillermo Prieto, who was in

154 *Rec. Ind.*, Lib. IX, Tít. XXXIX, Ley. XXXII. *Ordenanzas del Consulado de Sevilla* de 1556, num. 58; *Ordenanzas del Consulado de Burgos* de 1572, num. 43, debiendo registrar la póliza en el registro de los escfivanos de la Universidad.

155 Hevia Bolaños, Juan de, *Curia…*, p. 516.

156 *Ordenanzas del Consulado de Burgos* de 1538, fol. XXXVIIIv; *Ordenanzas del Consulado de Burgos* de 1572, num. 53. This action was taken in order to fight smugling.

157 *Ordenanzas de Bilbao*, Cap. XXII, Art. 2.

158 *Novísima Recopilación de leyes…*Señaladas igualmente en Borja Martínez, Manuel, "La usura en el Código de 1870", en *Jurídica, Anuario del Departamento de Derecho de la Universidad Iberoamericana.* Universidad Iberoamericana, Departamento de Derecho, México, num. 3, 1971, p. 231.

159 *Decreto del gobierno del 16 de marzo de 1861 por el que se derogan las leyes que prohíben el mutuo usurario*, en Manuel Dublán y José María Lozano, *Legislación mexicana o colección completa de las disposiciones legislativas expedidas desde la independencia de la república.* Ed. Oficial, Imprenta del Comercio, 1876, tomo 9, p. 124.

charge of the Treasury Ministry at that time, ideas that would last until the Civil Code of 1870[160]. The Civil Code of 1870 builds the theory of contract on the idea of absolute freedom for the parties regarding the form and content of the contract. The Code thus repudiates the idea of the intervention of the law in the determination of a maximum rate of interest in the credits. It is in two contracts that this position can be observed: the loan and the annuity contract which runs with the land (censo consignativo)[161].

As for the loan, the Civil Code of 1870 allows, in its article 2822, to stipulate interest in it, whether it consists of money, or in genders. The interest may be legal or conventional, the first is fixed by law and in any case will be six percent per year, the second is that which is fixed at the discretion of the contractors and may be higher or lower than the first[162].

In the preliminary recitals of the code, it was pointed out in regard to the loan contract that "when trade, agriculture and mining prosper, there will be an abundance of cash and interest will undoubtedly decrease even if the laws do not. This progress and the improvement of the mortgage system, are the most effective means to destroy usury... « and continues to point out that it adopted the base of six percent per annum » not only because it has always been in force in Mexico, but because a more constant and uniform experience has shown that neither rural nor urban farms can endure for a long time a higher interest[163].

The reaction of part of the Mexican doctrine to this position was immediate, particularly Francisco de Paula Ruanova in 1871 pointed out that "the legislators of our times, who rather than the public good are responsible for protecting a certain class of society, perhaps the most harmful to her, as is that of the usurers, have had no problem in repealing the wise laws that prevented usury despite having the conviction that this guarantee granted to usurers is to the detriment

---

160 Borja Martínez, Manuel, "La usura...," p. 237. On the Mexican codification process see Cruz Barney, Oscar, *La codificación en México*, México, Ed. Porrúa, Instituto de Investigaciones Jurídicas, UNAM, 2010.

161 Borja Martínez, Manuel, "La usura...," p. 238-239.

162 Arts. 2823 y 2824.

163 See *Exposición de los cuatro libros del Código Civil del Distrito Federal y territorio de Baja California, que hizo la comisión al presentar el proyecto al supremo gobierno*, p. 100.

of the whole society[164]. Other authors simply explain the figure of the loan with interest without further consideration[165].

The Civil Code of 1884 contains practically the same provisions with respect to the loan with interest and the *censo consignativo* as the previous one of 1870, leaving to the will of the parties the fixing of the conventional interest and setting at six percent the legal interest[166].

Finally, on the loan with interest Manuel Mateos Alarcon pointed out that "economic science has effectively destroyed the erroneous principles that estimated the payment of interest as contrary to equity and morality..."[167].

In mercantile matters, after the independence of Mexico, the Ordinances of the Consulates of Mexico, Veracruz, Guadalajara and Bilbao were constituted in the body of commerce laws that governed the country, except for the organization of the Consulate, since these were abolished by decree of 16 October 1824[168], and other topics[169]. Also de Commercial Code of Spain of 1829 and the French Commercial Code of 1807 were used by the tribunals to solve commercial matters[170]. Subsequently, on November 15, 1841, a decree on the organization of mercantile tribunals was issued, in which article 70 established that the mercantile courts whave to use in the decision of the business of its jurisdiction the Ordinances of Bilbao[171].

---

164 Paula Ruanova, Francisco de, *Lecciones de derecho civil. Formadas de las doctrinas de varios autores, y anotadas con el texto de todas las leyes respectivas.* Imp. de Narciso Bassols, Puebla, 1871, tomo 2, p. 39-40.

165 See Guerra, Raimundo, *Derecho del Código o sea El Código Civil del Distrito puesto en forma didáctica.* Imp. de J. M. Aguilar Ortíz, México, 1873, p. 325.

166 *Código Civil del Distrito Federal y Territorio de la Baja California.* Imprenta de Francisco Díaz de León, México, 1884, Arts. 2694-2700 y 3077.

167 Mateos Alarcón, Manuel, *Estudios sobre el Código Civil del Distrito Federal, promulgado en 1870, con anotaciones relativas á las reformas introducidas por el Código de 1884.* Imp. de Díaz de León y sucs., México, 1896, tomo V, p. 207-208.

168 See *Decreto del 16 de octubre de 1824, supresion de los consulados*, en Manuel Dublán y José María Lozano, *Legislación mexicana o colección completa de las disposiciones legislativas expedidas desde la independencia de la república.* Ed. Oficial, Imprenta del Comercio, 1876, tomo I, p. 788.

169 See *Decreto del gobierno del 26 de diciembre de 1843. Libros que ha de llevar todo comerciante, balance que ha de hacer, y se suprimern los artículos 8º, 9º y título 9º de las Ordenanzas de Bilbao*, en Manuel Dublán y José María Lozano, *Legislación mexicana...*, tomo 4, p. 705.

170 On the trade jurisdiction in México see Cruz Barney, Oscar, *Historia de la Jurisdicción Mercantil en México*, México, IIJ-UNAM, Universidad Panamericana, Porrúa, 2006.

171 *Decreto de organización de las juntas de fomento y tribunales mercantiles del 15 de noviembre de 1841*, en Manuel Dublán y José María Lozano, *Legislación mexicana...*, tomo 4, p. 51-76.

On May 16, 1854, the first Mexican Commercial Code was published, inspired mainly in the French Code of 1807, and in the Spanish of May 30, 1829, by Sáinz de Andino[172]. The Commercial Code of 1854[173], in dealing with maritime commerce closely follows the Spanish Code. This Code was in force until 1855[174]. Later it was put into force only during the Second Mexican Empire (1863-1867), and later during the Republic was in force in some states like Puebla and Mexico The second Mexican Commerce Code was the one of 20 of July of 1884[175], and was based on two previous projects developed in 1869 and 1880. This Commerce Code[176] deals with the sea loan contract in its Third Book and constitutes practically a transcription of Book Third, Title III, Second section of the Spanish Code of 1829.

The third Mexican Commercial Code was published on September 15, 1889 and entered into force on January 1, 1890[177], having as its fundamental source the Spanish Commerce Code of 1885. This Commercial Code of 1889 provides in article 794 a definition of the loan to maritime risk, which means "the one that, under any condition, the repayment of the amount borrowed and the prize agreed by him, depends on the happy arrival to port of the effects on which it is made, or of the sale value obtained in case of loss," a definition taken from article 719 of the Spanish Commercial Code of 1885.

---

172 *Código de Comercio Decretado, Sancionado y Promulgado en 30 de mayo de 1829.* Librería de Rosa, París, 1830.

173 *Código de Comercio de México.* Imprenta de José Mariano Lara, México, 1854. De ahora en adelante *C.1854.*

174 See Jorge Barrera Graf, « Codificación y descodificación mercantil en México », en *Estudios en homenaje a la Doctora Yolanda Frías.* IIJ, UNAM, México, 1991, p. 16.

175 Art. 72, fracción X de la *Constitución Federal de los Estados Unidos Mexicanos,* Jorge Barrera Graf, « Codificación…, » p. 16.

176 *Código de Comercio de los Estados Unidos Mexicanos,* Tipografía de Clarke y Macías, México, 1884.

177 *Código de Comercio de los Estados Unidos Mexicanos,* Tip. El Gran Libro de F. Parres y Comp., Sucs., México, 1889.

CONCLUSIONS

Sea loans and maritime insurance were two fundamental pieces for the development of commercial traffic between Spain and the Indies, arousing various concerns in the field of moral theology on the subject of usury. They are an example of the active participation of individuals in the development of the Indies trade and in the development of a broad credit and commercial market.

The consular and trade legislation reflected the wealth of the commercial practice of the time: Barcelona, Burgos, Bilbao, Seville, Mexico, Lima, Veracruz and others.

The survival of maritime insurance and risk provisions is clear in the nineteenth century in Mexico. The prohibitions on usurary loans contained in the Indies legislation reamined in place with some changes along the 19th century.

Oscar CRUZ BARNEY
Instituto de Investigaciones Jurídicas,
Universitad Nacional Autónoma
de México

WHY WE NEED A HISTORY OF COLLATERAL RIGHTS

The example of Antwerp (15th-16th century)

In 1596, the Antwerp printing shop of Christopher Plantin published the *Flandriae descriptio* by *Jacobus Marchantius*, Jacques Le Marchand[1]. This monograph is a history of the county of Flanders and also of other areas of the Southern Low Countries, in particular of the Duchy of Brabant. The author, a native of Furnes in Flanders, was jurist by training and historian in his pass-time[2]. Le Marchand describes the history, including the economic history of the mentioned regions, with an eye for legal details. In a few paragraphs it is explained, for example, that starting in the 1480s the commercial attractiveness of the city of Bruges dwindled and that groups of foreign merchants left the town and moved to the city of Antwerp[3]. This story is well known and was familiar to contemporaries as well. However, Le Marchand's statements on the causes of Bruges' demise are original. He attributed the emigration of Spanish merchants to the fact that the Antwerp legal regime regarding the priority of debts was much more beneficial than the rules that were applied in Bruges. In particular the status of the dowry mattered according to Le Marchand: he stressed that in Antwerp upon the insolvency of the husband the dowry had priority over all debts, even over older and express pledges and hypothecs. Since this *privilegium dotis* was absolute in Antwerp, merchants from Bruges were attracted by it, because the rule allowed them to shield their assets in the event of bankruptcy. If they construed their estate as their wife's property,

1 Le Marchand, Jacques, *Flandria commentariorum libres iiii descripta in quibus de Flandriae origine, commoditatibus, oppidinis, …*, Antwerp, Plantin, 1596.

2 Morery, Louis, *Le grand dictionnaire historique ou le mélange curieux de l'histoire sacrée et profane*, Amsterdam, Boom & Van Someren, 1694, vol. 3, p. 438.

3 *Flandria commentariorum libres iiii*, p. 127.

then at the event of persistent default their creditors would have no pledge for their debts and the debtors could remain in possession of their effects. Le Marchand qualified this as fraudulent behaviour, which it certainly was[4].

For the remainder of this story, the analysis of Le Marchand is less relevant–as will be seen it was correct only to some extent as well. More interesting is that at the end of the sixteenth century a legally educated author, having historical interests, considered one rule of the municipal law of Antwerp as having been a decisive factor in the rise of the city and that this norm related to collateral rights and the priority of debts at insolvency. According to the Antwerp municipal law of the early sixteenth century, not all debts were put on the same level. In cases of expropriation at which debts outweighed the available assets, debts were paid with proceeds coming from these assets, according to a legally imposed ranking[5]. Generally speaking, regulations on the order of payment of creditors may stipulate rules of distribution according to timing, on the basis of the origins of the debt or in terms of the nature of the document attesting to the debt (officially registered, notarial or private). A principle of both Roman (*prior tempore, potior iure*) and Germanic origins provided that creditors who claimed their debts first were given priority over those that did do so only later[6]. Over the course of the later Middle Ages, in priority rules the nature of the debt became more used as criterion. The high rank of the dowry is one example of this, but there were others, for example as regarding annuities, salaries and debts of alimony[7].

Le Marchand was right in valuing the importance of rules on collateral rights and priority of debts. This is not a common strand of thought in present-day economic and legal history. In accounts of the historical

4 *Flandria commentariorum libres iiii*, p. 127.

5 Antwerp City Archives (FelixArchief) (hereafter ACA), *Vierschaar* (hereafter V), 4 (2 June 1518). A critical edition of this bylaw is in De Ruysscher, Dave, "De ontwikkeling van het Antwerpse privaatrecht in de eerste helft van de zestiende eeuw. Uitgave van het *Gulden Boeck* (ca. 1510-ca. 1537), (ontwerpen van) ordonnanties (1496-ca. 1546), een rechtsboek (ca. 1541-ca. 1545) en proeven van hoofdstukken van de costuymen van 1548", *Handelingen van de Koninklijke Commissie voor de uitgave der Oude Wetten en Verordeningen van België* 54 (2013), p. 199-205.

6 For the Roman law, see Coing, Helmut, *Europäisches Privatrecht*, München, Beck, 1985, vol. 1.

7 Planitz, Hans, *Die Vermögensvollstreckung im deutschen mittelalterlichen Recht. Erster Band: Die Pfändung*, Leipzig, Wilhelm Engelmann, 1912, p. 291-304.

development of commercial law of the later Middle Ages and of the Early Modern period, legal historians have not often assessed the themes of collateral rights and priority of debts. Moreover, analysis in an integrated fashion, or from a comparative perspective, is absent. Whereas economic historians tend to consider the interactions between pledging, debt enforcement and insolvency proceedings[8], this is not the case for legal historians[9]. Legal-historical studies do not analyse the broader notion of collateral rights. With regard to security interests the focus has mostly been on conventional securities, say contractual pledges (pawns) and hypothecs. In spite of their contractual nature, they have been analysed mostly as legal institutes, as legal *Begriffe*[10]. Even when the municipal law was examined, this approach was predominant. Either Germanic principles were detected as being at the core of municipal rules, either such rules were conceived of as demonstrating high similarities with arrangements of Roman law (*pignus*)[11].

Foremost for the German territories legal historians have laid out procedures of *Pfandung* and others, which were started upon default[12]. The seizure, locking and expropriating of a debtor's effects were common proceedings that existed in all cities of late medieval and early modern Western Europe. Yet, as mentioned, the interferences with rules on priority of debts and the law of evidence have remained largely unexplored[13].

8 For example, Zuijderduijn, C. J., *Medieval Capital Markets. Markets for Renten, State Formation and Private Investment in Holland (1300-1550)*, Leiden, Brill, 2009, p. 111-137.

9 Legal scholars tend to emphasize the interconnectedness between the themes. See for example Dahan, Frédérique, *Research handbook on secured financing in commercial transactions*, Cheltenham, Edward Elgar, 2015, p. 25.

10 On this methodological approach, see Conte, Emanuele, "Droit médiéval: un débat historiographique italien", *Annales. Histoire, sciences sociales* 57 (2002), p. 1593-1613; Stolleis, Michael, *Rechtsgeschichte schreiben: Rekonstruktion, Erzählung, Fiktion?*, Basel, Schwabe, 2008, p. 22.

11 Both Wach and Planitz linked properties of late-medieval seizure and expropriation proceedings to Germanic concepts. Wach considered a Lombard approach of self-help as being at the origins of the *Arrestprozess* (executory expropriation proceedings). Planitz related the *Arrestprozess* to *Friedlosigkeit*. See Planitz, Hans, "Studien zur Geschichte des deutschen Arrestprozesses", *Zeitschrift der Savigny-Stiftung für Rechtsgeschichte. Germanistische Abteilung* 34 (1913), 49-140, 39 (1918) 223-308 and 40 (1919) 87-198; Wach, Adolf, *Der Arrestprozess in seiner geschichtlichen Entwicklung. Band 1: Der italienische Arrestprozess*, Leipzig, 1888.

12 See, besides the above mentioned monographs and journal article, also Briegleb, Hans Karl, *Über executorische Urkunden und Executivprozess*, Stuttgart, Liesching, 1845, 2 vols.; Kisch, Guido, *Der Deutsche Arrestprozess in seiner geschichtlichen Entwicklung*, Vienna, Tempsky, 1914.

13 See for example, Planitz, *Die Vermögensvollstreckung*, 292-293, where links to rules of priority and evidence are mentioned only briefly.

The distinctions between procedure and substantive law, between enforcement on the one hand and the contents of contracts and the nature of debts on the other are prevalent among legal historians. They are related to the divide between Romanist and Germanist legal history. The former focuses on doctrine and the latter on local law and legal practice[14]. The mentioned distinctions were also quite typical for the academically trained lawyers that wrote about Roman and municipal law in the sixteenth, seventeenth and eighteenth centuries. Even though local law and academic doctrine were increasingly studied together throughout the Early Modern Period, attention was still mostly directed towards the legal institutions that were found within source texts of Roman law and which could be identified in texts of municipal law. Conventional pledges were therefore a common theme; insolvency and seizure proceedings, and also legal hypothecs and priorities were not, also because for these themes the municipal laws were considered to be more idiosyncratic[15]. It is telling that Le Marchand's claim about the Antwerp *privilegium dotis* was not considered important enough for legal writers of the seventeenth and eighteenth centuries to be mentioned[16].

The legal regimes relating to debts and collateral rights must be studied from a broad perspective in order to capture the dynamic interplay between rules. Moreover, temporal shifts can be understood fully only when adopting this larger view. The Southern Low Countries, and the Duchy of Brabant in particular, can be taken as example. In Brabant, the authentication of debts, which was done by means of aldermen's letters, was still in the fourteenth century considered a necessary condition to execute the debt on the effects of the debtor. Private agreements, even if they were written down, were not regarded as sufficient to expropriate a non-cooperating debtor[17]. Of course, a proceeding of execution could be

14 E.g. Brissaud, Jacques, *Le créancier "premier saisissant" dans l'ancien droit français*, Paris, Presses universitaires de France, 1972.

15 A standard monograph was Peck's *De iure sistendi* (1564), which details the doctrinal rules on seizure and expropriation proceedings with few references to local law. See Peckius, Petrus, *Tractatus de iure sistendi et manuum iniectione*, Leuven, Bogard, 1564. Another example is Pieter Bort's *Tractaet van d'arresten* (1681), which refers to municipal law and procedural statutes and judgments of high courts, but which still relies heavily on doctrine. See Bort, Pieter, *Tractaet van d'arresten* in Bort, Pieter, *Alle de wercken…*, Leiden, Haaringh, 1702.

16 References can be found in Zoes, Hendrik, *Commentarius ad institutionum iuris civilis libros iv*, Leuven, Nempaeus, 1643, p. 676.

17 Debtors were invited to "assign a pledge". If they refused, formal execution proceedings had to be started by the creditor. See for an example of this, Strubbe, Egied, "Het

started, and authorisation by the city's administrators could be obtained upon the default, thus substituting the authentication of the debt[18]. But this was a lengthy process. Even for the enforcement of officialised debts, proceedings of expropriation were time-consuming, particularly when immovable properties had to be sold publicly[19]. This had to do with the so-called "*recht van naesting*", which were rights of pre-emption that were granted to relatives of the debtor. They were imposed in order to avoid that properties, and in particular immovable property, would migrate too easily from one family to another one[20].

Taking a broad view also invites for an assessment of the law of evidence. In Antwerp, aldermen's letters were thought of as sufficient evidence of the debts that were written down in them, whereas this was not the case for private contracts or other instruments such as acknowledgments of debt. For the most part of the fifteenth century, this rule applied, and it also concerned debts that were made at the city's fairs. There were two Brabantine fairs, held at Antwerp and Bergen-op-Zoom, during short periods of the year. These fairs were privileged, in the sense that merchants visiting the fairs were granted protection by the Duke of Brabant against apprehension or arrest of their belongings. But this did not mean that the debts of visitors of the fairs were considered as having higher legal validity than other debts. The law of evidence was closely linked to the law regarding the priority of debts. Private debts were put on the same level, which was after officialised debts that were inserted into aldermen's letters[21].

All this resulted in the strange effect that mercantile debt was foremost enforced by way of imprisonment. In fact, it was easier to have a

veertiende-eeuwsche oude rechtsboek van Vilvoorde", *Handelingen van de Koninklijke Commissie voor de uitgave der Oude Wetten en Verordeningen van België* 15 (1936) p. 80. On the proceeding of "*thoonpand*", see Godding, Philippe, *Le droit privé dans les Pays-Bas méridionaux du 12e au 18e siècle*, Brussels, Royal Academy, 1987, p. 515 (no. 870). For Antwerp, all this is evident in some sections of the *Keurboeck*, which is a compilation of municipal rules that had been extended from around 1390 onwards. These sections stipulate exceptions for hostellers to the general rule that the sequestering and dispossession of assets was not executed without a deed, if there was no cooperation of the debtor. See *Coutumes du pays et duché de Brabant : Quartier d'Anvers. Coutumes de la ville d'Anvers*, De Longé, Guillaume (ed.), vol. 1, Brussels, Gobbaerts, 1870, p. 20 (s. 53/3). See also p. 46 (s. 125).

18 *Coutumes du pays et duché de Brabant*, vol. 1, Brussels, Gobbaerts, 1870, p. 164-168 (s. 5-10).

19 ACA, V, 4 (14 May 1530). See also De Ruysscher, "De historische ontwikkeling", p. 214.

20 Godding, *Le droit privé*, 243-247.

21 ACA, *Privilegiekamer* (hereafter PK), 914, fol. 69r (24 November 1515).

debtor incarcerated than to have his merchandise locked or sold publicly; the bars to evidence default for imprisoning a defaulter were lower[22]. Imprisonment served to pressure the debtor to pay his debts. Moreover, the debtor could retrieve his freedom by transferring his estate to his creditors. This proceeding, which was called "abandonment", entailed that the prisoner appeared before the town's magistracy, that he bowed before the aldermen and showed the tail of his coat[23]. This was regarded upon as a defamatory ritual, which was aimed to prevent that debtors would go bankrupt too easily. It seems that in the fifteenth century such an "abandonment" meant that the applicant temporarily lost his rights of citizenship, which were required to be member of corporations for example. The rise in importance of imprisonment also had to do with changes in the economic constellation of the city. It is likely that in the first decades of the 1400s, the rigid Antwerp rules on evidence and priority of debts were circumvented to a large extent by drawing on the cooperation of hostellers and–to a lesser extent–money changers. Hostellers often brokered deals and operated on behalf of their clients[24]. Storage and depositing could be combined. It is most probable that hostellers often stood surety for their guests' debts or that the properties of the latter were presented as collateral[25]. Money changers were active in large numbers in the first decades of the 1400s, and some of them maybe engaged as agent and cashier for their customers[26]. The growing numbers of foreign merchants at the Antwerp fairs, the presence of more and more business agents in Antwerp, and the concentration of so-called nations of foreign entrepreneurs in residential compounds in the city all may explain why hostellers became gradually less important from

22 It seems that the aldermen of Antwerp did not restrict apprehensions and imprisonments of merchants too much. There are no traces of preliminary authorisation.

23 Van der Tannerijen, Willem, *Boec van der loopender practijken der raidtcameren van Brabant*, Strubbe, Egied (ed.), Brussels, CAD, 1952, vol. 2, 262-263.

24 See "Oudt Register metten Berderen", *Antwerpsch Archievenblad*, 1st series, 29 (s.d.), 203-207, at 204 (27 January 1438 ns). See also Dilis, Emiel, *Les courtiers anversois sous l'ancien régime*, Antwerp, Van Hille-De Backer, 1910, p. 16-22 and p. 124-128.

25 "Oudt Register metten Berderen", *Antwerpsch Archievenblad*, 1st series, 29 (s.d.), p. 62 (23 March 1436 ns). In this aldermen's letter, a hosteller was appointed as surety for the debt. There is no trace of a general rule, but it can be assumed that many hostellers offered this service.

26 Aerts, Erik, "The absence of public exchange banks in medieval and early modern Flanders and Brabant (1400-1800): a historical anomaly to be explained", *Financial History Review* 18 (2011), p. 94-98.

around mid-century. It is clear from the ledgers of aldermen's letters from around 1460 that over the course of the subsequent years more and more of these registered documents related to mercantile debts that had been negotiated at the fairs. Equally clear is the generalisation of a clause of collateral, allowing for rights on assets and the debtor himself ("*obligat se et sua*"), in these aldermen's letters[27].

In the 1460s and 1470s direct access, upon default, to the debtor's assets was not considered possible, even if the registered debt contained a clause of collateral. The proceeding of execution had to be started, even if the debt had been written into an aldermen's letter. This meant that the public sale of the assets could last and generally the waiting period of one year was applied in order to warrant the rights of preemption of relatives. Moreover, seizure of assets had to authorised by the aldermen; the official nature of the debt did not procure rights of direct sequestration. This was still the case in the 1470s.

In the 1480s and 1490s this changed. The reasons for this were threefold. First there was the extension of competence by one officer of the Duke, the *amman*. Second, the emergence of a secondary market of bills obligatory. Third, circumstances of war. The first reason was the incremental extension of powers of the *amman*. As from the 1460s onwards, the *amman*–who was one of the representatives of the duke of Brabant in Antwerp–was considered the only official competent for seizures in Antwerp[28]. The revenue coming from organising attachments and public sales most probably provided an incentive for officers to widen

27 Near the end of the 1460s, nearly all aldermen's letters for mercantile debts contained the clause "*obligat se et sua*". This clause stipulated that all assets and also the person of the debtor could be seized in case of default. See ACA, *Schepenregisters* (hereinafter SR), 69 (1465-66, containing at least six letters without collateral, both in and outside the privileged period surrounding the fairs: fol. 44v (5 August 1465), fol. 46v (17 August 1465), fol. 83r (17 October 1465), fol. 182r (3 January 1466 ns), fol. 192v (12 October 1465) and fol. 193v. (10 November 1465). In the ledger of 1469-1470, no such letters could be found and all mercantile letters had the clause "*obligat se et sua*". See ACA, SR, 76, fol. 26v (6 June 1469), fol. 28r (8 June 1469), fol. 34v (23 June 1469), fol. 129r (28 March 1470 ns), fol. 323r (11 March 1470 ns) and fol. 367r (13 February 1470 ns).

28 ACA, V, 1231, fol. 220r-v (21 May 1493, the assets were kept with the amman). The delegation of this matter to one officer was due to the rising numbers of attachments. In the 1460s, the amman and two aldermen monitored the exceptional seizure of assets. See ACA, SR, 69, fol. 520r (29 November 1465). Before that time, at least until the early 1440s, liquidations and the distribution of proceeds from public sales did not involve the amman. See, for example, "Het 2de Oudt Register", *Antwerpsch Archievenblad*, vol. 30 (s.d.) p. 31-32 (13 January 1442 ns).

the scope of their competences. In the 1480s seizure proceedings were no longer exceptional.

The second cause concerned the frequent use of bills obligatory. It seems that the clause that was added to acknowledgments of debt that were registered by the Antwerp aldermen evolved from a conventional provision to an assumed provision; even when the contract or document did not provide it, it was thought that the clause of collateral applied. Furthermore, this came to be applied to private agreements and documents as well. In the 1490s and 1500s, the clause of collateral was already used in IOUs (acknowledgments of debt) that were written in Antwerp. In the 1490s, it was already considered fixed law that a bill obligatory containing a bearer clause was transferable[29]. The document could pass from one creditor to the next, the latter deduced powers of attorney from the bearer clause and the debtor could not refuse payment to the bearer. The negotiability of the instrument grew out of this practice of circulation; in 1507 it was decided that passing on an IOU containing a bearer clause was an "assignment", *assignatie*, which entailed recourse liability (the holder of the paper could claim the debt not only from the debtor, but also from the one who had given him the document if the debtor defaulted or refused to pay)[30]. Moreover, the clause of collateral could be general; in 1507 the aldermen of Antwerp certified that such a clause affected immovable property of the debtor, even if it had not been identified in detail in the clause[31].

But before this happened, another crucial step towards collateralisation and easy seizure proceedings had been taken; debts were framed as pertaining to a "crime", which meant that the municipal officials could more easily interfere with the ownership rights of defaulters. When the default was defined as criminal, then the collateral clause in an aldermen's letter sufficed for sequestering and freezing assets of the debtor. Remember that this locking had not been possible before, except after a lengthy proceeding. The circumstances of war in the 1480s provided ample opportunities in this respect. Attachments were explained as a measure of reprisal, for example, against merchants of the *nations* that

29 Van der Tannerijen, *Boec van der loopender practijken der raidtcameren van Brabant*, vol. 1, p. 59-60.

30 ACA, V, 68, fol. 13r (7 June 1507).

31 ACA, V, 68, fol. 23v (1 December 1507).

had supported the Flemish rebellion against the Burgundian house[32]. Gradually the limits were expanded and the protections provided during the fair were weakened. Merchandise that had been stolen but was relocated could be attached, even if no deed of the aldermen was presented[33]. The Antwerp court records, which exist for the late 1480s and early 1490s, are teeming with cases in which debts were enforced on the basis of arguments of crime.

The above-mentioned incremental extension of implied collateral rights was never formally announced or enacted in a legal text. The result of the mentioned developments was that debts, even when they were informal and private, could be the basis for seizure proceedings. In 1493, attachments were laid in Antwerp without submittal of a deed for the first time, and without framing the default as criminal[34]; in other words, default *per se* and even for informal debts, had become a sufficient ground for the locking of assets[35]. This was a regime of general collateral, of common pledge: it was thought that for all defaulted debts seizure proceedings were allowed. Any debtor was considered to pledge all his assets for the payment of his dues. Another consequence of this was that seizure proceedings became the main method of enforcing debts. Imprisonments dwindled, because they were indirect tools of securing the assets of a debtor (who was *de facto* forced to abandon his estate). The regime of general collateral was thus a consequence of exceptional circumstances, of mercantile innovations (the negotiability

32 ACA, V, 1231, fol. 9r (23 December 1488), fol. 41r-v (20 October 1489). For another example of a seizure of merchandise in Antwerp as a measure of reprisal, see Slootmans, C.J.F., *Paas- en Koudemarkten te Bergen op Zoom 1365-1565*, Tilburg, Stichting Zuidelijk historisch contact, 1985, vol. 1, 50 (April-May 1480).

33 ACA, V, 1231, fol. 7r-v (9 December 1488), fol. 19r (9 April 1490 ns).

34 ACA, V, 1231, fol. 212r (22 March 1493 ns, in this judgment of the municipal court the attachment is grounded with the general phrase "because of certain actions", whereas before explicit mention was made of the deeds justifying sequestering the assets), and fol. 220r-v (21 May 1493; this is the first judgment in which attachment was laid without mention of justification).

35 At first, the Council of Brabant strictly interpreted the "freedom of the market". In two verdicts, of 1489 and 1494, it blocked framing seizure as a measure to prevent criminal behaviour. In the second case, a Spanish merchant had apprehended a Dutch debtor and underpinned his action with the argument that the debtor was "fugitive" since he had hopped from fair to fair in order to profit from the freedom of the market. See Slootmans, *Paas- en koudemarkten*, vol. 1, 76. In the 1489 lawsuit, a Venetian merchant threatened to seize a ship and cargo. In both cases, the creditors' actions were dismissed as going against the 'freedom of the fair'. See Slootmans, *Paas- en koudemarkten*, vol. 1, 75-80.

of IOUs), but also of strife between the ducal official and the aldermen (who handed out the aldermen's letters and oversaw court proceedings, and who considered that this was their monopoly). This analysis yields arguments against views that consider mercantile innovation as the sole catalyst of legal change[36], or against theses that municipal administrators captured optimal solutions when being confronted with the demands of merchants[37].

The latter is very clear in the hesitation and confusion regarding the priority of debts. In the first years of the 1500s, arguments concerning general collateral were raised before the Antwerp aldermen-judges. Some litigants claimed that explicit collateral had to be provided in the contract in order to establish rights over assets when the debt became due[38]. Others argued that seizure proceedings were not possible; the locking of assets could according to some be imposed only after the delay of one year. But these were old rules. As was the case in many sixteenth-century towns, debates in court were about conflicting rules, of older municipal law and contemporary legal doctrine. The growing infiltration of academic law had an important part in discussions over whether clauses of collateral in private documents, in particular in IOUs, had the effect of creating priorities. The magistracy of Antwerp was hesitant; but after a while the mounting influence of academic law facilitated the distinction between personal and real claims as well. In 1507, it had been decided that the general clause of collateral brought about real-right effects, which made the creditor of an IOU containing the clause a competitor of the creditor with a hypothec. In 1562, however, the Antwerp aldermen stated in detail that the claim of the creditor of an IOU was only a personal one, which did not affect the property of the debtor, and that hypothecs had priority[39]. This came after a period of several decades of uncertainty. In June 1518, a municipal

36 Piergiovanni, Vito, "Courts and Commercial Law at the Beginning of the Modern Age" in Piergiovanni, Vito (ed.), *The Courts and the Development of Commercial Law*, Berlin, Duncker & Humblot, 1987, p. 19-21; Piergiovanni, Vito, "Derecho mercantil y tradición romanistica entre medievo y edad moderna. Ejemplos y consideraciones" in Petit, Carlos (ed.), *Del* ius mercatorum *al derecho mercantil*, Madrid, Marcial Pons, 1997, p. 89-90.

37 Gelderblom, Oscar, *Cities of Commerce. The Institutional Foundations of International Trade in the Low Countries, 1250-1650*, Princeton, Princeton University Press, 2013.

38 ACA, V, 68, fol. 23v (1 December 1507).

39 ACA, V, 69, fol. 167 r-v (21 August 1562).

bylaw listing the priority of debts had been issued[40]. It provided that hypothecs preceded over private debts, but it was unclear what was the position of IOUs containing a clause of collateral. Could collateralised IOUs be considered a hypothec? The confusion lasted. In the early 1520s, the rule as established in 1507 was inserted into a compilation of rules applying in Antwerp, which was called the Golden Book. One manuscript, dating from the early 1530s, does not mention this rule[41]. But it reappeared in another manuscript dating from the early 1540s[42]. Another example of doubts concerned the dowry. In the 1510s, it was to be paid after the debts of lease and salaries, but it had priority over conventional hypothecs. But around 1523 the rule changed; absolute priority of the dowry was imposed[43], the rule to which Le Marchand referred. This was the complete opposite of what had been provided in 1495: back then the rule was that the widow could only claim her dowry after all creditors had been paid[44].

One of the reasons of the lasting problems was that the aldermen competed with notaries and merchants over the authority of documents. At the end of the fifteenth century, several apostolic notaries were working in Antwerp and foreign merchants made use of their services[45]. The legal validity and evidential value of notarial deeds became a legal issue. In 1515, the aldermen issued a bylaw that defined notarial deeds as having full evidential value, as a "*probatio plena*", but only if they concerned ecclesiastical matters (marriage contracts, wills); otherwise they had to be confirmed with an oath[46]. But in the course of the 1520s and 1530s, this was not applied anymore; in the Antwerp court notarial deeds were considered sufficient evidence of debts, and this was also the case for private documents.

Around mid-century, certainty was achieved. The priority of debts was settled; hypothecs preceded over private debt, the dowry came after

40 See footnote 5.

41 De Ruysscher, "De ontwikkeling", 132-133.

42 De Ruysscher, "De ontwikkeling", 293.

43 ACA, V, 68, fol. 45v (between March 1523 and January 1526), fol. 63r (2 June 1526), and fol. 83v (22 July 1529).

44 ACA, V, 68, fol. 5v (24 March 1495 ns).

45 M. Oosterbosch, *Het openbare notariaat in Antwerpen tijdens de late middeleeuwen (1314-1531), Een institutionele en prosopografische studie in Europees perspectief*, unpublished PhD-dissertation KU Leuven, 1992.

46 ACA, PK, 914, fol. 69r (24 November 1515).

debts of lease but before wages; private documents had full evidential value, as was the case for notarial deeds, but they did not encompass real rights, which made that they were paid after hypothecs[47]. Since all hypothecs had to registered with the aldermen, the latter preserved their earlier competences, but only with regard to immovable collateral.

The Antwerp case demonstrates that rules of commercial law were crafted in response to diverse and connected phenomena. Lawmakers took into account the needs and demands of merchants, but also strife among groups of professionals and city leaders was responsible for legal change. The legal regime concerning collateral rights proved a challenge for the Antwerp administrators. Le Marchand was right in saying that in Antwerp the dowry was at one point considered a superpriority, but this was only during the period 1523-1530. Yet, in spite of this, Le Marchand's analysis as pointing to collateral rights as crucial features of municipal legal constellations can be taken on as an invitation to analyse collateral rights and priority of debts as a fundamental part of the political economy of late-medieval and early modern cities of trade. For that purpose, the perspective must be broad, with an eye on the interactions between different arrangements and proceedings.

Dave DE RUYSSCHER
Tilburg Universty
et Vrije Universiteit Brusel

47 *Coutumes*, vol. 1, p. 172 (s. 14-15).

CONCLUSIONS GÉNÉRALES

L'économie sans travail, ou le mirage du Pays de Cocagne

FIG. 1 – Pieter van der Heyden (attribué à), d'après Pieter Bruegel (I)
Le Pays de Cocagne, seconde moitié du XVIe siècle,
gravure Rijksmuseum, Amsterdam.

La représentation sans doute la plus connue du Pays de Cocagne est celle de Bruegel l'Ancien, datant de 1567, dont l'adaptation un peu postérieure par le graveur Pieter van der Heyden avait déjà à l'époque assuré la circulation dans différents milieux sociaux. Cette représentation s'inscrit dans une longue tradition folklorique et subversive du rêve d'une utopie de surabondance apparemment obtenue sans le moindre effort, voire d'un « paradis perdu ». Dans différents pays de la civilisation occidentale, la tradition populaire et littéraire a produit et constamment renouvelé les fables d'un *Schlaraffenland, Luilekkerland*... dont on reconnaît déjà les premières ébauches dans l'ancienne Grèce. À travers les nombreuses variations sur ce thème utopique, le message n'est pas univoque, entre part de rêve d'un monde sans privations où l'accès aux bons mets et boissons est libre et illimité, et la censure morale de l'illusion qu'un tel état puisse être atteint par l'oisiveté. La caricature d'une économie sans travail traverse toutes les époques et les genres de la créativité artistique : que l'on songe, au XXe siècle, au duo de la terre et des coupons dans l'opérette *Ta Bouche* de Maurice Yvain.

Bruegel nous montre trois personnages couchés sur le sol, repus et assoupis, entourés d'un monde évoquant cette autre image du folklore, la *Tischchen-deck-dich* que la robotique domestique (nouvel avatar de l'illusion d'une économie sans travail) s'efforce encore de nos jours d'émuler. Tout l'arsenal d'une fête de village flamande – que les Bruegel et d'autres se sont souvent plu à représenter – s'y retrouve : haies de saucisses, volaille et cochons prêts à manger, maisons dont les tuiles sont des flans, pichets et flasques de breuvages à volonté... Mais là où les fêtes de village ou de mariage débordent de vitalité sociale, les trois personnages au centre du pays de Cocagne excellent par leur inaction. Pourtant, le peintre incite le spectateur à y reconnaître les trois états de la société : un paysan, un soldat et un clerc que l'artiste prudent n'a pas représenté comme un membre du clergé, mais plutôt comme un clerc version séculière, c'est-à-dire un lettré, fonctionnaire ou universitaire. Chacun a près de lui les outils de son métier : un fléau pour le laboureur, l'armure et la lance pour l'homme de guerre, un document et un livre pour l'intellectuel.

Alors que le recueil des actes reprenant l'essentiel des contributions présentées aux quatre colloques ayant articulé le projet de recherche d'une « économie sans travail » est introduit par une évocation d'une économie contemporaine très présente mais invisible, qu'il soit permis de conclure par cette représentation bruegelienne où le travail est invisible, mais néanmoins très présent.

Au loin déjà, au-delà de la mer, se dessine la silhouette d'une grande ville – rien ne permet de croire que cette cité fasse partie du pays de Cocagne, où il faut se frayer un chemin, pour y parvenir, à travers une riche pâte de cuisinier. Or, la ville, c'est l'industrie, le commerce, la société où le temps, c'est de l'argent, et ou même l'argent doit travailler – loin de l'inertie et de l'insouciance qui domine la scène principale du tableau. En mer, on voit voguer des navires, à une époque où on peut présumer qu'il ne s'agit pas d'une navigation de plaisance. Toute cette lointaine évocation d'un monde en effervescence ne peut que renforcer le sentiment d'engourdissement qui va bientôt envahir celle ou celui qui s'engage dans la scène de l'avant-plan.

Pourtant, dans ce monde inversé, où nul ne travaille mais tous s'adonnent à une consommation égalitaire quel que soit leur rang social, le travail est bien présent, mais en creux. On vient de le voir, chacun des trois personnages au centre de l'inaction est pourvu des instruments de son occupation, désormais inutiles et inutilisés. Faut-il dès lors reconnaître dans cette scène une sorte de juste rétribution méritée par ces personnages au terme de leurs efforts ? Le pays des délices n'est-il que la destination péniblement atteinte comme le sont les légitimes récompenses que les plus agiles et les plus persévérants cueilleront au sommet d'un mât de cocagne ? La finalité de la cité se résumerait-elle à une société où tous trouvent ce repos rassasié ? La question évoque plutôt le procédé rhétorique d'une inversion morale qui critique ou du moins se moque de l'illusion qu'un tel état soit envisageable ou souhaitable.

La corne d'abondance ne signifierait donc pas une rétribution pour le travail accompli. Néanmoins, en amont, il est évident que la scène suggère une chaîne complexe de travaux – à moins de ne se placer en-dehors du monde réel (celui de l'arrière-fond ?) et de ne situer l'idylle des trois hommes dans un monde fabuleux et magique. Ainsi, toute la besogne des « petites mains » nécessaire pour vêtir et équiper les trois personnages, de la production des matières premières à leur finition. De même, tout le travail à effectuer pour élever la basse-cour et cultiver les plantes qui produiront les aliments, et ensuite pour les préparer. En effet, si tous les membres des différents ordres de la société s'adonnent à la consommation sans rien produire, quels sont les agents qui assurent le travail de la production ? En somme, on ne voit que trop clairement ce que l'artiste ne nous montre pas : toute une économie du travail qui soutient la paix sociale et l'état de providence du Pays de Cocagne.

Le tableau de Bruegel évoque une société de consommation permanente, ou du moins de consommation en permanence renouvelée. L'offre n'est jamais défaillante à la demande, elle crée ou encourage même sans cesse la demande. Cette permanence semble ignorer les processus cycliques et les distorsions ou crises récurrentes qui caractérisent l'économie : celle-ci s'inscrit dans la dynamique du temps, et elle est par conséquent toujours envisagée – par rétrospection ou anticipation – dans une perspective historique. Ici, en revanche, le temps s'est arrêté et nous assistons réellement à la fin de l'histoire. C'est le moment de revenir un instant sur le thème de ces tableaux de fêtes villageoises que les Bruegel et d'autres artistes ont souvent repris. La danse le jour d'une festivité, le banquet à l'occasion d'un mariage : ces instantanés débordent de mouvement et d'animation, où le temps court à toute vitesse, contrairement à l'atonie du Pays de Cocagne. Les fêtes sont ces brefs moments de relâchement qui scandent la vie quotidienne des labeurs. L'abondance disponible le temps de la fête a été depuis longtemps rigoureusement planifiée, méticuleusement conservée en préparation du grand jour. Après, il faudra reprendre tout le processus d'élevage, de cultivation et de préparations pour reconstituer les réserves. Tout de même, on peut déceler quelque similarité culturelle entre la Cocagne et le village un jour de fête. Le cadre du Pays de Cocagne est rural, les produits et préparations dont se gavent les personnages sont essentiellement les mêmes que ceux que l'on reconnaît aux fêtes paysannes. On ne se trouve pas dans l'environnement urbain de ces bourgeois et négociants aisés qui apparaissent dès la fin du moyen âge dans notre tradition picturale, où l'artiste a inclus des objets et denrées exotiques. L'abondance du Pays de Cocagne est une profusion finalement très populaire, provenant du terroir local, dont ni la provenance, ni la finition n'évoque le commerce et l'économie de produits de luxe ou d'importation. Indépendamment du travail invisible, l'économie y est apparemment autarcique, entièrement soutenue par ses richesses naturelles.

Tout à l'opposé, le projet d'une « économie du travail » entraîne le lecteur dans la majorité des contributions dans un monde foisonnant d'activités professionnelles souvent hautement qualifiées et spécialisées, dont les acteurs sont des marchands, banquiers, agents de change courtiers, navigateurs… mais rarement issus de la population paysanne. Quant à la petite noblesse et aux professions intellectuelles, elles n'apparaissent le plus souvent que dans la mesure où elles interviennent en tant qu'investisseurs ou auxiliaires des opérations financières. Pour retrouver le fil conducteur d'une économie fonctionnant sans base de travail, il faudrait semble-t-il concevoir et définir le travail d'une manière excessivement restrictive.

Sans doute une telle approche restrictive peut-elle se prévaloir d'une justification historique. On retrouve jusqu'au droit du travail aujourd'hui dans certains systèmes encore une différenciation entre un travail manuel et une occupation rémunérée qui serait davantage gouvernée par les facultés intellectuelles, le travail manuel ayant souvent été moins valorisé, voire considéré comme une activité vile, interdite à certaines classes sociales. Cependant, une telle discrimination est loin d'être univoque dans la tradition occidentale. Néanmoins, le grand nombre de contributions dans ce projet où il est question d'activités commerciales, de participations dans une société, d'interventions d'intermédiaires, d'opérations bancaires, de crédit, d'assurance et autres services financiers pourrait faire croire, à tort certainement, que toutes ces activités ne relèveraient pas d'une économie du travail. D'autres auteurs cherchent refuge dans les opérations de crédit, où le thème de l'intérêt qu'une partie obtient pour la mise à disposition, selon des modalités plus ou moins complexes, d'un capital, semblerait correspondre parfaitement à un rouage essentiel de l'économie que le bailleur de fonds fournirait sans apport de travail. Dans ce cas, c'est sans doute la notion de capital qui est également conçue de manière excessivement restrictive. Après tout, le titulaire du patrimoine ou capital est le successeur et ayant droit d'agents qui ont constitué et consolidé ce patrimoine. Leur activité, licite ou non, paisible ou violente, moralement méritoire ou répréhensible, a représenté une forme de travail, dont le capital est la cristallisation. En amont du prêteur, de l'usurier, du rentier… il y a le produit d'un travail, aussi invisible peut-être que sur le tableau de Bruegel, mais non moins indispensable. Force est de constater une certaine frilosité de plusieurs historiens du droit lorsqu'il s'agit de reconnaître la part du travail qu'implique toute opération financière ou insertion d'un capital dans la vie économique : comme si aux anciens préjugés moraux et religieux s'était substituée à notre époque une réticence scientifique à reconnaître la mise en valeur de ces expertises et actifs dans un but lucratif.

Les organisateurs du projet ont bien saisi cette difficulté. Dans leur introduction, ils avertissent d'emblée le lecteur que sous la bannière de l'« économie sans travail », ils ont entendu mobiliser des contributions consacrées aux « opérations financières qui ne rémunèrent *directement* ni le travail humain ni l'échange d'un bien » (italiques ajoutées). Dans un recueil comprenant en majorité des contributions d'histoire du droit, l'avertissement est de taille, car s'il s'agit de rémunérations indirectes, la voie est grande ouverte aux constructions complexes de ventes simulées, triples contrats, et distinctions juridico-théologiques de l'intérêt selon sa cause ou sa finalité, ou de la qualification du risque ou inconvénient que cet intérêt est censé couvrir.

Mais la « provocation » d'une économie sans travail étant ainsi désamorcée, qu'en restait-il du fil directeur du projet ? Comme toujours en histoire du droit, les conflits d'intérêts viennent ici à la rescousse. Qu'il s'agisse d'un bailleur de fonds et de l'emprunteur, du commanditaire et du commandité, de l'assureur et de l'assuré, ou d'une construction triangulaire comprenant un intermédiaire, chaque partie a son intérêt propre. La bonne marche des affaires, l'issue heureuse d'une entreprise particulière ou une conjoncture favorable peuvent atténuer ces divergences d'intérêts, mais à la moindre crise – et ce recueil rappelle combien les crises sont récurrentes dans les marchés financiers –, le conflit d'intérêt se durcit et peut mener au litige. Le rôle du crédit dans l'économie est par ailleurs tel que la défaillance d'une entreprise ou d'un secteur peut entraîner une crise sociale et politique, et relève dès lors davantage de la sphère du droit économique public que d'un droit des affaires ou commercial conçu comme une branche du droit privé n'affectant que les particuliers. Aussi, l'étude historique des opérations financières sur la longue durée permet de retracer au fil des contributions individuelles comment ces conflits sont gérés : tantôt par des mécanismes autorégulateurs des participants aux opérations concernées, tantôt par l'intervention en amont des pouvoirs publics, tantôt encore en aval à travers différentes formes de résolution des conflits. Ces formes de gouvernance privée et publique sont parfois accompagnées de l'intervention des acteurs professionnels du droit, que ce soit dans le cadre de la pratique judiciaire, ou par un apport relevant de la doctrine juridique.

Plusieurs contributions insistent sur la nécessité du crédit – notion-clé de la plupart des opérations financières envisagées – dans l'économie occidentale dès le second Moyen Âge. Ce crédit caractérise initialement les rapports entre particuliers, mais les pouvoirs publics prennent le relais dès que les gouvernants réalisent que ces rapports peuvent être parfois à l'origine de désordres sociaux, en revanche le plus souvent aussi un levier de ressources pour les autorités. Ainsi, la gouvernance d'entreprise et la gouvernance publique vont partiellement s'imbriquer, mais selon des modalités très différentes d'une époque à l'autre, et d'un ordre politique à l'autre. Les contributions offrent plusieurs illustrations de l'ambiguïté qui a pu caractériser ces deux gouvernances, oscillant entre l'optimisation des profits et la nécessité de s'en tenir à certains garde-fous. Ainsi, la gouvernance publique qui entend maintenir sa légitimité doit combiner l'efficacité de sa politique et la justice de ses choix politiques en amont. La « bonne gouvernance » qui constitue dans la tradition occidentale le principal critère général de l'exercice légitime du pouvoir politique reconnaît dans les opérations financières un élément essentiel pour assurer l'efficacité de son action, mais la recherche de cette efficacité est balisée par des considérations de justice, et l'ensemble par des considérations d'ordre public et de moralité. Ces notions quelque peu abstraites sont concrétisées par la définition de l'intérêt général, qui à travers différents régimes politiques depuis le Moyen Âge, est établi par le souverain (conçu comme une personne physique ou un corps institutionnel), par la pratique des acteurs concernés, mais aussi par des acteurs externes qui ont pu être, au fil des siècles, les théologiens, les juristes, les représentants des sciences politiques et sociales.

Cet encadrement idéologique et moralisateur est vraisemblablement la source historique la plus convaincante d'un discours de montages économiques dénoncés en raison d'une prétendue absence de travail. La disqualification de diverses occupations s'est faite au cours de siècles selon des critères différents. Dans l'Antiquité et au Moyen Âge (jusqu'au XIXe siècle si l'on tient compte des sociétés occidentales d'outre-mer), la notion de travail était fortement liée à une classification sociale – voire à une déclassification, comme dans les sociétés où l'économie dépendait en partie de l'esclavage ou d'autres états de servilité – et il est à cet égard significatif que l'essor de l'artisanat et du commerce a nécessité un ajustement du concept du tiers état. Un autre critère, déjà évoqué, fut celui d'une conception restrictive du travail, envisagé comme travail manuel ou du moins insuffisamment détaché des préoccupations immédiates de ce monde. Plusieurs études mettent aussi en évidence l'absence de travail conçu comme pêché, une oisiveté aggravée par l'avarice ou la cupidité, qui s'oppose alors à l'idéal et au devoir de charité. Enfin, le discours moralisateur est parfois implicite dans les analyses et jugements des juristes lorsqu'ils condamnent certaines pratiques comme étant inéquitables ou moralement répréhensibles (ainsi, par exemple, lorsqu'en 1673, la faculté de droit de Francfort sur l'Oder se prononça contre les sociétés où un sociétaire profiterait des bénéfices, sans supporter les charges et obligations ; le développement de la baraterie dans la doctrine et pratique des assurances maritimes comprend également, par la portée donnée aux concepts de fraude et de faute ou négligence, une connotation morale). Paradoxalement, le travail peu valorisé était néanmoins devenu un critère pour invalider, en son absence, des opérations de crédit. De toute façon, le type d'occupation censée adéquate pour justifier le crédit a toujours été une construction idéologique controversée. Les discours scientifiques et officiels n'ont par ailleurs pas toujours été cohérents. Après que le référentiel religieux ait été rejeté par les Lumières et abandonné par le positivisme du XIXe siècle, les désordres issus d'une libéralisation des opérations de crédit inspireront de nouvelles formes de rigorisme. Le présent recueil souligne l'importance, encore aux Temps Modernes, des débats idéologiques, mais également combien les césures doctrinales se retrouvaient dans différents camps. Contrairement à une historiographie longtemps prévalente (et apparemment encore largement prévalente dans l'historiographie française du droit), le rapprochement des doctrines théologiques s'intéressant au droit avec les doctrines juridiques sur le crédit démontre qu'une analyse soutenant le capitalisme moderne et sa dépendance de différentes formes de crédit plus ou moins spéculatifs pouvait fort bien être défendu par des théologiens à l'avant-garde de la Contre-Réforme (comme dans le cas de Lessius), tandis que ces mêmes positions pouvaient être farouchement condamnées dans le camp protestant, pourtant souvent supposé plus favorable aux techniques du commerce moderne (ainsi, dans les thèses développées par Musculus). Du côté catholique, une réaction plus rigoriste contre les thèses de théologiens favorables s'est dessinée dans le courant janséniste, dont la justification à travers une notion religieuse d'amour-propre a pu être récupérée et réagencée par les théories libérales dans un contexte exclusivement séculier. La sécularisation n'a toutefois pas bouleversé aussi fondamentalement l'héritage de siècles de préjugés à l'encontre du crédit, et n'a pas été le seul facteur de changement. La conception même du travail, au Moyen Âge et aux Temps Modernes encore tributaire des idéologies de la noblesse et du clergé, a été profondément modifiée par la Révolution Industrielle et la mécanisation d'une main d'œuvre traditionnelle dans différents secteurs. Dans plusieurs pays, à la fin du XIXe siècle, les progrès de la mécanisation dans l'agriculture auraient ainsi favorisé l'essor des marchés à terme pour certaines denrées. La science économique a également relayé les nouvelles approches du travail en y reconnaissant une « valeur » intéressant le marché financier.

Entre moralité, déontologie et pratiques commerciales, les frontières sont fluides. Au début du XVIe siècle, à Anvers, le douaire pouvait constituer un refuge légitime pour les marchands qui n'entendaient pas exposer tout leur patrimoine aux risques du métier, mais la pratique fut bientôt dénoncée comme une source de montages frauduleux. Les pratiques, comme en témoignent plusieurs contributions, ont un rapport complexe avec la gouvernance publique : elles peuvent être confortées par une réglementation, mais aussi s'imposer contre les tentatives des gouvernants d'imposer une pratique contraire à celle qui prévaut. La gouvernance publique en matière commerciale peut également différer d'une cité à l'autre : de telles différences sont invoquées pour expliquer le degré de protection différente entre marchands génois et vénitiens en Flandre et ailleurs, ces derniers bénéficiant d'une structure politique davantage disposée à intervenir en leur faveur. La pratique judiciaire, en aval de la gouvernance publique, peut se heurter elle aussi aux pratiques commerciales sans imposer sa conception du droit à celles-ci : cette situation est notamment illustrée en France, où la jurisprudence dès le milieu du XIXe siècle, puis le législateur en 1885, abandonnèrent leurs réticences à l'égard des marchés à terme. Pourtant, lorsque la gouvernance d'entreprise des groupes de marchands ou financiers accuse une défaillance, les pouvoirs publics ont plus de latitude pour intervenir. Cependant, cette latitude est elle-même relative, comme le rappelle l'observation faussement désabusée de l'ancien gouverneur de la Banque d'Angleterre Mervyn King, selon laquelle la magnitude même d'une défaillance financière et de ses effets sociaux forcera la main des pouvoirs publics pour intervenir sans nécessairement maîtriser la portée de leur intervention. La remarque rappelle que lorsque les apprentis sorciers ont perdu le contrôle des marchés financiers, ni le droit, ni la morale, ni la gouvernance publique ne sont en mesure d'arrêter la tempête économique et sociale.

Cette constatation indique la voie à suivre dans la foulée du projet dont les actes viennent d'être publiés. Le leurre de l'« économie sans travail » a paradoxalement le mérite de mettre en lumière la diversité et l'ampleur du travail qu'impliquent les opérations financières étudiées. Même les loteries, comme en Italie au XVIe siècle ou en Espagne au XVIIIe siècle, entraînent tout un travail de préparation, de diffusion, de gestion… et parfois de ruses élaborées. Surtout, le recueil met en évidence l'importance des opérations financières pour l'économie, envisagée à l'échelle nationale ou internationale. Les contributions qui font le lien avec l'histoire économique sont sans doute les plus pertinentes pour notre entendement du rôle des opérations financières sur la longue durée. L'histoire du droit qui se limiterait à la normativité des sources formelles du droit ne serait en mesure d'offrit le contexte nécessaire pour comprendre les mécanismes constituant le ressort des développements et des crises des systèmes de crédit. Ces mécanismes présupposent en outre une économie politique – longtemps avant même que cette discipline n'accède au registre d'une science sociale – qui constitue une composante essentielle de la gouvernance publique.

Alain WIJFFELS
CNRS / Université de Lille –
Université de Leyde –
Universités de Louvain

INDEX DES NOMS[1]

1 La graphie des noms se conforme à celle des notices d'autorité de la Bibliothèque nationale de France.

RÉSUMÉS

Luisa BRUNORI, Serge DAUCHY, Olivier DESCAMPS et Xavier PRÉVOST, « Introduction »

L'économie sans travail – masse d'opérations financières rémunératrices ni du travail humain ni d'un échange de biens – joue un rôle décisif dans l'agencement socio-économique contemporain, pouvant aller jusqu'à le mettre en danger et questionnant de nombreux principes fondateurs de la justice substantielle (au fondement de nos systèmes institutionnels). Il s'agit d'en comprendre la régulation juridique par une étude pluridisciplinaire sur la longue durée et de dimension internationale.

David KUSMAN, « La circulation des instruments de crédit dans les anciens Pays-Bas méridionaux. Aspects légaux, techniques financières et usages politiques (XIIIe-XIVe siècles) »

Après avoir dressé une typologie des instruments de crédit circulant dans les villes des anciens Pays-Bas aux XIIIe et XIVe siècles, l'article examine leur usage financier, politique et religieux à l'aune de deux phénomènes concurrents se manifestant au tournant du XIIIe siècle : la formation d'états princiers fiscalisés, supposant l'existence d'une dette publique et d'un prélèvement fiscal régulier, et l'existence d'une économie du bâtiment assez développée pour soutenir un marché financier.

David CARVAJAL DE LA VEGA, « The "économie sans travail" in early modern Castile. Credit and moneychangers »

Un des changements majeurs dans les économies prémodernes concerne l'importance croissante des activités financières fondées sur le crédit. L'objectif est ici de montrer comment l'impact de la croissance économique et des contraintes monétaires en Castille au cours des XVe et XVIe siècles a, entre autres raisons, stimulé le développement des opérations de crédit et l'émergence de professionnels tels que les changeurs.

Claudio Marsilio, « A "workless paradise". The Genoese exchange fairs (16th-17th centuries) »

Le succès des banquiers génois s'explique par leur rôle d'importance dans le financement de la monarchie espagnole. Cette hégémonie débute au XVIe siècle avec les premiers prêts consentis à la couronne et perdure jusqu'à la fin du XVIIe siècle. Les foires de « Bisenzone » et les foires de change de Novi permettent alors la mise en place d'une circulation des fonds nécessaire à ces opérations, en même temps qu'elles assurent aux banquiers d'importants profits.

Roman Zaoral, « Central European bullion coins in late medieval financial transactions »

L'article étudie la part des lingots provenant de Bohême et de Hongrie au regard de l'argent en circulation dans le triangle des relations commerciales entre l'Europe centrale, le nord de l'Italie et les Flandres du XIIIe au XVe siècle, tout en discutant le rôle de la curie romaine dans le processus de monétisation. Il ressort de l'analyse que les pièces d'or d'origine centrale européenne ont été utilisées en Rhénanie et en Bavière à une échelle beaucoup plus grande qu'en Italie.

David Gilles, « Le remède et le venin, "Vrai mal dont Dieu tire de bons effets". Prohibition de l'usure et valorisation de l'intérêt à Port-Royal »

Au sein du cercle de Port-Royal, Pierre Nicole, Jean Domat, Arnault ou Pascal ont décrit les méfaits de l'usure, dans une longue tradition catholique. Toutefois, analysant l'amour-propre comme un venin mais aussi un remède de la société augustinienne corrompue, certains de ces auteurs développent des passages favorables à l'enrichissement et à l'intérêt, comme liant de la société, expression de la loi d'amour de son prochain.

Anja Amend-Traut, « Productivity of Capital in Silent Partnership with Trading Companies. Research for Historical Traces »

La recherche de traces historiques des participations déplace l'attention à la fois sur la région hanséatique et sur l'Italie, tout en conduisant à l'étude de conflits mettant en cause divers aspects de ce mécanisme opaque. Ces affaires litigieuses ainsi que les parères permettent de mieux comprendre les investissements silencieux, qui troublent les frontières entre institutions juridiques établies.

Jean Hilaire, « L'histoire de l'économie sans travail dans la perspective d'un historien du droit »

L'histoire de l'économie sans travail s'inscrit dans une très vaste perspective sous le double aspect de l'activité financière pour la mise à disposition de capitaux et du nécessaire encadrement juridique des opérations. Cela s'étend jusqu'à l'Antiquité romaine. Il faut d'abord poser des jalons dans le développement des affaires financières à la base de l'économie sans travail.

Erik Aerts, « Italian presence in the late medieval Bruges stock market »

La contribution s'intéresse aux premières traces de la présence italienne à Bruges, à l'âge d'or des Italiens dans la ville, à leurs activités commerciales et financières et au lent déclin de la ville avec le départ de la colonie italienne ; approche diachronique devant permettre d'évaluer avec précision la relation entre Bruges et ses hôtes italiens et de ramener l'apport des deux parties à leur juste proportion.

Carlos Petit, « Le pari des Lumières. Loterie royale et projets de pouvoir du XVIIIe siècle »

En 1763, Charles III a approuvé la Loterie royale. L'article décrit (assez brièvement) tant le contexte politique que l'économie morale, mais aussi les caractéristiques techniques et les parallèles internationaux de ce jeu d'hasard.

Guido Rossi, « Early modern maritime insurance between mercantile customs and *ius commune*. Some remarks on the liability of the shipmaster »

Le droit coutumier a qualifié la responsabilité du capitaine de navire de culpabilité. Les juristes, notamment les tribunaux, se sont concentrés sur des catégories spécifiques (contractuelles, délictuelles ou pénales). Ces choix variés impliquent une différence très significative en matière de qualification du comportement, donc des preuves requises. Cela a eu des conséquences importantes sur l'étendue de la responsabilité du capitaine du navire, donc sur la position des assurés.

Oscar CRUZ BARNEY, « The risk in Hispanic-Indies trade. Sea loans and maritime insurances (16th-19th century) »

Les pertes subies par les commerçants dans le trafic de marchandises entre l'Espagne et les Indes suivent la théorie du risque. Deux instruments juridiques ont été utilisés : le prêt à la grosse aventure et l'assurance maritime. Au XIXe siècle, la codification mexicaine a maintenu la règlementation concernant la grosse aventure et les assurances maritimes, avec une claire influence des ordonnances des consulats de commerce hispaniques, mais aussi des codes de commerce espagnols de 1829 et 1885.

Dave DE RUYSSCHER, « Why we need a history of collateral rights. The example of Antwerp (15th-16th century) »

Le cas d'Anvers démontre que les règles sur les garanties et sûretés doivent être étudiées d'un point de vue large, en raison des interactions entre les normes concernant la saisie, l'expropriation et l'insolvabilité, et celles portant sur les gages et hypothèques légaux. Les hésitations des échevins anversois concernant la priorité des dettes mettent notamment en évidence que les législateurs urbains devaient créer des règles en matières commerciales, et non les copier de la pratique marchande.

Alain WIJFFELS, « Conclusions générales. L'économie sans travail, ou le mirage du Pays de Cocagne »

À partir d'un commentaire d'une des représentations les plus connues du Pays de Cocagne (celle de Bruegel l'Ancien de 1567), l'article propose une réflexion sur l'« économie sans travail » et ses rapport avec le droit au regard de l'ensemble des contributions des deux tomes de l'ouvrage.

TABLE DES MATIÈRES

DEUXIÈME PARTIE

MONNAIE, FINANCE ET INTÉRÊTS

TROISIÈME PARTIE

BOURSE ET SPÉCULATION

QUATRIÈME PARTIE

ASSURANCES ET SÛRETÉS